영상 그래픽디자인 베이직(Basic)

한재성 저

신화

서문

영상그래픽디자인 베이직(Basic)을 출간하면서

그래픽디자인과 컴퓨터그래픽분야에서 25년간 학생들을 교육해오면서, 빠른 시간의 변화만큼 기술의 진보가 급격히 진행되고 다양한 매체를 통한 표현의 방법이 진보되어왔다.

저자가 25년전 학교에 처음학생들을 가르칠 당시 영상그래픽디자인 분야는 개념적으로도 미약하고 기술적으로도 초보적인 상황에서 다소 이질적이고 특별한 것으로 여겨지는 상황이었다. 오늘에 이르러서 영상그래픽디자인은 영상콘텐츠 제작에 있어서 기반기술로서 필수적인 것이며 영상의 질적인 가치를 좌우하는 중요한 요소로 자리매김하고 있다.

오늘에 이르기까지 영상그래픽디자인은 다소 디지털 하드웨어나 소프트웨어 등의 기술적인 발전의 측면에서 평가되고 논의 되어온 경향이 있어왔고 이러한 부분이 현재의 위치를 끌어올려온 원동력이 된 것도 사실이다. 그러나 영상그래픽디자인분야가 기술적인 측면에서 어느 정도 수준에 올라와 있고 표현의 내용적인 측면에 대한 콘텐츠의 비중이 높아가면서 영상그래픽디자인을 어떻게 만들고 어떠한 프로세스에 의해 진행되는가? 등 표현의 전반적인 제작방법에 대한 노하우가 중요시 대두되고 있다.

이 책에서는 영상그래픽디자인의 제작 노하우를 크리에이티브적인 측면과 디자인 프로세스 관점, 영상제작의 스토리보드 구성과 기획, 컴퓨터그래픽 프로세스의 기본적인 접근차원에 관련된 개념과 프로세스 및 제작방법들은 다루고자 하였다. 특히, 영상콘텐츠제작을 전공하는 학생들에게 제시되는 기본적인 교육서로서 영상그래픽디자인의 지침서가 되기를 희망하는 바이다.

저자 씀

차례

01 영상그래픽디자인 크리에이티브(Creative)

Chapter 01 영상광고디자인의 아이디어 11

Section 01. 아이디어의 정의 / 11
Section 02. 크리에이티브 아이디어 / 13
Section 03. 크리에이티브 아이디어를 위한 발상 기법 / 16

Chapter 02 효과적인 광고 카피 32

Section 01. 광고 카피란? / 32
Section 02. 광고 카피의 요소 / 34
Section 03. 좋은 카피를 쓰기 위한 여러 가지 방법들 / 43

Chapter 03 제작 크리에이티브 55

Section 01. 광고 대행사의 제작 담당자들 / 55
Section 02. TV-CM의 창조와 제작 / 59
Section 03. 효과적인 인쇄광고의 제작 포인트 / 65

02 스토리보드(Story board)와 영상제작

Chapter 01 프리프로덕션에서의 스토리보드 97

Section 01. 스토리보드란 무엇인가? / 97
Section 02. 편집 스토리보드 제작 / 100
Section 03. 주요장면 도해 / 101
Section 04. 프로덕션 일러스트레이션 / 102
Section 05. 광고 스토리보드(comp : 편집 배정도라고도 한다.) / 103
Section 06. 편집 스토리보드 제작을 위한 재료들 / 103
Section 07. 무엇을 스토리보드로 만들 것인가? 씬의 우선순위 정하기 / 107
Section 08. 스토리보드 미팅, 누가 참석하는가? / 111
Section 09. 스토리보드 작업은 언제 어디서 시작되는가? / 112

Chapter 02 글, 이미지, 도면 115

Section 01. 텍스트 : 쇼트리스트와 관련용어 / 117
Section 02. 촬영도면 / 122
Section 03. 종합 / 126

Chapter 03 화면 종횡비 129

Section 01. 화면의 역사 / 130
Section 02. 비율과 재료 / 131
Section 03. 스토리보드의 화면 종횡비 계산법 / 132
Section 04. 요약 / 133

Chapter 04 화면의 연장 135

Section 01. 아이콘의 움직임에 따른 화면 / 136
Section 02. 구성 / 137
Section 03. 화면 구상의 전략들 / 142

03 컴퓨터그래픽(Computer Graphic)

Chapter 01 포토샵 기초 149

Section 01. 포토샵의 인터페이스 살펴보기 / 149
Section 02. 파일 관리하기 / 157

Chapter 02 편리한 기능 164

Section 01. 작업의 편리를 도와주는 툴 들 / 164
Section 02. Edit 메뉴를 이용한 작업 되돌리기 / 166
Section 03. Edit 메뉴를 이용한 기본 편집 기능 / 169

Chapter 03 툴 도구 활용 175

Section 01. 네 가지 모양의 기본 선택 툴로 이미지 선택하기 / 175
Section 02. 선택한 이미지 이동, 복사하기 / 180
Section 03. 다양한 형태로 필요한 부분 선택하기 / 184
Section 04. Select 메뉴로 간단하게 선택하기 / 205
Section 05. 원하는 컬러 선택하고 적용하기 / 212
Section 06. 브러시와 연필로 원하는 이미지 그리고 지우개로 지우기 / 225

Section 07. 이미지를 복사하듯 찍어 낸다 / 245
Section 08. 이미지 수정은 내 몫 / 254
Section 09. 문자 디자인의 꽃 타입 툴 / 270
Section 10. 펜 툴로 깔끔하게 그리고 패스 선택 툴로 수정하기 / 282
Section 11. 포토샵에서 벡터 이미지를 자유자재로 그린다. / 294

Chapter 04 이미지 보정 303

Section 01. 색상 모드 이용하여 다양한 효과 적용하기 / 303
Section 02. 이미지 보정하기 / 308
Section 03. 이미지 관리하기 / 328

Video Graphic Design Basic

01 영상그래픽디자인 크리에이티브(Creative)

1. 영상광고디자인의 아이디어
2. 효과적인 광고 카피
3. 제작 크리에이티브

Chapter 01 영상광고디자인의 아이디어

Section 01. 아이디어의 정의

아이디어를 사전적 의미로 살펴보면, '사물의 본질 또는 이념'을 의미하며 디자인에 있어서는 일정한 목적을 수행하기 위한 생각, 구상 등을 말한다.

아이디어는 '디자인 전개의 출발점으로서 구성 과정을 추진시키는 직접적인 원동력이라고 할 수 있다'라고 정의하고 있다.

사고(Thinking) ↔ 느낌(Feeling)

이성적 (Rational) ↕ 감성적 (Enotional)

<table>
<tr><td></td><td>인쇄매체
(신문, 잡지, 포스터 등)</td><td>라디오매체</td><td>T.V매체</td></tr>
<tr><td rowspan="2">언어적
기호 및 심볼
(Veral Sign
& Symbol)</td><td>• Printed word(Language)</td><td colspan="2">• Spoken word(Speech)</td></tr>
<tr><td colspan="3">- Head Line
- Theme Line
- Copy
- Slogans
- Brand & Corporate name</td></tr>
<tr><td rowspan="2">비언어적
기호 및 심볼
(Non-Vebal
Signs &
Symbol)</td><td rowspan="2">• Artwork
- Photographs
- Illustration(Drawing)
• Layout
• Typography
• Trade & Brand Marks
• Logotype
• Color Tone</td><td colspan="2">• Sound Effect
• 배경음악
• Mood & Tone</td></tr>
<tr><td></td><td>• Motion by photography
& Drawing=영상
• Color</td></tr>
<tr><td></td><td>시각적</td><td>청각적</td><td>시청각적</td></tr>
</table>

〈크리에이티비티 구조의 기본요소〉

그리고 「A Techniaue for Producing Idea」의 저자 제임스 웹 영(James Webb Young)은 '아이디어란 낡은 요소의 배합이며, 낡은 요소를 배합하는 능력은 사물의 관련성을 볼 줄 아는 능력에 있다'라고 말한다.

대부분의 광고활동은 타당성의 조사와 분석에 기초를 두고 조심스럽고 논리적으로 전개되어 진다. 이렇듯 고도화된 이성적인 과정을 수직적 사고 방식이라고 한다. 그러나 그것만이 광고의 통상적인 의미는 아니다. 대부분의 사람들이 위대한 아이디어가 만들어질 때까지는 불가사의한 창조의 작업이 포함된 특별한 비법이라고 본다. 아이디어를 고안하는 능력은 불시에 아이디어를 끌어내는 특별한 재능이다. 그러나 이것은 비이상적인 과정이다. 크리에이티브 아이디어는 어려운 작업과 요약 그리고 제품과 문제점들에 대한 전심전력의 연구 끝에 나온다.

아이디어란 갑자기 생겨날 수도 있지만 대개는 새로운 아이디어가 생길 때까지 매우 분발해서 노력을 해야 한다.

수직적인 사고방식은 논리적이며, 점차적으로 그 윤곽이 드러나지만 순발적인 아이디어는 어떤 명확한 근거가 없이 튀어나온다.

그것은 단지 마음을 열고 아이디어가 들어오기를 기다리고 앉아 있으면 되는 일이다. 이러한 아이디어는 닥치는 대로 많이 떠오를 수 있지만 사실상 자신의 경험에서 우러나오는 것이기 때문에 항상 같은 패턴일 수밖에 없다.

하지만 아이디어는 크리에이티브에서 '생명의 물'과 같은 중요한 것이다.

무(無)에서는 아무것도 떠오르지 않는 것이고 또한 처음부터 완전한 아이디어는 없는 것이며, 아이디어가 자라날 기회를 주어야 하는 것이다. 또한 아이디어는 생각에서만 맴돌아선 안 된다. 반드시 그것을 구체화시켜 가치 있는 것으로 만들어야 되는 실현성 있는 아이디어가 되어야 한다. 그러기 위해선 아이디어를 키우는 발상과정의 훈련이 부단한 노력으로 이루어져야 한다.

Section 02. 크리에이티브 아이디어

아이디어란 창의성에 기반을 둔 사고의 표출형태라고 볼 수 있는데 인간의 창의성이란 결과적으로 볼 때 아무것도 없는 가운데서 일어나는 것이 아니라 우리의 신체, 우리의 사고, 육감 등 인간 개개인의 모든 측면을 특별하게 만들어감으로써 창의성이 단계적으로 개발되어 마지막 그 창의성이 나타나게 된다.

왼쪽두뇌(L-모드)	오른쪽 두뇌(R-모드)
이상적인 분석과 논리적 근거에 의한 합리적인 진술로 언어적·추리적·상징적·순서적·직선적·객관적인 방식으로 정보를 처리하고 추리한다. • 언어적 : 낱말을 사용·명명(命名)하고 기술(記述)하고 정의(正義) 내림 • 분석적 : 단계적이고 조직적인 사물을 파악하여 어떤 것을 표현할 때 부호나 기호 등의 상징을 사용한다. 예를 들어 ◉은 눈을 나타내고, +는 더하기를 나타냄 • 추상적 : 하나의 실마리로 전체를 제시 • 시간적 : 시간을 재고 일의 순서를 정함 • 합리적 : 사실적 근거를 둔 추론으로 결론을 이끌어 냄 • 계수적 : 숫자를 사용하여 셈을 함 • 논리적 : 수학의 정리나 훌륭한 논쟁처럼 논리적인 순서에 따라 결론을 얻음 • 순차적 : 생각을 서로 연계적으로 전개해 나가는데 하나의 생각이 다음 생각을 낳게 하여 집중적으로 결론을 맺음	감성적 직관, 상상력, 마음속의 눈으로 사물을 보게 된다. • 비언어적 : 사물을 인식하여 단어와의 연관 능력이 미비함 • 종합적 : 여러 사물을 전체의 테두리 안에서 파악 • 구체적 : 현재의 있는 그대로를 표현 • 유사적 : 시간 감각이 없음 • 비합리적 : 사실이나 추론을 거치지 않고 판단함 • 공간적 : 사물이 어떤 위치에서 다른 것들과 관계를 맺고 있는가를 알아내고 그 부분들이 어떻게 전체를 이루는가를 알아냄 • 직관적 : 완전하지 않은 모양이나 육감, 느낌, 전반적인 모양이나 구조를 한꺼번에 감지함으로써 엉뚱한 결론을 얻기도 함 • 총체적 : 단번에 사물의 전체를 파악함 전반적인 모양이나 구조를 한꺼번에 감지함으로써 엉뚱한 결론을 얻기도 함

〈왼쪽두뇌(L-모드)와 오른쪽 두뇌(R-모드)의 특성비교〉

성공적인 광고 캠페인으로 끌고가기 위한 효과적인 크리에이티브 과정을 형성해 나갈 때는 두 가지 측면에서 진행을 거쳐야한다.

한 가지 측면은 실제적인 과업을 수행해가는 과정이고 또 하나는 과업을 달성하기 위한 기본적인 흐름의 방향을 설정해가는 과정이다. 전자의 과정은 분석적 이성을 이용하고 후자의 과정은 감성적 직관을 이용한다. 이러한 두 가지 과정은 인간의 양면성 또는 이중성으로 인식되어지고 있다. 예를 들면 사고와 감정, 의지와 직관, 객관적 분석과 주관적 통찰 같은 것을 들 수 있겠다.

그러므로 인간의 두뇌는 '똑같은 정보자료'를 '두 가지 다른 방식'으로 처리한다는 것을 의미하고 있다. 이것이 바로 두뇌 세분화(Brain Specialization)이다. 즉 왼쪽 두뇌는 언어적, 추리적, 상징적, 순서적, 직선적, 객관적인 방식으로 정보를 처리하고, 오른쪽 두뇌는 상상력, 마음속의 눈으로 사물을 보게 된다.

전자의 과정은 드러난 현상에 대하여 이성적인 분석을 통하고 후자의 과정은 본질적인 측면에서의 감정적인 직관을 통하여 풀어나가게 된다.

이러한 두 가지 과정 측면에서 만나게 되는 순간이 바로 '퍼뜩 떠오름(Eureka)'이다.

오른쪽 두뇌의 정보처리 과정에서 사람들은 직관적인 것과 순간적인 통찰력으로 갑자기 어느 한순간 모든 것이 한꺼번에 이해된다. 이것은 논리적인 방법으로서 이해되는 것이 아니라 '아하! 이제 알았다'라는 사실에서 무의식적으로 해결되는 것이다.

오른쪽 두뇌의 사용으로 우리는 새로운 느낌의 조화를 창조하고 이해한다. 직관적, 주관적도 이 두 가지 측면의 과정을 서로 연결시키는 측면에서의 고려가 있어 주어야한다.

여기서의 1차적 단계는 제품을 '팔기 위한 방법'을 만들어내기 위해 정의되고, 2차적 단계에서는 서로간의 메시지들을 서로 결합시켜 새로운 사실들로 형상화시켜야 한다.

'무엇을 말할 것인가(What to say)'는 팔기 위한 방법인데 전략적 핵심개념에 관하여 무엇을 말하고 있고 이것은 광고의 역할을 보다 구체적으로 활성화시켜 주는 요소가 된다.

크리에이티브 전략수립의 모체가 되는 '무엇을 말할 것인가'는 사실의 인식과 크리에이티브전략 형성을 위한 발상 원점을 이어주는 촉매 역할을 하게 되고, 이것이 바로 크리에이티비티 창조를 위한 전제조건이 되는 것이다. 이렇듯 L-모드에서 이루어지는 전자의 과정은 인간의 분석적인 이성을 최대한 활용하는 측면이고 후자인 R-모드는 인간의 감성적 직관을 활용하는 측면이다.

그래서 광고 크리에이티브를 효과적으로 창출하기 위해서는 이 두 가지 측면의 사항을 동시에 고려하여 아이디어 발상을 하여야 한다. 이러한 느낌 속에서 떠오르는 그 무엇이 바로 '퍼뜩 떠오름(Eureka)'인 것이다. 이것은 결국 상상력의 결과를 현실화시킨 '어떻게 말할 것인가(How to say it)'인 것이다.

효과적인 크리에이티비티 창조를 위해 추구되어온 두 가지 논리적 사고의 결정체가 바로 '퍼뜩 떠오름'의 숨겨진 진실이며 이것은 두 가지 방향의 사고체계가 합리적인 통합에서 이루어지는 시기에 불현듯 떠오르는 그 무엇이다.

이러한 통합적 실제는 인간 내부에서 스스로 발생되는 상상력이다. 역동적인 사고 행위는 정서적 충동의 환상적인 이미지를 창조하고 그러한 충동은 내부의 깊은 심연으로부터 일어나는 것이어서 그 유인 요소가 바로 사물의 총체라 할 수 있다. 이것은 창조력의 기반을 이루는 정신적 구조로 파악된다.

좋은 크리에이티브 아이디어는 우리가 현실적으로 직면하고 있는 문제점을 속시원하게 해결해 주고, 그것을 달성하는 단 하나의 방법으로서 새로운 아이디어는 마지막으로 창출되는 것이다. 물론 이것은 문제점 해결에 대한 불가피한 정당성으로 인식된다. 아마 여기에 관해 생각하면 할수록 우리는 다른 어떤 해결 방안을 상상하기가 어렵다는 것을 놀랍게도 인지하지만 거기에 도달하기까지 긴 시간을 가지고, 자기 자신을 반사적으로 튀게 해야만 가능한 것이다.

크리에이티브 아이디어는 결국 인간의 상상력에 의해서 탄생되는 것이며, 상상력이란 실제로 무엇이 존재하고 존재하지 않는다, 무엇을 경험하고 경험해 보지 않았느냐에 대하여 정신적인 형상을 구축하는 것으로, 이러한 상상력을 구사한다는 것은 창조적, 지능적, 예술적 창의성을 필요로 한다.

광고 크리에이티브에서의 창조적 마음은 연상에 상당히 의존하고 있고, 그것은 주어진 문제의 이상적인 해결점으로부터 파생된 여러 가지 상징에 의해서 직접적으로 해결할 수 있다. 이러한 연상 작용은 상상력의 촉매 역할을 할뿐만 하니라 상상력 그 자체는 순간적인 파악을 행하는 것, 평범함을 초월하는 명석한 통찰력으로 이는 주의력보다 능동적이며 그것은 대상을 더 잘 관찰하기 위하여 대상으로부터 물러서는 동시에 대상을 탐험하는 이분적 사고의 통합체이다. 이는 물론 창조적 사고(Creative Thinking)와 맥락을 같이 한다.

〈분석적 사고와 창조적 사고의 비교〉

분석적 사고	창조적 사고
• 논리적(Logical)	• 상상적(Imagination)
• 단 하나 혹은 몇 개의 해결방안	• 가능성이 많은 해결점 및 아이디어들
• 수렴적(Convergent)	• 발산적(Divergent)
• 수직적(Vertical)	• 측면적(Lateral)

우리의 사고 행위는 분석적 사고와 창조적 사고로 나눌 수 있다. 또한 창조적 사고는 이성적 창조적 사고(Rational Creative Thinking)와 감성적 창조적 사고(Emotional Creative Thinking)로 나눌 수 있는데 크리에이티브 전략 형성을 위한 발상 원점에서 크리에이티브 전략들이 바로 이성적 창조적 사고이고, 이를 마지막으로 감성화시켜야 하는 것이 바로 효과적인 광고 발상을 위해 관여하는 감성적 창조적 사고이다.

Section 03. 크리에이티브 아이디어를 위한 발상 기법

3.1 브레인 스토밍(Brain Storming Method)

브레인 스토밍은 유명한 광고인이며 BBDO 사장이었던 A.F.오스본(Osbon)이 「Your Creative Power」란 저서를 통해 발표한, 세계적으로 인정받고 있는 발상 기법 중의 하나이다.

(1) 브레인 스토밍 기법의 특징

현재 발상 기법 중 가장 널리 사용되고 있는 기법의 하나인데 5~8명 정도의 팀을 구성하여 자유롭게 발상하거나 타인이 내놓은 아이디어 등으로부터 자유롭게 연상하는 것이며 한 시간 정도가 일반적이다.

(2) 진행 방법

■ 테마의 설정

① 우선 처음에 테마를 설정한다.

② 테마의 설정에 있어서는 가능한 구체적인 것으로 한다.

③ 브레인 스토밍이 성공하느냐 못하느냐는 테마의 설정에 달려 있다고 해도 과언이 아니다.

■ 회의 장소의 설정

회의 장소는 전원이 서로 얼굴을 건너다 볼 수 있게 하며 내놓은 아이디어를 기입하는 칠판을 준비한다.

■ 사회를 맡을 리더의 준비

리더의 사회 아래 브레인 스토밍을 개시한다. 리더가 된 사람은 미리 테마에 대해 많은 관점에서 검토를 해 두어 엉뚱한 방향으로 나아가지 않도록 전원을 잘 리드하여 많은 각도에서 아이디어가 나오도록 방향을 유도한다.

■ 브레인 스토밍의 실시

멤버에게는 자유롭게 발언시켜 전부를 칠판에 기입한다. 이때에 4가지 룰에 따라 진행한다.

① 남이 내놓은 아이디어를 비판해서는 안 된다.

② 자유롭게 그리고 어떤 기발한 것이라도 상관없다.

③ 질문에는 너무 신경을 쓰지 말고 많이 나오도록 한다.

④ 내놓은 아이디어를 힌트로 하여 다시 다른 아이디어가 나오도록 명심한다.

⑤ 서기는 되도록 전문적인 사람으로 정한다. 인원수가 적을 때에는 리더가 서기를 겸한다. 여기서 중요한 것은 내놓은 아이디어를 재빨리 요령있게 요약해서 적는 일이다. 그것은 진행을 원활하게 하는 것과 요점을 분명히 하여 다음 발상을 촉진시키기 위함이다.

■ 종료시간

시간은 한 시간 정도를 목표로 하고 그 이상 계속할 때는 도중에 5~10분 정도 휴식을 취한다. 이렇게 하여 대략 1백개 정도의 아이디어를 내도록 한다.

■ 아이디어의 평가

제기된 아이디어에 대한 평가는 계속해서 할 수도 있겠지만 되도록 이면 하루쯤 있다가 실시하는 편이 낫다. 냉정하고 객관적으로 평가할 수 있기 때문이다. 또 평가의 경우에는 멤버를 바꿀 필요도 있지만 절반 이상은 브레인 스토밍을 실시한 멤버가 들어가도록 한다.

평가의 단계에서는 독립성, 실현 가능성 및 효과 등의 관점에서 검토한다. 이 때에는 비판을 허용하여 철저하게 아이디어를 다진다. 일반적으로는 이 단계에서 아이디어끼리 결합되어 높은 수준의 아이디어가 생겨나는 경우가 많다.

(3) 적용분야 및 유의점

브레인 스토밍은 방법 자체가 간단하기 때문에 많은 사람이 사용하고 있으며 제품 개발을 위한 신제품의 아이디어 마케팅, 각종 개선안의 추출, 기획 입안 등을 비롯하여 어떤 분야에서도 사용될 수가 있다.

멤버의 선정에 있어서는 동일의 계층 · 입장에 있는 사람에 편중되는 것을 피하여 전문가, 일반인을 막론하고 연령, 경험 등 되도록 여러 입장에 있는 사람으로 구성토록 한다. 이렇게 편성하는 편이 유니크한 아이디어가 나온다.

특히 주의해야 할 점은 암묵 중에 자유로운 발언을 봉쇄하는 원인이 되는 권위주의 상사 등을 멤버에 넣지 않도록 배려할 필요가 있다는 것이다.

또 브레인 스토밍을 진행해 나가면 많은 아이디어가 나오기 때문에 그 양에 안심해 버려 많은 관점으로부터의 발상을 중단시켜 버리는 경우가 있다. 이것을 방지하려면 매크로적 프로세스를 취하는 것도 효과적이다.

3.2 브레인 라이팅(Brain Writing)

이 발상 기법은 형태분석법 전문가인 독일의 호리겔이 창안한 아이디어 발상법이다. 1970년대 초반부터 80년대 사이에 급속도로 발전되어 파급된 새로운 기법인데 창안했을 당시에는 '6 · 3 · 5법'이라고 호칭되었다.

진행은 6명의 참가자가 각각 3개씩의 아이디어를 5분마다 차례로 생각해 나가는 방법으로, 개개인의 구성원이 침묵 속에서 자기의 의견을 개진하는 방법으로 이어지는데 개인의 사고를 최대한으로 살려나가는 집단 아이디어 발상법이다.

(1) 진행 방법

테마는 가능한 한 구체적으로 포인트가 나와 있는 것이 좋으며 참가하는 구성인원은 반드시 6명이 아니라도 무방하다. 반드시 브레인 라이팅을 위한 sheet는 꼭 준비해야 한다.

	A	B	C
1			
2			
3			
4			
5			
6			

〈브레인 라이팅 sheet〉

(2) 진행 순시

① 테마는 전 구성원이 볼 수 있는 곳에 부착시킨다.

② 진행 리더는 전 구성원에게 테마와 진행 방법을 숙지시킨다.

③ 전 구성원은 '브레인 라이팅 기법 sheet 1'의 ABC란에 아이디어를 5분간 기입한다.

④ 5분 후 갖고 있던 sheet를 좌측으로 전달한다.

⑤ 전 구성원은 '브레인 라이팅 기법 sheet 2'의 ABC란에 아이디어를 5분간 기입한다.

⑥ 5분 후 갖고 있던 sheet를 좌측으로 전달한다.

※ 이 기법의 핵심은 참가자(구성원)가 생각하고 다른 참가자가 쓴 것을 힌트하여 또 다시 생각하는 침묵의 발상이다.

발상법	내 용	주 적용분야	발상자	기 타
브레인 스토밍(BS)	타인의 의견을 바탕으로 자유로이 발상하고 발언한다. 많은 계층의 멤버를 구성하는 편이 좋다.	제품개발, 마케팅 등 모든 분야	집단	
브레인 라이팅(BW)	타인의 의견을 바탕으로 자유로이 발상하고 카드에 기입한다. 발언에 미숙한 사람도 참가 가능, 타인의 의견을 같은 수준에서 받아들일 수 있다.	제품개발, 마케팅 등 모든 분야	집단	침묵의 BS, 논리적 사고 타입의 사람에게 적합
속성열거법	대상을 속성에 의해서 세분화하고 개개의 속성마다 사고의 방향을 국한시켜 새로운 아이디어, 개선안 등이 생각나게 만든다.	제품의 개선 및 개량	개인	

체크리스트	발상의 단면을 보조하기 위한 시점, 방향 등을 미리 준비해 두고, 여기에 따라서 사고한다. 용도별로 체크리스트가 있다.	제품의 개선, 개량 및 신제품 아이디어	개인	자기에 맞는 리스트를 작성하는 것이 좋다.
형태분석법	형태의 축의 모든 것에 대해서 조합을 만들어 하나씩 분석한다. 조합의 누락은 없어진다.	기술개발 마케팅	집단, 개인	조합의 누락은 없다.
카타로그법	카타로그를 임의로 펼쳐, 거기에 제시되어 있는 아이디어 용어 등을 인용하여 사고한다. 발상에 임의성이 있다.	제품의 개선, 개량 및 신제품 아이디어	개인	
초점법	관계가 없는 것을 강제로 결부시켜 무리하게 찍어 붙임으로써 새로운 아이디어를 내게 한다.	제품의 개선, 개량 및 신제품 아이디어	집단, 개인	
시네틱스	분석하는 대상과 본질적으로 유사한 것을 찾아내, 그것을 힌트로 개선 개량안 등을 생각나게 만든다.	제품개발	집단	각 분야의 전문가가 바람직스럽다
고든법	분석하는 대상의 상위개념을 제시하여 그것을 바탕으로 연상에 의해 새로운 아이디어를 찾아낸다.	신제품 아이디어	집단	각 분야의 전문가가 바람직스럽다
N.M.법 (K.J 법)	대상과 비슷한 것을 찾아내 그것을 힌트로 새로운 아이디어 등을 생각해 낸다. 사고의 순서는 정해져 있다.		집단	수순이 명확해서 사용이 용이하다.

〈여러 가지 발상기법의 비교〉

각 항의 sheet에는 테마 이미지에서 발상되는 아이디어를 기록하는 방법이며, 넘겨받음 카드에 자신이 좋은 아이디어라고 생각하면 해당 단어에 O표를 하는 방법이다.

1회의 발상시간은 2~3분 정도로 10회 정도가 이상적이며 창조적인 아이디어 발상을 위해서 전 구성원이 들을 수 있도록 잔잔한 배경음악을 곁들여 놓으면 두뇌회전과 좋은 분위기 연출을 위해 많은 도움이 된다.

1.3 존 케이플즈의 아이디어 발상법

존 케이플즈(John Caples)의 아이디어 발상법은 자신의 저서 「Making Ads Pay」에서 효과적인 '아이디어를 생각하는 법'을 기술해 놓았다. 그는 수십 년 동안 광고제작 업무를 수행하면서 경험하였던 수백 개의 광고 사례들을 분석, 비교 연구하여 성공적 원리들을 제시하고 있다.

(1) 스토퍼로 그림을 사용하는 경우

스토퍼란 광고에서 소비자를 달아나지 못하게 하는 요소 중의 하나이다.

사람들이 광고 메시지에 주의를 기울이느냐, 마느냐를 결정해 주는 것은 말이 아니라 그림일 경우가 있다. 그러나 그림의 아이디어는 보통 카피라이터에게서 나오게 된다. 또는 카피라티어가 써 놓은 헤드라인을 단순하게 그림으로 옮겨놓는 수도 있다. 어떤 경우엔 큰 그림에 작은 카피로 레이아웃 할 때도 있다. 하지만 이런 것이 표본이 될 수는 없다.

우리가 광고에서 어떻게 주의를 끄는가를 얘기할 때 - 어떻게 힘 있는 아이디어로 사람들을 정지시키느냐 - 이유는 다음의 세 가지이다.(인쇄광고를 대상으로 함).

첫째, 방송광고에서 보다는 인쇄광고에서 과학적인 사실이 더 많이 알려져 있다. 인쇄광고에서는 실험이 굉장히 오랫동안 진행되어 왔다.

둘째, 인쇄광고의 카피 테스트가 훨씬 더 정확한 통제를 할 수 있다.

셋째, 인쇄광고에서 실험으로 안 인간 본성에 관한 지식은 꽤 포괄적으로 방송광고에 적용 될 수 있다.

(2) 창조적 사고를 전개하는 법

광고 아이디어 발상을 시작하는 방법으로 좋은 것은 먼저 헤드라인이나 스토퍼를 쓰는 것이다. 그 이유는 그렇게 하는 것이 쉽기 때문이다. 머리 속이 아직 냉담한 채로 시작할 수 있다. 우선 제품에 대해 머릿속에 떠오르는 첫 번째 단어를 쓰기만 하면 된다.

그 다음엔 또 생각나는 단어를 적는다. 그렇게 계속한다. 적어 내려가는 모든 문장이나 구절 아이디어가 모두 다 훌륭하지는 않다. 또 전부 다 나쁜 것일 수도 없다.

나중에 어떤 아이디어를 채택할까를 결정한다. 아니면 의견 테스트를 하거나 질문 테스트를 한다. 써 내려 감에 따라 머리 속이 점점 달아 오른다. 얼마 동안은 점점 쓰는 것이 빨라지고 쉬워진다. 그렇게 시간이 흐르다 보면 새로운 아이디어는 자주 떠오르지 않고 드디어 새로운 아이디어가 완전히 고갈된다.

(3) 재충전 기법

다음은 재충전 기법(Booster Technique)을 사용할 차례다. 이 방법은 광고주의 광고 스크랩북을 뒤져보는 일이다. 대부분의 제품은 신제품일 경우만 제외하고는 스크랩되어 있다. 쿠폰 회수율, 조사 보고서, 열독률 보고서와 같은 결과 보고서를 구할 수 있는 대로 구해서 연구하여야 한다.

그 중에서도 성공한 광고에 특히 관심을 기울여야 한다. 그 속에서 현재 상황에 적용시킬 수 있는 열쇠를 발견할 수가 있다.

(4) 카피 재료의 수집

생각나는 아이디어를 모두 적어 내려가다 보면 두 가지의 일을 하게 됨을 알게 된다. 헤드라인과 비주얼 아이디어를 수집하는 것 외에 카피 재료도 수집하고 있는 것이다. 그 이유는 전체 캠페인에서 쓸 것보다 훨씬 더 많은 헤드라인 아이디어를 적어 놓게 되기 때문이다. 헤드라인 중 일부는 서브 헤드라인으로 이용될 수도 있고 일러스트 중 몇 개는 서브 일러스트로 사용할 수 있기 때문이다.

또한 헤드라인 중 몇 개는 카피의 도입 문장으로도 쓸 수 있다.

이것은 헤드라인을 번서 쓰는데서 오는 한가지의 이점이다. 그리고 계속 써 내려가나 보면 구절이 문장으로, 문장들 중 몇몇이 단락으로 발전되어 가는 걸 볼 수 있을 것이다.

(5) 아이디어의 근원

첫째, 광고주의 신문, 잡지 광고뿐만 아니라 관련 광고도 연구한다. 소책자, 리플렛, 안내장, 전단, 브러셔 등의 모든 자료를 읽어야 한다. 이와 같은 광고물은 기다란 카피로 구성되어 있으므로 그 속에서 수많은 아이디어를 뽑아낼 수 있다. 오래된 안내책자 속의 조그만 글자에서 아이디어를 찾아내 현대화하여 당장 활용할 수 있다.

둘째, 제품 그 자체와 포장을 연구한다. 포장위에 인쇄된 모든 것과 포장 속에 들어 있는 모든 인쇄물을 연구한다. 거기엔 캠페인을 할 수 있는 고리를 발견하는 수가 있다. 어떤 제품은 경쟁 제품과 너무 똑같아서 포장의 아름다움이나 편리성을 팔아야 할 경우도 있다.

셋째, 제품이나 서비스를 직접 파는 영업사원들과 얘기를 나눈다.

넷째, 제품을 사용하는 사람들과 얘기를 나눈다. 거기에서 그들의 얘기를 기억해 두었다가 다시 기록한다.

다섯째, 제품은 만든 기술자와 얘기한다. 자신이 만든 제품을 설명 도중 좋은 말을 얻을 수 있다.

여섯째, 제품에 대한 학술문헌을 읽는다.

크리에이터에겐 정말로 재미없는 일이지만 전문서적 속에, 제품 속에 숨겨져 있는 기막힌 내용이 담겨져 있을 수 있다.

(6) 아이디어의 또 다른 근원

다른 광고에서 본 아이디어를 사용하는 데는 세 가지 방법이 있다.

첫째, 아이디어를 그대로 복사하라.

둘째, 아이디어를 개선하라.

셋째, 아이디어를 새로운 형태, 다른 형태로 바꾸어라.

그렇지만 남의 아이디어를 모방하는 것을 수치스럽게 생각하는 사람은 또 세 가지의 답이 있다.

첫째, 원하는 대로 독창적인 사고를 하라.

둘째, 당신의 광고주는 당신이 독창적인 인물이기 때문에 돈을 지불하는 것은 아니다. 어쨌든 당신이 돈을 벌어주기 때문에 공장은 가동되고 그래서 당신에게 돈을 지불하는 것이다.

셋째, 독창적인 인물이 결코 베끼지 않는다는 말은 진실이 아니다.

1.4 창의적인 광고 비주얼 발상법(Creative Visual Thinking System)

(1) 연상법

■ 1단계 : 제목적기

'치과 보험'을 예로 들어 진행시켜 본다.

■ 2단계 : 각각의 단어들과 단어 조합으로 제목 나누기

치과, 치과 보험, 보험

■ 3단계 : 단어 연상과 단어 목록

각 단어들 또는 단어 조합들 밑에 그것과 결부시킬 수 있는 단어들이나 아이디어들을 자유롭게 연상해 목록을 만든다.

〈치과〉

드릴, 치과의사, 충치, 아야!, 미소, 이쑤시게, 이빨, 간호원, 고통, 치약, 치약도구, 상점, 덧니, 콧대, 이빨들, 엑스레이, 튜브, 칫솔

〈치과 보험〉

▸ 환자를 유인하기 위한 보험 정책

▸ 치과 치료를 받는 환자들을 다루는 보험 외판원의 정책

▸ 환자가 치과의사에게 보험을 들었음을 알려주는 것

▸ 보험에 따른 치과의사의 청구서

〈보험〉

정책, 슬롯머신, 돈, 사인, 신사임당, 외판원, 지폐, 동전, 수표, 현금, 청구서, 계약서.

■ 4단계 : 목록 점검 및 무작위 연결

목록을 본다. 각 목록의 말이나 구절들을 다음 목록에 연결해 보고, 무작위로 연결해 본다. 「예를 들면 치과 밑의 드릴을 보험 밑의 정책, 외판원들과 연결하듯이.. 」

비주얼적 요소가 많은 조합들을 적어보고 만일 업무상 카피에 문제가 있다면 그것들은 카피작업에도 이용될 수 있다.

■ 5단계 : 마음속으로 그려보기

무작위로 차출된 단어 조합들을 이용해 마음속으로 러프 한 시안들을 만들어 보고 그 생각들을 빨리 적어 본다.

이 보기에서 사용한 '마음 속 그려보기'는 다음과 같다.

'워싱톤 대통령이 치과용 드릴을 손에 쥐고 있다...... 치약이 $ 모양으로 짜내어진다...... 치약튜브에서 달러 지폐가 나온다......'

그 중의 몇몇은 포토몽타주나 일러스트레이션처럼 비주얼 가능성이 있다. 그 결과로 3가지 단어를 활용하여 다음과 같음 가능성을 선택할 수 있다.

'돈, 워싱톤, 이빨'

달러 지폐 위에 대통령 초상은 돈의 상징으로 인식된다. 그럼 의미에서 그건 보험으로 연결되고, 초상화는 이빨을 보여주는 모습으로 보여질 수 있고 워싱톤이 심각한 이빨 문제를 가지고 있었다는 사실을 더한다.

■ **6단계 : 아이디어 발전**

이렇게 해서 얻은 아이디어를 한 단계 더 발전시키면 뛰어난 작품이 될 수 있는데 그렇지 못하면 평범한 아이디어로 전락하고 만다.

그림에서 워싱톤의 초상은 세련되어 보이지 않게 이빨을 보여 주는 모습으로 변해 있다.

이것은 유머를 추가한 것이다.

유머를 연상시키는 것으로는 만화, 미소, 너털웃음, 큰 미소 같은 것이 있다. 그래서 다음과 같은 결론으로 도달하게 된다.

'워싱톤의 이가 웃는 입안에서 보이게 하고 딱딱한 타이틀을 재미있게 옮긴다'

어떤 아이디어든지 무조건 6단계를 거치는 것이 아니고, 5단계에서도 훌륭하게 완성된 아이디어가 탄생될 수 있다. 하지만 6단계를 거치는 것은 아이디어를 한 번 더 점검해 볼 수 있다는 측면에서 유리하다.

(2) 비주얼 은유와 이중(二重) 의미

이 문제 해결을 위한 접근들은 수사학적, 비주얼적 은유의 상호작용을 이용한다. '마음 속 그려보기'는 결합되거나 대신할 수 있으며 또는 전혀 새로운 배경에서 존재할 수 있는 이미지, 사물, 제품들 간의 유사성을 통해 놀라움이나 유머를 자아내는 독창적인 비주얼 컨셉트로 전개된다.

■ **1단계 : 제목 적기**

이번 문제의 주제는 '퇴직연금의 증식'으로 한다.

'은퇴 후 생활보장을 위한 연금의 빨리 불리기'

■ **2단계 : 각각의 단어와 단어 조합들로 타이틀 나누기**

빨리 불리기, 은퇴 후를 위한 돈, 연금 불리기, 생활보장, 돈.

때때로 타이틀이 충분한 정보를 주지 못할 때가 있다. 심지어 문장이나 스토리를 읽는 것조차 도움이 되지 않을 때도 있다. 그것은 문장이 너무 기술적이거나 전문적이며 현학적이기 때문일 것이다.

이럴 땐 카피라이터에게 간단한 말로 된 요점들을 설명 받아야 된다.

그리고 나서 타이틀 단어 조합에 있어서 보충의 형태가 아닌 구절로 된 정보를 더 하여야 된다. 본 예의 경우에 퇴직연금을 은행에 예치하여 그 가치를 증식하자는 뜻으로 아래와 같이 작성한다.

- ▸은행을 통한 투자자금 이동
- ▸그 결과로서의 가치증식

■ 3단계 : 단어 연상과 단어 목록

〈빨리 불리기〉

자동차, 희미한 움직임, 줌렌즈, 제트기, 날개, 모터보트

〈연금 빨리 불리기〉

바퀴 달린 돈, 날개 달린 돈, 달리는 돈

〈돈〉

달러, ₩사인, 금, 은, 은행, 거래인, 현금 흐름

〈은퇴 후를 위한 돈〉

그물 침대 위에 누워 있는 연금 수혜자에게 돈이 날아든다.

날짜 시리즈 : 1989, 1990, 1991 등이 배경에 큰 ₩사인이 있는 수평선을 향해 사라진다. 시계, 달력, 돈으로 채워진 모래시계

〈생활 보장〉

행복해 보이는 노부부, 부유함을 나타내는 물건들에 둘러싸인 연인

〈은행을 통한 자금 이동〉

- ▸돈이 실린 카트가 은행을 통과
- ▸은행을 통해 굴러가는 거대한 동전
- ▸은행을 통과하는 달리는 돈

〈그 결과로서의 가치증식〉

- ▸은행 안의 나무에서 돈이 자람
- ▸엄마와 아빠의 돈이, 많은 새끼 돈을 낳음

■ 4단계 : 목록 점검과 무작위 연결

연상된 단어들을 연결시켜 많은 이미지 소재를 얻었으나 재미있는 아이디어를 발

견하지 못하면 다음 단계인 5단계를 거친다.

■ **5단계 : 무작위 이미지 연상**

이 단계에서는 광고연감, 사진 및 일러스트레이션 연감 등의 꽤 많은 사진책들을 모아서 지금까지 만들어 놓은 단어 연상 목록을 끊임없이 점검하면서 그것들을 마음 내키는 대로 읽어야한다.

이것은 타이틀에 맞는 이미지를 단번에 찾는 과정은 아니다. 오히려 서로 맞물리는 무작위 이미지나 또는 비주얼 은유를 만들기 위해 어떤 단어 연상과 딱 맞는 어떤 것들을 찾는 것이다. (이 작업을 할 때 비주얼 은유의 정의를 명심할 것 : 놀라움이나 유머를 자아내는 독창적인 비주얼 컨셉트를 만들어내기 위해 결합되거나 대신할 수 있으며 또는 전혀 새로운 배경에서 존재할 수 있는 이미지, 사물, 제품들)

참고서적을 보는 과정에서 삼각형 지붕과 고전적인 기둥들을 가진 전형적인 은행의 사진이 시선을 끌었다. 왜냐하면 3단계에서 은행에 대한 이미지는 유리와 철강으로 만들어진 현대적 건물에만 고정관념으로 머물러 있었다.

여기에서 아이디어는 고전적 이미지를 더하게 되었다. 다음의 무작위 이미지는 지붕을 가진 거대한 급수탑이었는데 전형적인 은행 건물과 급수탑의 닮은꼴은 비주얼 은유를 만들어냈다.

그리고 타이틀과 연결이 되도록 물과 물탱크란 단어를 연상 단어 리스트에 추가시켜 연상을 다시 시작했다.

〈물〉

H^2O, 마신다, 수영, 뜬다, 흐른다..... 돈이 흐른다, 샌다, 마개, 주전자 주둥이, 파이프, 냉각파이프

〈급수탑〉

지붕, 도시, 스카이라인, 비둘기들

■ **6단계 : 마음속 그려보기**

앞 단계(1단계~5단계)에서 나온 모든 것들을 종합하여, 연상하면서 적어 두었던 것을 다시 검토해 보고 아래와 같이 아이디어를 정리해 본다.

'은행과 급수탑이 독창적인 이미지로 조합되고, 거기에 파이프와 주전자 주둥이를 더하고, 돈이 은행처럼 생긴 급수탑을 통해 흐른다.'

이와 같은 아이디어 발상법을 통하여 제작물은 완성되어 간다.

(3) 상징 조합(Symbol Combination)

상징 조합은 무작위 연결 단계에 의해 비주얼 상징들을 조합하는 것이다. 그렇지만 상투적인 것을 피하고 독특한 걸 찾되 근거가 있게 해야 한다.

■ **1단계 : 제목 적기**

상징 조합에서의 주제는 쇼핑센터들이 불필요하게 크게 지어져 임대자들에게 별도의 비용이 더 들게 했다는 내용을 담고 있다. 과장되게 지어진 쇼핑센터는 풍자적인 이미지로 기념물에 비유되며, 필요한 것은 웅장한 기념물의 상징과 쇼핑센터의 상징이다.

'기념물이 너무 많습니까? 개발자들에 관한 연쇄점들의 파악'

■ **2단계 : 제목이나 상징적인 말을 나누기**

기념물, 쇼핑센터

■ **3단계 : 제목이나 상징적인 말에 관한 영상**

〈기념물〉

피라미드, 판테온, 콜로세움, 성 베드로 성당, 타지마할, 노트르담 성당, 워싱톤 기념관

〈쇼핑센터〉

쇼핑하는 사람들, 가게들, 제품들, 서비스, 쇼핑센터로 드라이빙, 많은 차들, 주차장

■ **4단계 : 목록 점검, 무작위 연결과 '마음 속 그려보기'**

이 보기에서 '마음 속 그려보기'는 점검 및 연결과 동시에 일어난다.

'우아하고 거대한 타지마할이 쓸데없이 크고 사치스러운 쇼핑센터의 상징이 되고, 그렇다면 이를 어떻게 쇼핑센터에 연결할까?'

단어 연산 목록 중의 한 단어가 떠올려 본다. 거대한 주차장이 쇼핑센터의 상징이 된다. 그렇게 해서 두 장의 사진이 몽타주 되어 최종적인 시각 아이디어가 된다.

(4) 사물로서의 타입, 타입화된 사물

창의적인 비주얼 발상 시스템은 타이포그래픽에도 훌륭하게 적용된다. 이러한 접근방식에서는, 단어에서의 문자 역할을 대리할 사물을 찾기 위해 단어 연상 목록을 보아야 한다. 아니면 문자나 글자를 사물처럼 디자인해야 한다. 즉 로고 디자인을 하는 것이다.

이 방법은 주로 한 단어 내의 한 글자를 사물로 대체하는데 그 사물은 단어 연상을 통해 얻는다.

■ 1단계 : **제목적기**

'연금세계'

여기에선 헤드라인이 주는 이상의 정보가 필요하다. 금융 전문지는 주로 연금을 불리기 위한 투자에 초점을 맞추고 있다.

■ 2단계 : **분할**

연금 자금 투자, 자금, 자금 불리기, 불리기

■ 3단계 : **단어 연상과 단어 목록**

〈연금 자금의 투자〉

증권시장, 증시의 카운터에 놓인 증권 주문서, 거래소, 증권거래소, 금, 은, 상품, 보기 드문 동전들, 골동품, 미술품, 희귀한 책들

〈자금〉

돈다발, 달러, 동전, ₩사인

〈자금 불리기〉

가치증식, 오름, 올라가는 화살표

〈불리기〉

식물들 / 잎들, 증가, 증대

■ 4단계 : **목록 점검, 무작위 연결 및'마음 속 그려보기'**

연상된 단어를 면밀히 검토하여 아래와 같이 아이디어를 만들어 본다.

'문자 형태는 증권 주문서 모양으로 하고 PENSION의 'I'를 전개시키거나 'N'의 끝부분을 식물이나 잎처럼 자라는 모양을 둥글게 처리해 본다. 성장을 가리키는 화살표 모양의 글자로 표시하되 좌측의 글자 형태는 아주 작게 압축시키고 우측으로 갈수록 점차 커지도록 한다.

PENSION의 'S'자를 $로 표시해 본다.'

아이디어의 검증을 위해 아래의 설정된 기준의 접근들에 각각의 아이디어를 대조해 본다.

▸ 해결책은 전면 컬러로 만들 시 이점이 있는가?

▸ 보수적인 독자들에게 적합한가?

▸ 너무 흥미적인 것은 아닌가?

▸ 진부하지 않나?

▸ 작은 사이즈와 큰 사이즈에서 쓰일 수 있나?

그 결과 지금까지 마음속으로 그렸던 첫 번째 아이디어를 모두 버리고 문제 해결을 위한 특별한 접근들의 선택 범위를 좀 더 구체적으로 해준다. 간결성 때문에 사물의 타이프화에는 집중해야 할 적절한 접근방법이었다.

이제 문자를 대신할 사물을 찾되 그것은 쉽게 보이고 이해되며 PENSION이나 WORLD의 한 글자를 대신할 수 있어야 한다. P, I, O는 좀 더 용이하게 사물화 할 수 있을 것이다.

그리하여 O자를 동전으로 대체하면 흑백과 컬러를 병행 사용에도 문제가 없으며, 황금만이 가진 독특함에다 보수적인 사람들도 거부감을 줄일 수 있도록 처리하였다.

(5) **변형**(Metamorphosis)

이 접근 방식에서 변형이란 외모나 성격, 환경 등을 주목받을 정도로 바꿔놓는 것이다.

■ 1단계 : 제목 적기

'은퇴의 나라(시골) : 상황은 어떻습니까?'

이 작업은 은퇴의 부정적인 면을 논의한 잡지기사의 일러스트레이션을 그리는 것이다. 낮은 고정수입, 한 켠에 몰린 연장자들을 통해 그 예를 살펴보자.

■ 2단계 : 분할

은퇴의 나라, 낮은 고정수입, 연장자, 한 켠에 몰린 사람들

■ **3단계 : 단어 연상 목록**

〈은퇴〉

시골, 제주도, 남부지방, 전원생활, 고령 연금, 사회보장

〈컨트리〉

농장, 동물, 말, 소, 목장, 닭, 울타리, 작물

〈낮은 고정수입〉

빈곤, 가난, 적은 연금, 연금이 없다

〈한 켠에 몰린 연장자들〉

제한된 행동, 집에서 치료받는 모습, 시골에 갇혀 있다.

■ **4단계 : 목록 점검, 무작위 연결 및 '마음 속 그려보기'**

점검과 연결 후에 이미지를 그려보자.

'비일상적인 상황에 있는 늙은 부부를 보여준다. 소외된 노인들, 한 켠에 몰린 노인들, 몸도 마음도 아프고..... 늙은 동물들은 시골과도 연결되고 주제에도 맞는다. 목초가 거의 없는 목장에서 사슬로 묶여 있는 소들로 변형된 노부부를 그리자'

이러한 과정을 거쳐 아래와 같은 아이디어로 결론이 났다.

지금까지 제시된 Morton Garchick의 Creative Visual Thinking은 해결해야 할 문제를 중심으로 전개되는 연상방법이다. CVT방법은 새로운 아이디어 발상을 자극하고 언어적인 측면과 시각적인 측면을 상호 보완적으로 활용하기 때문에 인쇄광고, 일러스트, 사진, 로고타입 개발, TV-CM 개발 등 여러 가지 부분에서 응용하여 적용되는 비주얼 개발 방법이다.

Chapter 02 효과적인 광고 카피

Section 01. 광고 카피란?

광고에서 말하는 카피란 광고의 골격을 이루는 아이디어를 찾아낸 다음 그것을 글로 표현한 것을 말한다. 그러므로 광고 카피는 곧 광고 아이디어이다.

카피라이팅(Copy-Writing)의 목적은 소비자와의 커뮤니케이션이다. 또한 광고에 있어서의 커뮤니케이션의 목적은 독자의 공감과 신뢰를 얻는데 있다. 이러한 목적을 위한 카피 표현의 충족 요소로는, 누구를 대상으로 하며 그 이유는, 매체는 어느 것을 이용하며 그 이유는, 카피는 도대체 어떤 목적을 갖고 있을까? 어떤 면을 강조해야 할까? 카피를 읽거나 들은 다음 예상고객이 어떻게 반응하도록 해야 할까? 등의 의문에 대한 명쾌한 답은 찾아내는 것이 성공적인 카피라고 할 수 있다.

小林太三郞는 그의 저서 「광고의 체크리스트」에서 카피가 갖추어야 할 17가지 법칙을 제시하고 있다. 이러한 항목들을 평소에 잘 숙지하고 있으면 일상적인 카피 작성에 많은 도움이 된다.

- 광고 카피는 판매를 위한 것이다. 소비자의 사고자 하는 욕망을 불러일으키기 위한 것이다. 카피를 위한 카피는 엄격하게 경계하지 않으면 안 된다.
- 광고 상품, 상품 시장, 판매 경로, 그 외의 것에 대한 지식을 갖고 있지 않으면 안 된다. 광고 메시지의 대상이 되는 소비자에 대해 충분한 지식이 요구된다.
- 소비자가 알고 싶어 하는 것을 설명하는 것과 같은 마음이다. 그 배후에 있는 광고주의 신용력을 고려하면서, 카피 도입부분에서 '팔려고 하는 너무 자극적인 표현'은 하지 않도록 주의해야 한다. 대신 상품이 주게 되는 서비스 면을 강조해 둘 필요가 있다.
- 가능하면 한 개인에게 말해주는 것 같은 메시지로 구성한다. '당신'이라고 요구하지 않아도 이러한 화법의 카피 작성은 가능하다.

- 소비자는 인간이고 이기적이며 감정적인 면이 있다는 것에 유의해야 하며, 그들의 요구와 욕구에 그와 같이 요구할 것이다.
- 광고의 수신자가 일상적으로 사용하고 있는 말을 사용해야 한다. 광고 메시지에 친밀감을 느끼고 신속하게 힘을 부여하기 위해서는 이 같은 배려는 중요하다.
- 예상고객이 일반적 · 공통적으로 느끼는 친밀감을 가질 수 있는 상황을 고려해 이것을 극화하고, 자연스러운 가운데 메시지를 침투시킬 수 있는 마음의 배려가 필요하다.
- 요구점은 될 수 있는 대로 좁게 해야 불투명해지지 않는다.
- 특수한 것으로 만든다. 광고주의 이름을 바꾸면 다른 경쟁 광고주의 광고 카피로 쓰일 수 있는 것은 그만큼 호소력이 낮다. 또 일반적인 표현이나 추상적인 표현은 피해야 한다.
- 카피에 너무 집중하는 데 따른 위험이다. 아무리 훌륭한 것일지라도 카피는 목적에의 수단으로서, 카피를 위한 카피가 되지 않도록 유의해야 한다. 단순한 것이라도 편치가 있는 카피를 써야 한다.
- 카피의 도입부분은 알기 쉽게 하는 것이 중요하다. 그렇지 않으면 귀찮아지게 되고 보디카피를 읽어보는 것이 어렵게 된다.
- 카피를 적당히 끊는다. 몇 개의 덩어리(절)로 구성되면 메시지는 전하기 쉽게 되고 읽기 쉽게 된다. 서브헤드를 붙이는 이유도 여기에 있다.
- 의심을 일으킬 수 있는 카피는 절대로 피하여야 한다. 광고주가 바르다고 생각하는 카피일지라도 모르는 가운데 불신을 사는 일도 있다.
- 몇 회에 걸쳐 광고를 했다고 해서 각각의 광고에 누적되는 효과를 필요 이상으로 기대하는 것은 위험하다. '하나의 카피에 완전한 스토리'라는 방향이 바람직하다. 광고 횟수가 많은 광고주는 이런 면에 특히 주의해야 한다.
- 우선 카피의 초안을 만들어 본다. 이 때 당신의 마음속에 떠오른 여러 가지의 아이디어를 가미하는 것은 물론 이런 카피를 검토하고 낭비된 것을 줄이거나 때로는 변경하고 겨냥하는 편이 좋다고 생각되는 요구방법을 생각해내서 적당한 손질을 한다. 이 광고가 갖는 목적이라는 관점으로부터 카피에 사용된 말, 어구, 문장, 절 등이 갖는 목적 또한 기능이라는 관점으로부터 평가를 가미해 본다. 말해 두지 않으면 안 되는 것이 잘 처리되어 있는가, 말할 필요도 없는 것은 잘 제거되어 있는가를 검토해 보아야 하는데 그렇다고 해서 '흠을 들추어내는 것'으로 그쳐버리면 안 된다.
- 카피는 쓴 다음, 조금 시간이 지난 다음에 한 번 더 검토해 본다.

- 카피는 광고의 수신자에게 동기를 부여할 수 있는 방법으로 광고의 테마를 전할 수 있을 만큼 힘을 갖고 있는가?
- 말이나 문장 등은 예상고객에게 딱 맞는 것으로 되어 있는가?
- 광고의 수신자에게 생각하게 하고 느끼게 할 만큼 힘을 갖고 있는가?
- 당면의 광고과제로부터 이 카피는 다음의 점에 있어서 충분한가?
  - ▸특수한 것
  - ▸합리적인 것
  - ▸친절함을 생각한 것
  - ▸흥미가 있는 것
  - ▸설득력이 있는 것
  - ▸일관성이 있는 것
  - ▸믿을 수 있는 것
  - ▸정확한 것
  - ▸솔직한 것
  - ▸직접적인 것
  - ▸이해하기 쉬운 것
  - ▸성실한 것
  - ▸진실한 것
  - ▸인간적인 것
  - ▸기품이 있는 것
  - ▸강력한 것
  - ▸극적인 것
  - ▸적시성이 수반된 것
  - ▸독특하고 독창적인 것
- 광고주의 세일즈맨, 도매상, 소매상 등에서 볼 때는 어떠할까?

  그들에게 판매 열의를 높여줄 만큼 힘을 갖고 있는 것인가?

이상 열거한 항목들은 카피 구성 요소의 어느 곳에서도 적용시키고 검증해 볼 수 있는 좋은 척도라고 생각한다.

Section 02. 광고 카피의 요소

2.1 헤드라인(Headline)

(1) 헤드라인의 기능

세계 광고 역사상 걸작광고로서의 명예를 안고 있는 대다수의 광고물들은 대부분이 헤드라인에 의해 기억되고 있다는 사실을 알 수 있다. 그리고 일상생활을 하면서도 생각나는 광고를 불현듯 떠올리면 제일 먼저 말할 수 있는 것이 광고의 헤드라인이다.

'광고 효과의 50%~75%가 헤드라인의 힘에 달렸다'라는 얘기가 있듯이 많은 카피라이터들은 헤드라인 작성에 많은 시간적 투자를 하고 있음을 광고대행사의 직언이면 분야가 달라도 확실히 알고 있다. 그만큼 헤드라인은 광고에서 막중한 역할을 떠맡고 있는 셈이 된다.

현대는 '정보의 홍수시대'라고 할 만큼 일반대중에게 많은 정보들이 밀려든다. 그런 상황 속에서 독자들은 선택의 눈을 어느 쪽으로 향해야 할지가 곤욕스럽다. 그러면서 독자들의 눈과 마음은 볼 것과 보지 않을 것, 읽을 것, 읽지 않은 것을 눈 깜짝할 사이에 구별해내는 데 이 '눈 깜짝할 사이에' 헤드라인이 그 역할을 담당하게 된다. 하지만 독자들이 그 광고의 헤드라인을 보았다고 해도 본문까지 샅샅이 읽어내려 갈거라는 보장은 절대 하지 못한다.

이런 때에 헤드라인이 해야 하는 처방 기능들을 던(W. S Dunn)은 다음과 같이 정의 내린다.

첫째, 독자의 눈길을 끌 것.

독자의 주의를 끄는 것은 헤드라인, 일러스트레이션 또는 이 두 가지 요소를 합친 요소까지 3가지가 될 수 있는데 가급적 3번째, 방법을 이용하는 것이 바람직한 선택이다.

둘째, 메스 오디언스(Mass Audiende) 중에서 목표고객(Target Audiende)을 골라낸다.

헤드라인에 상표명이나 회사명을 넣으면 그 광고는 보디카피가 읽히는 율이 떨어진다. 헤드라인에 그것을 넣는 대신 그 단어 수만큼 독자들에게 어필하는 말을 집어넣는 것이 낫다.

셋째, 독자를 메인카피로 끌어들일 것.

이것은 간단한 것 같지만 쉽지 않은 테크닉이다. 테마는 그 광고의 헤드라인과 메인 일러스트레이션, 보디카피 등에서 통일되어져있지 않으면 독자들에게 명확히 전달되지 않는다는 원리가 있다.

넷째, 때에 따라서는 소비자를 움직여 행동하도록 하는 역할까지도 해야 한다.

이렇듯 헤드라인은 광고의 성공과 좌절의 요인을 동시에 거머쥐고 있는 막중한 역할을 한다. 이러한 역할들이 그때의 상황에 따라 또는 그 목적에 따라 결정 된다.

(2) 헤드라인의 종류

헤드라인은 많은 사람들이 저마다의 기준을 내세워 분류하고 있는데 대부분은 단순히 분류에 의한 분류에 그치고 있을 뿐이다. 그러나 많은 광고인들이 헤드라인, 카피 그리고 그 밖의 광고 요소를 분류하는 종래의 방법을 달갑게 여기지 않고 있다. 그렇지만 헤드라인의 종류를 미리 머리에 넣어두면 카피라이터가 카피의 흐름을 종합, 정리하는데 도움이 될 경우가 많은 것은 사실이다.

M. 데보우는, 헤드라인의 분류는 '내용이나 주제를 기준으로 하는 것이 쓸모가 있다. 왜냐하면 헤드라인이 무엇을 말하고 있는가가 어떻게 말하고 있는 가보다도 효과에 영향을 주기 때문이다.'라면서 헤드라인의 분류 그 자체에 그치는 분류를 비판하고 있다.

그래서 그는 내용을 기준으로 헤드라인의 주된 종류를 5가지 들어 각각의 효과를 해설하고 있다.

이에 따르면,

첫째, 제품의 이점을 위주로 하고, 상품명이 들어 있지 않은 헤드라인.

둘째, 제품의 특징에 바탕을 둔, 상품명이 들어있지 않은 헤드라인.

셋째, 제품의 이점을 위주로 한 상품명이 들어있는 헤드라인.

넷째, 제품의 특징에 바탕을 둔 상품명이 있는 헤드라인.

다섯째, 휴먼 인터레스트 한 헤드라인 등이다.

그는 '첫째'에 해당하는 헤드라인은 보디카피를 읽히려는 점에서는 가장 강력하지만 경쟁이라는 면에서 본다면 약하다고 지적하고 있다.

'둘째'에 해당되는 헤드라인은 가장 힘이 약한 헤드라인이라고 혹평하고 있는데, 물론 제품이 매우 흥미 있는 제품이라면 이런 헤드라인도 이용가치는 있다고 말하고 있다.

'셋째'에 해당되는 헤드라인은 '첫째'의 타입과 마찬가지로 흥미를 끄는 힘이 강하고 또 지금 그 제품을 사용하고 있는 사람을 쉽게 끌어들이지만 비사용자는 헤드라인을 읽고 나서 다음 부분을 읽도록 하는 자극을 받지 않을 것이라고 말하고 있다. 이런 헤드라인에 알맞은 광고는 내용이 단순하고 보디카피가 그다지 중요하지 않은 경우이다.

'넷째'의 타입도 '둘째'의 타입과 마찬가지로 흥미를 끄는 힘이 약하고 현재 그 제품을 쓰고 있는 사람조차도 흥미를 느끼지 않는다고 말하고 있다.

'다섯째'의 '휴먼 인터레스트 한 헤드라인'은 인간의 흥미를 끄는 그럴듯한 내용을 갖고 있어야 하며 뭔가 돌아올 보상이라든가, 만족을 약속해 주든가 해야 한다고 한다.

W. 던은 헤드라인 종류를

- 뉴스성 헤드라인(News Headline)
- 호기심에 호소하는 헤드라인(Curiosity Headline)
- 감정에 호소하는 헤드라인(Emotional Headline)
- 지식적인 헤드라인(Directive Headline)
- 헤드라인이 없는 광고(No Headline)

헤드라인에 있어서 형식에 관한 것은 실은 그다지 중요하지 않다. 초보자에게는 체계적인 공부가 되고, 베테랑에게는 지식과 경험을 재정리하는 의미밖에 없다고 해도 좋은 것이다. 헤드라인의 테크닉으로 중요한 것은 '무엇을 어떻게 말할까' 하는데 있어서의 그 '무엇을' 결정하는 일이다.

2.2 보디카피(Body-Copy)

보디카피는 헤드라인을 다 읽고 난 독자가 보다 구체적인 정보를 얻기 위해는 읽는, 단어적인 의미 그대로 카피의 몸체 부분이다. 그러나 대부분의 독자들은 그냥 지나치기 일쑤인 카피 요소이긴 하지만 잘 만들어진 헤드라인에서 약속하고 의미하였던 내용이나 흥미, 주장 등 설득력 있는 세일즈 메시지로 구매의욕을 불러일으켜 독자가 소비자로 바뀔 수 있는 즉, 상품의 특징을 기억하고 구매행동으로 유도하게 하는 중요한 부분의 카피 요소이다.

보디카피의 도입부는 헤드라인의 내용을 연계시켜 소비자의 관심을 고조시키고 중간 부분은 그 광고의 컨셉트를 소비자에게 호소하는 방향으로 모색하여 결말부에 가서는 브랜드에 보다 효과적인 보디카피가 구성되어지려면 일정한 요건을 갖주고 있어야 되는데 흥미성, 통일성, 단순성, 강조성, 설득성 등이 함께 조화를 이룰 때 독자의 광고를 통한 구매의욕이 증대된다.

(1) 흥미성

무엇인가 얻을 거리가 있다고 생각되면 독자들은 읽게 된다. 카피는 재미있고 흥미롭게 써야 된다. 도입부에서 종결되는 곳까지 읽지 않고는 궁금증을 떨쳐버릴 수 없도록 독자의 관심을 집중시켜 나가며 그 상품을 구입 했을 때 얻어지는 편익이나 달라지는 생활 등을 설득력 있게 전개시켜야 한다.

(2) 통일성

광고를 구성하는 모든 요소(카피, 일러스트레이션, 사진 등)들이 동일한 목표 아래 통일감 있는 모습으로 독자에게 보여져야 한다.

몇 개의 다른 요구점을 모두 표현하기 위해 과욕을 부리면 각 요소의 통일성은 깨지게 되고 결굴 독자들은 이 광고를 외면하게 된다. 광고는 광고의 목표와 주장하는 바가 일치하여야 한다. 질서 있는 일관성을 기초로 통일시키는 것이 중요하다. 강약은 있으되 흩어지지 않는 일관성으로 독자가 받는 인상이 하나로 집약될 때 소기의 목적을 달성할 수 있다.

(3) 단순성

인쇄매체 광고는 수많은 기사와 제품 그리고 주변의 광고들과 경쟁하지 않으면 안된다. 헤드라인이 읽히고 보디카피까지 유도된다고 해도 글의 표현을 미화시키고 추상적인 언어를 사용하여 복잡한 형용사나 부사를 집어넣으면 그 글은 뒤죽박죽이 되어버린다. 광고가 순간적으로 독자들에게 이해되기 위해서는 가능한 한 짧게 구성하여야 한다.

(4) 강조성

보디카피가 처음부터 끝까지 한결같은 어조로 계속된다면 지루해져서 곤란하다. 중요한 부분, 강조하고 싶은 부분은 적당한 표현방법으로 다른 부분과 차별화 시켜야 된다.

- 중요한 문장이나 단어는 서로 다른 서체를 사용한다.
- 중요한 단어나 문장은 반복하여 사용할 수 있다.
- 전체 문장 중 필요한 부분은 밑줄을 긋는다.
- 단어의 앞뒤에 많은 여백을 주는 방법으로 해결해 나갈 수 있다.

(5) 설득성

설득성은 객관적이고도 합리적인 것이며, 설득력을 갖고 있다는 것은 일반 독자들을 우리의 소비자로 만들 수 있다는 것을 내포하고 있다. 카피가 객관적이고 합리적이 되려면 제품 연구에서부터 마케팅 전반에 걸쳐 부단한 연구가 있어야 된다. 카피라이터의 주관적 테크닉만 가지고는 절대로 소비자를 설득할 수 없다.

■ 보디카피는 진실만을 호소할 것.
■ 카피라이터는 처음에 필요 이상의 긴 카피를 쓸 것. 그리고 다음에는 그 카피를 압축하면 농축되고 설득력 있는 카피가 될 것이다.
■ 카피라이터는 가능한 많은 종류의 카피를 쓸 것. 카피를 쓴 후에는 가능한 한 많은 사람들의 의견을 구할 것.
■ 카피라이터는 자신의 재능을 뽐내기 위해 상품을 팔지 않으며, 자신을 팔아서는 안 된다.

2.3 슬로건(Slogan)

사전적 정의를 살펴보면 슬로건의 개념과 정의는 다음과 같다.

곧 표어, 모토 등으로 해석되는데, 겔릭어(Gaelic)의 Slaughgaimm(위급한 때를 알리는 소리)이라는 어원에서 알 수 있듯이, 원래 스코틀랜드와 아일랜드의 고지대 사람들이 위급한 때를 알리고 사람들을 불러 모으기 위해 사용된 말이다. 후에 전시의 선전전에 있어서 전쟁 노력동원과 원조를 효과적으로 자극하여 결집시킬 목적으로 사용되었다. 또 예술과 종교 등 여러 방면에서 사용되고 있지만 특히 정치활동의 영역과 상업광고 분야에서 중요시 되고 있으며, 효과적인 슬로건이 되기 위해서는 형식상으로 간결할 것, 운율이 있는 것이어야 한다. 즉 리듬감이 뛰어나야 한다는 뜻이다.

호기심을 끄는 것, 적시성, 결론의 명확함 등이 요구된다. 슬로건은 반복요소에 의해 소기의 효과를 거둘 수도 있다. 단 1회만 사용해서는 슬로건의 주요 기능을 상실하게 된다.

슬로건은 좌익단체나 정당 또는 예술과 종교 등 사회 전반에 두루 활용되고 있는데 그 중에서도 역시 광고분야에서의 중요도가 가장 높다고 할 수 있다.

광고분야의 슬로건 기능을 이해함으로써 슬로건의 전반적인 기능을 파악할 수 있다. 광고에서의 슬로건은 타 분야에서 쓰이는 것에 비해 문장 구성상 독특한 특징이 있다. 그것은 원칙적으로 슬로건 속에 상품명이 읽히도록 넣어져야 한다는 것이다. 그러나 절대적인 원칙은 아니다. 이름을 넣어서 말과 어감이 좋으면 상관이 없지만, 반복 사용했을 경우 문제점이 발생할 때가 있다. 예를 들어 읽기 힘들고, 말하기 불편하고, 듣기 힘들며, 기억하기 어렵게 되는 것들이다. 이것들은 슬로건으로서는 치명적인 해가 될 수 있다.

슬로건의 이러한 문제에 대해서 학예난에 '현대의 神들'이라는 아사히신문의 특집에 "상품 판매상의 슬로건은 반복하기 쉬운 곳에 그 비밀이 숨어있다. 뛰어난 문구란 몇 회인가 반복하는 가운데 '신통력'을 갖기 시작한다. 반복되는 문구는 '사람들의 정신적인 저항'을 점진적으로 부드럽게 하고 어떤 종류의 조건반사를 성립시킬 수 있다."라고 언급된 적이 있다.

슬로건 작성시 꼭 필요하고 체크해야 할 점에 대해서 알아보자.

슬로건 작성은 광고 카피의 작성상 유사한 특성을 갖고 있다. 즉 좋은 헤드라인 작성 조건은 좋은 슬로건 작성 조건에 적용이 가능하다. 그 조건으로는

- 짧을 것
- 문장의 의미가 명확할 것
- 문구의 짜임새가 적절할 것
- 독창적일 것
- 재미있을 것
- 기억하기 쉬울 것 등이다.

슬로건의 종류는 3가지로 대략 나누어 볼 수 있다.

(1) 기업 슬로건

기업 슬로건은 기업의 얼굴이다. 기업의 창업이념이나 경영이념은 소비자에 대한 약속 등을 사회에 표명하는 수단이다. 대부분의 기업슬로건은 기업의 일방적인 메시지에 불과한 경우가 많다. 그러나 요즘은 소비자 중심으로 쉽고도 친근한 슬로건이 유행하는 추세이다.

- 농민의 꿈을 소중히 키우는 (농협)
- 우리의 날개 (대한항공)
- 세계 속에 한국의 자랑 (에이스 침대)
- 세계 제 1을 목표로 (르카프)
- Inovation working for you (3M)
- The world of sports (MIZUNO)
- 정보통신의 선두주자 (삼보컴퓨터)
- 인간을 꾸며주는 사이언스 (시세이도)
- 더욱 훌륭한 도시로 (도쿄가스)
- 사람과 지구를 매우 좋아합니다 (산요전기)

■ 마음을 충족시키는 첨단기술 (마츠시다전기)
■ 90년대의 큰 날개 JAL (닛뽄항공)
■ 생활 속의 좋은 음식은 바로 웃는 얼굴이다 (아지노모토)

(2) 캠페인 슬로건

캠페인 슬로건은 공공단체나 기업이 어떤 캠페인을 벌이면서 사용하는 것이다. 캠페인 슬로건은 캠페인이 계획됨에 따라 미리 제작되는 경우가 많다. 이와 함께 특정한 광고에 대한 소비자 반응이 예상외로 좋아서 그 광고를 캠페인화하여 지속적으로 반복 집행할 경우가 많은데 그럴 경우 그 광고의 헤드라인이 캠페인의 슬로건으로 정착하는 수도 많다. 앞에서 말한 '사람들이 좋다 OB가 좋다' 캠페인도 그 중 하나이다.

■ 우리강산 푸르게 푸르게 (유한 킴벌리)
■ 좋은 꿈 꾸세요 (에이스 침대)
■ 깨끗해요 (존슨즈 베이비 로션)
■ 난 느껴요 (코카콜라)
■ Think Small (폭스바겐)
■ Where is beef? (웬디스 햄버거)
■ 정보는 나의 친구 (리코)
■ 사람도 안전 차도 안전 (현대 자동차)
■ 잊을 수 없는 고향, 고향의 맛 다시다 (다시다)
■ 가슴이 따뜻한 사람과 만나고 싶다 (맥심)
■ 누가 나이키를 신는가? (나이키)

(3) 브랜드 슬로건

상품 슬로건은 기업 슬로건과는 별도로 하나의 제품에 붙이는 슬로건이다. 기업 슬로건에 비해 덜 포괄적이고 특정 제품의 특징을 주로 나타낸다. '깨끗한 화장품 - 에바스' 처럼 기업 슬로건과 상품 슬로건이 함께 쓰이는 경우도 있다. 이런 슬로건은 주로 회사 이름과 대표제품 (또는 Family Brand)의 이름이 동일한 경우에 많다.

■ 일요일은 오뚜기카레 (오뚜기)
■ 사랑이란 이름의 세탁기 (삼성 히트세탁기)

- 엄마가 사랑으로 준비하는 주스 (하이C)
- 코코아향의 어린이 영양제 (제텐비타)
- 감성세대 캐주얼 슈즈 (뱅가드)
- 좋은 사람의 좋은 옷 (언더우드)
- 갓 볶아낸 커피의 맛 (그랜디)
- The Choice of New Generation (P데냐)
- The Real Thing (Coca Cola)
- A car you can believe in (Volvo)
- Fun to drive (TOYOTA)

또 다른 방법으로 슬로건을 분류해보면 다음과 같다.

- 제품의 이익을 주로 해서 상품명과 회사명이 없는 것
- 제품의 특징으로 주로 해서 상품명과 회사명이 없는 것
- 제품의 편리함을 주로 해서 상품명과 회사명을 넣는 것
- 제품의 특징을 주로 해서 상품명과 회사명을 넣는 것
- 극히 일반적인 휴먼 인터레스트를 테마로 삼는 것
- 테마에 뉴스성을 살린 것
- 대중의 감정에 호소하는 것
- 대중의 즉시 행동을 요구하는 지시적인 것

위에서 알 수 있듯이 어느 쪽의 형태이건 테크닉 상 중요한 것은 '무엇을 말할까'에서 '무엇을'이란 요소를 결정하는 일이다.

2.4 캡션(Caption)

보디카피와는 별도로 광고에서 일러스트레이션이나 사진 위주의 작은 활자로 된 짧은 글로 주제를 서술하거나 설명하는 역할을 하는 것으로 신문, 잡지광고에서 많이 사용되고 있는 카피의 종류 중 하나다.

캡션이 부여되지 않는 사진이나 기타 다른 시각물들은 보는 사람의 입장에 따라 그림의 상황 해석이 자의적으로 해석되어져 개념의 전달이나 테마의 제작의도와 같이 정확하게 이미지 전달이 되기 어려운 부분이 많은데, 사진에서의 캡션은 사진이 이루어낼 수 없는 부

분을 완성시켜 주는 가장 완벽한 조력자이다. 그렇다고 언제나 사진은 문자의 도움을 받아야 된다는 논리는 아니다. 문자와 사진은 추상성과 구체성의 양극에 서서, 서로를 돕는 보완적인 관계의 매체이다.

중요한 것은 사진과 언어의 결합이 가장 완벽하고 이상적인 표현 전달 수단을 이룰 수 있다는 사실이며 시각 메시지에 대해서는 어떤 이해의 방향을 설정해 주는 언어 메시지의 역할을 한다는 사실이다.

하지만 캡션 없이 비주얼만으로 커뮤니케이션이 가능한 경우도 많이 있는 것은 사실이나, 유사한 시각적 경험이 없는 상태에서의 상황 제시는 엉뚱한 판단을 내리게 할 수 있음에 유의하여야 한다.

Section 03. 좋은 카피를 쓰기 위한 여러 가지 방법들

3.1 좋은 헤드라인을 쓰기 위한 법칙

(1) 뉴스성 헤드라인

- '소개합니다'(발표합니다, 알립니다)라는 말을 헤드라인에 넣는다.
- '소개합니다'와 같은 뜻을 가진 말을 헤드라인에 넣는다.
- '새로운'이라는 말을 헤드라인에 넣는다.
- '이제', '지금', '막'이라는 말을 헤드라인에 넣는다.
- '마침내', '드디어'라는 말을 헤드라인에 넣는다.
- 시간 개념을 헤드라인에 넣는다.
- 뉴스처럼 보이게 헤드라인을 쓴다.

(2) 가격을 이용한 헤드라인

- 헤드라인에서 가격을 말한다.
- 할인가격을 말한다.

- 헤드라인에 독특한(손해를 감수하는) 제안을 한다.
- 돈 지불 방법이 쉽다는 것을 이야기 한다.
- 무료제공을 헤드라인에 넣는다.
- 가치 있는 정보를 제공한다.
- 이야기식으로 헤드라인을 쓴다.
- 헤드라인에 '방법'이라는 말을 넣는다.
- 헤드라인에 '어떻게'라는 말을 넣는다.

(3) 키워드를 이용한 헤드라인

- '까닭', '어째서', '왜'라는 말을 헤드라인에 넣는다.
- '어떤'이라는 말을 헤드라인에 넣는다.
- '.......하지 않는 사람은 없다'라는 말을 헤드라인에 넣는다.
- '찾음', '구함'이라는 말을 헤드라인에 넣는다.
- '이', '이것'이라는 말을 헤드라인에 넣는다.
- '충고'라는 말을 헤드라인에 넣는다.
- 증명 형식으로 헤드라인을 쓴다.
- 독자들이 스스로 테스트해 볼 수 있는 과제를 제시한다.
- 한 단어짜리 헤드라인을 쓴다.
- 두 단어짜리 헤드라인을 쓴다.
- 물건을 미리 사지 말라고 경고한다.
- 광고주가 직접 독자에게 말하도록 한다.
- 특정인이나 특정집단에게 이야기하는 것처럼 헤드라인을 쓴다.

3.2 좋은 헤드라인의 기본 법칙

(1) 헤드라인에는 반드시 이기심을 자극할 수 있는 요소를 넣을 것.

사람들이 바라고 있는 '그 무엇이 여기에 있다'고 암시하도록 헤드라인을 써야 한다. 너무나도 기본적인 이야기여서 말할 필요조차 없는 것이라고 생각할 지도 모른다. 그러나 많은 카피라이터들이 항상 이 기본적이 법칙을 지키지 않고 있다.

(2) 새로운 상품이 나왔다든지, 새로운 상품은 아니지만 무언가 새로운 용도가 있다든지 하는 등의 뉴스거리가 있으면 그 사실을 반드시 헤드라인에 크게 넣는다.

(3) 호기심을 자극하는데서 그치고 마는 헤드라인은 쓰지 말 것이며, 뉴스성과 이기심도 함께 자극하는 호기심은 물건을 파는데 큰 도움은 되지만, 호기심 하나만을 가지고 물건을 팔기는 힘들다. 이 법칙은 다른 어떤 법칙들보다도 잘 지켜지지 않고 있다. 신문이나 잡지에 난 광고들을 보면 호기심만으로 물건을 팔려고 하는 헤드라인이 너무도 많다.

(4) 가능하다면 우울하거나 어두우 면을 묘사하는 헤드라인은 쓰지 말고, 즐겁고 긍정적인 쪽으로 이야기하는 것이 좋다.

(5) 독자들이 바라고 있는 것을 '아주 빠르고 손쉽게 얻을 수 있는 길이 여기에 있다.'는 것을 헤드라인에서 암시하도록 한다.

3.3 광고문안 작성을 위한 지침

(1) 기본원칙

- 새로운 캠페인을 만들기 전에 제품에 대해 연구하고 지난 선례를 검토하고 시장 조사 내용을 분석한다.
- 형식보다 내용이 더 중요하다. 즉 광고에서 '무엇을 말할 것인가'하는 것이 '어떻게 말할 것인가' 보다 중요하다.
- 캠페인에 빅 아이디어가 없다면 한밤중에 지나가는 배처럼 그냥 스쳐지나갈 것이다.
- 모든 제작물은 반드시 카피 주안점(Copy Platform)과 밀접한 관련이 있어야 하며 기본적인 판매 욕구점을 크고 명확히 전달해야 한다.
- 브랜드명은 반드시 한눈에 알아볼 수 있도록 해야 하는데 대부분의 모든 광고가 브랜드 지력(智力)이 부족하다.
- 광고는 반드시 친근감이 있어야 한다. 왜냐하면 사람들은 매너가 좋지 않은 판매원에게서는 물건을 구매하려 하지 않기 때문이다.
- 광고를 통해 자신의 브랜드가 1등급이라는 이미지를 계속 갖도록 해 주어야 한다. 사람들은 흔히 자기 친구들이 '싸구려의 삼류 제품'이라고 여기고 있는 제품을 자기

가 쓰고 있다는 걸 들키고 싶지 않기 때문이다.

- 소비자들은 바보가 아니다. 당신의 부인이 바로 소비자이며, 그녀의 지성을 욕보이게는 하지 말아야 한다.
- 시대감각에 맞는 광고를 집행해야 한다. 소비자는 우리보다 더 젊다는 사실을 명심해야 한다.
- 우리는 소비자에게 우리 제품을 사도록 귀찮게 강요할 수는 없다. 다만 그것을 사도록 흥미를 불러일으킬 수 있을 뿐이다.
- 만약 당신의 광고가 운이 좋게도 크게 성공했다면 그것을 계속 반복한다. 훌륭한 광고는 아무리 오래 계속하거나 자주 반복하여도 지나치지 않다.
- 광고는 그룹을 통해서는 어떤 창조적인 것도 만들어 낼 수 없다.

(2) 헤드라인

- 헤드라인은 이익을 약속함으로써 독자가 가지고 있는 흥미에 반응해야 한다.
- 헤드라인에는 최대한의 정보를 넣는다. 제품도 사람과 마찬가지로 처음 탄생할 때 관심이 가장 클 때이다.
- 헤드라인에 브랜드명을 포함시킨다.
- 헤드라인은 독자로 하여금 서브헤드와 본문까지 읽도록 유도 할 수 있어야 한다. 이것은 아무도 없는 딩 빈 교회에다 당신의 영혼을 맡길 수 없는 것과 마찬가지이다.
- 제품을 판매할 수 있는 헤드라인이어야 한다. 그 길이에 대해서는 염려하지 말며, 12단어의 헤드라인이나 3단어로 된 헤드라인이나 독자를 끄는 확률은 거의 같다.
- 본문의 내용을 이해시키기 위해 독자들로 하여금 본문을 읽도록 강요하는 헤드라인은 쓰지 않는다.
- 속임수를 쓰거나 연관성이 없는 헤드라인은 쓰지 않으며, 똑똑한 체해서도 안 된다. 독자들은 아주 빨리 읽어 내려가기 때문에 당신이 말하고자 하는 내용을 파악하지 못하는 경우가 많다.

(3) 카피

- 사람들이 수필을 읽듯이 한가롭게 광고를 읽는다고 기대하지 않는다. 광고는 순수문학이 아니다.

- 핵심으로 바로 들어가며, 주변부터 두리뭉실하게 이야기하지 않는다.
- 지나치게 과장된 말, 지극히 일반적인 말, 또는 진부한 내용들은 피한다.
- 유추하여 생각하게 하는 말을 삼간다. '꼭~처럼, 역시 마찬가지로' 등, 사람들은 그러한 말에 관심이 없다.
- 구체적이고 사실적으로 표현한다.
- 독자들이 마치 저녁 식탁에서 당신 옆자리에 앉아 있는 것처럼 개인적으로 가깝고 정열적으로 기억이 남게끔 표현한다.
- 여자는 평균적으로 한 개의 잡지에서 겨우 4개 정도의 광고만을 읽는다고 한다. 당신의 광고가 만약 그 4개중에 끼고 싶다면 보다 흥미 있는 카피를 써야한다.
- 있는 그대로의 진실을 이야기하되 그 진실이 흥미를 끌도록 해야 한다.
- 한 문장이 12단어 이하가 되도록 한다.
- 100개의 단어 중에 적어도 14개 정도는 개개인의 소비자와 관련있는 말을 언급하도록 한다.
- 증언식 광고를 활용한다.
- 독자가 광고에 할애한 관심과 시간에 대한 보답으로 유익한 정보를 제공해 준다.
- 필요할 경우 긴 카피를 쓰게 되는 경우를 걱정하지 않는다.
- 캡션은 모두 일러스트 밑에 달도록 하고, 거기에는 브랜드명과 판매 제의를 충분히 포함 시키도록 한다.

(4) 일러스트

- 일러스트도 카피와 마찬가지로 독자에게 돌아가는 어떤 보상을 생생하게 묘사해야 한다.
- 여성의 주의를 끌기 위해서는 어린아이나 여성을 보여주도록 한다.
- 모든 일러스트에 '스토리 매력(Story Appeal)', 즉 제품과 더불어 이야기 거리가 있도록 표현한다.
- 삽화, 도안 등을 사용하지 말고 언제나 사진을 사용한다. 사진은 언제나 보다 많은 독자의 관심을 끌고 상품을 더욱 많이 파는데 공헌한다.

- David Ogilvy -

3.4 헤드라인을 쓰는 방법

- 헤드라인의 의도를 유지한다.
- 권위자를 인용한다.
- 독자에게 도전한다.
- 생산자가 말하게 한다.
- 무료정보를 제공한다.
- 증언 또는 추천사로 시작한다.
- 제품 명세를 설명한다.
- 기사(記事)식 접근방법을 사용한다.
- '당신', 즉 2인칭 기법을 사용한다.
- 스토리로 이야기한다.

- John Caples -

3.5 보디카피를 쓰는 법

- 헤드라인과 똑같은 스타일을 유지하는 방법도 있다.
- 스토리로 된 카피로 작성 한다.
- 헤드라인과 다른 스타일로 변화를 주는 방법도 있다.
- 제품의 역사를 설명하는 방법도 있다.
- 속사포식 카피로 작성한다.
- 시적인 분위기의 카피로 작성한다.
- 유머 있는 카피로 작성한다.

- John Caples -

3.6 광고의 신뢰도를 높이는 방법

- 구체적으로 쓴다.
- 증언 또는 추천사를 사용한다.
- 생산자의 이름을 내세운다.

- 생산자에 대한 신뢰를 구축한다.
- 극적인 품질 테스트를 얘기한다.
- 사실적인 카피와 사실적인 아트를 사용한다.
- 전문가의 승인을 제시한다.
- 인가의 증거를 제시한다.
- 보증한다.
- 중요한 포인트는 반복한다.

- John Caples -

3.7 바겐(bargain)을 증명하는 방법

- 가격이 얼마나 인하되었나를 말한다.
- 저렴한 가격을 극적으로 표현한다.
- 다른 사람들이 얼마나 비싸게 사는가를 말한다.
- 가격이 저렴한 이유를 제시한다.
- '바겐'이라 얘기한다.
- 당신의 제의에 대한 가치를 구축한다.

- John Caples -

3.8 사기 쉽게 만들어 주는 방법

- '이디서니 살 수 있다.'를 말한다.
- 그곳까지 가는 방법을 알려준다.
- 구매 방법을 안내한다.
- 전화로 주문하는 방법을 알려준다.
- 우편으로 주문하는 방법을 알려준다.
- '쿠폰'이나 '주문란'을 사용하도록 한다.
- 편리한 지불방법을 제시한다.
- 책자를 제공한다.
- 샘플을 제공한다.

- John Caples -

3.9 지금 사도록 만드는 방법

- 특별한 오퍼(offer)를 제공한다.
- 값이 오르고 있으면 그렇다고 이야기한다.
- 공급량이 한정되어 있으면 그렇다고 이야기한다.
- 기간에 제한이 있으면 그렇다고 이야기한다.
- 신속하게 행동하는 사람에게는 보답을 제공한다.
- 행동을 촉구하는 단어를 사용한다.

- John Caples -

3.10 짧은 카피를 써야 할 경우

- 그 광고가 일용품에 관한 것일 때.
- 그 제품의 구조도 용법도 손질도 간단할 때.
- 그 브랜드가 눈에 띄는 차별점이 없을 때.
- 그 제품이 사소한 이점밖에 주지 않을 때.
- 그 제품의 가격이 낮을 때.
- 그 광고가 신문에 실릴 때.
- 라디오나 TV-CF의 카피일 때.
- 그 카피가 옥외광고에 사용될 때.
- 그 카피가 차내 광고에 사용될 때.
- 그 카피가 돈 많고 레저를 즐기는 사람들이 보는 잡지에 실릴 때.
- 광고주의 목적이 브랜드에 대해 호의 있는 태도를 만드는 것에 있을 때.
- 그 카피가 간접적인 행동을 목적으로 할 때.
- 그 판매활동의 대부분이 세일즈맨이나 판매전에 의해 행해 질 때.
- 광고주가 최대한으로 소비자들의 문의나 확인을 원하고 있을 때.
- 그 카피가 그 제품의 애용자를 대상으로 쓰여질 때.
- 그 회사의 브랜드가 오랜 역사를 가지고 있으며, 그 브랜드가 애용자들의 넓은 사용을 얻고 있을 때.
- 그 카피가 추론 또는 미리 암시하여 보여주는 수법을 쓰고 있을 때.

- M. Devoe -

3.11 긴 카피를 써도 좋은 경우

- 그 광고가 공업용 제품의 것일 때.
- 그 광고가 구매 횟수가 많은 제품이거나 특산품(特産品)에 속하는 것일 때.
- 그 제품이 기술적이거나 기계적인 것일 때.
- 새로운 타입의 제품일 경우, 그 이점이나 특징을 시장에 '교육'해야만 할 때.
- 매우 특수한 브랜드 광고일 때.
- 그 제품의 가격이 높을 때.
- 그 광고가 잡지에 게재(揭載)될 때.
- 그 광고가 다이렉트 메일 같이 긴 카피의 형식을 취할 때.
- 광고주의 목적이 초기 수요를 구축하는데 있을 때.
- 그 카피가 직접적인 행동을 목적으로 하고 있을 때.
- 그 회사가 세일즈맨이나 딜러를 갖고 있지 않을 때.
- 그 광고주의 좋은 의문점을 구하고 있을 때.
- 그 카피가 현재 그 제품을 사용하고 있지 않은 사람들을 대상으로 하고 있을 때.
- 새로 등장한 회사가 경쟁이 매우 심한 시장에 브랜드를 침투시키려고 할 때.

- M. Devoe -

3.12 카피의 신뢰를 줄 수 있는 테크닉

- 이점(利點)을 특징으로 보강해 준다.
- 이점(利點)을 다른 이점(利點)으로 보강해 준다.
- 주장을 확실히 내 보인다.
- 성실한 느낌이 드는 테스티모니얼(testimonial)을 사용한다.
- 사례를 든다.
- 제품의 인기에 관한 이야기를 한다.
- 권위자의 말을 인용한다.
- 인가증을 인용한다.
- 구조상의 여러 가지 증명할 만한 것들을 보여준다.
- 실험을 통해 발견한 사항을 제시한다.

- 견본을 제공한다.
- 보증을 제공한다.
- 일러스트레이션을 믿을 만한 것으로 한다.
- 정직한 그래픽 디자인으로 한다.

- M. Devoe -

3.13 상품 간에 심리적 차별감을 갖게 해 주는 테크닉

- 추론적인 광고를 한다.
- 증언을 이용한다.
- 공통의 제품 이점을 먼저 활용한다.
- 제품의 특징으로 이름을 붙인다.
- 소비자의 고민으로 새로운 이름을 만들어 낸다.
- 이점(利點)을 엮어 독자적으로 추정한다.
- 심볼을 사용한다.
- 트레이드 캐릭터를 만든다.
- 유익한 지식을 준다.
- 반복한다.
- 눈에 띌 만큼 색다른 광고를 한다.
- 패키지를 눈에 띄게 강조한다.
- 딜러의 서비스를 강조한다.

- M. Devoe -

3.14 광고로부터 관습(慣習)을 멀어지게 하는 것들

- 다정한 친구처럼 얘기하지 않고 거리의 장사꾼처럼 떠드는 경우.
- 언제 그칠지 모를 정도로 지껄이는 경우.
- 판매 구매점을 너무 많이 얘기해서 소비자들이 오히려 하나도 기억하지 못하는 경우.
- 제품 자체에 대해서만 떠들었지 그 제품이 독자나 시청자들에게 어떤 이익을 줄 지에 대해서는 얘기가 없을 경우.

- 그다지 크게 중요하지 않은 제품에 대해 지나치게 중요성을 강조하는 경우.
- 너무 급하게 재촉하는 경우. '서두르세요!', '빨리요!', '어서요!' 등을 남발하는 경우.
- 도무지 믿기 어렵고 근거가 없는 주장을 할 경우.
- 혼란스러운 경우 일때.
- 시청자로 하여금 당신의 메시지를 이해하는데 수고를 하게 만드는 경우.
- 그저 평범하면서 졸렬스러운 경우.
- 가장 나쁜 경우로서 또렷하지 못하고 지루한 경우.

- Charlie Brower -

3.15 당신의 광고에 소비자의 관심이 집중되는 경우

- 친근하게 조언할 한다. 그러나 지나치게 친근해서는 안 되며, 어느 누구도 당신이 꼬리치거나 손을 핥는 것은 좋아하지 않는다.
- 간단명료해야 한다.(이 말을 10번 이상 반복하도록 하라)
- 위트가 있되 촌스럽지 않아야 한다.
- 허위가 아닌 진실된 정보여야 한다.
- 보거나 들을만한 가치가 있는 광고여야 한다.
- 한 가지 아이디어를 논리적으로 전개해야 한다.
- 사용법 등의 서비스를 제시해야 하다.
- 늘 사용하는 제품에 대해 새로운 용도를 제시해야 한다.
- 비록 일부러 만든 것일지라도 흥미가 있어야 한다.

- Charlie Brower -

3.16 카피라이터로 성공하기 위한 필요한 조건

- 상상력
- 억제하기 어려운 호기심
- 사고력
- 늘 의문을 갖는 태도
- 통찰력

- 인간애
- 글재주
- 시각화 능력
- 논리적 분석력
- 넓은 감정
- 강한 판매본능
- 유머 센스
- 건전한 판단력
- 넓은 마음

3.17 카피에서 상품을 강조하는 방법

- 광고하는 상품이 다른 어느 물건보다도 좋다고 확실히 이야기하며 암시한다.
- 광고하는 상품을 능가하는 것은 없다고 주장하는 것이다.
- 다른 어떤 것도 광고하는 상품보다는 좋지 않다고 주장하는 비교법이 있다.

- M. Devoe -

Chapter 03 제작 크리에이티브

Section 01. 광고 대행사의 제작 담당자들

성공적인 크리에이티브를 만들어 내는 것이 바로 광고대행사의 임무이다. 만일 어떤 광고대행사의 제작물들이 한결 같이 크리에이티브의 수준이 높다면 그 이유는 바로 그 대행사가 크리에이티브의 중요성을 무엇보다도 잘 인식하고 있기 때문이라고 할 수 있다. 성공을 거두는 대부분의 크리에이티브들은 유능하고 자기의 일에 긍지를 갖고 있는, 각 분야의 전문가들로 구성된 크리에이티브 파트에서 생겨난다.

그들은 '창조하는 사람들'이다. 그럼 그들은 누구인가? 핵심적인 부분을 크게 분류하여 보면 3개의 부문으로 보통 나뉘어지는데 카피라이터, 아트디렉터, CM 프로듀서라고 볼 수 있다. 그리고 3개 부문을 총괄적으로 크리에이티브를 지휘하고 책임지는 크리에이티브 디렉터가 위에 존재하고 있다. 대부분의 크리에이티브 작업은 자기 분야가 있어 전문가의 한 사람 한사람의 힘들이 모아져 이루어지는 것이다.

1.1 크리에이티브 디렉터(Creative Director)

크리에이티브 디렉터가 갖추어야 할 자질을 열거하여 보면 다음과 같다.

- 훌륭한 심리학자적 소질
- 높은 수준의 의지와 능력
- 유능한 관리자로서의 자질
- 전략적 사고를 할 수 있는, 즉 포지셔닝(Positioning)과 그러한 모든 것을 할 수 있는 능력

■ 리서치 중심의 사고
■ 전파매체와 인쇄매체의 전문가로서의 자질
■ 각종 광고주와 광고주의 비즈니스를 이해하는 능력
■ 그래픽, 타이포그래픽(typographic)에 일가견을 갖춘 실력
■ 열심히 그리고 신속하게 일할 수 있는 능력
■ 남과 다투지 않는 모나지 않는 성격
■ 공적은 나누어 갖고 잘못에 대해 책임질 수 있는 마음의 준비
■ 훌륭한 교사이자 뛰어난 인재를 끌어 모을 수 있는 능력
■ 인생의 즐거움을 남에게 전할 수 있는 마음이 있는 자

크리에이티브 디렉터는 아이디어를 선택하는 사람이고 또 그 아이디어를 파는 사람이다. 그러므로 크리에이티브 디렉터는 좋은 아이디어를 골라낼 수 있는 선별안과 그 아이디어를 A/E와 광고주에게 팔 수 있는 세일즈맨쉽을 동시에 가지고 있어야 한다. 카피라이터와 아트디렉터는 크리에이티브 디렉터에게 자신들의 아이디어를 팔아야 한다.

크리에이티브 디렉터는 또 자신이 산 아이디어를 다시 광고주에게 팔아야 한다. 그리고 보면 크리에이티브 디렉터는 일종의 '아이디어 중간상'이라고 볼 수 있다. 크리에이티브 디렉터가 있는 광고대행사의 조직 시스템이란 크리에이티브 아이디에이션(ideation) 작업에서부터 이그제큐션(execution) 작업에 이르기까지 광고 창작 작업 전반에 대한 책임과 권한을 크리에이디브 디렉디 한 사람에게 집중시키는 제도이다.

1.2 카피라이터(Copy-writer)

카피라이터는 광고로서의 인쇄되어지는 글이나 전파를 타는 글들을 쓰는 사람이다. 그들은 그들의 광고물이 제대로 잘 읽히고, 잘 들릴 수 있도록 좋은 아이디어를 짜낸다. 훌륭한 카피라이터는 말을 만드는 작업 이전에 명확한 컨셉트를 찾아낼 줄 아는 능력을 갖고 있어야 한다. 그것이 하나의 분명한 아이디어를 얘기해 주지 않으면 쓸모가 없어지는 잡문이 되고 만다.

최고라고 자타가 인정하는 광고대행사에 속한 카피라이터라면 날카로운 직관력과 재능을 갖추고 있어야 하며, 마케팅상에서 발생하는 문제점을 풀어나가고 해결시키려는 능력을 소유하고 있어야 한다.

또한 그들은 자신들을 스스로 광고대행사에서 가장 중요한 사람들로 인식하고 있어야 하며 마케팅과 광고 전반에 걸친 폭넓은 지식도 쌓아 두어야 한다.

일반적으로 갖추어야 할 카피라이터의 적성은

- 관찰력
- 상상력
- 추리력
- 독창력
- 판단력
- 비약력(飛躍力)
- 신속성
- 정서적 반응성
- 기억력
- 분석력
- 이해력
- 비판력
- 주의력
- 내구력(耐久力)
- 논리적 사고력

등의 항목들이 있다.

데이비드 오길비(David Ogilvy)는 카피라이터로서 성공하는 자들의 자질로는

- 상품, 인간 그리고 광고에 대한 끈질긴 호기심
- 유머와 센스
- 하드 워크(Hard-Work가)의 습관
- 인쇄매체에서는 재미있는 문장을 쓰고, TV-CM에서는 대단히 자연스러운 회화체로 쓸 수 있는 능력
- 시각적으로 생각할 수 있는 능력(TV-CM에서는 말보다 그림이 중요함)
- 선배들의 캠페인보다도 좋은 것을 만들려고 하는 야심

등의 항목을 제시하고 있다.

1.3 아트디렉터(Art Director)

훌륭한 아트 디렉터는 컨셉트를 그래픽적으로 잘 표현할 줄 아는 비주얼 연출가여야 한다. 미술감독이라는 의미를 갖고 있는 아트디렉터의 직종이 처음 생긴 곳은 미국으로 그 용어를 사용하고 있는 분야는 대단히 광범위하다. 광고 디자인, 에디토리이얼, 광고 사진, 일러스트레이션 등 각 분야에서 일의 내용은 상당히 다르다.

광고 디자인 분야에서 아트디렉터가 되기 위해서는 영화필름, 레이아웃, 사진, 타이포그래픽, 인쇄 등에 이르기까지 상당한 노력과 자기 훈련으로 경험과 지식을 쌓아야 한다.

아트디렉터의 역할은 크게 2가지로 구분되는데 첫째는 광고 플랜을 하는 단계에서의 역할로 컨셉트의 발견 및 확인에서부터 출발한다. 컨셉트를 배경으로 하여 광고 표현의 아이디어를 생각해 내는 것이다.

시각 아이디어가 만들어질 때의 조건으로는

- 주의를 끌 수 있는 것
- 흥미를 느낄 수 있는 것
- 알기 쉽고 아름다운 것
- 개성적인 것
- 인간적 공감을 느낄 수 있는 것
- 헤드라인 기능을 보완해서 모아지는 것

등을 들을 수 있다.

두 번째로 할 수 있는 역할은 광고주가 시안을 결정한 후 실제 제작에 착수함으로써 시작된다. 인쇄광고 제작은 많은 부분의 제작 전문가들이 관계하며 주로 외부의 프리랜서들과 일을 같이 하게 된다.

일러스트레이터, 포토그래퍼, 코디네이터, 세트맨, 모델 등에게 광고 표현에 대한 기본적인 입장을 인식시켜 크리에이티브 컨셉트에 부합하는 제작이 될 수 있도록 디렉션하는 업무를 한다.

그리고 최종적으로 광고의 단색 및 원색제판, 인쇄에 대한 품질도 관리해야 되기 때문에 이 부분에 대한 지식도 충분히 있어야 한다.

1.4 CM 프로듀서(CM Producer)

대부분의 광고대행사에서 필름의 제작은 스토리보드를 실제의 TV-CM으로 만들기 위해서 어디를 가야하고 무엇을 해야 하는지를 잘 아는 사람들에게 맡겨진다. 광고대행사의 재능 있는 프로듀서라면, 초기의 아이디에이션 단계에서부터 그의 전문지식을 동원해 팀 멤버들이 내 놓은 아이디어들에 대해 충고도 해 주고 카운슬링도 해주는 역할을 잘 수행해야 한다.

일단 스토리보드 안(案)이 승인되면, 프로듀서는 이 커머셜을 찍는데 가장 적합하다고 생각되는 CF 스튜디오를 선택하여야 되는데 보통 크리에이티브 디렉터와 협의하여 매우 신중하게 결정 된다. 또한 견적의 입찰과 스튜디오의 계약에 참여하며 해당 프로젝트에 관련된 크리에이티브 팀의 크리에이티브 디렉터, 카피라이터와 담당 A/E 그리고 광고주의 광고 담당자 모두들 CF 스튜디오의 촬영감독과 연결시켜 P.P.M(Pro-Production Meeting)을 갖는다. 이 회의는 커머셜 실제 촬영제작에 들어가기 전 최종적으로 승인된 안(案)을 가지고 세부적인 촬영계획 수립과 최대한 전략에 부합되는 제작물을 만들고 실수를 최소한으로 줄여나가기 위한 회의다.

그리고 제작기간 중의 모든 진행 체크는 프로듀서가 하게 되며, 편집 및 녹음도 철저하게 관리 감독하여 제작물이 완성되면 사내리뷰를 거쳐 광고주 시사까지도 관여하여야 한다.

Section 02. TV-CM의 창조와 제작

2.1 TV-CM에서의 크리에이티브

TV-CM을 만드는데 있어 가장 먼저 착수해야 할 단계는 '소비자가 TV-CM을 보고 난 후 그 제품에 대해 정확하게 무엇을 기억해 주기를 바라는가'를 결정하는 것이다.

이것이 바로 세일즈 메시지다. 그 외에 모든 것은 테크닉에 속한다. 대체로 세일즈 메시지는 TV-CM 제작에 들어가기 전에 합의되어진다. 그러나 가끔 합의된 세일즈 메시지 없이 작업에 임하는 경우가 있다. 이런 경우 '소비자가 어떤 문제에 봉착했을 때 이 제품이 줄 수 있는 주된 서비스'를 찾아야 한다.

예를 들면 '이 제품으로 단조롭던 식탁을 보다 다양하게 꾸밀 수 있게 됐다.'든지 또는 '이 새로운 면도기는 종전보다 빨리 면도를 할 수 있게 됐다'든가 하는 서비스를 결정한다.

그 다음으로 이 제품이 그러한 문제를 해결해 나가는 '스페셜 웨이'를 결정한다. 이러한 결정이 이루어진 다음 비주얼로 스토리를 30초안에 흥미 있게 풀어나갈 수 있도록 한다.

이 단계에선 모든 상상력과 테크닉을 동원하여 시청자의 마음을 사로잡고자 노력한다. 그리하여 TV-CM 시청 후엔 시청자가 그 제품에 대한 메시지를 기억할 수 있도록 하여야 한다.

(1) 구조의 형식

비주얼과 사운드를 잘 이용하면 비록 30초의 짧은 시간 내에서도 이야기를 전달할 수 있는 많은 방법들을 얻을 수 있다.

많은 접근방법들 중에서도 자주 사용되는 몇 가지 형식을 들여다보면 이들 형식 모두는 간단한 아이디어를 명확하고 논리적으로 전개하고자 하는 데 그 기초를 두고 있다.

- Story-Line : 시작부터 주의를 주며 스토리를 전개하고 논리적인 결론을 맺는다.
- Problem Solution : 궁지에 처하거나 문제점에 봉착, 친구에 의한 계몽 그리고 제품의 도움으로 행복한 결과를 가져온다.
- Chronology : 메시지를 일련의 연관된 장면들을 통해 전달한다.
- Special Effect : 제품을 믿음직스런 유명인과 결합시키고 그로 인하여 제품에 권위 있는 판단을 내리게 한다.
- Demonstration : 제품의 성능을 과시한다.(시청자를 바보 취급하지 말 것.)
- Suspence : TV-CM이 시작하면서 즉각 서스펜스를 주고 주도면밀하게 이뤄나가다가 적절한 타이밍에 간결하고도 명확하게 끝맺는다.
- Analogy : 대부분의 시청자들에게 친숙하고 이해되기 쉬운 유사한 예를 들어준다.

이상의 형식 이외에도 스토리를 매혹적이며 유머러스하게 전달 할 수 있는 애니메이션 그리고 지금도 끊임없이 개발되어지는 기타 여러 구성방법들이 있다. TV-CM의 스타일은 극영화와 마찬가지로 시대적 유행의 형태가 있어 신선한 패턴을 개발하도록 끊임없이 도전해야 한다.

(2) TV-CM의 작화

보통 TV-CM은 두 개의 칼럼으로 쓰여진다. 한쪽 칼럼에는 화면을 설명하는 'Video', 그 반대편에는 어나운스먼트(announcement)나 음악, 음향효과 등을 명시한 'Audio' 부분으로 나누어 쓰여 진다.

이것을 광고주에게 프레젠테이션 할 때는 비디오 부분을 순서별로 스케치하여 일련의 '레이아웃 폼'을 만들어 제시한다. 이것을 '스토리 보드'라고 한다.

스토리보드는 광고주에게 '무엇이 계획되어 있는가?'하는 비주얼 아이디어를 보여주며, 광고대행사와 프로듀서에게는 서로의 의견을 일치시키고 또한 제작비를 산정하기 위한 기초가 된다.

■ TV-CM 창조에 있어서의 몇 가지 착안점

① 비디오와 그에 상응하는 오디오는 서로 부합되어야 한다. 오디오가 어느 부분을 말하는 동안 비디오는 또 다른 판매 포인트를 보여주어서는 안 된다.

② 오디오가 비디오에 적합하는 한, 그림에서 명확한 사실을 묘사하는데 헛되이 시간을 낭비하지 말아야 한다.

③ 반 이상의 비중을 비디오에 둔다. 텔레비전은 말하는 것 보다 보여주는 쪽이 훨씬 효과적이다.

④ 오디오에서는 짤막하고 일상적인 말을 쓰고 문장은 간결해야 하며, 완성되지 않아도 된다. 그림에 의해 전해진 메시지를 살찌우거나 다듬는 이상의 말은 불필요하다.

⑤ 정적인 장면은 피하고 카메라에 동감(動感)을 주고 장면에 변화를 주어야 한다.

⑥ 시청자가 혼돈되지 않도록 너무나 많은 장면들을 보여주어선 안 된다. 한 장면의 길이가 4초 이하가 되는 것도 드물어야 한다.

⑦ 기본 테마는 자막으로 처리해야 한다. (마지막 장면을 포함해서 기타 필요한 장면에 삽입시킬 것)

⑧ 장면 전환은 부드러워야 한다. TV-CM의 부드러운 흐름은 시청자들로 하여금 쉽게 내용을 파악할 수 있게 한다는 것을 명심해야 한다. 옵티칼(optical)을 적절히 이용하면 부드러운 장면 전환을 얻을 수 있다.

⑨ 반 이상의 비중을 클로즈업에 두어야 한다. 롱샷은 피하며, 아무리 초대형 화면일지라도 장면 속의 디테일을 보여주기에는 너무 작기 때문이다.

⑩ 구상하고 있는 TV-CM의 시간을 잴 때, 오디오 부분을 단순히 읽지만 말고 출연자들의 연기나 기타 움직임들도 고려해야 한다.

2.2 TV-CM 제작에 필요한 것들

(1) TV-CM 제작의 형태

TV-CM은 필름이나 비디오테이프로 제작한다.

■ 필름(Films)

대부분의 TV-CM은 컬러 필름으로 촬영된다. 필름으로 제작될 경우 비디오테이프에 의한 제작과는 달리 경험 많은 카메라맨과 테크니션(technician)을 이용할 수 있다. 또한 필름은 그 화상이 비디오테이프에 비해 부드러우며 특히 원거리 셧이나 무드 셧(shut), 애니메이션 등에 탁월한 장점을 지니고 있다. 또한 재촬영, 재편집이 용이하다.

프로페셔널(professional) 필름 사이즈로는 35mm 필름이 가장 많이 사용된다. 16mm 필름도 가끔 사용되나 대부분 테스트용 TV-CM의 제작에 이용된다. 16mm 필름의 이점은 비용이 저렴하다는 것인데 35mm 필름에 비해 화면이 거칠고 안정성이 적다.

■ 비디오테이프

비주얼과 사운드가 1인치 혹은 2인치 마그네틱테이프에 동시에 수록된다. 오디오의 질은 필름의 옵티칼 사운드보다 우수하다. 화상이 필름보다 선명하고 화려하기 때문에 리얼리틱한 면에서는 필름을 앞선다고 주장할 수 있다. 최대의 이점은 촬영 즉시 플레이백이 가능하며 촬영상태를 체크 할 수 있고 곧 수정 보완이 용이하다는 점이다.

특히 편집과 완성 소요되는 시간은 컴퓨터를 이용할 경우 필름에 비해 90% 정도나 단축된다. 필름으로 완성된 TV-CM은 비디오테이프에 옮겨 수록할 수도 있다.

■ 옵티칼(Opticals)

'옵티칼'이란 촬영시 혹은 촬영이 끝난 후 화면상에 변화를 주는 것을 말한다. 옵티칼의 효과 수는 아이디어만큼이나 무궁무진하다.

가장 일반적인 형태 몇 가지를 소개하면,

① Cut : 가장 많이 이용되고 있는 효과로서 한 장면이 페이드 아웃(Fade-out)되는 과정에서 장면이 곧바로 이어져 바뀌는 것을 말한다.

② Dissolve : 화면 중복효과를 말한다. 한 장면이 페이드 아웃(Fade-out)되는 과정에 다 다른 장면이 페이드 인(Fade-in)한다. '시간의 경과'를 나타낼 때 자주 이용된다.

③ Freeze : 액션(Action)이 어느 한 프레임(Frame)에서 정지되는 것을 말한다.

④ Zoom : 렌즈의 초점거리 변화에 의하여 롱셧(Long-shut)에서 클로즈 업(close-up)으로 짧은 시간 내에 이동하는 것을 말한다.

⑤ Superimpose : 어느 장면에 자막이나 다른 장면을 삽입하는 것을 말한다.

(2) 사운드 트랙(Sound Track)

TV-CM에서 출연자들이 대화를 하거나 노래를 부를 때, 촬영과 동시에 녹음을 한다. 사운드 트랙을 촬영에 앞서 녹음했을 때는 그 사운드 트랙에 맞춰 출연자들의 액션이 촬영된다. 특별한 박자에 맞춰 움직이거나 춤을 춰야 할 경우에 이러한 녹음 방법이 이용된다.

여러 가지 사운드가 혼합되어 하나로 완성된 것을 파이널 믹스드 사운드 트랙(Final Mixed Sound Track)이라 한다.

(3) 유니온 스케일 (Union Scale)

미국의 경우 텔레비전 프로덕션은 복잡한 갖가지 조합으로 이루어진 사업체이다. 작업의 매 난세나나 등급으로 나눠저 그 딘가가 표시되어 있다. 「예를 들면 수영장 장면에서 뒷배경에서 움직일 어느 여인을 채용했다. 그녀에게는 기본 배역으로서의 일당이 지급된다. 만일 촬영에 임하기 전에 수영복 테스트를 할 땐 피팅 피(Fitting Fee)라는 명목으로 사례금이 추가 지급된다. 그 때 자기 수영복을 사용할 경우에 의상유지비가 지급된다. 혹 다이빙이라도 요구하려면 높이에 비례하여 돈을 지급하여야 한다.」

가수의 경우, 4소절 이하의 노래를 할 땐 일정율의 요금을 받는다. 그러나 5소절 이상을 노래할 땐 그보다 높은율의 요금을 요구하게 된다. 이러한 이유들 때문에 프로듀서는 그 프로젝트에서 몇 명의 출연자가 필요한지 그리고 출연자 각자마다 어떠한 것이 꼭 요구되는지를 조심스럽게 결정해야 한다.

2.3 TV-CM의 제작 진행

(1) 견적

(2) 사전 제작회의(Pre-Production Meeting)

TV-CM 제작에 있어 가장 중요한 것이 바로 P.P.M(Pro-Production Meeting)이다. 이 회의는 프로듀서가 소집하여 연출자, 광고주, 크리에이티브 디렉터, 아트디렉터, 카피라이터, A/E 및 기타 중요한 소수의 멤버가 참가한다.

이 회의 목적은 스토리보드를 다시 한 번 리뷰(Review)하고 TV-CM 상의 주요한 움직임, 장면, 카메라의 각도, 조명, 출연자, 코디네이터, 성우, 음악 등 주요한 사항들이 체크된다.

이 회의를 통해서 모든 사람들이 그 TV-CM에서 어떠한 효과가 요구되는지 또한 프로듀서가 무엇을 하려는지 알게 된다.

(3) 캐스팅(Casting), 소도구

(4) 음악선정, 작곡

(5) 리허설

리허설 과정에서 촬영 시 발생될 문제점들을 미리 발견할 수 있다. 예를 들어 카피가 너무 길거나 짧다든지, 출연자가 긴 대사를 기억해낼 수 있도록 큐 카드(Cue-card)를 준비할 필요가 있다든지, 세트에 변화를 줘야 하겠다는 등의 문제점들이 지적된다.

리허설은 또한 제품과 포장이 광고주가 요구하는 기준에 꼭 맞게 표현되는지를 체크할 수 있는 좋은 기회가 된다. 이 연습과정에서 프로듀서, 디렉터 그리고 카메라맨은 TV-CM에서 요구되는 조명의 스타일을 결정한다.

(6) 촬영

(7) 현상 및 편집

촬영된 필름은 하루 내지 이틀이면 현상이 완료되어 색수정이 되지 않은 상태의 프린트가 나온다. 이것을 러쉬(Rushes)라 부른다. 이 러쉬로 부터 가장 좋은 장면들을 추려 편집을 하게 된다. 이 편집된 상태를 러프 컷(Rough-cut)이라 한다. 일단 러프 컷이 광고주로부터 승인을 얻게 되면 이것을 가지고 옵티칼 하우스에서 갖가지 옵티칼 효과가 수록된 네가티브(Negative)를 만들게 된다.

그동안 레코딩 스튜디오에서 사운드가 완성된다. 개별의 작업들이 완료되면 최종적으로 화면, 옵티칼, 사운드 등이 하나의 필름에 어우러진 체크 프린트(Check-print)가 완성된다.

여기에 컬러 분위기나 기타 여러 가지 품질 상태를 점검하고 수정하여 최후로 승인이 된 프린트를 마스터 프린트(Master-print)라 한다.

다음 단계로 방송국에 배급하기 위해 마스터 프린트와 똑같은 상태의 프린트를 여러 벌 복사하게 되는데 이 복사된 프린트들을 릴리즈 프린트(Release-print)라 한다. 이 방법 외에 현재는 1인치 비디오테이프를 복사하여 방송국으로 많이 보내고 있다.

(8) 포토스크립트(Photo-script)

TV-CM 제작이 완료된 후 광고주에 따라서는 제작자로부터 포토 스크립트를 제공받게 되는데 이것은 TV-CM 속의 각개 장면들을 사진으로 만들어 다시 스토리 보드로 엮어 만든 것을 말한다. 이 포토 스크립트는 그 TV-CM의 '인쇄된 기록'으로서의 가치를 지니며 또한 세일즈 프로모션이나 퍼브리시티(publicity)에 많은 도움을 준다.

Section 03. 효과적인 인쇄광고의 제작 포인트

인쇄물 제작은 크리에이티브 과정의 마지막 단계로서 인쇄광고의 컨셉트를 최종적인 인쇄물에 옮기는 중요한 단계이다.

광고대행사의 인쇄제작 부서는 최신의 그래픽을 제작 기술을 사용하여 인쇄광고 매체를 통해 광고주의 상품이나 서비스를 파는 것이다.

인쇄광고 제작 그룹의 임무는 최초의 크리에이티브 컨셉트를 광고주의 인쇄된 판매 메시지로 변형하여 구체화 시키는 작업을 행하는 것인데 여기에는 매체계획, 각 출판물의 기술적 특성, 정해진 예산 범위, 제작 수주(受注)물에 대한 광고주 측 및 대행사 제작 측의 요구사항 그리고 마지막으로 광고의 제작, 집행에 주어질 수 있는 시간 등의 여러 요소들이 고려되어야 한다.

이들 모든 요소들은 서로 복잡하고도 상호 제한적으로 상관관계를 이루고 있다. 인쇄된 광고 메시지는 잡지나 신문광고, 옥외 포스터, 안내용 소책자, POP, DM 등 여러 가지 수단을 통해서 소비자에게 전달될 수 있다.

인쇄 제작자들은 이들 모두에 관련된 제작 지식을 갖추고 있어야 한다. 그리고 제작 담당자는 광고주를 위한 그래픽 아트 상담자이어야 하는 동시에 제작 기획자이어야 하며, 실제로 제작에 관한 모든 업무를 연락하고 진행시키는 사람, 즉 내적으로는 크리에이티브 트래픽(Treffic), 매체 및 어카운트 관리분야와 외적으로는 그래픽 아트 제작업소와 인쇄매체 등과 접속하는 중개자가 되어야 한다.

3.1 레이아웃이란?

오늘날 시각 커뮤니케이션으로서의 그래픽 디자인의 중요성은 점차 높아지고 있으며 레이아웃 또한 광고 디자인(Advertising Design)과 편집 디자인(Editiorial Design)의 면에서 중요한 역할을 행사하고 있다.

(1) 레이아웃의 정의

- '버어링거'의 정의

  레이아웃이란 광고지면의 구성, 기획, 일러스트레이션, 표제어 문안, 상품명, 상표 등 각 광고 구성요소를 독자와 각 요소와의 심리적 접촉과정을 고려하면서 최대의 광고효과를 내도록 각 요소를 일정한 지면 안에 배열하는 것이다.

- '데긴즈'의 정의

  레이아웃이란 광고면에 있어서의 문자표제, 문안, 삽화(혹은 사진), 윤곽, 여백의 교묘한 종합 배열이다.

따라서 레이아웃이란 미적인 것과 실용적인 것 두 가지를 용해(溶解)해야 할 구조상의 훈련과 영감 그리고 감각과 경험의 축적으로 단순한 기술이나 도구만은 아니며, 독자의 시선을 유도하고 광고의 의미를 정확하게 전달해 줄 수 있는 기능을 행해야 한다.

(2) 레이아웃의 구성요소

■ **레이아웃의 기본요소**

레이아웃의 비주얼 효과로서의 소재 또는 도구에는 다음과 같은 것들이 있다.

① 표제

② 본문

③ 일러스트레이션

④ 윤곽

■ **광고의 구성요소**

① 조형적인 재료 : 트레이드 마크(Trade Mark), 상품명(상표문자), 일러스트레이션(삽화, 사진), 윤곽

② 내용적인 재료 : 카피, 캐치 프레이즈(Catch Phrase), 본문(설명문), 슬로건(표어), 사명, 소재 이상은 야마나 著 「광고 레이아웃」에 따른 분류이다.

■ **레이아웃의 디자인에 있어서의 고려해야 할 사항**

① 매력적인 동시에 이해가 쉬운 표제의 선정

② 독자의 시선을 집중시킬 수 있는 방향의 유도

③ 1개의 레이아웃 보다는 다수의 레이아웃 작성

④ 정밀한 레이아웃 보다는 러프(Rough)한 레이아웃 작성

⑤ 생산력과 생명력이 있도록 작성

⑥ 과학적이고도 예술적인 기질을 내포하는 이중적 디자인의 작성

⑦ 꿈과 현실을 이어줄 수 있는 이미지를 내포하는 디자인의 작성

(3) 균형(Symmetry)과 불균형(Asymmetry)

■ **레이아웃의 수량적 분류**

케네스 B. 버틀러는 '유용한 레이아웃 101종의 예'에서 레이아웃을 수량에 의해 분류하고 있다.

① NO Illustration : 그림과 사진 없이 헤드라인과 본문 문자만의 내용을 말하며, 우리말로는 문자만의 레이아웃, 활자만으로 짜여진 레이아웃으로 말할 수 있다.

② One Illustration : 1페이지에 1개의 사진 혹은 그림을 사용하여 표제와 본문만으로 조합하여 만든 레이아웃이다.

③ Three, Four, Five Illustration : 여러 개의 사진, 그림을 이용한 레이아웃을 그 수에 따라 일컫는다.

이상의 분류는 의식적이고 수량적으로 분석하여 이해하기 쉽게 분류한 방법이다.

■ 레이아웃의 구조

레이몬드 A. 버어린거는 그의 저서 '레이아웃'에서 레이아웃의 구조 시미트리(Symmetry)와 애시미트리(Asymmetry)로 분류하고 있다.

① Symmetry의 구조 : Symmetry 구조는 대칭(對稱), 상칭(相稱), 균제(均齊), 균형(均衡)등으로 일컬어지는데 일반적으로 좌우대칭형의 상태를 가리킨다. 즉 비율과 양으로 측정할 수 있도록 규칙과 질서(내용상의 질서가 아니고 형식상의 질서)가 갖춰진 것을 의미한다.

Symmetry에 의한 레이아웃에도 여러 가지 변형된 형태가 있으나 대체로 사진 그 자체가 깔끔한 느낌을 띠고 있을 때에는 더욱 그 의미를 강조 할 수 있다.

결국 Symmetry란 것은 유용한 구성패턴이긴 해도 그것을 고정된 '규칙'이라고 생각하여 그 규칙에 의지해 버려서는 안 되는 것이며, 조형적이고 심리적인 역할을 분명히 파악해야 한다.

② Asymmetry 구조 : Asymmetry는 불균형, 비대칭이라 불리는데, 결코 균형이 잡히지 않은 상태를 가리키는 것은 아니다. 발레리나가 어떤 식으로 움직이더라도 언제나 아름다운 모습을 하듯이 어느 일정한 공간 중에 모양이 어떻게 변하든 균형잡힌 구성을 이루어야 한다.

이상은 기본적 레이아웃의 일례에 불과하다. 좋은 레이아웃은 결국 레이아웃 그 자체가 전면에 드러나는 듯한 것이 아니고, 어디까지나 무대 뒤에서의 존재이므로 배우, 즉 표제어(HL), 본문(문장), 일러스트레이션을 돋보이게 하는 것이 중요하다.

그러므로 기본적인 레이아웃의 형을 잘 터득하여 각각의 효과를 숙지하여 때로는 대담한 형의 구성을 시도해 보고, 보는 사람의 주의를 끄는 것도 좋다.

(4) 일러스트레이션의 레이아웃

레이아웃이란 단지 도형적인 변화만으로 끝나는 것이 아니며, 야구 투수가 스피드 볼만으로 스트라이크를 던져서는 승리하기 어려운 것처럼, 많은 변화구를 구사하는 것이 필요하다. 즉 여러 가지 변화 도형을 터득하여 임기응변으로 표현해야 할 상황에 맞추어 다양한 변화를 가해 내용을 한층 높일 필요가 있다.

■ 레이아웃의 구비요건

① 사람의 눈에 띄기 쉬워야 한다 : 그러나 너무 강렬하거나 위협적이어서는 안 된다.

② 문장은 단순한 활자의 나열 이여서는 안 된다 : 글자의 크기에 관계없이 분명하게 읽혀지도록 해야 한다.

③ 주안점이 명료해야 한다 : 무엇을 말하려 하는가를 명백히 해야 한다.

④ 쾌적한 기분을 자아내도록 전체구상이 미적이어야 한다.

⑤ 레이아웃도 그래픽의 표현인 이상 예술적 개성이 있어야 한다.

■ 레이아웃의 변화요소

① 색의 대비

② 면의 분할

③ 색채의 대조

④ 공간의 활용

(5) 여백(White Space)

반드시 많은 문장과 많은 일러스트레이션을 사용해야 좋은 것은 아니다. 오히려 내용을 간명(簡明)하게 단번에 이해시켜 줄 수 있는 명쾌한 배열이 필요하다. 문안이 빽빽하면 유익한 내용일지라도 읽고 싶은 생각이 생기질 않는다. 읽기 쉽고 읽고 싶도록 자간과 행간의 짜임새, 그 문장 전체의 양식이 어떻게 구성되어 있는가에 의해 독자와 상통(相通)이 이루어진다.

여백은 레이아웃에 있어서 주역은 아니지만 형(形)과 형(形)을 맺어주는 '말없는 형

(形)'으로서 레이아웃에 있어 절대로 무시할 수 없는 기능을 가지며, 오히려 여백이 전달할 내용전체의 인상과 이해를 결정한다고 해도 과언이 아니다.

⑹ 아이디어와 레이아웃

■ **레이아웃의 아이디어에 관한 기초적 힌트**

레이아웃에서 중요한 것은 일러스트레이션의 선택이며 그 선택한 일러스트레이션에서 어떻게 불필요한 부분을 제거하느냐, 즉 트리밍(Trimming)의 효과를 어떻게 살리는가 하는 것이 그 다음으로 중요한 문제이다.

① 트리밍 방법

- ▸ 사각형(종래의 방법으로부터 여러 가지)
- ▸ 실루엣형(오려 뽑기, 인물, 동물, 꽃 등)
- ▸ 부분적 실루엣형(사진의 일부를 오려 뽑기로 하여 비어져 나오게 한다)
- ▸ 기하학적형(삼각형, 능형(菱形-마름모), L자형 등)
- ▸ 원근, 타원형(둥근형이나 계란형)
- ▸ 원근법형(튀어나오는 느낌, 나열 방법, 멀어져 보이는 느낌)
- ▸ 폭발형(불꽃이 튀는 듯 한 현상)
- ▸ 무드 조의 형(윤각에 형을 주어 무드 강조)
  예 나뭇잎, 발, 파레트 등
- ▸ 형의 조합(두 종류의 형을 조합)

② 기술적인 수법

- ▸가위로 오린다(혹은 손으로 찢는 경우에도 사진의 인상을 바꿀 수 있다).
- ▸형의 반복.
- ▸창을 연다(사진의 가운데를 창처럼 도려내어 문자를 넣는다).
- ▸배경(표제나 문장의 문자를 살리기 위해 배경으로 사진 이용).
- ▸사진 분할(사진을 둘로 절단하고 떨어지게 배치하여 그 사이에 문안을 배열한다).
- ▸두 얼굴을 가진 사진(2종 사진 접합 : 왼쪽은 수영복, 오른쪽은 평상복).
- ▸주제의 반복
- ▸드롭아웃(Drop-out : 한 장의 사진과 그 안에 있는 주제를 다시 끄집어내는 방법과 원경의 부분을 클로즈업하여 바로 앞에 크게 꺼내는 방법).

▸ 몽타주

▸ 작게 자른 그림 스토리(스포츠 관계에 이모저모 등).

▸ 아웃 포커스(Out-Focus : 초점을 비켜지게 하여 만드는 사진 구성).

▸ 파열음적 몽타주(한 장의 사진을 마치 유리가 깨진 조각들처럼 구성).

▸ 배경의 먹바닥(먹바닥 배경에 사진 구성)

▸ 에어브러쉬(Air Brush : 브러쉬로 배경을 지우거나 Tone down하는 방법)

▸ 히치 온(Hich-one : 하나의 화면에 여러 장의 사진을 관련지어 접점에서 서로 붙여 구성).

▸ 3차원적 패널(병풍 접개 처럼 입체적 느낌으로 구성).

▸ 방향을 바꾼 아웃라인(수평, 수식을 변화시켜 상내의 시각을 바꾼다).

▸ 괘선(罫線)과 사진(인쇄상에 괘선과 사진의 조합으로 사진 무드의 변화).

▸ 사진을 작게(스페이스에 대하여 일부러 아주 작게).

▸ 90도 회전(컵을 옆으로 뉘거나, 서 있는 인물을 가로로 구성).

▸ 배경의 하프톤(halftone) (배경을 하프톤으로 하고 그 위에 별도 사진이나 문자를 배열).

▸ 무드적 배경(H.L이나 표제문자 등의 배경에 강한 의미를 갖지 않는 사진을 두는 것).

■ 효과적인 레이아웃

① 반복효과(동일 소재로서)

② 대담한 트리밍 효과(다이나믹한 구성 효과)

③ 강조에 대한 대비 효과

④ 만화와 실사(일러스트와 실사)의 대비

⑤ C/L의 대비

⑥ 여백을 살리는 효과

그러나 광고 표현에서는 직설적이고 지나친 표현은 오히려 독자들을 깎아내린다.

■ 레이아웃의 매체별 수칙

① 돌출광고의 경우(Bill Board 광고도 거의 같다)

▸ 단순성이 생명

▸ 하나로 통일된 느낌을 줄 것

▸ 문자를 볼드하게

▸ B/W로 강하게

▸ 흰 여백을 많이

▸ 가독성 고려

② 디렉트 메일(Direct Mail)과 판촉물의 경우 : 모티브(Motive), 일러스트, 컬러 등의 독특한 소재로 흥미 유발.

③ 패키지 디자인(Package Design)의 경우

▸ 용기 구조와 기능 우선

▸ 크기와 형태

▸ 진열시 하자 여부(파손 문제 고려)

▸ 재료에 대한 파악(내용물과 외포장 관계)

▸ 구매자 대상 파악(계층 파악)

▸ 상점 타입 고려

▸ 재사용 기회와 가격구조 등 고려

④ 신문광고의 기준

▸ 단순하고 알기 쉬울 것(Uncomplicated)

▸ 뉴스성(Topical)

▸ 소비자를 즉각 구매행동으로 유도할 것(Immediate)

▸ 지역성(Local)

⑤ 잡지류의 공고(특히 펼침 페이지의 경우)

▸ 인쇄와 책 제본 스타일을 알고 무리가 없어야 한다.

▸ 가운데 제본되는 부분에는 인물, 일러스트, 문안 등이 겹치지 않아야 한다.

▸ 접히는 금 부분에서 활자, 식자의 종류를 바꾸지 말아야 한다.

▸ 좌에서 우로 가는 문자 보다 상에서 하로 흐르는 문자 배열에서는(특히 H.L) 중심의 제본선을 주의해야 한다.

▸ 좌 · 우 페이지의 균형을 맞추어야 한다(서로가 다른 페이지로 보면 실패작).

▸ 왼쪽 페이지 상당 부분에 주목 율이 높아야 한다(즉 페이지를 넘기는 쪽이 상단부).

▸ 접지 부분이 있을 때는 글자가 클수록 효과적이다.

■ **레이아웃 기술을 위한 훈련**

① 실제적 경험을 많이 익힌다.

② 창조를 위한 모방을 시도한다.

③ 인쇄기술을 완전히 익힌다.

3.2 사진 촬영 기법

(1) 사진이 현존하는 일곱 가지 이유

■ **사실주의는 가장 중요한 이유인 대중성 때문에 고객이 찾는 가장 절대적인 것이다.**

사진가는 필름과 카메라의 기술적인 개선에 숙련을 쌓아 100%의 재현을 한다. 컬러사진일 경우에는 더욱 확실하다. 그림의 중요한 부분을 묘사할 때는 사실주의가 현저하게 요구된다.

사진처럼 음식에 대한 식욕을 돋보이게 하는 것은 없다. 화장품 광고에 있어서 인간 머리칼의 광택을 장미빛으로 컬러사진은 표현할 수 있다.

■ **순간적인 감동을 사진은 전달할 수 있다.**

그림은 주제 대신에 그 자신이 갖는 기교적인 우수성 때문에 좀 더 주의를 끄는 경향이 있다. 사진에서는 그림자를 사진이 보여주는 상황 속에 포함되게 한다. 그림자는 그곳에 있는 것처럼 느낀다.

대중은 사진을 통해 뉴스를 전달받는다. 심리학적으로 상황은 끝났지만 독자는 사진을 통해 새로운 소식처럼 받아들인다.

이러한 이유에서 흑백사진은 컬러사진보다 때때로 더 큰 직접적인 감동을 전달해준다.

■ **묘한 상황을 표현할 수 있는 것 또한 카메라만의 장점이다.**

믿기 힘들 상황들을 사진을 이용하여 기록하는 때가 있다.

남자가 흰말을 탄 채 스카치 소다를 홀짝홀짝 마시고, 매혹적인 소녀가 브레지어를 하고 거리를 걸어 내려온다는 상황이 바로 그런 것이다.

이러한 사진의 충격적인 가치는 대부분의 사진이 사실적 묘사와 현장감을 포함하고 있기 때문이다.

■ **사진이 갖는 본질적인 미**

아름답다거나 흥미 있다는 것은 사진이 갖고 있는 그래픽 장점을 값있게 나타낸다는 것이다. 때때로 현대의 카메라는 회화의 융통성과 적수가 되기도 한다. 어떤 회화의 사실적인 묘사는 사진과 혼동할 만큼 흡사했지만 오늘날에 와서는 사진은 그림과 많은 다른 점을 가지고 있다.

■ **사진의 신뢰성 또한 판매도구로서의 효능에 있다.**

진실성 외엔 보여 주는 것이 없다는 느낌으로 독자를 유도하는 것이 사진이다. 사진이 생산품의 특수한 용모를 설명해 줄 때 사진의 의미가 있다고 할 수 있다.

■ **경제성은 회화와 사진 둘 중에서 어느 것을 선택할 것인가 할 때 중요한 요소가 된다.**

여러 경우에 있어서 좋은 사진은 대중생산의 밑바탕이 될 수도 있고, 이것은 사진을 미술보다 값싸게 만들었다. 모델을 고용해서 의상 촬영을 할 때도 그 모델이 의상의 변화를 가질 때 포토그래퍼는 또 다른 모델들을 찍을 수가 있다. 사진은 확실히 경제적 · 실용성이 있는 것이다.

■ **감정적인 표현은 사진이 주는 매우 강한 느낌이라 할 수 있다.**

사진 속의 인물이 진실일 때 독자는 공감한다. 사진은 글로써 묘사하지 못하는 효과를 자연스럽게 떠맡는 것이다.

(2) 사진의 기술적인 측면의 간결한 토의

많은 책과 잡지들은 많은 주제들을 늘어놓고 있다. 발전하는 시대에 뒤떨어지지 않기 위해서 아트디렉터들은 그 분야에서 어느 기간 동안 수련을 쌓아야 한다. 물론 그 분야에 대한 지식을 갖는 것은 중요한 일이고, 아트디렉터는 회화로서는 할 수 없는 마지막 능력을 인식해야 한다. 이 모든 것이 결국 포토그래퍼가 할 수 있는 특수한 직업이다.

이러한 점은 아트디렉터들에게 상처를 입히기 위한 것이 아니고, 아트디렉터가 포토그래퍼에게 주는 일을 잘 조정해 나갈 수 있느냐 없느냐가 문제이다.

아트디렉터는 작업의 종류에 따라 적용할 수 있는 어느 정도의 적당한 지식을 가져야 한다. 그는 작업할 때의 준비사항을 알아두어야 하고 행하여야 한다.

물론 그는 광고분야와 자연스럽게 밀착된 사진분야와 가까워져야 하고, 로우키(Low-

Key)와 하이키(High-Key)사이에서 '스트로보를 이용한 촬영'과 '다중 노출'의 사이에서 그가 하여야할 방법을 알아야 한다.

어떤 카메라를 사용하여야 하는가? 많은 포토그래퍼 자신들은 여러 종류의 카메라를 사용하고 있다. 각기 다른 상황에서 거기에 맞는 종류의 카메라가 요구된다. 그는 아마 빠른 장면을 찍을 때는 스튜디오에서 정물촬영시 사용하는 카메라를 준비하지는 않은 것이다. 여기에서 기본적인 카메라에 대해서 알아보기로 한다.

■ 35mm 카메라(라이카 등)

35mm 카메라는 작으면서도 짜임새 있는 구조의 이익을 톡톡히 본다. 이것은 광량이 불충분한 조건에서도 좋은 사진을 찍을 수 있고, 보도사진 촬영에 큰 장점이 있다. 단점은 아트디렉터가 세부적인 것, 즉 디테일한 것을 원할 때 원판이 작은 점이다.

■ 120mm 카메라

상업사진에 주로 쓰이는 카메라이며 6×6판 또는 6×7, 6×9 등의 종류가 있다. 135mm 보다 기동성은 못하지만 원판이 큰 이점이 있다. 요즘은 1안 리후렉타식이 많이 활용되고 백홀더(Back Holder)를 교환할 수 있어 사용이 간편하지만 카메라 무브먼트(Camera Movement)를 못하는 것이 흠이라 할 수 있다.

■ 대형 카메라(View Camera)

4×5 이상의 원판을 원할 때 사용한다. 뷰파인더(View Finder)는 필름과 같은 크기이고, 그래서 보다 좋은 구도를 잡는 것이 용이하다. 또한 카메라 무브먼트(Camera Movement)를 사용할 수 있다.

① 노출(Exposure) : 노출의 결정은 피사체의 빛과 색체의 양에 의존한다. 포토그래퍼는 촬영 시 정확한 노출에 신경을 쓰지만 때로는 특별한 효과를 얻기 위해 과잉노출 또는 과소노출울 시도하기도 한다.

예를 들면 보다 뚜렷한 대비를 노출 부족에 의해 얻을 수 있고, 적은 노출을 음화의 섬세함을 감소시키지만 이것은 현상 시 조정을 해서 높은 대조의 사진을 얻을 수 있다.

② 색체(Color) : 광고에서 컬러 사용의 증가는 사진술에 자극을 주었다. 모든 포토그래퍼들이 흑백과 컬러를 잘 사용하고 있다. 그러나 컬러사진을 찍는 데는 많은 경험이 필요하다. 흑백촬영과는 크고 많은 기법상의 차이가 있다. 이러한 이유로 아트디렉터들은 촬영을 분배하기 전에 포토그래퍼의 컬러 작품 견본을 미리 보여

달라고 요구할 때도 있다. 빛의 요소에서 '색 온도'는 또 하나의 문제점이다.

실외(자연광)와 실내(텅그스텐광) 촬영 시 서로 다른 필름을 사용한다.

색 온도 역시 시간이 지남에 따라 변한다. 비록 빛이 강렬하게 남아 있더라도 오후 늦은 시간은 붉은 빛으로 가득 찬다. 왜냐하면 태양광선의 색 온도가 태양이 지평선에 접근하는 것만큼 따뜻한 색으로 변하기 때문이다.

예를 들어 사진을 나무 그늘이나 구름이 낀 상태에서와 같은 노출로 찍은 것은 색 온도가 떨어져 차가운 파란빛을 띄운 사진이 된다.

색 온도가 다른 것에 대한 보정은 특수한 종류의 필름으로 가능하다. 또한 컬러 콜렉팅(Color Correcting) 렌즈나 필터를 사용한다.

③ 빛(Lighting) : 그림을 그리는데 이용되는 빛의 특성은 가끔 사진의 질감에 결정권을 부여한다. 오늘날 포토그래퍼들은 빛에 정통하기 위하여 연구하고 있다. 즉 빛의 조절에 의하여 같은 물건을 가지고 다양성 있는 결과를 얻으려 하고 있다.

이 원리의 증명은 토시 · 마쓰모도에 의해 실험되어진 달걀 사진으로 보여준다. 빛의 상태는 두 가지 범주에 기본적으로 귀결시킬 수 있다. 약한 빛과 반사되어진 빛, 아니면 강한 빛과 강하게 한 곳으로 집중된 빛이다.

포토그래퍼는 특별히 좋지 않는 상태의 실내에서 촬영할 때 두 가지 타입에 얽매인다. 예리한 빛은 대조를 이룰 수 있고 강한 그림자를 원하지 않을 때는 약한 빛으로 채우거나 감소시킬 수 있다.

집중된 직접적인 조명은 일반적으로 스포트라이트(Spot Light)로 얻을 수 있고 모든 스튜디오에서 그러한 종류의 전구를 사용하고 있다. 플러드 라이트(Flood Light)는 반사되어진 효과를 얻을 때 사용한다. 여기서 여러 가지 조명장치를 참고하기로 한다.

Strips, Broactsides, Border light, Olivets, Bunch light, Foot light, Baby Spots, Kliegs 등이 있다.

그러나 이 모든 것이 다 스포트라이트와 플러드 라이트에 속하고 특별한 효과를 주기 위해 제조된 것이다. 반사되어진 조명의 원천은 물론 자연광이다.

스트로보에 의해 만들어진 사진은 움직이는 주제를 얼어붙게 하여 날카로운 이미지를 자연스럽게 유지시켜 주고, 극단적으로 노출이 부족한 상황에서도 빠른 속도로 촬영할 수 있다.

(3) 좋아하는 포토그래퍼의 선택 방법

포토그래퍼들은 주제에 접근하는 수많은 방법을 알고 가장 좋은 점을 찾아야 한다. 거기에는 앞서 서술한 봐와 같이 기교적인 차이점이 있다.

어떤 카메라를 사용하고 어떤 장면을 찍어야 하겠다는 자세라 할 수도 있겠다.

많은 포토그래퍼들은 예술가와 마찬가지로 그들 자신의 스타일을 발전시켰다. 전통적인 감각에 얽매이지 않는 매체의 융통성을 이용한 기술을 사용하게 되었다. 아트 디렉터는 다양한 그들의 개인적인 특성을 이용 하여야 한다.

(4) 가장 좋은 포토그래퍼를 얻는 방법

앞에서는 포토그래퍼가 그들이 갖고 있는 카메라로 할 수 있는 일이 무엇인가에 대해서 보여 주었다. 포토그래퍼의 작업 중에서 셔터를 누르는 일은 단지 조그만 부분에 불과하다. 그의 창조적인 사고와 특이성은 그의 기교적인 숙련만큼이나 중요한 것이다.

(5) 상상력만으로 소도구 준비를 강요하지 말 것

그 누구도 시계를 만들기 이전, 석기시대의 혈거인들이 옥석으로 스케치한 것만큼 레이아웃에 대한 노력이 충분하지 않았다. 그러나 노력하면 사진에 대한 이 분야의 결과를 얻게 된다. 포토그래퍼에게 관용을 베풀어라. 그는 존재하지 않는 것에 형체를 부여한다든지 기적을 창조해 낼 수는 없다.

(6) 포토그래퍼에게 그가 좋아하는 모델에 대해 물어 볼 것

대부분의 남자들은 여성에 대하여 예쁘다는 한정된 심미안을 갖고 있는 것을 아트디렉터는 받아들여야 할 것이다. 그러나 그가 몸집이 작고, 피부는 검고, 코는 들창코인 여자를 좋아하기 때문에 특별한 유형이 모든 사진에 좋다는 것을 의미하지는 않는다.

포토그래퍼는 모델들과 함께 카메라 앞에서 기본적으로 할 수 있는 일에 대해 항상 판단력을 갖고 있어야 한다. 항상 실제로는 목표만을 위한 전문적인 선택을 심각하게 받아들여야 한다. 모든 사람들이 다 사진에 보기에 좋게 나오지는 않는다. 자세를 서슴치 않고 자연스럽게 취해야 한다.

(7) 스튜디오에서 잔소리를 하지 말 것

포토그래퍼는 때때로 어떠한 기교도 기계적인 장점의 하나로 밖에는 받아들이지 않는다. 스튜디오에서 그들의 창조적인 본능이 아트디렉터에 의해 눌려진다는 점에서 괴롭혀 지고 있다.

모델들에게 생동감 있게 고무하는 포토그래퍼의 재주는 존중해야 한다.

(8) 무엇이 좋은 모델을 만드는가?

좋은 모델들은 일반적으로 멋있는 외모와 매혹적인 얼굴보다 더 한 것을 지니고 있다. 그들의 가장 중요한 자산은 그들의 연기이다. 연기력이 없으면 정물사진이라 할지라도 전혀 불가능하다.

성공적인 모델은 표현이 풍부한 얼굴을 가지고 있고, 카메라의 어떠한 앵글로도 표현을 할 수 있는 방법을 경험을 통해서 알아야 한다.

(9) 모델과의 마찰을 피하는 방법

■ 직접 모델들을 다룰 때 주의할 6가지의 요점

① 광고업자나 그 기관의 대표자 보다 먼저 양도증서(Release)가 완성되어야 한다.

② 모델들이 21세 미만인 경우에는 부모나 후견인의 동의서가 필요하고, 동물인 경우에는 그 주인의 양도증서에 사인해야 한다.

③ 양도증서에는 사진이 사용되는 목적이 쓰여야 한다.

④ 사진의 출판에 관심이 있는 모든 사람들이 먼저 허가를 신청할 수 있는 대책이 있어야 한다.

⑤ 현금이 모델에게 주어지는 것을 양도증서에 명확히 해야 한다.

⑥ 양도증서는 그 효력이 영원하다는 것과 다른 사람에게는 양도 될 수 없다는 것을 명확히 해야 한다.

(10) 대여사진(Stock Photographs), 좋은 점이 있는가?

때때로 아트디렉터들이 깨닫는 것 이상으로 많은 사진들이 사진철로부터 발췌된다. 수많은 창고에 보존되어 있고 다양한 조직에 의해 조심스럽게 보관되어진다.

- 그들이 대표하는 사진작가의 사진을 수집하는 회사들
- 출판물을 위해서 뉴스사진을 공급하는 기능의 과정에서 뉴스사진을 수집하는 것과 같은 A.P, U.P.I 등과 같은 뉴스 서비스
- 각 주제에 대한 사진들을 분류해 놓은 사진 자료실
- 판매할 그들 자신의 사진 자재를 가진 개인 사진 작가들

(11) 대여사진(Stock Photographs)은 가장 편리하다.

대여사진(Stock Photographs)을 구입하는데 있어서 일반적으로 경제성은 가장 중요한 요소이다. 기린 촬영을 위해 카메라를 아프리카로 보내는 데 수천 달러가 들지만 대여사진으로 하면 25달러면 충분하다.

적은 비용으로 대여사진을 얻을 수 있으므로 질적으로 떨어지는 것은 당연하지만 반드시 그런 것은 아니다.

대여사진은 초기에는 주문생산에 매 장마다 비용이 들었지만 요즈음은 한 사람이 아닌 많은 고객에게 팔 수 있기 때문에 비용이 적게 들고 수년간 축적된 수수료는 이익을 발생하게 한다.

때때로 대여사진은 지나치게 불규칙한 것이 없기 때문에 아트디렉터들이 직접 많은 자료들로부터 뽑거나 선택할 수 있기 때문이다.

(12) 청구하는 방법

대여사진은 보통 조심스럽게 보관되어져 있고 '스포츠-수영', '스포츠-스키', '가정주부-다리미', '영국의 상년-다리'로 넓여 있는 등과 같이 범주 별로 분류되어 있다. 따라서 프로듀서는 요청 시에 그가 보고 있는 상황을 간단히 설명하기만 하면 된다.

대여사진은 때때로 레이아웃으로 사용되기도 하는데 반면에 원본들은 마지막 아트디렉터를 위해서 계획되곤 한다.

(13) 점유권이 없다.

대여사진을 구입하는 데 있어 가장 큰 단점은 광고대행사에게 있어서는 똑같은 사진이 많은 다른 사람들에게 사용되어 질 수 있다는 것이다. 이러한 가능성을 인정하여 제한된 기간에 대한 점유권 보장이 때때로 추가 수수료를 지불케 한다.

⒁ 대여사진은 얼마만큼의 가치가 있는가?

대여사진의 가격은 그 재료가 사용되는 용도에 따라 다르다. 제한된 예산을 가진 교과서나 조그만 발행물은 값싸게 사진을 얻을 수 있다.

대체로 출판물이 일반 기업보다 사진을 싸게 구입하고 일반 기업들은 광고기관보다 비용을 적게 낸다. 후에 문제를 피하기 위해서는 대여사진을 사기전에 먼저 용도를 명확히 하는 것이 바람직하다.

⒂ 사진을 좀더 현실적, 실제적으로 만드는 방법

광고에 있어서 현 추세는 정직함이다. 뻔뻔스러운 방법들도 때때로 사용되지만 점차 그 힘을 잃어가고 있는 경향이다.

사진을 좀 더 개선시킨다는 뜻은 사진을 좀 더 진짜처럼 보이게 하는 것을 의미한다.

⒃ 피사성 보다는 현실주의(사실주의)를 택하라

많은 사람들은 진짜를 얻기 위한 방법으로 카메라가 제일이라고 믿고 있는데, 카메라는 절대로 속이지 않기 때문이다. 따라서 아무리 필름 속에 잘 재현되었다고 할지라도 거짓은 거짓으로 남아있고, 그래서 사진을 실물 그대로만 만들려고 애쓸 필요는 없다.

단지 아트디렉터들은 사진술을 이용하면서 거짓감정을 창조하려고 해서는 안 된다.

■ **피사체가 있는 그 장소에서 사진을 찍어라**

스튜디오 안에 똑같은 환경을 만든 후 촬영을 하는 것이 가능할지 모르나 스튜디오 안의 스포트라이트와 실제 햇빛과는 차이가 있으니 될 수 있으면 야외촬영을 하도록 한다.

■ **모델이냐, 일상생활 사람들이냐?**

이미 소비자들은 완벽한 남성이나 여성의 개념에 성숙해 있으므로 사진에 있어서 독창성 없는 상투적인 미의 개념은 이제 필요 없다.

모델을 정하는데 있어 특히 남성은 각 케이스마다 미의 개념이 달라야만 할 것이며, 여성인 경우는 아직도 예쁜 얼굴이 지지되고 있지만 다양한 표정이 없는 인형 같은 얼굴에 집착해서는 안 된다.

여성모델에게 미모에다 다양성을 부여해주고, 남성인 경우는 사업에 열중하고 있는 큰 타입이 더 호소력이 있다.

■ **포즈를 취하고 찍은 것 같지 않게, 자연스럽게**

아주 문외한에게조차 친숙한 여성의 포즈 - 다리를 비스듬히 걸치고, 우아한 손놀림, 밝은 미소, 긴 목에 약간 고개를 드는 것은 모델 스쿨에서의 훈련 때문이기도 하지만 이제는 자연스럽지 못하다.

그리고 어느 누구도 장시간동안 한 포즈를 자연스럽게 유지할 수 없으므로 사진의 각 장면을 지나치게 신경 쓰지 말고 재빠르게 연속적으로 사진을 찍어 그중 가장 자연스럽고 진실하게 보이는 사진을 얻을 수 있는 기회를 가지는 것이 바람직하다.

■ **표정이나 표현을 과장되게 하지 말라**

많은 사람들은 눈이 휘둥그래진 아이가 곡류 이유식을 먹는다거나, 얼굴을 찡그린 여자가 구형의 세탁기를 쓰고 냉장고를 열고 지나치게 기뻐하는 것 등이 효과적이라고 생각하는 것 같다. 그러나 살짝 거의 나타나지 않을 정도로 미세하게 윙크하는 것이 기뻐 날뛰는 것보다 훨씬 호소력이 있고 효과적이며, 시청자들로 하여금 좀 더 현실적으로 느끼게 해준다.

■ **여유를 가지고 편안히 하라**

실제적인 촬영시간은 한 시간 정도이고 준비기간은 하루면 되지만 각 사진에 적당한 모델 등이 몇 명 안 되고 경우에 따라 몇 일전에 예약을 해야 하며 야외촬영도 시간이 걸린다. 현실감을 주는 좋은 사진이란 늘 나오는 것이 아니고, 철저하고 여유있게 준비된 사전계획에서 나오는 우연한 느낌 등이 작품을 성공적으로 이끌며, 충분한 시간을 가지고 해야 한다.

그러나 가장 중요한 것은 사람들로 하여금 나와서 그 상품을 사도록 마음을 움직이게 하는 것인데, 그렇게 하기 위해서는 정직함이 제일이다.

3.3 사진제판 이론

(1) 사진제판의 정의

사진제판이란 사진술을 응용하여 인쇄판을 제작하는 방법의 총칭이며, 거의 감광재료를 사용하여 인쇄판으로 만드는 수단을 말한다.

사진제판 기술의 현저한 진보는 현대의 첨단기술인 컴퓨터와 연동한 색 재현 기술에까지 이르렀고, 스캐너의 대형화도 실현된다. 뿐만 아니라 자유자재로 원색에 가깝게 색 표현이 조절되는 등, 이제 사진제판은 독립적인 기술 분야로 발전되어 가고 있다.

또한 물리적인 광학작용과 화학적인 현상처리 작용의 발달로 영상을 실물에 가깝도록 재현시키는데 성공했으며, 이에 따른 여러 가지 작업환경도 같이 발전 되어 왔다.

사진제판은 일반적으로 원고를 입수하여 분해하고 또는 촬영, 수정하여 알루미늄 판재에 감광제를 도포하여 그 위에 각각의 필름을 재현시켜 교정을 보아 최종적인 인쇄물의 형태를 정리하는 것이 보통의 방법이다.

인쇄물이 읽기 위한 것이라 할지라도 사람의 시각적인 감각에 좌우되는 만큼 상대를 끌어당겨 이해를 도와주는 것이 필요하다.

(2) 스크린 촬영의 이론과 실제

■ 스크린 기법의 원리

망점 효과를 이용하여 계조(階調)가 있는 원고의 인쇄를 가능케 한다고 할지라도 그것을 점이나 선의 크기와 작기를 어떻게 세밀하게 변화시키는 가가 기술적인 문제의 핵심이 되는 것이다.

이에 망점(Screen)을 사용하는 것을 착상하여 망점 분해에 성공하였다.(1856년 프랑스) 최근에 와서 망점 분해를 스크린 촬영이라고 부르게 되었다. 색 분해가 완료된 각 색별의 필름을 네가티브(Negative)라 부르며 4색별로 분리(Separation)된 네가필름 상태로 되어있다.

밝은 부분과 어두운 부분이 반대로 되어있고 제조는 자연스럽게 연속되어 있으며 이것을 망점의 대소로 변화시킨다. 이것을 변화시키려면 콘택트스크린의 빛을 통과하여야 하며 필름의 밝은 부분을 통과한 빛은 강한 대로 스크린의 농도가 높은 부분을 통과하여 큰 점에 감광되어진다.

필름의 어두운 부분을 통과한 빛은 약하게 되며 스크린의 농도가 낮은 부분은 통과하지만 높은 부분에서 흡수되어 작은 점만 만들어진다. 스크린의 모양이 뽀얗게 되어있으므로 점의 형태는 적당한 네모모양의 둥근 상태로 되어있다.

■ In Direct와 Direct의 차이점

색 분해에 의해 세파네가(Sepa Nega-분해 네가티브)를 만들며 분해된 4색의 각판

네가세파를 콘택트 스크린에 포개서 망 촬영하는 방법을 In Direct 제판이라고 하고 망 촬영 시 확대, 축소하지만 Direct 제판은 색 분해부터 확대, 축소하는 점에서 차이가 있다.

(3) 색 분해

■ **삼원색의 원리와 색 재현**

빛이 없이 색의 존재를 인식할 수 없으며 색은 물질의 어떤 특정한 빛만을 흡수 반사하였을 때 나타내는 것이다. 이에 뉴턴은 프리즘에 의한 빛의 분석, 분광에 성공하였다. 삼원색의 원리란 모든 색은 세 가지 색광으로부터 성립되어 왔으며, 색을 재현하기 위해서는 삼색성분으로 분리시켜 주면 된다. 즉 녹색여분은 녹색필터, 성분은 적색필터를 사용하여 각 색의 성분에 맞는 분색기록판을 만들고 이 분색판을 만든 색광을 사용하여 다시 합하면 원고의 색을 재현시킬 수 있다.

■ **가색법에 의한 재현**

빛의 삼원색인 초록(Greeen), 빨강(Red), 군청(Violet)의 세 가지 색광을 혼합하여 여러 가지 색을 만드는 법을 가색법이라고 한다. 일정한 장소에 Green, Red, Violet의 빛을 비추었을 때 흰색이 된다.

■ **감색법에 의한 재현**

가색법에서 투영한 색광을 보면 초록(Green)과 군청(Violet)을 비추었을 때 청색(Cyan)이 된다. 이 때문에 청색은 색광의 삼원색에서 Red는 포함되지 않기 때문에 색판의 분해필터가 되며, Violet과 Red를 비추었을 때 적색(Magenta)이 나오며 이 때 Magenta는 Green이 포함되어 있지 않기 때문에 판의 분해필터는 Green이고, Red와 Green을 비추었을 때 황(Yellow)이 나오며 이 때 Yellow는 Violet에 포함되어 있지 않기 때문에 Yellow판의 분해 필터는 Bule이다.

다시 말해서 Red 필터 분해포지의 불투명 부분에서는 Red 이외의 빛, 즉 Green과 Violet이 필요하며 Red만을 흡수하는 색(빛), 즉 Cyan을 필요로 한다고 말할 수 있다.

또 Green 필터 분해 포지필름에 불투명 부분에서는 Green 이외의 빛, 즉 Violet과 Red가 필요하며, Green만을 흡수하는 색광 Magenta를 필요로 하고, 위와 동일하게 Blue 필터는 Yellow 색을 필요로 한다.

따라서 인쇄하기 위한 색의 재현은

Cyan + Magenta = Violet

Cyan + Yellow = Green

Magenta + Yellow = Red가 된다.

또한 원고의 흑색 부분은 Cyan, Magenta, Yellow 등 삼색 모든 것이 중복되기 때문에 Cyan에서 Red 빛이, Magenta에서 Green빛이, Yellow에서 Violet 빛이 각각 흡수되어 전혀 반사광, 투과광이 없이 흑색이 재현된다.

컬러 스캐너도 이 원리를 벗어나지 않으며 이 방법을 검색법이라 한다.

(4) 사진제판의 실제

■ 원고의 접수와 커뮤니케이션

접수되는 슬라이드, 문자, 도형 등의 원고류는 모두 대지를 기본으로 하여 제판 가공이 시작된다. 물론 컬러사진과 인쇄물에 의한 원고 등도 있지만 여기서 제일 중요한 점을 몇 가지 생각해 보기로 한다.

원래 제판이라는 작업은 좀처럼 좋다 나쁘다고 판정할 수가 없는 작업이다. 다시 말해서 판단 기준이 없는 작업이기 때문에 양자 간의 커뮤니케이션이 원만하게 진행되지 않으면 작업도 부드럽게 진행되지 않는다.

그 때문에 제일 중요한 것은 의뢰단계에서 마무리까지의 희망을 명확히 지시하여야 한다.

컬러 제판에서 문제가 생기는 경우 최초의 지시가 불완전한 경우가 많이 있다. 또 원고대로라고 말하여도 개개인의 해석이 다른 경우 제판 담당자가 혼동하는 경우가 있다.

중요한 작업이나 어려운 작업인 경우 디자이너, 사진작가, 제판 기술자가 회합하여 서로의 의도를 충분히 토론한 후 작품을 완성시키는 예도 많이 있다.

똑같은 컬러 제판을 보고 이것은 '너무 강하다'라고 느끼는 사람도 있는가 하면 '좀 더 선명한 쪽이 좋다'라고 생각하는 사람도 있다. 판단의 기준은 개인차도 있지만 업종이나 기업별 특성의 경향을 나타내는 예도 많이 있다.

의뢰하는 측이나 작업하는 측이나 주관적 판단 기준이 제일 크다. 따라서 제판작업을 처음 시작하는 시점에서 클라이언트나 디자이너의 요망하는 내용을 정확히 캐치해서 그 점에 부응하는 작업 방법을 택하지 않으면 안 된다. 이것이 가장 중요하다.

■ Color Scanner

① 카메라 분해와 스캐너 분해 : 컬러원고를 4색으로 분해하여 망 필름을 얻는 공정은 제판 카메라에서 사진에 의뢰한 방법과 스캐너에 의한 전자적 처리로 실시하는 방법이 있다.

더욱이 양자에는 색분해하는 공정과 그것을 망점으로 변경시키는 공정을 나누어서 진행시키는 2가지 방법과 동시에 실시하는 다이렉트 제판이 있다. 스캐너란 색광을 투영하여 분해하는 기계를 의미한다.

종래부터 있는 카메라에 의한 분해가 광학적인 처리인데 비하여 스캐너는 빛을 전자로 변화시키므로 그 후에 증폭조정이 라디오의 음량이나 음질을 자유자제로 변화시킬 수 있는 것과 같이 콘드롤 할 수 있다.

② 스캐너의 원리와 공정 : 스캐너는 미국에서 개발한 PDI가 가장 역사적인 대표기종이며 미국, 영국, 독일, 이스라엘, 일본 등의 나라에서 스캐너를 개발 생산하고 있다.

따라서 기계나 기자재가 진보하여 작업방법이 변화하여도 제판이라고 하는 기본적 성질은 변화하지 않는다. 스캐너는 Making 공정, 색분해 공정, 스크린 촬영 공정을 한 개의 공정으로 집합시켜 전자의 강하고 약함에 따라 끊임없이 측정되어 콘드롤 되어지며 스크린을 사용한 Nega System과 스크린을 사용치 않은 Posi System으로 구분되어지며 색조정은 4색 4판이 독립되어 실시한다.

▸ 그라데이션(Gradation)의 조정 : 하이라이트, 하프톤, 섀도우에 각부 공히 실시된다. 예를 들어 Magenta 판에 하이라이트 부분만 강하게 또는 약하게 하는 등이다.

▸ 콘트라스트(Contrast)의 조정 : 섀도우부터 하이라이트까지 자유로이 콘트라스트를 변화시킬 수 있디.

▸ 덴시티 레인지(Density Range)의 조정 : 가장 밝은(농도가 낮은) 부분으로부터 가장 어두운 부분까지의 범위를 덴시티 레인지라고 부른다. 원고의 덴시티 레인지가 3.0(농도) 가까이 있는 곳에 대하여 인쇄물로서 표현될 수 있는 범위는 원고의 반 정도밖에는 없다.

따라서 제조의 어딘가를 압축하여 회생하며 체크하지 않으면 안 된다. 또 이와 반대로 덴시티 레인지의 농도역이 짧을 때는 제조를 늘려 넣어주어야 한다.

▸ 선수(Line)의 결정 : 60~300선까지도 자유로이 결정할 수 있다. 일반적으로 제작내용과 매체에 따라 다르지만 통상적으로 신문 C/L의 경우 90~120선, 잡지 C/L

의 경우는 120~150선을 활용한다.

▸ 확대 축소의 기능 등으로 4색 동시분해, 2색 동시분해, 1색 분해를 할 수 있으며 스캐너에 주어지는 Data 설정은 각 제판회사의 작업비밀에 속하는 것으로 한 점 원고를 Data에 적응시켜 살려 가느냐에 따라서 품질의 차가 발생하므로 Operator의 기술수준이 문제가 된다.

동종의 기계가 있어도 샤프니스, 입자, Tone 등 품질은 각 사마다 다를 수가 있으며 Original에 가장 가까운 제품을 생산하기 위해서는 작업의 표준화, 계수관리, 안정성 등이 이루어져야 할 것이다.

③ 따 붙이기 작업과 촬영 : 따 붙이기 작업은 의뢰자의 최종 희망에 신속하고 정확하게 응해서 광고기획물, 카다로그 등의 효과를 최대한 살리고 디자이너가 가지고 있는 의도를 충분히 파악하여 양질의 정확한 품질을 생산함은 두말할 필요도 없다.

접수된 원고 중 컬러 원고는 스캐너에서 트리밍 된 사이즈로 분해되어 직접 작업 또는 교정을 보고, 카메라에서는 원고에 지시된 여러 가지의 작업 내용을 촬영하여서 원색과 카메라에서 촬영된 레이아웃, 문자, 마스크 등이 합쳐져서 따 붙이기 작업이 진행된다.

따 붙이기 작업에는 접수된 화판을 기본으로 Mask의 중복작업(원색 Mask, 문자 Mask, 형태대로 따내는 Mask)에 의한 4색판을 만들며 그 외의 것은 디자이너의 의도하는 바에 따라 별색으로 처리 된다.

▸ 사진식자는 완전한가?

▸ 문자의 위치와 색상, 확대, 축소의 여부

▸ 피사체를 형태대로 따내는 작업(섀도우 구분, 그림자 강조 여부)

▸ 바탕색상의 결정 및 바탕색상의 %수 결정

▸ 인물, 건물, 풍경, 자동차 등 Slide의 수직과 수평 유지

▸ Mask에 의한 몽타주 작업(1중, 2중, 3중)

▸ 재현될 사이즈의 확인

④ Dot Etching : 스캐너에서 만들어진 4색의 망점 필름에 Hand Retouching을 실시하여 색과 계조의 조절작업을 한다.

Color Scanner의 진보에 따라 Hand Retouching은 옛날에 비하여 대단히 감소

하였지만 원망필름의 수정은 감력액을 사용하여 4색의 각 필름에 망점 크기를 가감하여 색을 변화시키는 작업으로서 숙련을 요구하는 직업이다.

예를 들면,

▸ 실제의 상품과 컬러원고의 발색이 틀린 경우

▸ 인물에서 피부계통의 계조가 거칠고 색상이 맞지 않을 경우

▸ 반대색 제거의 경우

▸ 그 외 기계적으로 불완전하다고 생각되는 경우 등을 들 수 있다.

여기에서 주의할 것은 원고의 접수시 요청되는 사상에 따라서 작업이 진행되어야 함은 물론이며 수정 그 자체에 과대한 기대를 가지지 않는 것이 좋다.

왜냐하면 Etching이라는 것은 생각보다 범위가 좁아서 많은 부분을 수정해야 할 경우에는 다시 분해하는 쪽이 더욱 바람직하기 때문이다.

⑤ 판 굽기 : 인쇄판을 만드는 방법에 있어서도 감광물질을 사용하는 것으로서 판재(알미늄, P.S판)에 감광물질을 도포하여 4판에 각 필름, 즉 Cyan, Magenta, Yellow, Black을 집합시킨 각 판에 적정 노광을 주고 필요한 약품처리를 하는 것이다.

따라서 사진제판 기술의 역사는 감광물질의 이용방법 개발에 따라 성립되어 왔다고 보아도 좋다. 특히 최근 사용방법이 진보하여 망점 재현과 공정관리에 크게 도움을 주고 있는 P.S판이 개발되어 지금까지 사용되어 오고 있다.

쉬어가기

■ P.S판의 제판법

P.S판이란 Presensized Plates를 약칭한 것으로서 머리글자를 따서 부르는 것이다. Pre란 '먼저', '앞서서'라는 접두사이며 sensized란 '빛을 느끼도록 한다.' '감광화한다'라는 의미의 동사이다.

P.S판이란 사전에 감광화된 판이라고 부를 수 있다. P.S판에 도포되는 화합물과 합성수지 감광층은 어두운 반응이 없기 때문에 유효기간은 대단히 길다. 또 P.S판은 망점의 재현성, 해상력, 내구성 등이 우수하여 인쇄물의 품질이 양호하다.

⑥ 교정의 목적과 의의 : 교정쇄를 합리적으로 체크하기 위해서는 그 목적을 정확하게 파악하여 그 의의를 충분히 인식하지 않으면 안 된다.

제판은 주문 작업이며, 제품이 감각적으로 평가되므로 사전에 의뢰자 측에게 보여서 대량 인쇄하기 전에 체크를 하는 것이며, 각 공정의 최종임을 명심해야 한다.

또한 의뢰자 측에서 작업사항의 최종결과를 사전에 알아두겠다는 뜻도 있다. 이와 같이 교정은 각 공정의 관리체크를 위하여 인쇄할 때 견본으로서 중요한 역할을 하고 있고 또한 최종 인쇄물로서는 특히 미세한 색의 재현이 되어질 것이며, 색재현의 충실도가 본 인쇄보다 떨어진다면 교정은 아무 의미가 없을 것이다.

색 표현의 충실도는 사전작업의 정확도에 크게 영향을 주며, 적정 농도의 표준화, 핀트의 정확성은 빼놓을 수 없는 것이다.

(4) 최종 교정물의 평가

제품을 만들기 위해서는 그 제품에 대한 품질평가의 기준을 알아둘 필요가 있다. 앞에서도 말한 바 있거니와 클라이언트 또는 디자이너가 원하는 제품을 작업의 표준화, 계수관리, 안정성 등에 바탕을 두어 양질의 제품을 생산해내야 함은 물론이다. 원고를 적당히 분해하여 교정을 내어서 클라이언트의 판정을 받아 고치고 또 고치는 수정작업만 계속한다면 그것은 가장 비능률적이고 계획 의도에도 따라갈 수가 없다는 것이 된다. 작업지시서도 없고 구두로 그 내용을 말하여서는 나중에 문제가 생길 우려가 있다.

예를 들면 품질이란 말 그 자체로도 많은 뜻을 가지고 있어 사람에 따라 그 의미가 다르기 때문이다. 품질이란 말에는 뛰어났다는 경우도 있고, 다른 물건과 구별하여 특성 그 자체를 나타내는 경우도 있다.

디욱 인쇄물을 보고 품질이 좋다 하더라도 각각 틀린 심리적 인상으로부터 출발한 해답이라고 말할 수 있다.

어떤 사람은 얼굴색을 자기 주관대로만 좋다고 말하는 사람도 있으며 어떤 사람은 제품 그 자체에 느낌이 잘 나와 있는 곳에 마음을 두고 있기도 할 것이다.

또는 경험적인 관습도 있을 것이다. 이와 같이 감각적인 느낌이 평가의 기준이 된다면 기준을 결정한다는 것은 대단히 어려운 것이 된다. 그래서 평가는 주관적인 평가와 객관적인 평가로 나뉜다.

■ 주관적 평가

① 장소와 주위의 조건으로 틀린 판단을 하는 경우

② 피사체에 대한 밝기의 절대치와 배경의 밝기와의 관계가 화상을 식별하는데 큰 차이를 가져오게 하는 경우

③ 주위의 색채, 배색조건 등

인쇄물 평가에는 조명을 중심으로 한 환경조성이 대단히 중요하다.

■ **객관적 평가**

객관적 평가란 종합적인 평가이므로 어딘가에 많은 판단요인이 있어서 그 요인을 찾아내어 객관적인 해석을 가하는 것이 체계화하는 기본요인이다.

그런데 이 평가를 좌우하고 있는 제요인에는 뚜렷한 교정쇄의 품질을 좌우하고 있는 제특성(각종 기본 Data)이며, 인쇄라고 말하는 복제물을 만드는 프로세스 시스템 기법 재료에 기인함은 말할 필요도 없다.

여기서 특성을 들어보면 다음과 같은 것이 생각된다.

① 원고에 대한 입자, 콘트라스트의 재현도

② 원고에 대한 색의 재현

③ 균일성

④ 불균일성

⑤ 화상의 선명도와 해상력

⑥ 화상의 명암과 화상의 핀트 불량

⑦ 망점 충실성(망점 특유의 재현성, 선수, 현상 등을 포함)

⑧ 광택도

⑨ 투명도

⑩ 종이의 질

3.4 인쇄 이론

(1) 인쇄의 정의

인쇄란 직접 및 간접으로 인류의 문화를 보다 빠르고 싸며 정확하게 전달, 보전할 목적으로 판(版, Plate)을 개입시켜 종이 등의 물질 위에 잉크를 사용하여 글자, 기타 도형 등을 대량으로 기록하는 행위이다.

(2) 인쇄의 요소

일반적인 인쇄는 문장이나 화상 등을 기계적인 수단으로 대량 복제하는 것을 뜻하는

데, 이를 위해서는 다음과 같은 5가지 요소를 가져야 한다.

■ **원고(Copy)**

원고는 문자원고, 회화원고 및 사진원고로 나눌 수 있는데, 문자원고는 대부분 활자로 복제하며, 회화 및 사진원고는 사진기술을 응용하여 제판한 판으로 복제한다.

■ **판(版, Plate)**

인쇄판은 색재료를 선택, 부착시키는 기능을 가져야 하는데 색재료를 부착시키는 면을 화선부(Image)라 하고, 그렇지 못한 면을 비화선부(None Image)라 한다.

■ **색재료**

색재료는 인쇄 잉크로서 보통 유지와 안료로 만들어져 있다는 것이 일반적인 개념이었으나 현재의 인쇄 잉크의 조성은 매우 다양하다.

■ **피인쇄체**

피인쇄체의 종류는 매우 다양하나 그 중에서 가장 일반적인 것은 종이이다. 종이에 인쇄하는 것은 일반인쇄라고 하고, 금속이나 합성수지, 천, 유리 등에 인쇄하는 것을 특수인쇄라고 한다.

■ **인쇄기**

인쇄기는 판의 잉크를 기계적인 압력에 의해 종이 등의 피인쇄체에 옮겨 복사하는 것이다. 압력을 주는 구조에 따라 또는 판의 종류에 따라 인쇄기의 구조와 형식이 다양하다.

(3) 인쇄의 방식

현재 인쇄에는 네 가지의 방식을 생각할 수 있다.

■ **凸판식 인쇄(Letterprocess Printing Process)**

판의 화선부는 凸판으로 되어 있고 잉크를 판에 올리면 凸판부만 묻고 凹부분의 비화선부는 묻지 않는다. 종이를 놓고 압력을 가하면 화선이 선명하고 정교한 인쇄에 이용된다.

판이 凸판이기 때문에 인쇄물의 뒷면에 약간의 눌리는 자국이 보인다. 일반적으로는 명함 · 신문 · 서적 등의 인쇄에 많이 사용된다.

■ 평판식 인쇄(Lithographic Printing Process)

평판(平板)은 화선부와 비화선부가 동일 평면 위에 있고 물과 지방과의 반발을 이용해서 인쇄를 하는 화학적인 인쇄방식이다.

이 인쇄물은 화선이 대단히 우연하여 화선의 박력이 모자라며, 내쇄력이 약한 결점을 가지고 있으나 제판비가 싸기 때문에 일반적으로 많이 이용되고 있다. 일반적으로 캘린더 · 포스터 · 팜플렛 · 광고 등의 고급인쇄에 많이 이용된다. 판의 종류는 석판(石版) · 금속평판(金屬平版)등이 있다.

■ 凹판식 인쇄(Intaglio Printing Process)

凹판은 화선부가 凹상으로 되어 있고 그 凹부분 채워져서 인쇄된다. 이 인쇄물은 앞의 두 방식에 따른 인쇄물보다도 두꺼운 잉크피막이 생기고 박력이 있는 인쇄물을 얻을 수 있다.

특히 사진물의 인쇄에 적합하고 또 여러 색도의 경우는 색채가 대단히 풍부하게 되어 고급인쇄물이 된다. 제판 가격은 비교적 비싸며 유가증권 · 지폐 · 일반 그라비어 인쇄에 많이 사용된다.

■ 공판식 인쇄(孔版式 印刷 : Stencil Printing Process)

공판(孔版)에서 잉크가 화선부를 통과하여 피인쇄체에 인쇄되고 비화선부는 잉크가 통과하지 않는다. 이 인쇄 방식은 다량의 복제가 어려운 결점이 있으나 현재는 어느 정도 개량되었다.

(4) 인쇄기의 형식

■ 평압식 인쇄(平壓式 印刷)

판반(版盤) 위에 판을 놓고 잉크를 묻힌 다음 종이를 판 위에 놓고 압반(壓盤)으로 압력을 가해 인쇄하는 형식이다. 구텐베르크가 활판인쇄를 발명 했을 당시 이 형식의 인쇄기가 사용되었다. 인쇄 속도는 느리나 적은 부수의 인쇄에 적합하다.

■ 원압식 인쇄(圓壓式)

판반에 판을 걸어 그것이 왕복하며 실린더로 되어 있는 압통 밑을 통과할 때 압통에 물려 있는 종이에 인쇄하는 형식이다. 이 형식의 기계는 평압식(平壓式)보다 인쇄 속도가 빠르고 주로 활판인쇄에 많이 이용되고 있다.

■ **윤전식 인쇄(輪轉式 印刷 : Rotary Press)**

관통과 압통이 전부 실린더로 되어 있으며 판동에 판을 원형으로 감고 판통과 압통 사이로 종이가 두루마리로 통과하여 인쇄되는 형식으로 판통과 압통의 접촉면이 가장 적다.

인쇄 속도가 빠르고 인쇄기계의 대부분이 이러한 형식이다. 이 형식의 대표적인 것은 凸판에서는 신문윤전기·서적 윤전인쇄기, 평판에서는 오프셋 인쇄기, 凹판에서는 그라비어 윤전기 등이 있고 대개의 판식이 이 윤전식 인쇄기를 사용하고 있다.

인쇄기계는 어떠한 복잡한 기구를 가진 기계라도 이 세 가지 형식 중에 해당한다(공판인쇄기, 그 밖의 특수한 인쇄기에는 이것에 해당되지 않는 것도 있다).

(5) 오프셋(Off-set) 인쇄

■ **오프셋 인쇄의 특징**

凸판 인쇄나 凹판 인쇄가 판면의 고저를 이용한 물리적인 방법인 데 비해 오프셋 인쇄는 동일 판명상의 화선부와 비화선부를 구성하고 물과 기름의 상호 반발을 이용한 화학적 요소에 따르는 것이며 판의 종류나 물의 양, 그 산성도, 인쇄 압력, 잉크의 종류, 종이의 종류에 따라 인쇄물의 품질을 분명히 관리해야 한다. 또한 오프셋 인쇄는 간접인쇄이기 때문에 아무래도 잉크의 전이량이 적어 전체에 흐린 느낌을 주며 직접인쇄에 비해 박력감이 떨어지는 약점도 있다.

■ **판재**

석판인쇄는 여러 가지 단점 때문에 오래 가지 못해서 판재는 15세기경에 금속평판으로 바뀌게 되었으며, 현재는 거의 아연판·알루미늄판으로 특히 사진평판에 의한 오프셋 인쇄로 전환되었다.

금속평판의 이점

① 큰 판재를 쉽게 얻을 수 있다.

② 판재의 무게가 가볍고 운반이나 보관이 쉽다.

③ 윤전인쇄가 가능하다.

④ 사진제판이 쉽다.

그러나 판재가 산화되기 쉽고 인쇄상태나 품질이 불안정한 결점을 동시에 가지고 있다.

■ 연마(Graining)

연마의 목적은 다음과 같다.

① 판의 비화선부의 보수성을 평균하게 하고 친수성을 유지한다.

② 판면의 표면적을 증가시킨다.

③ 인쇄기에서 로울러(Roller) 등이 미끄러지지 않도록 한다.

④ 먼저 사용한 화선을 제거하고 새로운 금속표면을 낸다.

■ 오프셋 인쇄기의 구조

오프셋 인쇄기에는 매엽식과 두루마리식이 있으며, 크게 피이더(Feeder)부분, 인쇄 유니트(Printing Unit), 델리버리(Delivery) 부분으로 나눌 수 있다.

① 착색장치(Inking System) : 잉크집으로부터 판(Plate)에 잉크를 전달할 때까지 필요한 모든 로울러 등을 말하며 이 장치는 잉크의 전달상태를 잘 알 수 있고 조작이 쉬워야 한다.

② 습수장치(Dampening System) : 판면에 물을 공급하는 모든 장치를 말한다.

③ 통의 종류

▸ 판통(Plate Cylinder) : 주철제의 원통형으로 되어 있으며 인쇄할 판(Plate)을 감는 것이다. 이 판통의 양쪽에는 치차가 있고 판은 습수 로울러와 잉크 로울러가 접촉 회전하도록 되어 있다. 판통의 양끝에는 베어러(Bearer)가 있다.

▸ 고무통(Blanket Cylinder) : 고무통은 판통과 같이 주철로 되어 있으며 그 표면에 고무 블랭킷을 감도록 되어 있다. 판통의 판과 고무통의 블랭킷과 접촉하여 판통의 화선을 전이함이 목적이며, 따라서 판의 화선과는 반대로 전이된다.

▸ 압통(Impression Cylinder) : 고무통과 압축 회전하게 되어 있으며 직접 종이에 인쇄되는 부분이다.

▸ 패킹(Paking) : 이것은 3통의 직경을 일치시키기 위하여 행하는 조정방법의 하나이며 통의 밑에 밑깔기를 함으로써 조절할 수 있다. 패킹에는 하드 패킹, 소프트패킹, 세미하드패킹의 세 가지가 있다.

(6) 용지의 단위 산출

용지의 단위 산출에는 연량과 평량이 있다. 우리가 흔히 말하는 '몇R'이라고 하는 것은 전지를 500매씩 포장했을 때를 '1연(Ream)'이라고 하며 'g수'라고 하는 것은 종이의 두께를 말하는 미터평량으로 각 종이마다의 차이 때문에 정확히 두께가 몇 mm라고 말할 수는 없으나 일반적으로 사방 1000mm로 잘랐을 때 그 종이의 무게가 나타내는 g수로 표시한다.

참고로 250g 4·6전지 한 장의 무게는 250×0.86=215g이 되며, 250g 국전지 한 장의 무게는 250×0.597=149.25g이 되는 것이다.

절 수	치수(mm/mm)	1000매의 인쇄시 전지소요량
2	545×788	500
장2	1090×394	500
3	363×788	334
장3	1090×262	334
T3	696×394	334
4	545×394	250
장4	272×788	250
5	334×454	200
6	363×394	167
장6	181×788	167
6*	545×262	167
7	545×218	143
8	272×394	125
장8	545×197	125
9	363×262	112
10	218×394	100
10*	334×227	100
12	272×262	84
장12	181×394	84
12*	363×197	84
15	218×262	67
15*	334×151	67
16	272×197	63

Video Graphic Design Basic

02 스토리보드(Story board)와 영상제작

1. 프리프로덕션에서의 스토리보드
2. 글, 이미지, 도면
3. 화면 종횡비
4. 화면의 연장

Chapter 01 프리프로덕션에서의 스토리보드

Section 01. 스토리보드란 무엇인가?

스토리보드란 무엇인가? 대답은 아주 자명해 보이지만 실제는 단순한 프레임으로 구성된 그림 이상으로 더 복잡하고 흥미롭다. 이 장의 내용은 스토리보드에 대한 정의와 각기 다른 프리프로덕션 과정에서 스토리보드가 어떻게 사용되는지에 대한 내용을 다룰 것이다. 기사를 쓰는 저널리스트의 다섯 W(what, why, who, when, where)원칙을 좇아 내용을 '무엇을', '왜', '누가', '언제', '어디서'로 분류하여 설명할 것이다. 각각의 단원(W)들은 스토리보드의 실제적 특성들에 대해 설명하고 있다. 즉 누가 스토리보드 작업을 진행시키며, 누가 그 스토리 라인을 검사하고, 각 장면들에 대한 스토리보드 작업 우선순위를 정하고 제작 스케줄 상 보통 언제 그 작업을 해야 하는지 결정하는 것에 대해 설명하고 있다.

1.1 What

어떤 종류의 스토리보드들이 다양한 엔터테인먼트산업 분야에서 쓰이고 있을까? 스토리보드는 한 종류가 아니며, 내용들이 각기 다른 스타일을 가지고 있듯이 스토리보드 역시 각각의 독특한 스타일을 가지고 있다. 이번 섹션에서는 영화, TV, 광고, 쌍방향 영상매체 등에서 사용되는 스토리보드들의 다양한 이용형태와 동시에 이 스토리보드들이 공통적으로 가진 일반적인 특성을 설명한다.

1.2 Why

왜 프리프로덕션 과정에서 스토리보드를 사용하는가? 프리프로덕션과 프로덕션 사이를 나누는 경계는 본 촬영의 시작이다. 제작실무진과 배우들이 오기 전에는 대본의 장면을 이미지로 결정하는 과정은 보다 조용하고 명상적인 환경에서 진행될 수 있다. 그러나 이런 제작진이 모이면 작업은 미적인 부분에 초점을 맞추기 보다는 논리적인 면을 강조할 수 있다. 스토리보드를 만드는데 있어서 왜 'Why'라는 것은 이 심미적 요소와 논리적 요소 두 가지와 관련된 것이다.

1.3 Who

누가 스토리 보드와 그것에 관련된 문서들을 만드는가? 각 장의 이 부문은 감독이 스텝들에게 스토리보드를 돌려보도록 했을 때 누가 스토리보드를 받을지 뿐만 아니라 스토리보드를 만드는 과정에 누구를 포함시킬지에 관련된 내용을 다루고 있다.

1.4 Where and When

어디서 언제 스토리보드가 제작되는가? 이 섹션은 프리프로덕션 시각화작업에서의 로케이션, 세트디자인 리스트 작성의 운용 등을 다룬다. 또한 이 장에서는 주로 감독과 일러스트레이터나 아트디렉터들끼리 가지는 스토리보드 회의를 위한 개요와 영화의 대본 장면을 시각화하는데 어떻게 시간을 활용하는 것이 가장 효율적인가를 논의한다.

프리프로덕션 과정은 그 안에서 일하고 있는 사람들만큼이나 다양하다. 이 팩의 내용은 관점이 변화할 때마다 함께 변하는 프리프로덕션 과정의 일반적인 설명이다.

쉬어가기

■ 순서에 관한 이야기

다섯 개의 W인 누가, 무엇을, 어디서, 언제, 왜의 정해진 순서를 따르지 않은 것을 눈치 챘을 것이다. 그 이유는 영상물 제작에 있어서 누가 팀의 일원이 될 것인지, 언제 그 일이 진행될 것인지 보다도 그 제작과정이 어떤지를 이해하는 것이 더 필요한 일이기 때문이다.

"내가 드밀 감독을 만났을 당시 작품 '지상 최대의 서커스'는 촬영대본이나 다른 어떤 것들도 없었다. 그러나 감독은 이에 대한 그림을 보고 싶어했다. '서커스단과 함께 여행하면서 흥미 있는 모습이라고 생각하는 모든 걸 그려오게'라고 지시했다. 그래서 나는 서커스단과 여행하면서 그들과 함께 서커스 열차에서 살았다. 2개월 남짓 그렇게 지냈다. 그런 뒤 한동안 이런 장면들을 그려가고 나서 얼마 후 감독은 작가들을 불러서 그 스케치들에 근거해 영화 대본을 쓰도록 하였다."

스토리보드는 촬영리스트나 촬영평면도와 마찬가지로 엔터테인먼트 산업의 여러 현장에서 두루 사용되고 있다. 산업용 영상물에서는 물론이고 CD-ROM이나 웹 사이트의 제작에서도 어떤 형태로든 스토리보드가 이용된다. 스토리보드는 이미지와 프로젝트의 다른 측면들과의 관계를 기획하는 데 효과적이기 때문이다.

다양한 분야에서 일하는 여러 아티스트들과 전문가들은 각기 다른 필요에 의해 다양한 형태의 스토리보드를 사용할 것이다. 다음에서는 각 분야별 스토리보드의 기본적인 스타일과 사용 실례에 대한 간단한 설명이 나와 있다.

스토리보드는 다음과 같이 분류할 수 있다.

- 편집 스토리보드
- 주요장면 도해
- 프로덕션 일러스트레이션
- 광고 스토리보드

"무성영화 시대에는 모든 것들을 설명할 수 있는 아무런 대사도 없었기 때문에 성장이나 시각적인 배합, 혹은 실현 가능한 순간들에 관해 생각해야 했다. 우리는 그런 조건에서 훈련 받았다. 즉 관객에게 영화 속 내용과 관련해 무언가를 설명해야할 때 '무엇이 이에 딱 맞는 단어일까? 적절한 구절이나 문장은 무엇일까?'라고 생각하기보다는 곧바로 '알맞은 그림이나 상징은 무엇인가?'하고 생각했던 것이다.

킹 비더
감독
영화감독 : 〈군중〉(1928), 〈우리의 일용 양식〉(1934)

Section 02. 편집 스토리보드 제작

편집 스토리보드에는 몇 가지 타입이 있지만 이 책에서는 그 중 한 가지만을 자세히 다룬다. 영화와 방송에서는 각본에 따라 편집될 장면들이 흐름에 시각적인 표현을 주기 위해서 편집 스토리보드를 사용한다. 이미지들은 대부분 빠르게 그리는 흑백 스케치로 제작되며 단순한 선으로만 그려질 수고 있고 빛과 그림자가 들어간 복잡한 묘사가 될 경우도 있다.

편집 스토리보드는 대부분 복사하여 시용하며 스탭들이 원본으로 작업을 하는 경우는 거의 없다. 원본을 복사하여 참여하는 스탭들에게 나누어준다. 스토리보드는 콘트라스트가 높아야 하기 때문에 복사가 좋은 결과를 가져온다. 이 때문에 흑백 스토리보드가 표준이다. 〈레이더스 Indiana Jones and the Raiders of the Lost Ark〉(1981)와 같이 특별히 스케일이 큰 영화의 경우에는 컬러로 제작될 것이다. 최고의 제작사들은 프리프로덕션 시각화 작업의 초기 단계에서 색을 넣는 것으로부터 이득을 볼 수 있다. 풍부한 제작비를 가진 영화들은 분명히 더 많은 시간을 요하는 호사스러운 과정을 감당할 수가 있다. 나아가 이런 컬러 스토리보드들은 영화 제작과정을 책으로 펴낼 때 유용하고, DVD 출시 때 부록으로 실려지기도 한다.

스토리보드는 다양한 방법으로 제작된다. 대부분의 제작에서 카메라 앵글과 배치에 초점을 두고 그린 흑백의 스토리보드를 사용한다. 스토리보드는 촬영대본과 같이 보관할 수 있는 보통의 가로 8.5×11 인치의 종이에 그려진다. 일부 감독들은 한 면에 한 개의 장면을 그리는 것을 선호하는 데, 그렇게 하면 장면들 사이에서 개개의 스토리보드 프레임들을 조절할 수 있는 여유를 가질 수 있기 때문이다. 또 다른 타입의 감독들은 썸네일 드로잉보다 약간 큰 스케치들로서 한 페이지에 열두 개 이상을 그릴 수 있는 작은 장면 연출을 원한다. 스토리보드 장면의 크기는 오로지 감독의 판단에 달려있다.

- 편집할 장면의 배열을 구상해 놓는다(촬영순서가 아닌 쇼트의 편집).
- 감독의 창의적 아이디어를 반영한다.
- 8.5×11 인치 크기에 일반적으로 하나에서 네 개의 장면을 넣는다.
- 흑백
- 빠른 스케치

Section 03. 주요장면 도해

편집을 위한 전체 스토리보드를 요구하지 않거나 필요 없을 때가 있다. 그럴 경우 중요한 장면들만 그리는 것이 적절한 방법이다. 줄거리에서 중요한 순간들을 골라 음영을 여러 단계로 넣어 세밀하게 그린다. 이렇게 그려진 주요장면 도해들은 특정 프로덕션을 위해 제작비를 높이려고 계속해서 애쓰는 제작자나 감독에게는 유용한 도구가 될 것이다. 이 그림들은 작품의 가장 뛰어난 장면들의 심플한 시각화를 투자자나 스튜디오에 보여줄 수 있어 세일즈 도구의 역할을 할 수도 있다. 이런 그림들은 본격적으로 그려지는 프로덕션 일러스트레이션에 비하면 대체적으로 질이 떨어짐을 확실하게 알고 넘어가자. 이 그림들은 최종작품의 방향을 논의하려는 목적보다는 작품의 분위기와 스타일을 보여주려고 만들어지는 것이다. 사실상 지나치게 세련된 그림으로 완전에 가깝게 보여주는 것은 위험할 수가 있다.

- 편집 스토리보드는 훨씬 더 잘 그린다.
- 장면 중에서 하이라이트 이미지들만을 보여준다.
- 종종 세일즈 도구로 사용된다.
- 일반적으로 8.5×11 인치의 크기에 하나의 이미지를 그린다.

"영화 타워링에서 컨셉 아티스트와 스토리보드작가로 일했다. 네 개의 촬영 팀을 위해 각기 다른 장면들을 그려주었다. 그들은 매일 스타들과 작업했으며 미니어처 촬영과 헬기촬영분도 있었다. 누구든지 다른 사람들이 무엇을 하고 있는지를 파악하고 있어야 했다. 액션 연출은 미니어처를 고려하여 선택한 특수효과의 촬영 각도에 따른 지시를 받았다. 나는 스태프들 사이를 이리 저리 뛰어 다녔고 어윈 엘런 감독은 '나보다 앞서 생각해. 조, 앞서 생각하라니까'라고 말하곤 했다."

Section 04. 프로덕션 일러스트레이션

프로덕션 일러스트레이션은 완성도 높고 아주 자세하고 사실감이 넘치는 그림으로, 극적인 순간의 장면이나 등장인물이 없는 설정 장면과 같이 같은 장면을 보여준다.

각 작품마다 세트를 제작하는 데 굉장히 많은 액수의 돈이 투여되고 있다. 기존에 존재하는 장소에서 로케이션 촬영이 아닌 이상 각 장면세트는 디자인되고 감독들과 프로듀서들에게 허가를 받아야 한다. 종종 모형으로 세트가 제작될 때도 있다. 그것은 하얀 단색의 단순 구조물일 수도 있고 특별하게 색과 문양을 넣고 가구를 배치한 건축적인 모형물일 수도 있다. 두 가지 모두 공간에 초점을 두고 있다.

이 모형과 더불어 많은 디자이너들은 실제 촬영대본의 장면에 포함되어 있건 없건 간에 와이드앵글 화면으로 세트를 보여주는 프로덕션 일러스트레이션을 사용한다. 이 그림에는 두 가지 목적이 있다.

첫째는 세트가 지어졌을 때의 모습을 2차원으로 표현하는 것이다.

둘째는 디자이너에게 세트의 조명이 어떨 것인지에 대한 아이디어를 표현할 기회를 주는 것이다.

- 조명의 상태를 완전하게 반영하여 그린다.
- 아주 세밀하고 완성도가 높다.
- 세트의 와이드 쇼트다.
- 프로덕션디자이너의 창의적 컨셉을 보여준다.
- 세트디자인 아이디어를 감독이나 제작사에 팔기 위한 도구로 사용된다.
- 대개 14, 20인치 이상의 크기이다.

"나는 또한 대부분의 세트와 프로덕션 일러스트레이션에 빠르게 명암을 넣어서 그린다. 그 그림들을 표현주의적으로 그릴 수도 있으나 나는 되도록 보기 좋게 사실감이 유지되도록 애쓴다. 나는 하나의 아이디어를 구현하기 위해 무엇인가를 빠르게 그려간다. 그리고 나서 우리는 초점을 맞추고 내가 수정해 그리면서 좀 더 특별한 것들을 도출해 낸다. 중요한 세트들은 모형으로도 만들었다."

Section 05. 광고 스토리보드(comp : 편집 배정도라고도 한다)

프리프로덕션의 초기 단계에 스토리보드를 사용한다는 점에서는 광고 제작이 영화나 방송 프로그램과 약간 비슷하다. 상업 광고들은 보통 그 광고를 최종적으로 연출할 사람이 아닌 광고대행사들에 의해 기획된다. 그러므로 처음 만들어지는 스토리보드는 광고주(예를 들어 자동차 회사)로부터 광고제작 의뢰를 받은 에이전시가 요구된 조건 위에서 그들의 아이디어를 보여주기 위해 제작한 하나의 판매 수단이다. 동의가 떨어지면 그 스토리보드는 광고를 제작할 감독과 프로덕션들을 입찰시킬 때 사용된다. 일단 일을 낙찰받으면 감독은 광고회사가 만들어 놓은 편집 스토리보드의 내용에 맞추어 따라갈 것인지 아니면 나름대로의 촬영 스토리보드를 제작할 지에 대해 약정을 한다.

- 상업적인 주제에 맞추어 컬러로 고급스럽게 그려진다.
- 광고기획사의 창의적 컨셉을 보여준다.
- 광고주에게 아이디어를 보여주는 세일즈 도구로 사용된다.
- 카메라의 움직임은 표현하지 않는다.
- 보드에 6~8안차 까지의 표준 프레임의 연속장면들을 붙여서 만든다.

Section 06. 편집 스토리보드 제작을 위한 재료들

스토리보드 작가들은 편집 스토리보드를 그릴 때 간단한 연필에서부터 최고급 컴퓨터에 이르는 다양한 자재와 도구를 사용한다. 대부분의 스토리보드 작가들은 가볍고 러프한 밑그림을 그리고 검은 선으로 정돈하는 단계를 거쳐 그림자를 넣는 전통적인 테크닉을 여전히 사용하고 있다. 사용되는 재료로는 밑그림을 그리는 데 쓰는 복사가 되지 않는 파란색 연필과 스케치에 주로 쓰이는 부드러운 느낌의 4B에서 딱딱한 느낌의 2H까지의 다양한 흑연 연필이 포함된다. 거기에 납빛의 성분의 색연필(Prismacolor나 Verithin 같은 상표)들은 세부를 덧그리기에 좋은 어두운 선을 만들어 섬세한 것을 표현하게 해준다. 어떤 작가들은 연필가루를 면봉에 묻혀서 그림 위에 문질러 음양을 나타내는 것을 좋아한다. 그렇게 하면 넓은 면적을 빠르게 칠할 수 있고 밝은 부분은 회색 부분을 지우개로 살짝 지워내면서 묘사하면 된다. 또 다른 작가들은 연필로 밑그림을 스케치하고 다양한 펜이나 마커를 사용해서 섬세한 묘사를 하기도 한다. 이런 재료들은 잘못 그렸을 때 수정하기가 어렵다. 지우기가 힘들고 너무 진하게 칠해진 부분을 다시 밝게 만드는 것이 어렵기 때문이다. 또 다른 재료들은 오랫동안 스토리보드에 사용되어 온 것들로 파스텔, 과슈(고무수채화법), 수체화, 목탄 등이 있다. 이런 재료들을 이용하면 아주 아름답고 다양한 효과를 얻을 수 있기 때문에 시간을 들여 연구한다면 많은 결과들을 얻을 것이다. 그러나 표면을 조심해야 한다. 목탄이나 파스텔은 번지거나 망가질 수 있기 때문에 고착제나 커버시트로 원본을 보호할 필요가 생길 것이다. 하나의 방법은 제본되어 있는 흰색의 종이에 연필로 스케치를 하면서 전체적인 구상과 화면 구성을 모두 결정한다. 그런 다음 좀 더 두꺼운 종이로 두 벌의 그림 복사본을 만든다. 그 복사본들은 음영을 사용하거나 상황에 따라 필요하다면 채색을 하기도 하면서 여러 가지를 생각해보는 데 사용한다. 최종적으로는 스토리 보드를 복사하여 필요로 하는 제작진들에게 배포한다. 이 방법으로는 많은 시간이 든다면 보통은 다음에서 논의 하는 타입의 보드를 사용한다.

6.1 주요장면 도해에 사용되는 재료들

세일즈를 위한 도구로 사용되기 위해 주요장면의 도해들을 종종 컬러로 그린다. 스토리보드작가는 색연필, 파스텔, 수채화, 마커, 펜, 목탄 등에 국한되지 않고 컬러 스케치를 위해 아주 다양한 재료를 사용한다. 주요장면 도해는 연속 장면이 아닌 각기 다른 위치가 다뤄지게 되므로 8.5×11 인치 포맷에 한 장면씩 그려서 제작한다. 감독이나 프로듀서의 요청이 있을 경우 더 크게도 만든다.

6.2 재료 고르기

앞에서 기술해 왔던 각 타입의 스토리보드 개발에 일반적으로 사용되는 재료의 품목들을 목록으로 만들어 놓았다. 그 목록은 창조로 가기 위한 하나의 지침일 뿐이다. 각 스토리보드마다 한 가지 방법만 있는 것이 아니다. 결국 재료의 선택은 감각적으로 하는 것이지 지적으로 하는 것이 아니다. 종이는 질감에 따라 부드럽거나 거칠거나 반짝이거나 광택이 없는 등 특유의 느낌을 드러낸다. 연필 역시 굉장히 다양한 질감을 가지고 있는데 딱딱한 느낌부터 부드러운 느낌, 매끄럽거나 거친 느낌 등 선택의 폭이 넓다. 이런 재료들의 선택은 개인적인 취향에 따라 결정된다. 화방에서 좀 더 시간을 보내면서 재료들을 테스트해 보자. 이제 막 재료들을 고르기 시작했다면 되도록 다양한 종류의 연필들을 사서 어떤 것이 가장 자신의 손에 잘 맞는지 즐기면서 실험해 보자.

아래 목록들은 모든 아티스트, 감독, 디자이너들이 실험을 해보고 자신들에게 가장 잘 맞는 테크닉을 찾을 수 있을 만큼 포괄적인 것은 아니다. 새 프로젝트 작업에 들어가기 전에 화방에 가야 하는 독자들을 위한 일반적인 지침일 뿐이다.

편집 스토리보드	• 8.5~11인치 종이 • 감광되지 않는 청색 펜 • 흑연 연필, HB, 2B • 검정색 펜들(여러 가지 폭을 가진 penstix를 사용해 보자 : F, EF, EEF) • 검정색 prismacolor 펜 • 남색 Verithin 펜 • 연필깍이 • 고무지우개 • 12인치 이상의 빗면을 가진 삼각자
광고 스토리보드	• 11~14인치 마커용 종이 • 색연필 세트와 회색 톤의 마커 세트 • 감광되지 않는 청색 펜 • 연필들 • 다양한 검정 펜 • 그림을 붙이기 위한 검정 색 보드
주요장면 도해	• 8.5~11인치 이상의 큰 종이 • 컬러인지 흑백인지에 따라 프로덕션의 일러스트레이션 혹은 편집 스토리보드의 목록을 따른다.
프로덕션 일러스트레이션	• 20~30인치 종이 또는 일러스트레이션 보드 • 과슈 세트와 붓 • 색연필 세트 • 마커 세트 • 다양한 종류의 검정팬

(1) 프로덕션 일러스트레이션에 사용되는 재료들

디자이너들은 프로덕션 일러스트레이션 작화를 위해 연필, 펜, 파스텔, 목탄, 과슈 등 여러 가지 다양한 재료들을 사용한다. 이런 일러스트레이션들은 크기가 다양한테 보통은 전형적인 스토리보드 보다 크며 20×30인치까지 이르기도 한다. 일반적으로 좋은 일러스트레이션 보드나 파스텔용 용지에 그린다.

(2) 광고용 스토리보드를 위한 재료들

광고용 스토리보드들은 거의 언제나 완전 컬러로 그려진다. 그 그림들은 1 : 1.33의 텔레비전의 화면의 종횡비로 제작되며 거의 대부분 마커를 사용하여 그려진다. 광고용 보드들은 단지 화면의 구성을 보여줄 뿐 카메라 움직임은 나타내지 않는다. 해설이나 대사는 그림 아래의 빈칸에 넣는다. 그림은 자동차 휀더 위에 빛의 반짝임을 그려 넣을 정도로 섬세하게 완성된다. 그 그림들은 무엇보다도 시각화된 아이디어를 클라이언트에게 팔려고 있는 것이다.

(3) 요점 정리

프리프로덕션 시각화의 네 가지 적용방법들은 서로 어떻게 관계가 있는가?

- 편집 스토리보드는 영화의 스토리를 씬 별로 이야기할 수 있도록 영화의 모든 쇼트들을 계획한다. 그 쇼트들은 편집 순서에 따라 엮어져서 영화를 촬영하는 동안 감독이나 제작진들이 참고할 수 있도록 만들어진다.
- 주요장면 도해는 단지 아주 특징 있는 장면이나 가장 복잡한 카메라의 움직임 혹은 씬의 도입부에 나오는 설정쇼트들의 선택을 보여준다.
- 프로덕션 일러스트레이션은 쇼트가 아닌 세트를 보여주는 데에 초점을 맞추었다는 점에서 실제로는 스토리보드가 아니다. 대부분 감독이 아닌 프로덕션디자이너에 의해 만들어진다.
- 광고 스토리보드는 클라이언트에게 아이디어를 납득시키기 위한 목적으로 광고 대행사에 의해 사용되는 전형적인 세일즈 도구이다. 대체로 감독이 정해지기 전에 만들어진다.

(4) 편집 스토리보드 : 이 책의 초점

프리프로덕션 단계에서 사용되는 이러한 각자의 테크닉들은 나름의 분야를 가지고 있지만 그 모두를 이 책에서 심도 있게 다루기는 어렵다. 물론 앞으로 설명할 기술들을 이들 중 어떤 분야에 적용시킬 수도 있지만 이 책은 영화와 방송에서 사용하는 편집 스토리보드의 다양한 내용과 보다 넓은 제작과정에서 스토리보드가 가지고 있는 관련성들에 중점을 두었다. 왜 한 가지 적용 방식에만 집중하려고 하는 것인가? 그것은 편집 스토리보드가 대본의 스토리 전개를 최대한으로 보장하는 방식이기 때문이다.

이 정보를 필요로 하게 될 관객은 그리는 능력이 모자라는 감독들에게서부터 영화제작에 대한 지식이 별로 없는 아티스트들까지 섞여있는 그룹이다. 편집 스토리보드는 스토리를 이야기하는 쇼트들의 연속성만큼이나 카메라의 위치선정과 등장인물들의 연출을 크게 강조하기 때문에 감독과 디자이너 모두로 하여금 아이디어를 넣거나 함께 일할 수 있도록 폭넓은 여지를 준다.

Section 07. 무엇을 스토리보드로 만들 것인가? 씬의 우선순위 정하기

장편영화에서도 촬영대본 전체를 모두 스토리보드로 그릴 수 있는 시간이 충분히 주어지지 않을 때가 있다. 스토리보드 전문가를 겨우 2주 동안 고용하여 작업할 수 있는 정도의 최소의 제작비가 책정될 경우에는 중요한 몇 가지 씬들 만을 그려야 한다. 이런 시간적인 제약 하에서는 일부 중요한 씬 만을 시각화할 수밖에 없다. 가장 필요로 하는 장면들을 상황이 허락하는 시간과 공간 내에서 작업되는 것을 보장하려면 씬 들의 우선순위를 정할 필요가 있다.

이하의 절들에서는 촬영준비를 함에 있어서 가장 빈번하게 스토리보드화 되는 씬 들의 유형을 다루었다. 일부 프로덕션들은 매 씬 들을 철저한 시각화 작업으로 처리해 볼 수 있는 시간과 돈을 가지고 있다. 만약 공상과학영화나 액션, 혹은 만화영화를 제작하게 된다면 완전한 스토리보드로 작업할 수 있는 시간과 예산이 있는지를 확인해야 할 것이다. 아래의 리스트는 가진 자원을 집중할 필요가 있는 프로젝트들과 발췌한 씬 그룹의 스토리보드이다.

- 특수효과 쇼트들(별칭으로 FX 또는 EFX)
- 스턴트와 불꽃장면

- 군중 씬
- 액션
- 복잡한 카메라 움직임
- 몽타주 시퀀스
- 오프닝 씬과 마감 씬

7.1 특수효과

특수효과 부분의 쇼트들은 언제나 스토리보드로 만들어진다. 대부분의 제작사들은 특수효과 인력을 회사 내에 두고 있지 않다. 그것은 특수효과를 필요할 때마다 특수효과 전문회사와 계약하여 만든다는 뜻이다. 제작사가 원하는 것을 특수효과 전문회사들에게 이해시키려면 그 일에 대한 입찰요망서에 동봉되는 촬영대본에 스토리보드가 첨부되는 것이 바람직하다.

많은 특수효과 업체에는 작업할 쇼트의 시각화 작업을 담당하는 아티스트들을 보유하고 있다. 그들은 연필, 목탄, 마커 등으로 종이에 그리는 전통적인 방법을 사용하기도 하고, 가상세계의 3차원 쇼트를 실현해 볼 수 있게 해주는 고급 컴퓨터 소프트웨어를 이용하기도 한다. 어느 쪽이든 제작사, 감독과 특수효과팀 사이의 대화는 언어영역에서 만큼이나 시각적인 영역에서도 많이 발생한다.

7.2 스턴트와 불꽃효과

스턴트와 불꽃효과가 있는 쇼트들도 스토리보드가 필요한 상황이다. 이런 쇼트들은 신중하게 사전 연기를 해보게 되며 비용과 재료의 이용가능성, 그리고 수반하는 위험성 때문에 단 일회에 끝낼 경우도 있다. 또한 많은 경우 여러 대의 카메라가 사용되고 감독이나 촬영감독은 새 촬영팀을 위해 되도록 많은 지원을 해야 한다.

7.3 군중 씬

제한된 스토리보드 예산을 가진 프로덕션에서 군중 씬은 스토리보드의 적절한 대상이다. 군중들은 20여명에서 많게는 2000명으로 구성될 수 있다. 어느 쪽이건 간에 세트 위에 과

다한 사람들 때문에 책망 이상을 받을 수 있는 제작진에게 나누어 줄 스토리보드를 가지고 있다는 것은 아주 유익한 일이다. 여러 대의 카메라가 유용할 수도 있는 다른 경우도 있다. 만약 감독이나 조감독 등 제작진들이 세트장에서의 촬영 중에 고심해야 하는 일거리 하나는 줄어든다.

7.4 액션 씬

무대화된 결투나 자동차 추격 장면들 같은 액션 씬들은 스토리보드화 대상이 되기 쉽다. 왜냐하면 그 씬들은 미리 신중하게 계획한 후 촬영되는 것이기 때문에 실제 촬영 전에 아주 세밀하게 묘사된 그림이 필요하기 때문이다. 만약 일러스트 작가가 결투 액션의 리허설을 참관할 수 있다면 감독은 그 장면에 촬영이 가능한 쇼트들에 대한 훌륭한 시각적 기록을 얻게 될 것이다. 이 때 필요한 것은 카메라의 위치를 연출해 보기 위한 줌을 장착한 3.5mm 카메라나 비디오카메라뿐이다. 따라서 그린 시각적 정보는 액션 씬을 촬영하기 위한 플랜을 짤 때 자료로 활용된다.

7.5 복잡한 카메라의 움직임

카메라의 복잡한 움직임은 스토리보드로 만들어야만 하는 또 다른 유형의 쇼트이다. 연장되는 크레인 움직임, 핸드헬드나 스테디캠 쇼트의 경우 프레임을 구성하는 스케치들과 연계된 촬영평면도의 사용은 리허설 시간을 단축해 준다. 또는 스케치와 촬영도면은 쇼트를 결정하는 토의의 출발점이 되기도 한다. 어느 쪽으로 쓰이건 간에 시각화 도구들은 대화를 고무(鼓舞)하고 커뮤니케이션을 촉진한다.

7.6 몽타주 시퀀스

미국 영화제작에서 몽타주 시퀀스는 다른 의미가 있다. 원래 유럽에서는 영화감독들이 편집을 보통 몽타주라고 부른다. 그러나 미국에서는 어떠한 장면의 시간이나 공간을 함축하는데 쓰이며, 보통은 대사가 없다. 하나의 쉬운 예로 〈귀여운 여인〉에서 주제곡의 악기

연주가 배경에 깔리며 줄리아 로버츠가 LA에 있는 명품가게들을 분주하게 돌아다니는 쇼핑시퀀스이다. 온종일의 여정이 3분의 이미지 조합 속에서 설명된 것으로 6시간 30분의 스크린 시간으로 편집되었다.

몽타주 시퀀스는 대본에서 대사가 거의 없어서 이미지의 급격한 변환을 사용하여 시간의 경과를 나타내도록 감독에게 지시하는 두 개의 문장으로 표현된다.

감독과 제작진은 이 쇼트가 많은 시퀀스를 시각적으로 구체화해야만 한다. 스토리보드와 쇼트리스트, 촬영평면도들은 개별적으로나 집합적으로 이러한 타입의 씬에 대한 논의의 효과적인 출발점들이다.

7.7 오프닝과 마감 시퀀스

오프닝과 마감 시퀀스도 프리프로덕션 시각화 작업의 대본으로부터 이익을 얻을 수 있다. 장편영화든 20분짜리 산업용 영상물을 작업하고 있든 간에 오프닝 씬은 관객을 그 영화가 보여주는 세계로 이끌어 들이는 역할을 한다. 등장인물의 느낌 뿐 아니라 그 영화의 이미지 스타일이 그 처음 몇 분에 투영 될 수 있다. 이 오프닝 시퀀스를 만들 쇼트들로부터의 확실한 이미지는 영화 전체를 시각화하는 과정에서 분위기를 구축할 수 있다. 같은 아이디어는 마감 씬에도 적용할 수 있다. 절정의 순간이 아니더라도 본격적인 3막 구조를 위한 대단원이며, 이 마지막 장면들의 영상은 극장을 나서거나 텔레비전을 끈 후에도 관객의 가슴속에 오래도록 남을 수 있어야 한다.

7.8 그밖에

여기에는 확실하게 옳고 그른 것이 없다. 앞서의 내용들은 일을 위해 가장 시급한 준비가 필요한 씬부터 시작할 수 있도록 하는 안내로 생각하면 된다. 미적인 필요들이라는 관점에서 어떤 것들이 있는지 모든 것들인지 아니면 전혀 아무것도 없는지는 사전에 계획할 수 있다. 선택은 단지 개개의 프로젝트 스타일 내용에 관계가 있는 것이다.

Section 08. 스토리보드 미팅, 누가 참석하는가?

하나의 스토리보드를 완성해내기 위해 몇 명의 아티스트가 필요한가? 그 답은 감독의 취향에 따라 제각각 다르다는 것이다. '마틴 스콜세지'나 '베르너 파스빈더' 같은 감독들은 촬영기간 동안 개인적인 기록처럼 잠깐 잠깐 떠오르는 작은 이미지들을 스스로 스케치하는 것을 좋아한다. 다른 감독들은 대강의 스케치를 그린 후 솜씨가 좋은 작가들에게 다듬게 한 후 제작진에게 배부한다. '조지 로이 힐'은 〈로빈 윌리엄스의 가프〉, 〈위대한 왈도 페퍼〉에서 그런 식으로 일했다. 다른 감독들은 여전히 시각적인 조력자로서의 디자이너나 아티스트들을 사용하며 그들과 함께 쇼트리스트와 카메라 위치를 결정하는 것을 좋아한다. 그런 후 아티스트들은 감독들과 대화를 나누며 기록했던 내용들에 근거해서 스토리보드 작업을 한다. 일부 감독은 전혀 자기 생각을 내놓지 않은 채 아티스트들에게 스토리보드를 작업하도록 할 것이다. 일단 스토리보드가 완성되면 감독이 그 이미지들을 교정할 것이고 아마도 수정을 요구할지도 모른다.

"나는 일하는 사고방식의 양극단에 속하는 감독들과 일해 왔는데, 확실하게 각 쇼트 앵글과 구성을 처리하면서 어깨 뒤에 서있던 사람부터 촬영대본과 쇼트리스트를 건내주고 며칠 후에 보드화한 씬들을 가지고 찾아오라고 하는 감독들도 있었다. 감독들 대부분은 제안을 하는 것을 편안하게 받아들이는 쪽이거나 아니면 모든 것을 자신이 통제해야 한다고 생각하는 양극단 사이 어딘가에 속해 있다. 만일 감독을 선택할 수 있다면 촬영도면을 스토리보드 미팅에 가지고 오는 감독과 일하고 싶다."

도면은 대본의 내용과 이미지에 대한 정보 즉, 추상적이면서도 명확한 정보들 양쪽 모두가 포함되어 있어 목록에 있는 각 쇼트의 구성을 그림으로 표현하는 작업을 해야 하는 사람에게는 대단히 쓸모가 있다. 어떤 감독들은 이미 결정된 배우들의 움직임이 포함된 도면을 가져올 것이며, 때로는 기본촬영 이전에 광범위하게 리허설을 할 시간과 돈을 들일 의향이 있기도 하다. 다른 경우들은 스토리보드작업의 과정 그 자체가 일부 씬에 대한 프리프로덕션 작업의 범위이다.

만일 감독이 이미 진행된 세 가지 자료 중의 하나를 가지고 회의에 온다면 비주얼 어시스던트는 그 작업을 발전시켜 제작진을 위한 보다 완벽한 자료가 되도록 도울 것이다.

"나는 감독들과 같이 계획을 해왔고 등장인물들의 연출설정 때 감독들과 같이 씬들을 연기했다. 카메라 움직임의 동기부여와 좁은 촬영장 여기저기로 카메라가 이동하는 데에 대한 상세한 계획에 대하여 토의를 해왔다. 스토리보드 작가는 그리는 능력뿐만 아니라 편집과 화면 구성에 대한 지식도 필요하다. 프로젝트마다 감독의 요구는 정말 각양각색이지만 영화제작의 많은 국면들에서 융통성이 있다는 것만으로도 비주얼 어시스턴트는 현재의 필수 전달수단으로 효과적으로 의사소통할 수 있다."

Section 09. 스토리보드 작업은 언제 어디서 시작되는가?

제작과정의 이러한 측면에 대한 감독들의 태도는 각양각색이다. 일부 감독들은 제작 과정에서 아주 일찍 그림을 그리고 도면을 만드는 것이 영화에 대한 그들의 아이디어들을 굳히기 시작하는데 도움이 된다는 것을 알고 있다. 또 다른 감독들은 촬영을 할 장소가 채택되고 세트들이 디자인된 다음 스토리보드 작업을 시작하는 것을 좋아하기도 한다.

9.1 시각화 작업 진행도표

시각적인 프리프로덕션 작업을 위한 스케줄

- 감독의 시간적인 연구
- 로케이션 매니저와 프로덕션디자이너를 고용
- 주요 로케이션 장소 물색 및 확정, 주요 세트를 디자인
- 스토리보드 작가를 고용
- 스토리보드 작가의 로케이션사진, 세트설계도와 이미지 작업 검토
- 시퀀스의 우선작업 순위를 정하기 위한 스토리보드 작가와 감독의 미팅(프로덕션디자이너와 촬영감독이 참여할 수 있음)
- 특수효과 장면과 액션 장면들의 스토리보드 작업
- 교정을 위한 감독의 작업 검토
- 스토리보드를 각 부서 우두머리와 특수효과와 스턴트 팀에 송부

- 나머지 씬들에 대한 작업 계속
- 최종 스토리보드를 조감독과 다른 프로덕션 부서들에 보냄

9.2 연구 자료의 활용

감독이 제작에 참여한 사람들과 작품의 이미지 자료를 나누고 긴밀한 협조 하에 일하는 것은 굉장히 중요한 일이다. 영화의 한 장면, 잡지의 화보 그리고 삽화, 사진 같은 것들은 영화의 대략적인 스타일과 개별적인 쇼트의 커뮤니케이션에 도움을 준다. 시간이 있으면 진행하고 있는 작품의 관점에서 다른 영화들을 보면서 다른 시퀀스들, 카메라 앵글, 조명 계획이 어떻게 작용하는지를 논의하라. 이러한 논의들은 흔히 촬영감독과 감독사이에서 이루어지나 일러스트레이터와 그 밖에 시각적인 일을 하는 사람들에게도 참여를 확대한다면 제작진들은 감독의 시각에 좀 더 가까워 질 수 있다.

영화의 스타일이 발전되고 모든 관계자들에게 이해되어지면 감독은 혼자의 아이디어를 정확하게 시작한다. 어떤 사람들은 이미지를 글로 바꾸는 일을 하고, 다른 사람들은 쇼트 리스트로 시작해서 세트의 평면도를 보면서 연기를 커버하기 위하여 놓여져야 할 위치에 카메라를 배치한다. 촬영평면도를 가지고 일에 착수하는 다른 감독들은 먼저 배우들의 움직임을 연출하고 나서 씬 행위를 철저하게 볼 수 있는 위치에 카메라를 배치한다.

9.3 로케이션과 세트 : 실제 장소에 의거한 스토리보드

프리프로덕션에서 시각적인 자료들을 준비하는 과정에 2주일 정도, 심지어 며칠 밖에 남지 않을 만큼 급박할 때도 있다. 이런 상황은 제작 관계자들 누구에게도 좋지 않다. 보통 감독은 제작 전 기간 동안 쏟아져 나오는 요구들에 질리게 된다. 새로운 장면을 위한 장소물색과 배우들 리허설, 촬영감독과의 회의, 심지어 막판 캐스팅 결정까지 감독의 시간을 요구한다. 이는 보조스태프(예를 들어 조감독)가 막판 결정을 내리고 감독이 비행 중에 그 결정 내용을 훑어보고 승인을 하든가 변경을 한다는 것을 의미한다. 오늘날 어떤 사람들은 압박을 받을 때 최고 업무 능력을 발휘하지만, 나의 제안은 부분적으로 촬영장소가 정해지거나 제작과정 초기(본격 촬영 한 두 달 전을 말한다)에 조금이라도 세트가 디자인되어 있다면 시간을 낭비하지 말고 바로 작업에 들어가는 것이 좋다. 평정한 마음 상태에서 만들어진 미적인 결정이

압박의 열기 속에 만들어지는 것보다 당신에 미술적인 감각에 보다 가까울 것 같다.

설사 결과물이 창작 스타일대로 나오지 않았을 경우, 촬영 시작 날짜가 근접해 왔다하더라도 언제든지 당신의 견해를 바꿀 수 있다. 당신이 시각적 대본으로 이용할 수 있는 대본 초안 정도는 하나 가지고 있는 것이 좋다.

9.4 로케이션에서 일하기

- 도구 : 디지털카메라 또는 비디오카메라
- 각본에 같이 넣어 손쉽게 사용하도록 스케일에 맞추어 축소한 평면도
- 리허설을 시각적인 기록으로 만들 스케치작가들

작가이자 시각화의 협조자로서 감독의 스타일과 대본에 대한 근념(勤念)적 접근법을 이해하기에 충분할 만큼 일찍 제작 현장에 간다. 그렇게 하면 스토리보드에 반영된 디자인에 보다 잘 조화될 것이다.

9.5 전반적인 것에서 구체적인 것 까지

여기서 전달하고자 하는 것은 프리프로덕션의 시각화 과정의 전반적인 지침이다. 다음 장들에서는 실질적으로 스토리보드 제작방법, 쇼트리스트 작성요령, 도면을 그리는 방법들에 관련된 내용을 다루게 될 것이다. 그것들을 만드는데 필요한 정보들이 상세하게 설명되며 연습문제를 통하여 시각적인 의사소통 기술을 배우게 될 것이다.

9.6 기억해야할 요점들

- 씬의 우선순위를 제작한다.
- 스토리보드 제작에 참여할 사람들과 논의를 한다.
- 촬영 스케줄에 훨씬 앞서 작업을 시작하는 것이 좋다.
- 가능할 때마다 촬영장소의 도면과 연출계획 작업을 끝내라.
- 스토리보드를 받아볼 사람과 나누어 줄 사람을 결정하라.

Chapter 02 글, 이미지, 도면

커뮤니케이션을 위한 세 가지 접근 방법

"여러해 전 친구 집에서 키를 어디 놓아두었는지 생각이 나질 않은 적이 있다. 복도에서 조용히 눈을 감고 서서 그것들을 어디다 두었는지 기억을 더듬으려 하였다. 친구는 나를 잠깐 쳐다보더니 놀라면서 말했다. '너 키를 머릿속으로 찾고 있는 거지? 그렇지? 너는 집안에 갔었던 곳을 영화를 되돌려 보듯이 되돌려서 그 장면을 마음의 눈으로 보고 있는 거야.'

'당연하지. 그럼 너는 어떻게 잃어버린 물건을 찾는데?' 나는 의아해서 물었다. '나는 리스트를 만들어.' 그가 대답했다. 나는 깜짝 놀랐다. 물건을 찾기 위해서 리스트를 만든다는 것은 나로서는 생각지도 못했던 일이었다.

그리고는 '아하~!' 하고 깨달았다. 나는 다른 사람들의 세상을 이해하는 방식을 제대로 알지 못했던 것이다."

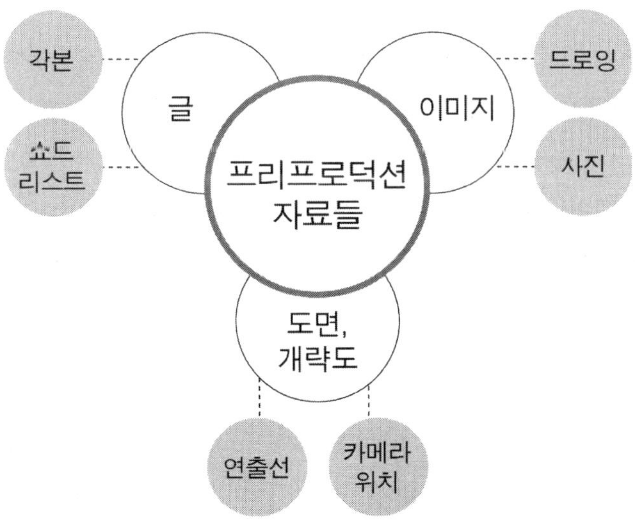

어떤 사람들은 세상을 기본적으로 말을 통해 이해하고, 어떤 사람들은 이미지를 통해 이해한다. 만약 이 두 가지 접근 방식의 차이를 살펴본다면 영화 제작진에서나 협동을 해야 하는 프로젝트에서 함께 일하는 사람들 간의 원활한 의사소통 방법을 사용하는데 가치 있는 정보를 찾을 수 있다.

사람의 마음은 한 번에 여러 가지 생각과 표현을 할 수 있는 복잡한 다중작업이 가능한 '기계'라고 할 수 있다. 우뇌가 창조적이며, 직관적인 기능을 하는 반면, 좌뇌는 논리적 사고와 언어적 기능을 통제 한다고 알려져 있다. 스토리보드를 만들 때, 사고 작용에서의 이런 다양성을 인식하고 각각의 단계에서 작용하는 정보를 포함하기를 원한다.

글(TEXT)	각본(SCRIPT)
	쇼트리스트(SHOT LIST)
도면(DIAGRAM)	조감도(OVERHEAD) 개략도(SCHEMATIC)
	겨냥도(POLT PLAN) 평면도(PLOOR PLAM)
이미지(IMAGE)	드로잉(DRAWING)
	사진(PHOTO)
	컴퓨터 그리기(CGI/COMPUTER GRAPHIC IMAGERY)

글, 이미지, 도면의 조합을 이용하는 것은 사람들이 이런 의사소통의 다른 형태들에 대해 다양하게 반응한다는 것을 인식하고 있다는 뜻이다. 어떤 제작진들이 도면을 유용하게 쓰는 반면에 다른 사람들은 이미지를 바로 이용할 것이다.

이러한 과정을 염두해 두고 프리프로덕션 자료들을 자세히 설명하는 세 부분으로 이 장을 나누었다 : 쇼트리스트, 촬영감독도, 그리고 이것들과 함께 하면서 시각적 설명을 돕는 이미지들이다.

Section 01. 텍스트 : 쇼트리스트와 관련용어

이번 장의 텍스트는 쇼트리스트에 대한 것이다. 쇼트리스트는 쇼트에 대한 설명들인데 각각의 용어는 카메라의 위치와 화면의 내용을 설명해주고 있다. 이러한 정보들을 정확히 전달하려면 쇼트리스트는 그 장면을 정확히 설명할 뿐 아니라 카메라의 위치와 움직임에 대하여 적절한 용어를 사용하여야 한다. 시각적으로 분명한 쇼트의 리스트는 다음과 같은 정보를 포함하여야 한다.

- 스케일
- 앵글
- 카메라 이동
- 배우의 연출선
- 각본의 주석

1.1 스케일

프레임과 물체의 관계를 나타내는 것이 스케일이다. 프레임은 세상을 네모난 틀 안에 집어넣는다. 만일 화면이 인물의 모습을 바로 어깨 아래까지 잡는다면 그것이 클로즈업이다. 화면이 미을 전체를 잡아서 보여준다면 그것은 와이드 쇼트이다.

1.2 앵글

물체와 그것을 찍는 카메라의 위치와의 관계가 앵글이다. 앵글은 카메라의 높이뿐만 아니라 기울기를 설명한다. 카메라가 창문 아래에 위치하고 정면을 향하고 있다면 앵글이 낮고 정면에 위치해 있다고 말한다. 카메라가 인물의 머리 쪽을 향하고 약간 옆쪽에 위치한다면 이것은 눈높이에 위치한 3/4 각도의 클로즈업 앵글이다.

1.3 카메라 이동

쇼트를 찍는 동안의 카메라 이동이다. 이런 경우는 배우가 화면 중앙에 위치한 채 살짝 카메라가 움직이는 것이거나 몇 십 피트(feet)를 불과 몇 초 동안에 휙 내려오는 크레인 쇼트 같은 것이다. 각각의 카메라 움직임은 화면의 방향성을 가지고 있다. 카메라의 오른편과 왼편은 렌즈를 통해 보는 사람에게 달린 것이다. 화면의 방향은 무대의 방향과는 반대이다. 배우가 대사를 하며 무대의 왼편을 가로지르면(배우의 왼편) 거기에 따라 카메라는 스크린을 오른쪽에 주어야 한다.

1.4 배우의 연출선

쇼트리스트가 카메라의 위치와 이동에 대해 정보를 우선적으로 제공하고 있지만, 또한 카메라 화면에 비춰지는 장면의 움직임에 대한 정보를 첨가시켜야 하며, 배우가 화면 안에 들어오고 나가는 것, 시퀀스의 흐름에 영향을 미칠 수 있는 운송 수단(자동차)들의 움직임과 어떤 다른 액션 들에 대한 내용 역시 포함되어야 한다.

1.5 각본의 주석

스토리보드를 각본에 잘 맞추기 위해서 대사의 일부분이나 액션의 설명 등을 쇼트리스트나 스토리보드에 자막으로 넣는다. 이러한 주석들은 각본에 있는 액션과 쇼트와의 위치 관계를 나타내기 위해 직접 각본에 인용되기도 한다. 예를 들면 어깨 너머 쇼트(over the shoul-der shot)가 설명되어 있는 스토리보드패널의 쇼트의 길이를 나타내기 위해 그 장면에 대사를 써 넣는다.

1.6 쇼트리스트의 전문 용어들

"한 장의 그림은 1000개의 단어만큼의 값어치가 있다."는 말이 있다. 그러나 쇼트리스트에는 그렇게 많은 공간이 얼마 없다. 영화제작 언어에 친숙하면 쇼트에 대해 간결하게 설명 할 수 있다.

다음은 스케일, 앵글, 카메라 이동, 배우의 연출선에서 사용하는 용어들을 설명하였다. 이 부분에서는 영화에서 사용하는 용어들을 설명하여 정확한 쇼트리스트를 만드는데 사용할 수 있도록 하였다.

(1) 스케일

- Extreme close-up [E.C.U.] : 카메라가 주제에 매우 근접해서 촬영한 느낌을 주는 매우 좁은 시야의 쇼트. 예를 들면 사람 얼굴의 일부분.
- Close-up [C.U.] : 위의 쇼트와 같으나 시야가 좀 더 크다. 배우의 머리와 어깨가 화면에 포함된다.
- Medium shot [M.S] : 롱 쇼트와 클로즈업의 중간 크기의 쇼트. 카메라는 배우의 허리 이상을 잡는다.
- American shot(American shot 또는 Hollywood shot, Cowboy shot, Knee shot 이라고도 한다) : 카메라는 인물을 무릎에서부터 위로 잡는다.
- Full Figure(Full Figure 또는 Full shot) : 인물이 화면에 완전히 들어가는 정도로 잡는 쇼트.
- Long shot [L.S.] : 넓은 전망의 시야를 주는 쇼트. 카메라는 주제로부터 멀리 떨어져 있다.(z축)
- Wide shot [W.S.] : 넓은 시야로 보도록 수성된 쇼트(x축)
- Single : 한사람만 등장하는 쇼트.
- two shot : 한 화면에 두 사람을 잡은 쇼트.
- Insert : 주로 2진(Second unit)에 의해 촬영되는 이 쇼트는 흔히 클로즈업으로서 마스터 쇼트에서 '보이지 않는 부분'이나, '지갑을 열거나 총을 꺼내는 손'과 같이 일반적인 커버리지에서 놓친 장면을 보여준다.
- Two-T shot : 꼭 정차적으로 올바른 용어라 할 수는 없다. 가슴 유두 부분을 기준으로 위로 잡은 쇼트를 말한다.

(2) 앵글

- Hight angle : 대상의 위쪽 각도에서 잡은 쇼트.
- Aerial shot(공중화면) : 매우 높은 각도의 쇼트. 주로 비행기나 헬기에 탑승해 촬영되

는 쇼트.

- Low angle : 카메라가 대상보다 낮은 곳에 위치하여 잡는 쇼트.
- High Hat shot : 아주 낮은 앵글의 쇼트로서 카메라의 위치가 마치 바닥에 놓인 모자의 높이 정도가 된다. 이 이름은 바닥에서 카메라의 위치를 고정시켜주는 장비인 하이해트로부터 따온 것이다.
- 3/4 shot : 정면 앵글과 프로필의 중간에 위치한 쇼트이다. 앞쪽에서나 뒤쪽에서 모두 해당된다.
- Profile : 측면 앵글로부터의 쇼트.
- straight on 또는 frontal : 카메라가 대상을 정면으로 보고 있을 때.
- Over the Shoulder shot [O.T.S.](어깨너머 화면) : 주로 배우들의 대화 장면에서 제 2의 인물의 어깨 너머로 잡은 쇼트이다.
- Canted frame(사각화면) : '더치(dutch)' 혹은 '차이니즈(chiness)' 앵글이라 불린다. 물체가 수직 축에서 벗어나 보이면서 카메라는 옆으로 기울어진다.

(3) 카메라 이동

- Dolly shot : '트레킹(tracking)'이나 '트럭킹(trucking)'이라고도 말한다. 카메라는 달리는 트랙을 따라 움직인다. 보통(카메라가 밀리거나 당겨지면서) z축을 따라 움직이는 화면을 설명하기 위한 쇼트이다.
- Pan : 카메라가 수평 x축 상으로 선회하며, 흔히 움직임을 따라가는데 사용된다.
- Swish Pan : 출발과 끝 점 사이의 중간 영역이 흐릿해지는 매우 빠르게 움직이는 팬이다.
- Tracking shot : 카메라가 왼쪽이나 오른쪽으로 움직인다. 흔히 인물이나 차량을 따라갈 때 쓰인다.
- Tilt : 카메라가 놓여진 위치가 움직이지 않는 상태에서 축을 두고 위아래로 움직인다.
- Boom shot(장대화면) : 카메라가 Boom arm 위에서 상, 하로 움직이는 쇼트이다. 종종 달리는 동작과 함께 쓰인다.
- Crane shot : Boom down할 수 있고 트랙을 쓰지 않고도 긴 거리를 track in할 수 있는 크레인으로부터의 쇼트.
- Car Mount : 차량에 직접 부착시킨 카메라를 이용하여 찍는 쇼트.

- Static shot(정적) : 어떤 쇼트이든 카메라가 움직이지 않는 쇼트이다.
- Steadicam shot : 벨트로 착용하는 갑옷 같은 옷에 카메라를 부착하고 손에 든 상황에서 한 사람이 작동할 수 있는 스테디캠을 이용한 쇼트. 결과물은 트래킹 쇼트의 부드러운 화면처럼 보인다.
- Zoom : 줌 렌즈의 움직임을 말한다. 비디오에서 많이 사용한다.
- Zolly : 이동 설치대 위에 설치된 카메라가 안쪽으로 이동해 바깥 부분을 집중적으로 확대해 보이거나(줌), 반대로 카메라를 바깥쪽에 두고 안쪽 부분을 확대해 보이도록 하는 기법. 이 기법은 역 방향 줌이 있는 달리(Dolly)라고 불리기도 한다. 히치콕의 〈현기증〉, 스필버그의〈죠스〉, 스콜세지〈좋은 친구들〉에서 사용되었다.
- Smash Zoom : 매우 빠른 줌
- Handheld(들고찍기) : 기사가 카메라를 어깨 위나 허리높이에 받쳐 든다. 흔히 시점화면(Point of view shot)이나 다큐멘터리 스타일의 작품을 찍을 때 쓰인다.
- Follow shot(동행화면) : 배우를 따라 움직이는 쇼트.
- Traveling shot(궤도화면) : 카메라가 몸체의 움직임을 이용한 쇼트(달리는 트레블링 쇼트이고 팬은 아니다).

(4) 편집, 전환, 카메라의 시점

- Objective shot(객관적 장면) : 카메라는 씬 안에 인물의 시점이 아닌 각도에서 장면을 본다.
- Subjective shot(주관적 장면) : 씬 안의 인물의 시점에서 잡힌 쇼트. 시점화면은 주관적 쇼트의 좋은 예이다.
- Master shot : 커버 쇼트(Cover shot)라고도 한다. 액션이 계속되는 동안 지속되는 하나의 씬으로 보통은 medium에서 wide-angle 사이의 크기 쇼트이다.
- Establishing shot(설정 장면) : 흔히 로케이션의 와이드 쇼트(wide shot)이다. 관객에게 그 곳이 어디인지를 알려준다.
- Coverage : 마스터 쇼트를 제외한 씬을 편집하는데 필요한 모든 촬영 위치들이다.
- Set-up : 카메라의 위치와 쇼트 또는 쇼트들의 조명상태를 말한다. 'new set-up'이란 카메라가 새로운 위치로 이동하는 것을 말하며 역시 다시 조명을 해야 한다.
- Off screen [O.S.](외화면) : 카메라 바깥(off-camera)의 약자 O.C.라고도 한다. 화면에

는 안보이나 무언가가 들린다는 설명이다.

- Reaction shot(반응 장면) : 대개가 행동을 보고 있거나 대화를 들으면서 잠자코 반응하는 등장인물의 클로즈 업이다.
- Cutaway : 마스터 쇼트나 이전 쇼트에서 보여지지 않는 정보와 관련된 편집용어.
- Jump cut : 같은 축에서 컷으로 연결되나 부자연스럽게 변하는 연속 쇼트. 또한 시간이나 공간의 흐름을 흩뜨리는 이어지는 컷들.
- In-line Edit(인라인 편집) : 같은 축에서의 편집을 일컫는 현대적인 용어.
- Match Cut 또는 Match Dissolve : 비슷한 구성의 한 쇼트에서 다른 쇼트로 컷되거나 전환되는 것. 예를 들어 바퀴의 클로즈업에서 지구본의 쇼트로 바뀐다. 따라서 양쪽 대상물은 프레임 안에 같은 크기와 위치를 차지한다.
- point of view shot [P.O.V.](시점화면) : 카메라가 씬 안에 등장하는 인물의 시선을 대신하는 것이다. 그래서 카메라에 비친 장면은 등장인물이 보는 장면이다. 주로 인물 쇼트 다음에 쓰인다.
- Reverse angle : 앞선 쇼트의 180도 반대 방향인 쇼트.

Section 02. 촬영도면

촬영도면들은 같이 작업을 하는 사람들에게 전달할 수 있는 가장 효과적이며 보편적인 의사소통 자료이다. 이것은 카메라의 위치 설정과 주변 환경과 관련된 배우들의 연출 그리고 중요한 장치들의 위치 등을 스케치 한 것이다

도면은 겨냥도, 조감도, 개략도 등으로 불리기도 한다. 종종 프로덕션디자이너나 아트 디렉터들은 촬영장소를 스케치하고 비율에 맞추어 세트를 디자인하기도 한다. 이런 큰 그림들을 축소하여 쓰는 것은 카메라 위치를 설정하거나 장면 연출을 계획하는 기초로 사용하기에 이상적이다.

이런 자료들을 이해하는 요점은 디자인의 '시각적 속기(visual shorthand)'의 친근성이다. 위치를 잘 잡은 기호들, 색깔, 선의 굵기 그리고 눈에 잘 띄는 다른 요소의 효과적인 사용으로, 보는 사람의 관심을 여러분이 의도하는 정보로 쉽게 이끌 수가 있다.

2.1 카메라 위치와 번호 매기기

촬영도면은 등장인물의 연출 그리고 카메라의 위치 설정, 하나의 씬 또는 여러 쇼트들이 연속적으로 이루어진 시퀀스들은 주로 편집될 장면들 순으로 기록되고 그에 맞게 번호가 매겨진다. 쇼트리스트는 역시 번호가 표시된 도면과 함께 올 수가 있으며 이 두 자료는 각 번호의 쇼트들과 카메라의 위치 번호가 일치하도록 시퀀스들을 연결해야 한다. 여러 대의 카메라가 사용될 경우에는 각각의 카메라에 고유의 표시가 필요하다. 글자나 숫자 또는 작업자의 명칭 등 어떤 것이든지 각각의 카메라맨들을 뚜렷하게 구분 할 수 있는 것이면 된다.

어떤 특정 씬이나 시퀀스에 필요한 정보들이 너무 방대해 하나의 도면에 모두 표시하기 힘들 때가 있다. 이럴 때 도면을 복사하고 정보들을 두 부분으로 나누어 두 도면에 정보를 표시하는 것이 좋다. 도면에 빡빡하게 정보가 담겨져 있을 때는 원본 도면에 비치는 종이를 겹쳐서 부분씩 따로 그려내는 것도 한 가지 좋은 해결 방법이다. 바닥은 흰 종이로 하고 그 위에 도면을 놓고 그 위에 한 장 씩 다음의 카메라 위치 설정이나 연출도 등을 겹쳐 놓으면 된다. 재제작을 위해서는 비치는 종이를 사용하여 백업본으로서 원본 도면을 복사한다.

카메라를 움직이는 것은 또 다른 도전 과제이다. 카메라는 움직이기 시작하는 부분과 끝나는 부분이 있고 그 사이의 카메라 이동 진로가 있다. 도면에 표시된 위치가 모두 동일해야 한다. 카메라 각각의 이동하는 위치이기 때문에 쇼트리스트의 각 쇼트에는 카메라 위치가 모두 동일해야 한다. 카메라 각각의 이동위치에 번호들을 붙이는 것도 모든 것을 명확하게 구별할 수 있는 좋은 방법이다. 스테디캠 쇼트의 경우 카메라의 이동이 시작되는 출발점부터 포함하여 멈추는 지점까지 대부분 네 개의 중요한 장면으로 구분된다. 도면 위에 이 정보들을 각각 따로 표시해야 하며, 모든 장면이 그려진 스토리보드 작업에서 카메라의 이런 주요 위치들은 각각 이에 상응하는 장면들에 표현되어야 한다.

2.2 화살표들

크고 작은 것, 직선 또는 곡선, 명암이 있거나 없는 이러한 움직임의 방향을 표시하는 심볼들은 배우가 걸어가는 방향, 자동차가 움직이는 방향, 또는 길을 따라 움직이는 카메라의 방향 등을 알려주는 역할을 한다. 화살표들은 촬영도면에 사용할 수 있는 가장 효과적인 시각수단 중 하나이다. 그것들은 보는 사람의 시선을 쉽게 디자인되어야 하는데 사선과 선의 두께 또는 다른 방법들을 이용함으로써 배우들의 연출선이 서로 구분되기 쉽게 해준다.

2.3 색상/명암

검고 흰 사각형들이 있는 거대한 도면의 위 오른쪽에 한 개의 빨간 점이 있다고 상상해 보자. 시선은 어디로 향하겠는가? 색깔은 전략적으로 사용될 경우 도면을 보는 사람의 시선을 사로잡을 수 있다. 특별하게 무언가를 강조해야 할 경우 또는 어떤 정보를 나머지 정보들과 구분하고 싶을 경우 색상을 이용하는 것이 효과적인 방법이다.

분명히 색상정보는 사무실에서 사용하는 일반 흑백 복사기로는 제대로 복사되지 않는다. 그렇지만 소규모의 사람들이나 자신이 사용할 도면을 제작하는 사람이 있다면, 흑백 도면에 색상을 추가하는 것은 논리적으로나 경제적으로 현명한 방법이다.

2.4 선의 굵기와 디자인

굵은 선, 가는 선, 짧은 선 또는 덤들, 곡선이나 직선 등을 이용하여 흑백의 자료상에서도 선과 화살표의 굵기나 크기, 모양의 간단한 변화를 주어 다양한 정보를 전달할 수 있다. 선의 다양한 두께나 스타일에 따라 특징을 표현할 수 있다. 예컨대 카메라의 이동은 두꺼운 선으로 처리하고 인물의 연출은 가는 선을 사용한다. 그러나 선을 선택하는 것과 관련해 영화 산업에서 공통적으로 사용하는 선택 표준은 없다. 다만 작업을 하는 내내 각 선들을 일률적으로 사용해야 한다.

2.5 아이콘

기호는 물체에 대한 묘사나 아이디어를 간단하게 표현한 것이다. 빨간색으로 손바닥을 편 기호는 '멈춰라'를 뜻하는 아이콘이다. 영화나 비디오 또는 다른 매체의 도면에서 아이콘들은 카메라, 배우 또는 스텝들 간의 의사교환이 필요한 정보들에 관한 다른 것들을 표시한 상징물로 사용될 수 있다.

카메라 아이콘은 몇 가지 간단한 형태로 표현된다. 작은 상자모양에 붙어있는 "V"형태가 가리키는 방향은 카메라의 위치와 렌즈가 향한 방향을 나타내고 있다. 어떤 감독들은 상자

모양을 빼고 두 개의 선을 V자 모양으로 그려 간단하게 카메라를 표시한다. 여러분이 맘에 드는 형태는 어느 것이나 무방하나 단 간단한 형태이어야 한다는 것을 명심하라.

트랙, 팬, 스테디캠 쇼트 그리고 다른 카메라의 이동들 역시 그들을 상징하는 각각의 독특한 아이콘들이 도면에서 사용된다.

2.6 기호 설명문 만들기

기호 설명문은 도면을 전반적으로 해석하는데 중요한 역할을 한다. 카메라, 인물, 움직임들을 아이콘으로 표시했다면 각 아이콘의 의미를 설명해주는 기호 설명문은 도면을 보는 사람들이 도면을 쉽게 이해할 수 있도록 도와주는 안내서가 된다. 기호 설명문은 보통 도면의 구석이나 오른쪽 위 부분에 표시될 수 있다. 단 기호 설명 정보 부분은 도면에 표시된 주요 정보 부분까지 들어가서는 안 된다. 감독, 촬영감독 또는 디자이너들은 각자 나름대로 설정한 기호들로 도면에 카메라나 배우 등을 표시하기 때문에 기호설명문은 도면에 나온 아이콘들의 뜻을 분명하게 밝혀주는 손쉬운 방법이다.

2.7 이미지

스토리보드의 이미지들은 다양한 곳에서 영감을 얻을 수 있으며 또한 여러 방식으로 표현될 수 있다. 여러분이 숙련된 화가이든 그림을 잘 못 그리는 사람이든 간에 자신의 생각을 이미지로 표현할 수 있는 방법은 수도 없이 많다.

2.8 드로잉

이미지를 시각적으로 표현하는 여러 가지 기술적인 방식이 있으나 대부분의 스토리보드 이미지들은 전통적인 방법을 쓴다. 그것은 종이, 연필, 목탄, 잉크 등의 친숙한 도구들을 이용하여 그린 그림들이다. 이런 간단한 재료들과 여러분의 마음만 있다면 여러분과 동료 스텝들에게 화면의 구성과 카메라의 위치에 대한 아이디어를 충분히 표현할 수 있다.

본인이 직업적인 일러스트레이터(아주 높은 수준을 요구하는)로 활동할 것이 아니라면 효과적인 스토리보드를 만드는 데 반드시 훌륭한 그림 솜씨가 필요한 것은 아니다. 다만 전달하고자 하는 메시지를 자신이 원하는 도구로서 간단하게 그리면 될 뿐이다.

2.9 사진, 비디오, 컴퓨터

감독과 촬영장소를 둘러보러 다닐 때 자주 35mm 카메라를 가지고 다니는데 줌렌즈는 빠트려서는 안 되는 필수품이었다. 촬영 장소에 감독과 스텝들을 따라다니면서 계속 촬영 장소 사진을 찍는다. 그리고 필름을 바로 현상해 나온 사진은 그 장소에서 일어나는 장면을 스토리보드에 그려 넣을 때 필요한 여러 가지 앵글에 대한 시각적인 참고 자료로 이용될 수 있다.

최근에는 디지털 카메라를 이용하기 때문에 이런 작업 과정이 훨씬 줄어들게 되었다. 필름을 사고 끼울 필요가 없으며 현상을 하러 가고 찾아오는 과정이 없어졌다. 그래서 보통의 해상도(640×480도 좋다)로 찍어서 카메라와 같이 현상이 되는 소프트웨어를 사용하여 바로 컴퓨터에 저장해 놓는다. 이런 디지털 카메라들은 메모리칩에 약 100컷 이상의 쇼트를 저장해 놓을 수 있다. 그 칩들은 가격도 점점 낮아져서 '필름으로부터 자유로운' 세상을 만들어준다. 또 다른 방법은 비디오 프린터를 통하여 이미지를 뽑아내거나 컴퓨터 프로그램을 통하여 디지털 이미지로 재생시키는 것이다. 디지털 비디오카메라의 기능은 디지털 카메라와 같이 제공되는 케이블을 이용하여 컴퓨터로 옮길 수 있다. 다수의 영화제작자들과 작가들이 원본의 이미지를 정리하는데 컴퓨터를 사용한다. 어도비사의 프리미어나 애프터이펙트 같은 소프트웨어들은 이미지를 불러들일 뿐 아니라 새롭게 화면을 디자인하여 편집할 수 있다. 게다가 장면 사이에 크로스디졸브와 와이프 같은 효과로 전환 삽입하여 실시간으로 다시 틀어볼 수도 있다. 심지어 효과적인 프레젠테이션을 위해 음악도 삽입할 수 있다.

Section 03. 종합

일반 카메라로 찍고 현상하는 전통적인 기법과 컴퓨터와 디지털 카메라를 이용한 첨단 기술의 방법 등 어느 쪽을 사용해 영상을 찍어낸다 하더라도 그 영상들이 도면과 일치해야 하며 쇼트리스트와도 일치해야 한다는 것을 명심해야 한다. 모든 프리프로덕션 자료들이 일치하면 자료를 보는 사람들도 도면에서 이미지로, 또 거기에서 쇼트리스트로 쉽게 옮겨가며 볼 수 있다. 또한 이렇게 할 경우 혼동하고 부수적인 질문을 하지 않고 각각의 정보들은 이전 정보들 위에 덧붙여질 수 있다.

3.1 번호 매기기

현대 미국 영화계의 촬영대본들은 개개의 씬으로 세밀하게 분석되어 나누어져 있다. 대본 내용에 따라, 촬영장소가 변할 때마다, 새로운 촬영 장소마다 새로운 씬 번호가 매겨지게 된다. 쇼트들은 그것들이 속해 있는 씬에 대한 참고 내용과 함께 번호가 매겨진다. 각 씬이 시작될 때 쇼트들 번호가 다시 '1'부터 시작되는 경우들이 종종 있다. 예를 들어 씬 5의 쇼트 1-25, 씬 6의 쇼트 1-26, 씬 7의 쇼트 1-12 등으로 표현될 수 있다. 이 방법을 사용하면 편집에서 한 씬을 잘라버릴 경우 스토리보드에서 그 씬을 빼고 다시 번호를 매겨야 하는 수고를 할 필요가 없게 된다.

쇼트는 반드시 번호가 매겨져서 각각의 쇼트가 명칭을 갖도록 해야 한다. 한 장면 이상이 필요한 쇼트들은 숫자들 옆에 소문자 기호를 표시할 수 있다. 예를 들자면 쇼트 5a, 5b, 5c 등으로 표기 할 수 있다. 앞 장면을 수정해야 할 경우, 그 씬에서 그것이 처음 나왔을 때 사용했던 쇼트 번호와 같은 번호로 표시하는 것이 사용하기 편리하다. 이런 방법으로 여러분의 스토리보드는 편집된 시퀀스에서 얼마나 많은 장면들이 보여지느냐 하는 것보다는 얼마나 많은 쇼트들이 계획 되느냐에 따라 숫자가 결정될 것이다.

3.2 보조 도면

복잡한 카메라의 동작을 계획할 때 의도한 바를 정확히 전달하기 위해서는 부수적인 정보를 포함시켜야 할 경우가 있다. 이미지를 함께 포함시킨 도면은 생각하는 바를 정확하게 지적할 수 있도록 도와주고 촬영도면을 재차 보아야 하는 필요성을 없애주기 때문에 전체 스퀸스의 원만한 흐름에 도움을 준다. 촬영평면도나 측면도 같이 시각화된 보조물은 각각의 이미지번호가 매겨진 이미지를 대신해야 한다. 이와 같은 방법으로 복잡한 스테디캠의 움직임도 이미지화한 주요 장면을 이용하여 스토리보드화 될 수 있고 카메라의 위치도 연출을 위한 보조 도면에 표시할 수도 있다.

3.3 스토리보드 제작 시 유의할 점

각각의 별도 자료로 쇼트리스트와 도면을 스토리보드와 함께 사용할 때 그 자료들에 담긴 정보들 중 일부 혹은 전체 정보를 스토리보드에 옮겨 놓는 것은 좋은 생각이다. 보통은 이미지의 하단이나 옆 부분에 삽입되는 형태가 된다. 손으로 글씨를 써넣는 것보다는 쇼트리스트와 그 쇼트에 맞는 설명들을 복사하여 일치하는 쇼트 이미지 하단에 붙여주면 좋다. 이렇게 하면 깨끗해 보이고 쇼트리스트를 읽다가 그에 부합되는 이미지를 확인할 필요가 있을 경우에도 스토리보드를 보는 사람들이 쉽게 원하는 이미지를 찾을 수 있다.

여러분이 직접 해보고 피부로 느끼지 않으면 이런 작업 설명들은 이론적인 것에 불과하다. 이제 여러분이 대사가 없는 간단한 씬들의 스토리보드를 직접 제작해 봄으로써 지금까지 배운 내용들을 실질적으로 이용해 본다.

3.4 요점정리

이번에는 프리프로덕션의 시각화에서 글과 도면, 이미지 등이 어떤 역할을 하는지에 대하여 알아보며, 각각의 요소들은 다른 방법으로 정보를 전달한다.

- 글 : 화면의 시각 요소들을 특정 전문 용어의 문자로 표현한 쇼트리스트.
- 도면 : 카메라의 위치와 인물들의 연출선을 아이콘과 화살표를 이용하여 배치한 촬영장의 조감도이다. 이 자료는 단순한 형태와 축소된 그림들을 이용해 함축적이면서도 정확하게 내용을 우리에게 전달한다.
- 이미지 : 그림이나 사진을 근거로 한 이미지는 화면의 구성을 설명해준다. 이것은 모든 스토리보드 자료들 중 가장 중요한 것으로서 고정되어 있는 쇼트의 내용이나 카메라의 이동으로 인해 확정되는 화면을 보여준다.

다음 장에서는 화면 종횡비율과 카메라의 이동을 이용해 쇼트들을 확장된 화면에 담는 기법들에 대하여 논의할 것이다. 화면을 확장시키는 기술은 스토리보드 분야에서 최근 개발된 것으로 아주 배우기 쉽고 작품에 역동적인 느낌을 더해준다.

Chapter 03 화면 종횡비

화면 종횡비는 화면의 가로와 세로의 비율을 의미하는 것이다. 종횡비율은 그 작품이 상영되는 영상 매체가 어떤 것이냐에 따라 달라진다. 영화, 텔레비전, 컴퓨터의 스크린은 언제나 폭이 높이 보다 크다.

현재 표준이 될 수 있는 몇몇 화면 종횡비가 사용되고 있다. 폭의 넓은 순서에 따르면 다음과 같다.

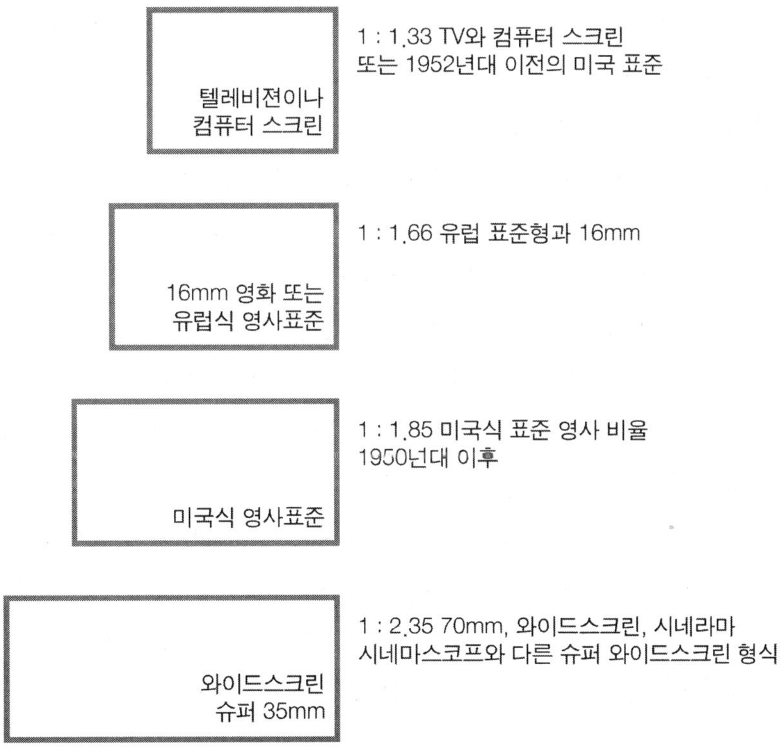

Section 01. 화면의 역사

35mm 카메라 형태는 1890년대 초 에디슨의 조수들 중 한 명이었던 딕슨(W.K.L. Dickson)에 의해 개발되었다. 이 형태는 35mm 폭의 35mm 필름 스트립으로 시작되었다. 에디슨의 특허권과 형식에서 벗어나 독창적인 기술을 창조하고 싶어 했던 영화제작자들은 특히 와이드스크린형식을 만드는 것에 관심이 많았었다. 이런 개발을 위해 많은 투자가 필요했으며 몇 년에 걸쳐 개발되어 나온 4 : 3의 화면 종횡비가 이 분야를 독식하며 60년 동안 거의 변함없이 유지되었다.

현대의 와이드스크린 형식이 출현하기 이전인 1950대에 특정한 장면에 확장 기술을 도입했던 영화 제작자들의 사례가 있었다. 아벨 간스의 작품 〈나폴레옹〉(1927)은 3대의 카메라를 이용해 촬영했는데 그는 이 시스템을 폴리비젼(polyvision)이라고 불렀다. 이 방식으로 그는 4 : 1비율의 수평 이미지뿐만 아니라 폭을 늘려 스크린 화면 공시에 3이미지까지 나오는 몽타주를 만드는 것을 가능하게 했다.

음향이 필름과 결합하면서 더불어 일시적으로 새로운 표준이 생겨났다. 1926~27년 사이에는 35mm 필름스트립에 녹음을 하기 위하여 사운드스트립이 더해졌는데 그로 인하여 영상은 필름에 음향을 집어넣고 남은 부분에 밀어 넣어져야만 했다. 네거티브가 차지하는 왼쪽이 1.15 : 1로 다소 크기는 하나 이미지의 크기를 거의 25% 가까이 감소시키는 결과를 가져왔다. 이렇게 형태가 변하는 단점을 보완하기 위하여 어떤 영사기사들은 영상의 아래와 윗부분을 가리기 시작하였는데 그것은 극장에 있는 스크린에 영상을 맞추기 위한 것이었다. 관객들과 기술자들의 불평불만이 있던 와중에 영화예술과학아카데미(Academy of Motion Picture Arts and Sciences)는 영상산업의 표준형을 만들려는 노력을 기울여 드디어 '아카데미 애퍼쳐(Academy Aperture : 표준구경)'라는 형식을 만들었다. 이 1932년의 일은 1.33(약간의 크기는 1.37)의 형식을 산업계에 부활시켰고 이후 텔레비전 인구가 늘어나고 20년 후 1.33의 TV형식이 나올 때까지 크게 경쟁자 없이 존속하였다.

1950년대 중반 텔레비전의 등장 이래 영화계에서는 1 : 1.85의 비율이 상영 될 영화 프로젝트를 위한 표준 와이드스크린 형식이 되었다. 더 폭이 넓은 포맷으로 여전히 활용되고 있는 것들로는 슈퍼35, 아나모픽, 그리고 70mm 등이 있다.

Section 02. 비율과 재료

오랫동안 이런저런 화면비율을 선택하던 시대가 지난 후 '황금비례 사각형(golden rectan-gle)'은 사라지고, 길어진 수평선을 가진 새로운 거대한 와이드 스크린 시대가 출현하였다. 1950년대 초반의 시네라마(Cinerama)와 시네마스코프(Cinemascope)시스템의 발전은 관객에게는 새로운 경험이며 동시에 영화 제작자들에게는 표현방식의 완전한 변화를 가져왔다. 폭이 살짝 긴 가로 세로 1 : 1.33 비율의 사각을 대신해서 새로운 표준으로 떠오른 화면 종횡비율은 2.77 : 1로서 기존 스크린의 거의 두 배 이상 가로 부분이 넓어졌다.

영화를 만들 때 처음 정하는 것들 중 하나가 화면종횡비를 선택하는 것이다. 와이드스크린은 영화에 대한 관객의 집중력을 높여주고 이야기 전개에 광활하고 서사적인 느낌을 더해준다. 비록 현재의 표준 영상종횡비는 1.85 : 1이지만 다른 형태가 필요한 경우가 있다. 최근 제작되는 영화중에는 특수효과와 규모가 큰 액션장면 때문에 1950년대에 생겨난 슈퍼 와이드스크린을 도입하는 경우가 있다. 물랑루즈, 쥬라기 공원, 타이타닉 같이 대규모 흥행 영화들은 모두 와이드스크린으로 촬영하여 관객들을 그 거대한 화면 속으로 끌어들인 것이다.

최근 독립영화들은 주로 등장인물들의 관계를 이끌어가는 이야기와 주인공들의 성격을 나타내는데 초점을 맞추고 있다. 이러한 영화들은 주로 1.85 : 1로 보급되고 있지만 폭 넓은 관객층을 가지고 있는 유럽에서는 1.6 : 1로 상영된다. 1.85의 형식은 텔레비전의 출현으로 인해 영화관객이 줄어들었을 때 기본 절충형으로 합의 되어 나온 것이다. 와이드스크린이 자리를 잡아 갈 무렵 와이드스크린에 식상한 관객들은 영화관에 가는 대신 편안하게 응접실에 앉아서 TV를 보며 즐거움을 찾는 방법을 선택했다. 뿐만 아니라 영화관들이 쇼핑센터 안에 자리 잡으면서 스크린의 크기는 줄어들게 되었다. 심지어 2.35로 제작되어 배급된 영화들도 영화관의 스크린 크기에 맞추어 1.85나 1.66 비율로 새롭게 축소되어 상영되어지고 있다.

이러한 기술적으로 변화하는 상황에 대응하기 위해서 프로듀서들은 배급될 영화들이 어떤 매체를 통해 상영될지에 대해 관심을 가지게 되었으며 와이드스크린은 텔레비전과의 관계에서 새롭게 정의되어지게 되었다. 실제로 대부분 영화의 궁극적인 형태는 1.33

의 작은 스크린의 형태가 되었다. 최근 영화들은 극장 상영용과 텔레비전용 양쪽 모두에서 상영될 수 있는 비율로 화면이 구성되고 촬영된다. 카메라에 view-finder에는 '안전한 연기 지역(safe action area)'이 표시되어 있어 촬영기사들은 영화의 구도를 해치지 않으면서도 다른 영상매체에 만족스럽게 상영될 수 있는 촬영을 할 수 있게 되었다.

Section 03. 스토리보드의 화면 종횡비 계산법

화면 종횡비는 화면의 높이와 폭과의 관계에서 결정된다. 높이는 한 자리 숫자로 표시된다. 반면 폭은 다양하게 표현될 수 있다. 스토리보드의 화면 종횡비는 영화가 상영될 매체의 면적과 일치해야 한다.

그래서 텔레비전에서 상영되는 스토리보드 경우 스토리보드 패널은 1.33 : 1의 크기의 그림들로 이루어져야 한다. 현재 자주 사용되는 표준 스토리보드 패널 규격은 8.5×11인치(미국 편지지 규격으로 A4보다 폭은 약간 넓고 길이는 약간 짧다.)의 표준 규격 종이에 3개를 쌓아서 수직으로 채울 수 있는 3×4인치 크기이다. 16mm 영화의 경우 1.66 : 1 버전을 사용하는데 이것은 3×5.5인치를 사용한다. 이것들은 단지 여러분에게 제시한 선택사항일 뿐이다. 어떤 감독들은 한 장의 종이에 한 개의 이미지를 그리는 것을 선호하는 반면에 어떤 감독들은 표준 크기의 종이에 15개까지 그릴 수 있는 썸네일 스케치로 일하는 것을 좋아하기도 한다.

화면의 크기를 정확히 계산하려면 작업할 종이의 규격을 얼마로 해야 할지를 우선 결정해야 한다. 대본은 세로로 되어 있는 서류라는 것을 염두에 두고 스토리보드를 대본 사이에 끼워 넣거나 대본 뒷면에 붙일 수 있는 크기로 만들어야 한다는 것을 명심하고 종이의 가로, 세로 방향을 정한다. 그 다음 단계로 종이 한 장에 몇 개의 패널이 들어가게 할 것인지를 정해야 한다. 일단 높이를 정하고 나면 예를 들어 그것이 4인치라고 하면 그것에 해당하는 매체의 화면 종횡비를 곱하면 된다.

예를 들어 시네마스코프 그림 쇼트를 작업한다면 그 너비는 높이에 2.35를 곱한 것이 된다. 4×2.35는 대략 9.4가 화면의 너비가 된다. 이러한 방법으로 작업을 위한 일반적인 스토리보드 패널의 면적을 구해볼 수 있다.

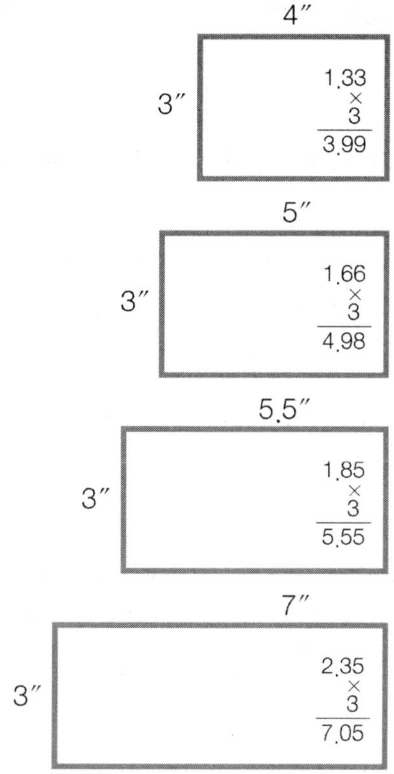

〈화면종횡비 계산의 예〉

Section 04. 요약

프리프로덕션의 시각화작업을 할 때 작품에 맞는 화면 종횡비로 정확하게 스토리보드 패널을 만드는 것은 굉장히 중요하다. 비디오 혹은 영화작업 어느 분야든 구성과 화면의 구도를 결정하는데 있어 포맷은 언제나 여러분에게 특별한 목표를 던진다. 여러 형식 중에서 원하는 것을 선택할 수 있는 호사를 누릴 수 있다면, 레터박싱 방식을 사용한 영화나 비디오를 볼 것을 권한다. 그렇게 하면 여러분이 작업할 작품에 어떤 포맷이 어울리는지를 결정하는 것이 좀 더 용이해질 것이며, 그 영화들은 구도와 카메라의 움직임에 대한 아이디어를 제공하는 귀한 정보원이 되어줄 것이다.

4.1 텔레비전 형식에 맞춘 배열

(1) Letterboxing

최근에 많이 생긴 케이블 방송국들에서는 영화의 형식을 선호하는 관객을 겨냥하여 '레터박싱'이라는 방식을 도입하는 것이 일반화되었다. 레터박스는 텔레비전에서 극장의 영화상영 비율을 그대로 적용하고 나머지 위아래 빈 여백은 검은색으로 표시한다. 이것은 극장 스크린의 1.85의 화면 폭 전체 즉, 시네마스코프 영화를 볼 수 있게 해준다. 반면에 높이 즉, 세로는 텔레비전 화면의 일부분으로 줄어든다. 많은 DVD 타이틀이 레이저디스크에 의해서 초기에 대중화되었던 포맷인 레터박스 버전으로 나온다.

(2) Pan-and-Scan

이것은 '레터박싱'의 대안으로서 영화의 원래 구성을 재구성 하는 것을 의미하는 용어이다. '팬 앤드 스캔' 기법은 원래의 버전에서 영상의 부분들을 선택하여 주로 텔레비전의 1.33 : 1 비율에 채워 넣는 방법이다. 이 기술은 영상 화면에서 액션을 따르려하기 때문에 원래의 영화구성의 조화와 의미에 결정적인 시각적 2차 정보들을 잘라내는 우를 범할 수 있다. 최악의 경우 '팬 앤드 스캔'은 화면의 절반 조금 넘게 빼 버려, 감독이 영화를 통해 전하고자 했던 의미를 거의 알 수 없게 만들 수 있다.

(3) 프레임 뷰어

시중에서 팔리는 많은 뷰 파인더들은 여러분이 카메라 없이도 씬을 알맞은 화면 종횡비나 다양한 초점길이의 렌즈로 보는 것을 가능하게 해 준다. 뷰파인더는 주로 감독이나 촬영기사의 목에 걸려있는 걸 볼 수 있는데 줄에 달린 렌즈의 모양을 하고 있다.

Chapter 04 화면의 연장

화면 연장의 포맷은 스토리보드작가로 하여금 영화제작의 시간과 공간의 요소들을 참조하기 쉽게 만드는 것을 가능하게 한다. 영화나 텔레비전 매체의 화면은 자체의 종횡비에 의해 한정된다. 이 형태는 하나의 고정된 쇼트를 위한 시각 정보를 담는다. 그 화면에 담긴 단일한 이미지는 한 순간만을 표현할 수 있지만 이 순간은 그 쇼트 속에서 실제로 영원히 존재하게 된다. 스토리보드를 공부하며 자주 떠오르는 한 가지 의문은 그려야 할 쇼트와 관련된 참고 사항이 이것 하나 밖에 없을 때 어느 순간을 표현해야 하는가 하는 것이다.

그 해답을 찾기 위해서 어떻게 그 쇼트가 시작되고 끝나는지 상상해 보는 것이 좋다. 그리고 여러분 자신에게 이런 질문을 해보자. 시작하고 끝나는 두 지점 사이에 중요한 의미를 가진 어떤 시각적 변화가 일어나는가? 누군가 화면 안으로 들어오는 장면이나 말다툼이 발생하면 그 쇼트는 액션의 무언가를 포함한다. 이 두 가지 장면에서 큰 움직임에 초점을 맞추려할 것이다. 예를 들면 새로운 인물이 화면 안에 들어오는 것은 화면 밖에서 안쪽을 가리키는 화살표로 표현 될 수 있다. 반면에 말다툼으로 열기가 오른 장면을 시각화하는 것은 그 장면에서의 감정과 액션의 이점을 이용할 수 있는 구도를 만들 기회를 줄 것이다.

숙련된 일러스트레이터는 과장된 원근감과 연출을 이용하여 관객을 흥분하게 하고 영화 속으로 빠져들게 한다. 그림 솜씨가 보통 사람들보다 조금 나은 수준이라면, 씬의 연출선의 일반적인 감각에 신경을 써라. 적절하게 위치한 화살표는 스토리보드 그림이 섬세하지 않거나 평범해도 스태프들에게 여러분이 의도한 바를 잘 전달해줄 수 있다. 다시 설명하면, 그 쇼트의 시작 부분과 끝 부분을 시각화 하는데 중점을 두고 나서, 표현할 수 있다면 한 프레임 안에 담을 필요가 있는 쇼트를 결정하라.

만일 이것을 완성하는데 한 개 이상의 이미지가 필요하다면 그 쇼트를 위해 두 개 또는 그 이상의 여러 개의 주요장면을 표현하는 이미지들을 만드는 방법이 있다.

이 장에서는 다음과 같은 카메라의 움직임을 다루게 된다.

- Static(고정쇼트)

- Pan, Track, Swish Pan(horizontal shots(수평이동 쇼트들))
- Dolly(in/out), Zoom(in/out)
- Tilt, Boom, Vertical Pan(vertical shots(수직이동 쇼트들))
- Crane
- Zolly(zoom with counter dolly)
- Specialty moves, such as the handheld shot and the Steadicam

Section 01. 아이콘의 움직임에 따른 화면

스토리보드의 화면을 움직이는 존재로 상상해 보라. 화면은 카메라의 화상을 나타내는 것이다. 카메라가 이동한 곳에서 보는 이미지에 대해 스텝들과의 의견교환을 원할 때 다음 두 가지 방법 중 한 가지를 활용할 수 있을 것이다.

첫 번째로 카메라가 움직이기 전과 후의 장면을 분리된 프레임에 그리는 것이다. 이런 두 고정화면은 관객이 보게 될 장면을 보여주는 것이다.

두 번째 방법은 프레임의 가장자리를 늘여서 전체 쇼트의 영역을 모두 보여주는 것이다. 그 예로서 카메라가 방의 가장자리를 따라 움직이면 카메라가 이동하기 시작할 때와 끝났을 때 눈에 보이는 화면은 완전히 바뀌게 되며 그 쇼트의 화면 종횡비율은 수평축으로 두 배는 길어질 수도 있다. 만약 카메라가 270도의 호를 그리며 회전하면 프레임 너비는 약 3배가 되고 그 안에 있는 정보는 보여줄 필요가 있을지 모른다. 카메라가 이동하는 동안에 화면 안에 있을 정보를 보여주기 위해서는 화면을 늘여주면 된다. 인물의 움직임에 맞추어 이동할 때에는 아주 조금 움직이기도 하는데 화면은 미세하게 기울어지고 패닝하며 움직인다. 이럴 경우 중심점이 교차하도록 두 개의 살짝 겹쳐진 화면을 쓰면 된다.

이 두 가지 방법을 모두 사용할 수 있다. 카메라가 많이 이동하는 장면에서는 두 번째 방법을 택하여 프레임을 늘여서 이용하면 된다. 그런 화면이 있는 스토리보드 페이지는 디자인 면에서 힘차 보이고 카메라의 이동을 보다 부드럽게 보여줄 수 있다. 시간 절약이 필요해서 장면들을 미리 여러 장 복사해 놓으면 같은 크기와 모양의 개별 프레임들을 사용하는 정적인 방식을 사용할 수 있다.

"나는 주로 컴퓨터를 이용하여 스토리보드 프레임을 프린트 한다. 각기 다른 화면비율과 다양한 모양의 연장된 프레임들을 파일로 저장해 놓았다. 쇼트리스트를 받으면 저장되어 있는 기존의 프레임들을 인쇄하거나 새로운 모양의 프레임이 필요할 경우에는 만들기도 한다. 각각의 프레임 옆에는 쇼트리스트의 정보를 붙여 넣을 수 있는 공간을 만들어 놓았다.

또한 스토리보드지 위에 씬 번호와 쇼트 번호를 쓸 부분을 미리 설정해 놓는 것도 유용하다. 그런 정보들이 같은 위치에 배열되면 읽기가 훨씬 쉬워진다. 첫 페이지의 씬 번호를 종이의 오른쪽 상단에 적어 놓았다면 모든 씬의 번호를 같은 위치에 적도록 한다. 쇼트 번호는 프레임에 가까이 써야하고 대부분의 경우 각 씬 하나가 제외된다 하더라도 그 씬 때문에 전체 번호 시스템이 망가지지 않을 것이다. 다음에는 다양한 형태의 화면 연장의 예들과 그 연장에 동기를 준 카메라의 움직임에 대해 설명하고 각각의 프레임을 살펴보면서 스토리보드에 그려진 카메라의 이동은 단지 특정한 움직임에 대한 하나의 예일 뿐이라는 점을 이해해야 한다. 카메라가 수직이동을 하면서 촬영하면, 그 화면을 수평적인 면뿐만 아니라 수직적으로 쌓아 올리는 프레임들의 결합이 필요하겠지만, 이 기본적인 개념을 사용하여 만들 수 있는 많은 다른 종류의 조합들이 있다."

Section 02. 구성

영화를 보는 방법은 수동적인 것과 적극적인 방법 두 가지가 있다. 소극적인 관객은 뒤로 기대앉아서 영화를 즐긴다. 특별한 구도의 선택이나 카메라의 위치들에 대해 거의 의문을 갖지 않는다. 적극적인 관객은 영화를 보고 듣는 것 뿐 아니라 곧 바로 알 수 없는 보다 깊은 수준에서 영화를 탐구하는 집중할 것이다.

장면의 색조나 카메라의 움직임, 물체가 놓인 장소 또는 화면 속의 인물들의 위치 관계와 같은 요소들은 무의식 수준에서 경험된다. 때로는 이런 정보가 처음 볼 때 바로 눈에 보인다(특히 여러분이 적극적인 관찰자이고 이런 세부사항들에 주의를 기울인다면). 그러나 대부분은 지나쳐간 액션과 대사를 보면서 이야기를 끌어가는 미묘한 시각적 요소들을 집어내려면 두 세 번은 보아야 한다.

적극적인 역할을 취한다면 여러분은 그 예술 작품을 만들기 위해 사용되는 사고의 과정들과 능동적인 결정들에 참여하기 시작할 수 있다. 일단 어떻게 적극적으로 관찰하는가를 배우면 영화를 한편의 오락물로서 즐기는 것에 더해 개개의 이미지들이 이야기를 끌고 나가는 하나의 표현으로 연구할 수 있게 된다. 장면의 2차원적 구조인 그래픽은 강력한 이야기 전달의 장치로서 장면의 이용을 극대화하기 위해 화면의 구성을 솜씨 있게 처리한 다양한 방법들을 관찰함으로써 상당히 많은 것을 알아낼 수 있다.

이번 장에서는 장면을 정밀하게 분해하여 그것들을 구성하고 있는 디자인 부분들을 안에 배치하는 것과 그림을 읽는데 영향을 주는 선, 형태, 깊이, 질감 등에 대한 결정들이 어떤지를 조사하는 것에 대한 상이한 접근법들을 다룬다.

첫 번째 섹션에서는 화면구성과 스토리의 관계에 대해 알아본다. 우리는 영화의 서술적 구조와 전체 분위기와 이야기의 톤을 인물들의 대사나 행동에서 뿐만 아니라 그 영화의 이미지에서도 읽을 수 있다. 시각적인 선택들은 관객들이 등장인물들과 그들의 주변상황을 이해하는데 영향을 준다. 열린 화면 대 닫힌 화면의 사용과 같이 화면을 구성하는 서로 다른 접근법과 다른 실행들이 긍정적인 공간과 부정적인 공간에 대한 개념 및 다른 구성의 기초요소들과 함께 탐구될 것이다.

이 장의 나머지 부분은 영화나 비디오 장면에 적용되는 것으로서의 디자인의 보편적 국면들에 초점을 맞출 것이다. 많은 다른 형태들 사이에서의 대칭, 균형, 무작위성의 전략들에 표현되는 그래픽적인 구성을 포함한다. 명암, 대비, 질감 등의 속성들에 대해서도 역시 다룰 것이다.

한 가지 주의할 점은 영상화 과정에서 인물이나 이야기를 표현하려는 목적으로 디자인 템플리트를 만들려는 경향이 있을 수 있다. 주의하라! 특정한 카메라 앵글 또는 컬러에 부합하는 절대적인 의미를 찾으려고 시도하는 것은 그릇된 일이 될 수 있다. 각각의 쇼트는 그 앞과 뒤에 오는 쇼트들에 비추어 고려되어야 한다. 그것은 의미를 전달하는 문맥이지 형식의 맹목적 집착이 아니다.

화면 디자인에서의 보편적 고려사항들

- 포지티브 공간과 네거티브 공간
- 깊이 감의 단서들
- 오버랩, 포커스, 스케일
- 대칭

- 균형
- 연속성
- 무작위성
- 원, 호, 정사각형, 삼각형, 나선, 직사각형, 직선
- 대각선, 수평선, 수직선
- 질감
- 콘트라스트, 밝기
- 프레이밍 장치
- 열린 화면과 닫힌 화면

(1) 프레임

세상은 끝없는 수평선으로 이루어져 있다. 사방으로 고개를 돌려 보면 여러분은 이음새 없는 원형 파노라마를 마주하게 될 것이다. 프레임은 이런 파라노마를 분해해 우리가 소화할 수 있도록 부분으로 나누도록 해 주는 도구이다. 프레임은 디자이너들과 감독들이 관객들로 하여금 이러한 과정을 거쳐서 나온 하나의 인물이나 상황과의 독특한 관계에 놓여 질 수 있으며 그 가능성은 무한하다.

프레임 안의 대상들의 위치 또는 사람들의 위치 속에서 연기되어지는 이야기 전달에 있어 시점의 교묘한 처리는 강력한 요소이다. 프레임은 우리가 원하는 아무 거리에서나 씬의 어떤 부분 위에서도 열 수 있는 이동 창문과 같은 것이다. 이러한 프레임의 이동성 때문에 일상생활에서 보이는 것보다 더 정밀하게 구성된 세상을 보여주는 것이 가능한 것이다. 카메라는 대칭이나 무작위, 자체의 균형이나 내부의 기하학에 있어 훌륭한 세상의 이미지들을 구성해낼 수 있다. 이러한 구성전략들의 특성들을 알아보기 전에 2차원적 공간 디자인의 일반적인 내용들을 좀 소개할 필요가 있다.

(2) 포지티브 공간과 네거티브 공간

촛대가 그려진 그림을 계속 쳐다보면 두 가지 형상으로 변형되어 보인다는 것은 이미 잘 알려진 착시현상이 있다. 화면의 흑과 백의 두 부분으로 분리되어 읽혀질 수 있는 윤곽선의 사용은 착시를 일으킨다. 눈이 흰 부분을 보면 촛대로 이미지를 보게 되고, 검은 영역에 주목하면 사람의 옆모습 실루엣으로 인식한다.

이런 지각의 착각이 포지티브 공간의 역할을 잘 묘사하고 있다. 화면 구성에서 포지티브 공간은 물체나 인물을 규정짓는 공간이다. 그것은 형상이다. 네거티브 공간은 이러한 형상들을 둘러싼 주변 공간을 규정하는 영역이다. 두 공간 모두 디자인을 하는 안목을 요구하지만 화면의 구성에 있어 네거티브 공간은 포지티브 공간보다 다소 덜 중요한 것처럼 여겨져서 종종 무시된다.

실제로 이 두 공간은 상호 부조의 춤 안에서 함께 묶여있는 것이다. 테이블 위에 사과가 놓여있는 쇼트는 사과가 놓여있는 환경이 사과 자체만큼의 크기를 갖는다. 그리고 미적임을 차치하고라도 네거티브 공간은 또한 프레임 밖으로부터 다가오는 움직임, 놀라움, 위험의 가능성을 포함할 수 있다.

(3) 화면에서의 깊이

화면 내부의 깊이감은 환영이다. 화면이나 스크린은 평면의 형태이다. 우리가 자각하는 깊이감은 있지도 않은 3차원을 보고 있는 것으로 눈을 속이는 결과이다. 눈과 마음은 깊이감의 실마리로서 인식하는 시각적인 단서들이 많이 있다.

- 규모의 변화
- 물체들의 오버래핑
- 초점의 변화 또는 심도
- 색상의 변화

이런 시각적 단서들은 스크린 너머의 공간의 존재를 암시한다. 이런 효과들을 인지하고 이용하는 방법을 배우면 각각의 쇼트의 시각적인 구성에 대한 광범위한 조정 능력을 갖게 된다.

(4) 규모의 변화

"친구 중 한명이 LA에서 제작되고 있는 영화의 세트 드레서(set dresser)로 제작에 참여한 적이 있었다. 프리프로덕션 기간 중에 하루는 무대장식가가 다음 세트에 필요한 물품 목록을 그에게 주었다. 그 목록에 있는 물품들은 옷부터 야외용 가구, 작은 부착용 전등까지 모두 아동용 이었다. 그는 혼란스러웠다. 각본에는 아이들이 없었다. 그 감독이 혹시 집에서 쓸 물건을 쇼핑 리스트에 포함시킨 것은 아니었을까?

다음날 음향무대 위에 만들어진 세트에 도착해서야 의문이 풀렸다. 스토리 대부분이 뉴욕의 아파트와 아파트의 뒷마당에서 일어나는 영화였던 것이다. 제한된 무대 공간을 최대한으로 활용하기 위하여 프로덕션 디자이너는 그의 마당을 둘러싼 건물들의 크기를 1/2에서 1/4의 규모로 축소 설계했다. 그녀가 준비했던 아동복들과 가구들은 카메라를 통해서 보면 완벽한 조화 안에서 꽤 떨어져 있는 듯이 보이는 축소 제작된 건물의 발코니와 창문을 꾸밀 것이었다."

손을 들어서 얼굴에서 약 12인치 정도 앞으로 뻗어보자. 이제 뻗은 손 너머의 방안이나 창문 밖을 거리의 건축적 요소들을 바라보라. 손의 규모와 문이나 벽의 규모를 비교하라. 손을 기준으로 멀리 떨어져 있는 물체들은 상당히 축소된 규모로 보일 것이다.

아트디렉터들은 세트가 실제보다 더 크게 된다는 생각에서 눈을 속이는 이 지식을 사용 할 줄 안다. 만일 여러분이 거리를 떨어뜨려서 실물의 절반으로 축소된 벽을 만들면, 관객은 그 벽이 실제 촬영된 거리 보다 훨씬 멀리 떨어진 것으로 보일 것이다. 벽을 크게 하면 눈은 우리 뇌에 벽이 보다 가까이 있다고 말할 것이다. 키가 큰 배우를 중앙에 키가 작은 배우의 머리가 전경에 보이게 위치하면 그와 같은 높이가 될 것이다.

(5) 물체들의 오버래핑

유아는 엄마가 옆방으로 가면 그녀가 더 이상 세상에 있지 않다고 생각한다. 어린아이는 반복되는 경험을 통해서 눈앞에 보여지지 않는 것이 실제로 존재하지 않는 것이 아니라는 것을 알게 된다. 성장하면서 세상을 보면 분명한 방식으로 인식하기 시작하여 몸의 일부가 가구에 가려져 보이지 않는 것으로 생각하여 놀라서 119에 신고하는 행동을 하지 않게 된다. 상황이 나를 속이고 있는 것이며, 다른 부분을 감추고 있는 한 물체의 이미지는 공간적인 단서로 해석될 수 있음을 일찌감치 배운다.

영화에서는 한 형태가 부분적으로 다른 형태를 가리기 위해 카메라를 위치시킬 때 물체들의 겹침이 나타난다. 카메라를 올리거나 내리면 가려졌던 대상이 커 보이게 된다. 우리의 눈은 개재된 물체들의 밀집도와 시각 정보의 양으로 거리와 깊이를 판단한다.

(6) 초점 피사계 심도의 변화

초점과 피사계 심도는 렌즈의 초점거리와 필름이 노출하는 동안 사용되는 조리개의 작용이다. 예를 들어 좁은 범위로 초점을 맞춘 쇼트는 배경을 멀리 안개 속에 있는 것처럼 흐릿하게 표현하여 인물을 강조한다. 이것은 관객에게 주변 부분을 덜 강조하면서 공간의 한 부분에 집중하도록 한다. 와이드 렌즈를 이용하면 초점면의 깊이를 더욱 깊게 하여 물체를 주변 상황에 통합시킨다. 촬영 중의 초점변화인 초점이동(rack focus)은 관객들이 보는 것처럼 초점면을 변화시킴으로써 화면을 통하여 관객의 눈을 리드한다.

그렇게 일반적이지는 않지만 다른 피사계 심도의 사용은 졸리 또는 줌과 역방향의 달리 쇼트에서 볼 수 있다. 이 카메라의 움직임에서는 렌즈의 초점길이가 변하는 동안 인물이나 대상의 크기는 비슷한 비례의 크기로 머물고 있는 것처럼 보인다. 그 크기는 렌즈의 줌 활동만큼을 받아주는 달리 위의 카메라 이동에 의해 유지된다.

Section 03. 화면 구상의 전략들

영화와 비디오는 그들의 스토리를 이야기하기 위해 기본적으로 묘사의 이미지화를 사용하는 매체이다. 그렇지만 우리는 또 화면으로 시선을 움직이도록 하는 방법들을 위한 추상적인 디자인 원리들도 볼 수 있다. 각각의 화면이나 쇼트는 하나 또는 그 이상의 2차원 디자인 전략들에 따라 구성될 수 있다. 심지어 '무작위' 또는 '다큐멘터리 스타일'의 장면들도 이러한 구성적인 구조들을 이용하여 고안될 수 있다.

3.1 대칭

대칭되는 화면은 언제나 균형을 이룬다. 화면 한쪽의 모든 형체나 선에 대해 반대쪽에도 이에 상응하는 형태나 선들이 위치한다. 대칭은 반사의 각도에 의해 특징되기도 한다. 이 각도란 수직이나 수평 또는 대각선으로 나눠는 두 개의 거울이미지로 분리하며 화면을 가로 지르는 상상의 선이다.

'방사대칭(radial symmetry)'으로 알려진 또 하나의 대칭 형태가 있는데 그것은 반사선이 있다기보다는 한 점을 축으로 퍼져 대칭을 이룬다. 중심축이 되는 한 점으로부터 방사형태로된 형태들은 균형을 만든다.

소실점이 하나인 투시장면은 흔히 자동적으로 대칭화면을 만든다. 카메라의 그림면이 세트와 평행을 이루고 카메라가 벽 또는 거리와 관련한 중심 위치에 있을 때, 그 결과 화면은 강한 대칭 효과를 가지게 될 것이다.

3.2 비대칭

비대칭 화면은 단순히 완전한 대칭이 결핍된 화면 이상의 의미를 가지고 있다. 비대칭은 비대칭 디자인의 가장 중요한 측면으로서 어떠한 반사되는 면을 고려하지 않고 놓여진 형태의 다양성을 갖는다.

3.3 균형

3차원 세계에서 균형은 물리적 무게와 관련된 문제이다. 서커스공연자들, 건설노동자들, 식료품 상인들이 그들의 일을 쉽고 확실하게 처리하느냐 여부는 얼마나 무게를 정확하게 측정하는가에 달려있다. 그러나 영화의 2차원 세계에서 균형의 문제들은 다르게 측정된다. 많은 요소들 가운데에서도 특히 크기와 규모, 명암과 색상이 시각적인 무게를 만든다.

균형 잡힌 화면은 구성상 화면 양쪽의 무게가 같다. 균형이 비대칭 화면과 상호 배타적인 것이 아니다. 다양한 크기의 대상들의 배치, 명도의 대비 또는 심지어 색상의 다양한 변화들조차 비대칭이 구도를 만들어낼 수 있다. 균형의 요소는 감지되는 것이지 측정되는 것이 아니다. 그것은 눈이 마주하는 다양한 형태들의 주변과 여기저기에 방해받지 않고 여행할 수 있는 세계를 만든다.

3.4 불균형

한쪽에는 깃털이, 다른 쪽에는 코끼리가 있게 구성된 화면을 상상해 보자. 시선이 먼저 어느 쪽으로 가고 어디로 돌아오는가? 불균형 된 화면은 무게의 문제를 가진다. 이 말이 불균형 된 화면에 반드시 문제가 있다는 뜻은 아니다. 무게라는 이슈는 감독이나 디자이너에게 언제나 유리하게 이용될 수 있다. 만약 상황을 알고 있다면 특정 대상 또는 사건에 관객들의 주의가 가도록 만들기 위해 그 구성을 활용할 수 있다. 이것은 또한 화면 밖에도 공간이 존재한다는 것을 암시하는 효과적인 방법이다.

3.5 연속성

카메라가 커다란 건물의 옆면을 향하고 있다고 상상해보자. 모두 똑같은 모양과 크기의 창문들의 열이 화면을 가득 채운다. 다양성은 단지 각 칸에 보이는 작고 개별적인 특징들로부터 온다. 이것이 연속성에 의해 구성된 화면이다.

연속성은 화면 안에서의 형태나 선의 반복으로 만들어진다. 시선은 계속해서 반복되는 패턴과 만난다. 보는 사람의 시선은 확립된 순서의 단계에서 바깥으로 벗어난 요소로 바로 끌릴 것이다.

3.6 무작위성

무작위성이란 것은 순서의 부재 이상이다. 그것은 인간의 마음이나 손의 처리가 닿지 않고 있는 세계를 암시하는 배열 방식이다. 이 접근법은 달성하기가 믿지 못하게 어렵다. 실제로 무작위로 보이는 구성을 만들려면 아주 많은 계획을 들여야 할 것이다. 우리의 본능은 질서를 요구한다. 대상들을 순서 없이 아무렇게나 보이도록 배치하려 할 때조차도 순서에 대한 우리의 본능적인 욕구를 거스르는 것은 놀라울 정도로 어려우며 흔히 인간의 손에 명령하는 것이 여전히 디자인 속에서 보이지 않거나 감지될 수 있다. 솜씨가 있는 연출만이 카오스적인 움직임을 세심하게 반영하여 무질서하게 보이는 군중 씬을 창조할 것이다.

3.7 선과 형상

선은 한 점에서 다른 점을 연결하며 방향성을 만든다. 화면 안에서 선은 시선을 흥미가 있는 장소에서 다음 장소로 이끄는 강력한 안내자로서 역할을 할 수 있다. 화면을 수정하는 데에 있어 선의 전략들을 이용한 많은 예가 있다. 수평, 수직, 대각선들은 영화와 비디오, 다른 2차원의 프로젝트에서 가장 흔하게 사용되는 것들이다.

영화나 비디오는 둘 다 옆으로 긴 사각형에 제한된다는 구성적인 유사성을 가지고 있다.

수평선은 화면의 폭을 규정하는 선의 반영이다. 수평을 반영하는 선들은 그것들을 또 화면 안에 두 개 또는 그 이상의 작은 사각형들을 만들 수 있다. 이런 구성적 접근은 연장된 수평을 배경으로 수직으로 서있는 배우의 모습이 보여지는 서부영화에서 흔히 볼 수 있다.

수직선은 화면 측면의 반영이다. 우리는 수직선의 들판을 배경으로 한 인물이나 하늘을 배경으로 한 건물들 또는 중력을 무시하고 솟아있는 어떤 다른 요소들이 있는 쇼트나 화면들 속에서 발견할 수 있다.

대각선은 화면을 삼각형으로 나눈다. 그리고 화면 밖으로 유도하는 방향에 따라 시선이 움직이는 역할을 한다. 대각선은 한 화면 자체 내부에서 보이는 움직임뿐만 아니라 한 쇼트에서 다음 쇼트로 이동하는 역동적 움직임을 만들어 내는데 사용될 수 있다. 대각선적인 접근은 화면에서 비대칭과 불균형을 지원한다.

3.8 원, 사각형, 삼각형 등등

때때로 단순한 기하학적 현상이 한 쇼트의 구도를 이루는 요소로 작용하기도 한다. 물론 모든 쇼트들은 사각의 틀에서 시작되는 것을 피할 수 없다. 어떠한 화면 종횡비를 활용하느냐와 상관없이 수평의 원칙은 주어진 것이다. 그러나 그 사각형 속에 무엇을 옆에 있는 세 개의 장면들에서 사각 프레임의 경계선 안쪽의 공간을 구성함에 대해 강력하고 단순한 해법을 주는 익숙한 형상들을 관찰할 수 있다.

3.9 콘트라스트, 질감 그리고 다른 이미지 요소들

화면의 명백한 그래픽적인 구성은 제외하고 시선을 솜씨 있게 처리하는 보다 미묘한 방법들이 또 있다. 각 형태들이 질감과 그들의 명암간의 대비는 이야기의 배경이 되는 공간과 시대에 존재하는 등장인물들과 세계에 대한 무언가를 표현할 수 있다. 이런 요소들은 관객이 그리 쉽게 알아차릴 수는 없지만 영화의 전반적인 '이해'에는 기여할 수 있다.

(1) 콘트라스트

콘트라스트는 화면의 한 부분과 다른 부분을 비교하지 않고는 존재할 수 없다. 이번 섹션에서 언급하고 있는 대비의 유형은 다른 명암의 영역들의 병렬에 의해 만들어지는 형태이다. 명암은 색상 혹은 농도의 상대적인 밝음과 어두움이다.

콘트라스트는 흔히 상대적인 어두움의 퍼센티지로 환산하여 측정된다. 검정은 100%로 흰색은 0%로 표시되므로 중회색은 45~55% 명도의 회색이라고 말할 수 있다. 명암은 흑백의 상황에서만 통용되는 것이 아니다. 각각의 색이나 빛깔은 자체의 명도 변환 치수나 명도로 환산하여 표현될 수 있는 상대적인 밝기나 어두움을 가지고 있다.

콘트라스트가 높다는 것은 화면 안에서 명암의 폭 넓은 범위의 사용을 말하는 것으로 진한 검정과 밝고 번쩍이는 흰색 양쪽을 동일한 화면에서 볼 수 있다. 콘트라스트가 낮은 화면 구성은 아마도 명암의 단 40%로 배열이 제한된 범위를 사용한다. 눈은 더 어두운 것을 공간에서 더 멀리 있는 것으로, 더 밝은 것을 그림 전면에 나와 있는 것으로 해석한다.

(2) 질감

질감은 시각이 아닌 촉감의 한 부분인 피부를 통하여 느껴지는 것이라고 생각하는 경향이 있다. 비록 이미지의 세계는 평면적이지만 화면에 질감을 더할 수 있는 다양한 방법이 있다. 가장 최대로 달성하는 방법은 여러 가지의 필름과 렌즈에 의한 것이다. 이 영역의 모든 가능성들을 다루는 것은 이 책의 범위를 넘어서는 것이지만 계조와 심도에 관한 일반적인 이해는 영화와 비디오에서 이미지를 만드는 일에 속해 있는 누구에게나 유용한 것이 될 수 있다.

질감은 마디가 짧은 천, 회벽, 1950년대 시보레의 반짝이는 크롬 도금의 표면들에서도 볼 수 있다. 부서진 벽이나 비에 미끄러운 거리의 추상적인 화면이 대사나 액션 없이 전달할 수 있는 스토리에 관하여 무언가를 관객에게 말할 때가 있다.

(3) 색

회색 풍경 속의 한 검은 색은 그것의 위치나 크기에 상관없이 시선을 끈다. 이 구성의 강력한 요소는 너무 복잡하기 때문에 이 책에서는 다루지 않는다. 색은 굉장히 강력하면서도 동시에 미묘한 구성의 요소라고 말할 수 있다.

Video Graphic Design Basic

03 컴퓨터그래픽 (Computer Graphic)

1. 포토샵 기초
2. 편리한 기능
3. 툴 도구 활용
4. 이미지 보정

Chapter 01 포토샵 기초

본격적인 포토샵 작업을 시작하기 전 반드시 알고 넘어가야하는 포토샵의 화면 구성 요소들에 대해 공부한다. 자주 사용하는 용어들이 나오므로 미리 익혀두는 것이 좋다.

Section 01. 포토샵의 인터페이스 살펴보기

1.1 전체화면 살펴보기

■ 메뉴 바

만들어진 오브젝트를 편집하거나 수정할 때 사용하며, 메뉴바를 빠르고 쉽게 사용하려면 메뉴 항목 옆에 표시되어 있는 단축키를 사용한다.

■ 옵션 바

현재 툴박스에서 선택된 툴의 여러 가지 옵션을 설정할 수 있다.

■ 툴박스

작업에 필요한 툴을 아이콘 형태로 모아놓은 곳으로 포토샵을 사용하는데 있어서 가장 기본이 되는 기능들이다. 아이콘의 구석에 작은 삼각형이 있는 툴은 길게 클릭하면 관련된 툴이 표시된다.

■ 작업창

포토샵에서 이미지를 만드는 공간이며, 그림을 그리거나 불러온 이미지에 새로운 작업을 하는 도화지라고 볼 수 있다.

■ 각종 팔레트

[Window] 메뉴에서 보이거나 감출 수 있으며 여러 가지 옵션을 사용자가 설정할 수 있도록 하여 이미지의 다양한 편집이 가능하도록 한다.

■ 최소 / 최대 / 닫기 버튼

작업창을 화면상에서 가리거나 최대한 크게 보여주거나 닫고 싶을 때 원하는 버튼을 클릭하고 저장하지 않은 도큐먼트에 닫기 버튼을 클릭하면 저장 여부를 묻는 대화 상자가 나타난다.

■ 상태 표시줄(Status Line)

상태 표시줄은 배율, 이미지의 크기 등 필요한 정보를 제공한다.

1.2 툴 도구 살펴보기

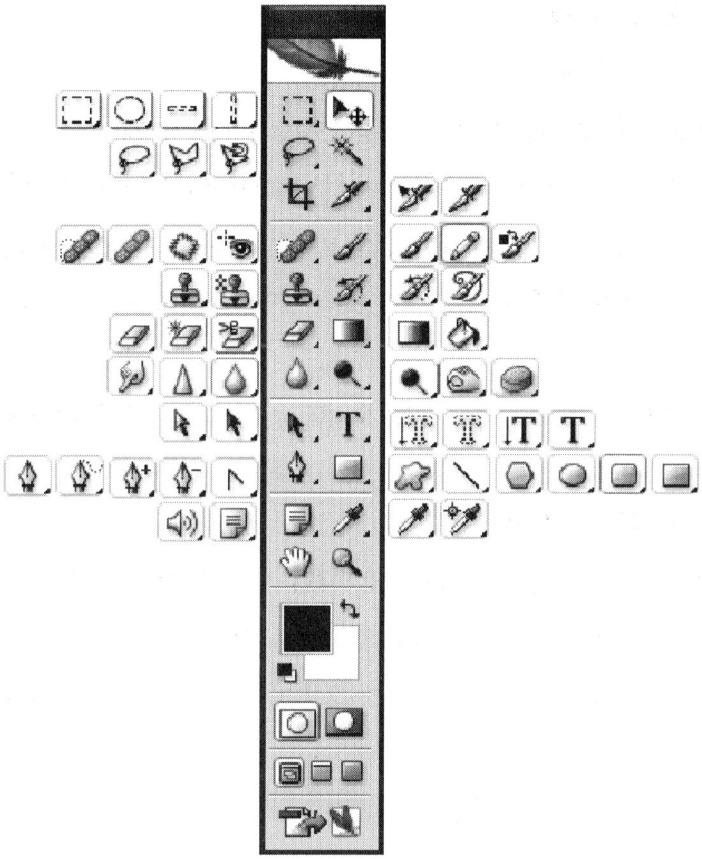

■ **사각 선택 툴** [Rectangular Marquee Tool / M], **원형 선택 툴** [Elliptical Marquee Tool], **가로 선 선택 툴** [single Marquee Tool], **세로 선 선택 툴** [single Column Marquee Tool]

각각의 형태로 선택 영역을 설정한다.

■ **이동 툴** [Move Tool /V]

선택된 영역이나 레이어의 이미지를 이동한다.

■ **올가미 툴** [Lasso Tool /L], **다각형 올가미 툴** [Polygonal Lasso Tool], **자석 올가미 툴** [Magnetic Lasso Tool]

드래그나 클릭으로 원하는 형태로 선택 영역을 설정한다.

- **마술봉 툴** [Magic Wand Tool /W]
  클릭한 부분의 색상을 기준으로 선택 영역을 설정한다.
- **자르기 툴** [Crop Tool /C]
  작업창의 크기를 줄인다.
- **분할 툴** [Slice Tool /K], **분할 선택 툴** [Slice Select Tool]
  웹 페이지 이미지 제작시 이미지를 나누고, 나누어진 이미지를 선택한다.
- **스팟 힐링 브러시 툴** [Spot Healing Brush Tool /J], **힐링 브러시 툴** [Healing Brush Tool], **팻치 툴** [Patch Tool], **레드 아이 툴** [Red Eye Tool]
  얼굴의 주름이나 상처, 점 등 이미지를 깨끗하게 정리한다.
- **브러시 툴** [Brush Tool /B], **연필 툴** [Pencil Tool], **컬러 리플레이스먼트** [Color Replacement Tool]
  자연스러운 선을 표현한다.
- **고무 도장 툴** [Clone Stamp Tool /S], **패턴 도장 툴** [Pattern Stamp Tool]
  이미지를 복사하거나 선택 영역을 패턴으로 적용한다.
- **히스토리 브러시 툴** [History Brush Tool /Y], **아트 히스토리 브러시 툴** [Art History Brush Tool]
  이미지를 원래 상태로 되돌리거나 예술적인 효과를 적용한다.
- **지우개 툴** [Eraser Tool /E], **백그라운드 지우개 툴** [Background Eraser Tool], **매직 지우개 툴** [Magic Eraser Tool]
  이미지를 전경색, 배경색, 투명한 상태로 지운다.
- **그라디언트 툴** [Gradient Tool /G], **페인트 툴** [Paint Bucket Tool]
  그라디언트를 적용하거나 전경색으로 채운다.
- **블러 툴** [Blur Tool /R], **샤픈 툴** [Sharpen Tool], **스머지 툴** [Smudge Tool]
  이미지를 부드럽게 또는 날카롭게 만들거나 번지는 이미지를 만든다.
- **닷지 툴** [Dodge Tool /O], **번 툴** [Burn Tool], **스폰지 툴** [Sponge Tool]
  이미지를 밝게 또는 어둡게 만들거나 흑백 이미지로 만든다.
- **패스 선택 툴** [Path Selection Tool /A], **직접 선택 툴** [Direct Selection Tool]

패스가 적용된 이미지를 선택한다.

- **가로 문자 툴** [Horizontal Type Tool /T], **세로 문자 툴** [Vertical Type Tool] **가로 문자 마스크 툴** [Horizontal Type Mask Tool], **세로 문자 마스크 툴** [Vertical Type Mask Tool]

  다양한 형태로 문자를 입력한다.

- **펜 툴** [Pen Tool /P], **자유 펜 툴** [Freeform Pen Tool /P], **포인트 추가 툴** [Add Anchor Point Tool], **포인트 삭제 툴** [Delete Anchor Point Tool], **포인트 전환 툴** [Convert Point Tool]

  패스를 만들거나 수정한다.

- **사각 쉐입 툴** [Rectangle Tool /U], **라운드 사각 쉐입 툴** [Round Rectangle Tool], **원형 쉐입 툴** [Ellipse Tool], **다각 쉐입 툴** [Polygon Tool], **라인 쉐입 툴** [Line Tool], **커스텀 쉐입 툴** [Custom Shape Tool]

  다양한 형태의 쉐입를 만든다.

- **주석 툴** [Note Tool /N], **오디오 주석 툴** [Audio Annotation Tool]

  공동 작업자에게 메모를 남긴다.

- **스포이드 툴** [Eyedropper Tool /I], **컬러 샘플러 툴** [Color Sampler Tool]

  색상을 추출하고 적용한다.

- **손바닥 툴** [Hand Tool /H]

  화면을 이동한다.

- **돋보기 툴** [Zoom Tool /Z]

  화면을 확대, 축소한다.

- **전경색** [Foreground Color]

  전경색을 설정한다.

- **배경색** [Background Color]

  배경색을 설정한다.

- **기본 색상 설정** [Default Foreground and Background Colors /D]

  전경색은 흰색, 배경색은 검정색의 기본 색상을 설정한다.

■ 일반 모드 [Edit in Standard Mode /Q]

기본 설정 모드이다.

■ 퀵 마스크 모드 [Edit in Quick Mask Mode /Q]

선택 영역만 보여진다.

■ 스크린 모드 [Screen Mode /F]

다양한 형태로 화면을 설정한다.

■ 이미지 레디 점프 버튼 [Edit in Image Ready / Shift+Ctrl +M]

이미지 레디로 이동한다.

1.3 팔레트 살펴보기

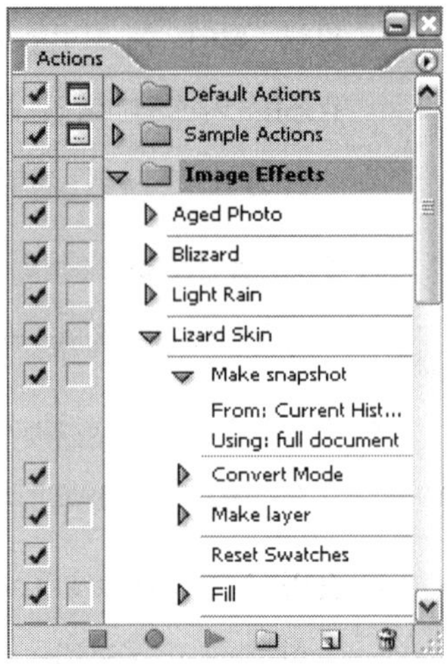

(1) Action 팔레트

반복적인 작업을 할 경우 작업 순서를 저장하였다가 동일 작업에 적용하여 작업의 효율을 높일 수 있다.

(2) Brushes 팔레트

브러시를 선택하고 선택된 브러시의 옵션을 설정하여 다양한 브러시의 효과를 표현할 수 있다.

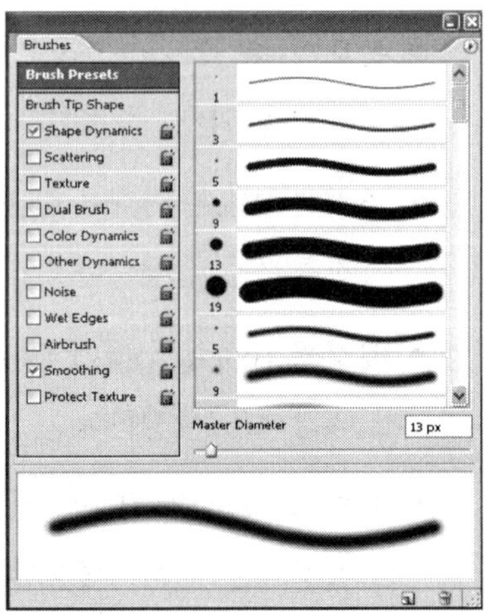

(3) Channel 팔레트

색상 정보를 보여주는 색상 채널과 선택 영역을 표시하는 알파 채널을 보여준다.

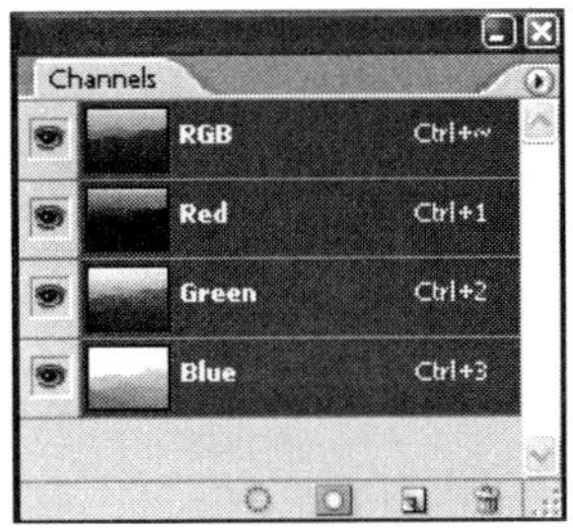

(4) Character 팔레트

입력되거나 선택된 문자에 관한 옵션을 설정한다.

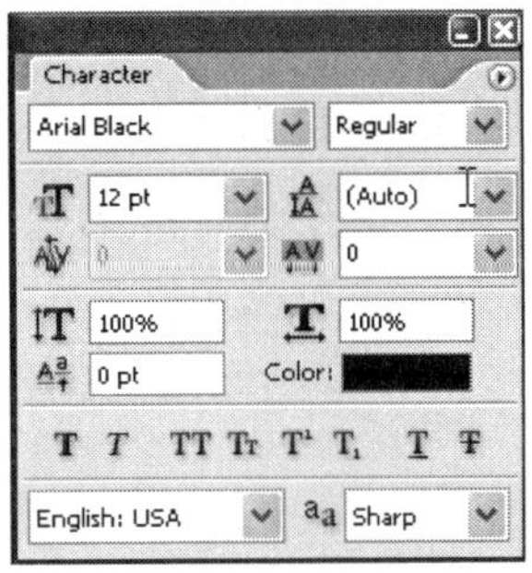

(5) Color 팔레트

슬라이더를 움직이면서 전경색과 배경색의 색상을 설정한다.

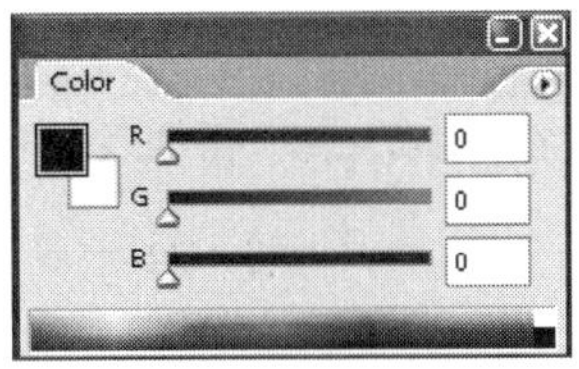

(6) Histogram 팔레트

작업 중인 이미지의 색분포를 히스토그램으로 보여준다.

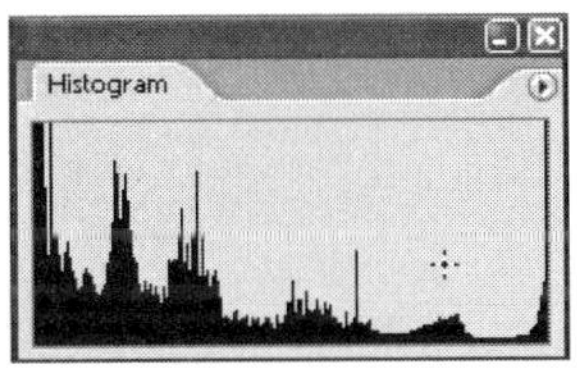

(7) History 팔레트

작업 순서를 저장한다. 만약 잘못된 작업이 수행되었다면 히스토리 팔레트를 원하는 단계로 클릭하여 되돌아갈 수 있다.

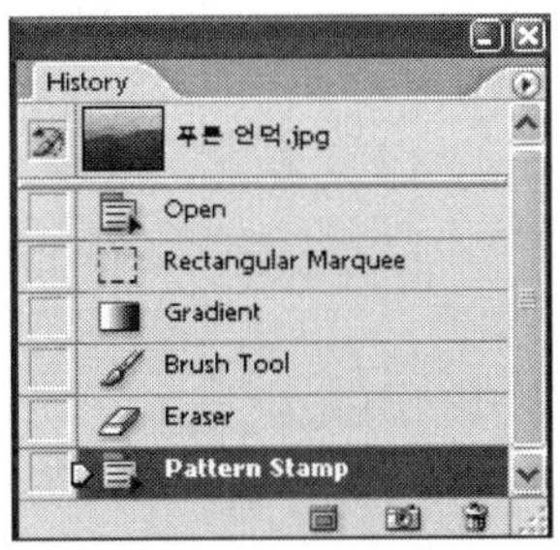

(8) Info 팔레트

마우스가 위치한 지점의 위치, 크기, 색상 정보를 나타낸다.

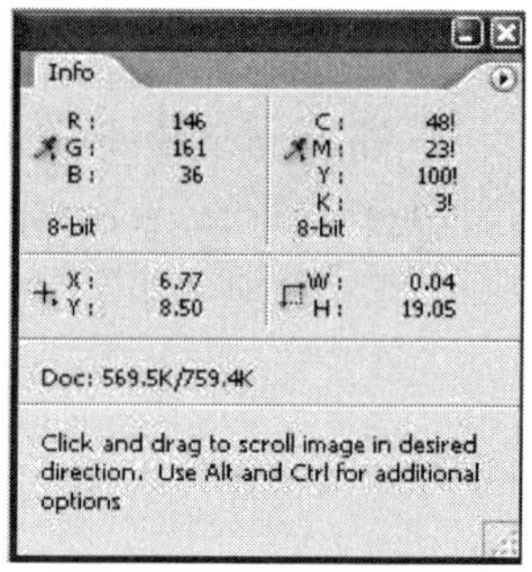

(9) Layers 팔레트

이미지를 여러 개의 층으로 나누어 각 층마다 효과를 적용할 수 있다.

(10) Navigator 팔레트

이미지를 확대, 축소하여 보여준다.

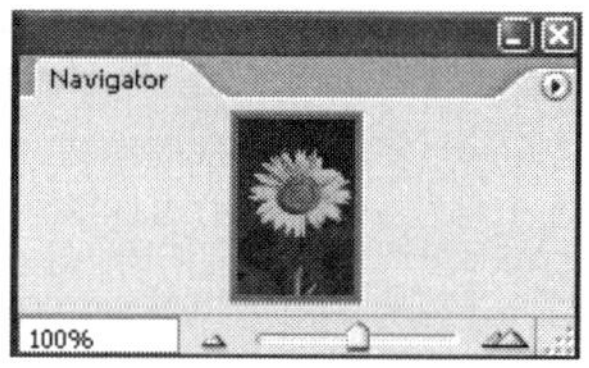

(11) Options 팔레트

툴박스에서 선택된 툴의 옵션을 보여준다.

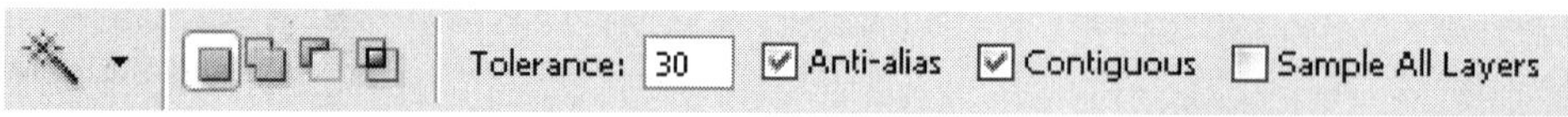

(12) Paragraph 팔레트

입력되거나 선택된 문단에 관한 옵션을 설정한다.

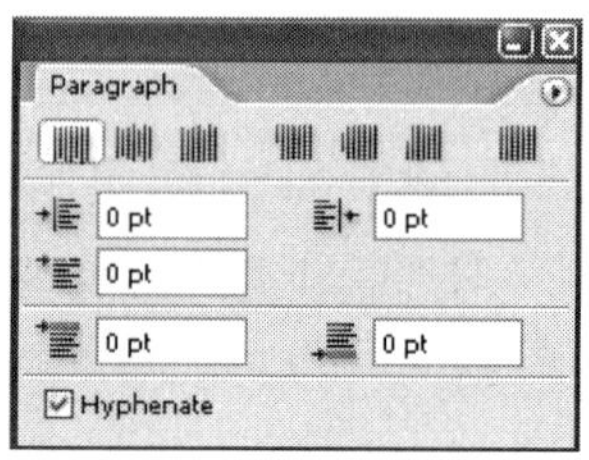

⒀ Path 팔레트

펜이나 도형 툴로 만들어진 이미지를 패스 형태로 보여준다.

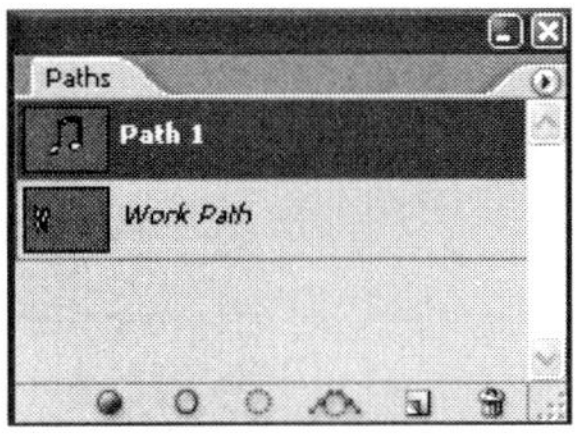

⒁ Style 팔레트

다양한 종류의 견본 레이어 스타일을 만들어 선택된 레이어에 간단하게 적용할 수 있다.

⒂ Swatches 팔레트

다양한 종류의 견본 색상을 만들어 선택된 레이어나 이미지에 간단하게 적용할 수 있다.

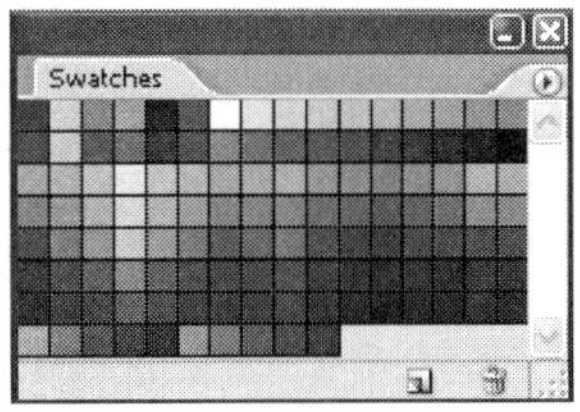

Section 02. 파일 관리하기

2.1 새로운 도큐멘트 만들기

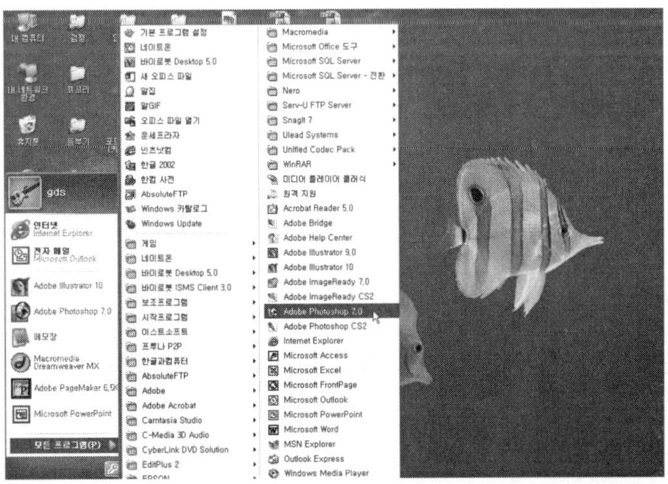

① 포토샵을 실행한다. 윈도우 화면 하단의 작업 표시줄에서 [시작-모든 프로그램-Photoshop CS2]를 클릭한다.

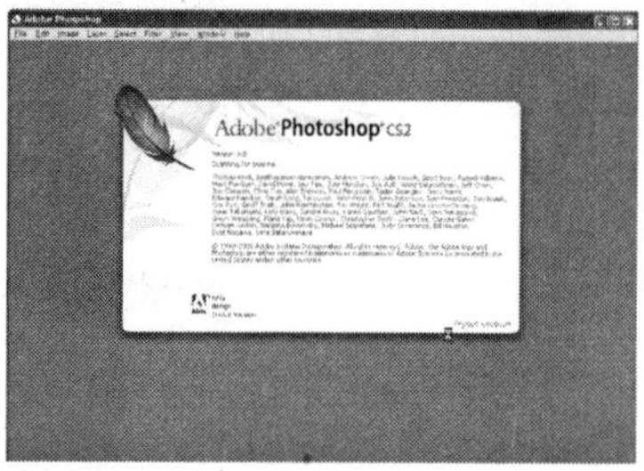

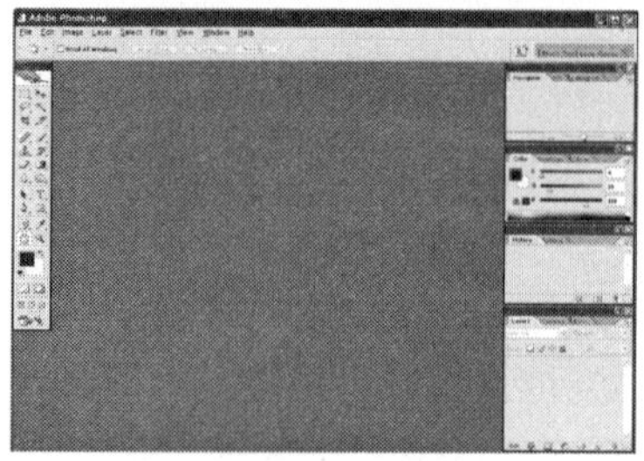

② 포토샵의 기본 화면이 열린다.

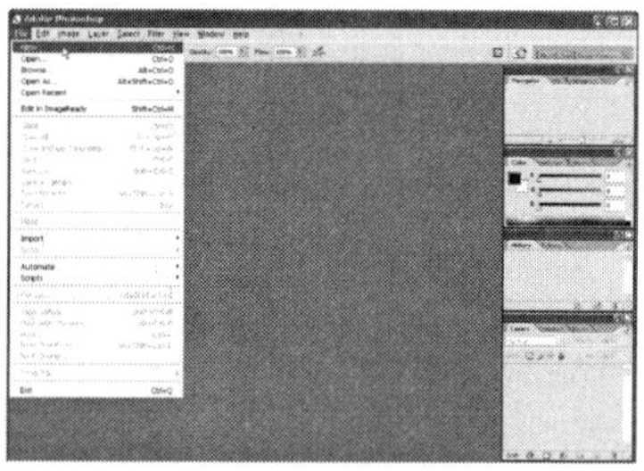

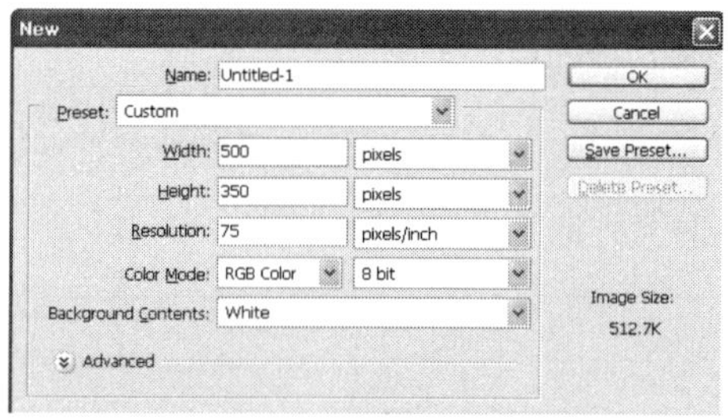

③ 메뉴바의 [File-New]를 클릭하면 [New] 대화상자가 나타난다. [New] 대화상자에서 필요한 작업창의 크기를 설정하고 [OK] 버튼을 클릭한다.

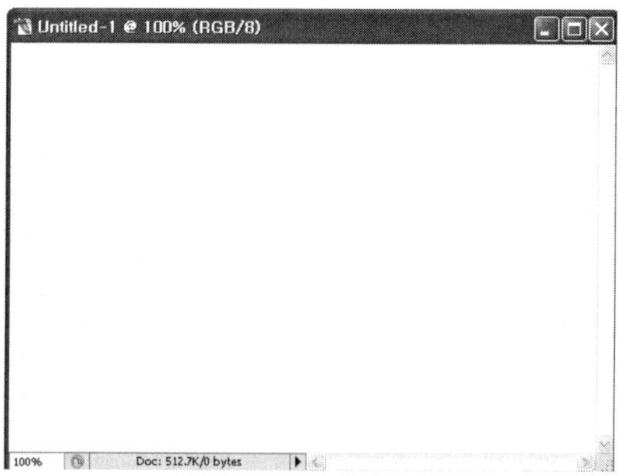

④ [New] 대화상자에서 설정한 크기로 새로운 작업창이 열린다.

(1) New 대화상자

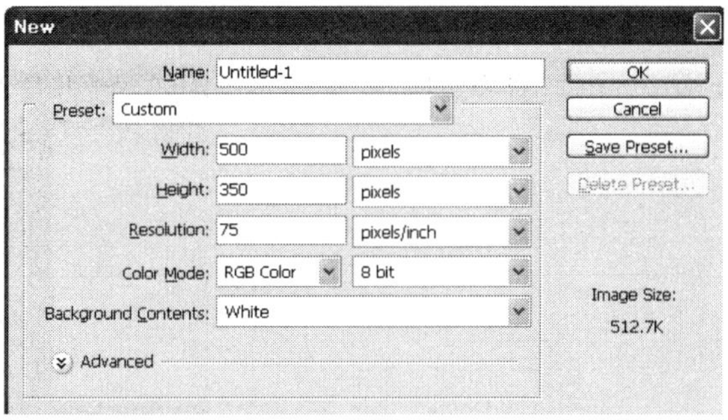

- Name

  새로 만들 파일의 이름을 정한다.

- Image Size

  이미지의 크기와 해상도를 설정한다.

- Width

  파일의 가로 크기를 입력한다.

- Height

  파일의 세로 크기를 입력한다.

- Resolution

  픽셀당 해상도를 설정한다. 웹페이지는 72dpi, 인쇄용 이미지는 200~300dpi로 설정한다.

- Mode

  이미지를 표현할 색상 체계를 설정한다.

- Contents

  새로 만들 파일의 백그라운드의 종류를 설정한다.

- White

  백그라운드를 흰색으로 만들어준다.

- Background Color

  툴 도구의 백그라운드 컬러를 설정된 컬러로 만들어준다.

- Transparent

  백그라운드를 투명 상태로 만들어준다.

2.2 저장된 파일 열고 새로 저장하기

① 메뉴바의 [File-Brows]를 클릭한다.

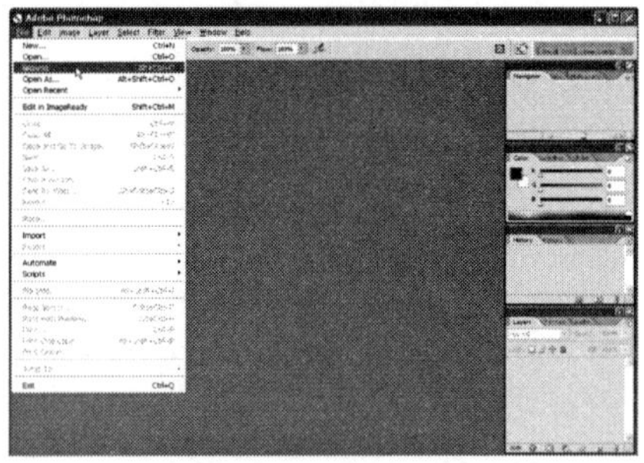

② 선택된 디렉토리 안에 들어 있는 그림 파일이 썸네일 형식으로 보여 원하는 이미지를 미리 보면서 쉽게 찾을 수 있다. 선택할 이미지를 더블클릭 한다.

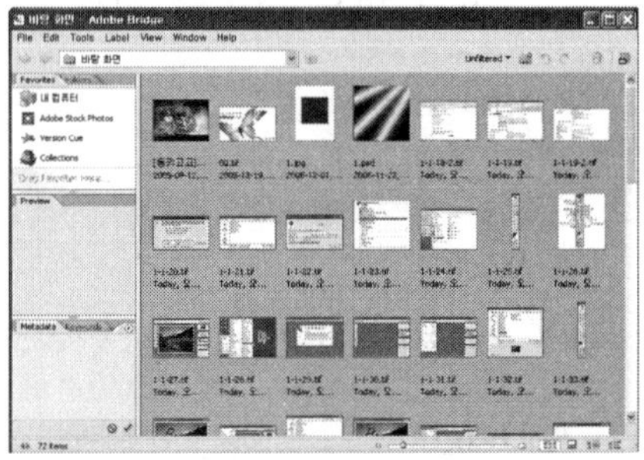

③ 선택된 이미지가 열린다.

④ 메뉴바의 [File-Open]을 클릭한다.

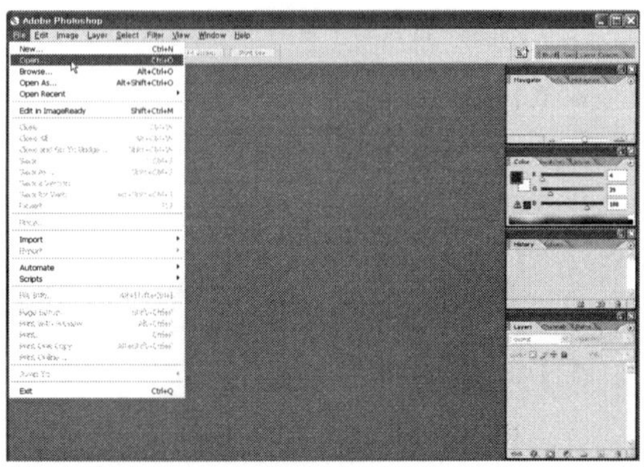

⑤ [Open] 대화상자에서 찾는 위치에서 원하는 이미지가 들어 있는 디렉토리로 이동한다. 원하는 이미지를 클릭하면 이미지가 미리보기로 나타난다. 이미지를 확인하고 [열기]버튼을 클릭한다.

⑥ [Open] 대화상자에서 선택한 이미지 파일이 열린다.

⑦ 툴박스의 브러시 툴을 선택하고 작업 창 위에서 자유롭게 드래그하여 원본 이미지에 리터치 작업을 한다.

⑧ 리터치한 이미지를 새로운 이름으로 저장한다. 메뉴바의 [File-Save As]를 클릭한다.

⑨ [Save As] 대화상자에서 이미지를 저장할 디렉토리를 선택한다. 새롭게 저장될 파일의 이름을 입력하고 Format 선택상자에서 저장하고자 하는 파일 포맷 형식을 선택하고 [저장] 버튼을 클릭한다.

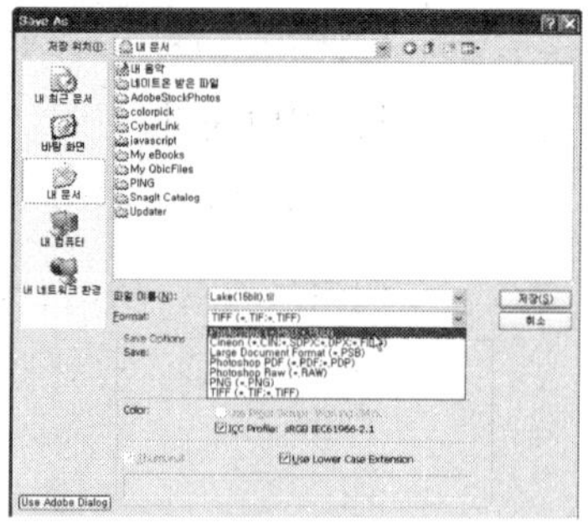

쉬어가기

그래픽 포맷 방식의 종류

- BMP : 전혀 압축하지 않은 비트맵 이미지를 저장하는 포맷으로, 윈도우즈와 OS/2에서 기본으로 사용하고 있는 파일 포맷이다. BMP는 그림 데이터를 비효율적으로 저장하므로 실제로 필요한 크기보다 큰 파일을 만들게 된다는 단점이 있다. RGB 모드와 Indexed 모드를 지원하며, RLE 압축방식을 사용하여 파일을 압축할 수도 있다. 레이어와 알파채널은 지원하지 않는다.
- GIF : 색상 수를 줄여 이미지의 용량을 줄이는 방법을 쓰는 형식으로, 통신에서 중요한 송수신 시간을 줄이고 고해상도의 이미지를 얻는 압축률이 뛰어난 파일 포맷이다. 저장할 때 이미지 전체에서 평균적으로 많이 쓰이는 256가지 색을 추출하여 컬러 인덱스를 만들고 그 컬러 인덱스의 256가지 색으로 전체 이미지를 표현한다. 그러므로 용량이 월등하게 감소한다. GIF 포맷은 색상을 투명한 상태로 설정하여 투명한 배경화면을 만들 수 있다. 또한 여러 장의 그림을 순차적으로 보여줌으로써 애니메이션의 구현이 가능하다.
- EPS : 인쇄할 때 사용하는 파일 포맷으로, 고품질의 출력물을 보장할 수 있다. 파일 용량이 무척 크지만 강력한 기능 때문에 많이 사용되며, CMYK 모드를 지원하여 완벽한 분판출력이 가능하다. 또한 클리핑 패스 기능을 이용하면 이미지의 일부만이 표현되는 효과를 얻을 수 있다.
- JPEG : 인터넷상에서 가장 많이 사용되는 그래픽 파일 포맷 중의 하나로 압축률이 가장 뛰어나다. 압축방식은 공간적 중복성 즉, 프레임 중의 중복되는 정보를 삭제함으로써 컬러 정지 화상의 데이터를 압축하는 방법을 쓰고 있다. JPEG 구현은 영상의 내용이나 해상도에 상관없이 어떤 그림에도 적용될 수 있다.
- PCX : Zsoft사에서 제작된 페인트 브러시의 파일 포맷으로 윈도우 이전까지 사실상 비트맵 그래픽의 표준이었다. 그래픽 압축시 런 렝스 코드(run-length code)를 사용하기 때문에 윈도우 표준의 BMP 파일 포맷보다 디스크 공간을 더 효율적으로 사용한다. 그러나 다른 파일에 비하여 압축방법이 간단하여 파일을 읽는 속도가 빠르지만 압축효율이 떨어져서 파일 크기가 크기 때문에 요즘은 잘 사용되지 않는다.
- PDF : 어도비사의 아크로뱃에서 사용되는 문서 작성용 파일 포맷으로 파일 용량이 작고, 강력한 기능 때문에 많이 사용되고 있다. 포스트스크립트로 작성된 다른 문서와 구조가 동일하지만 Search와 네비게이터 기능이 있기 때문에 하이퍼 텍스트 기능과 전자 목차 기능을 제공하여 발전 가능성이 매우 높다.

쉬어가기

- PSD : 포토샵에서 기본적으로 사용하는 파일 포맷으로 단순히 이미지만을 저장하는 것이 아니라 포토샵에서 다루는 모든 문자 레이어, 투명 레이어, 채널, 스포트 채널, 패스 등을 함께 저장한다. 모든 정보를 저장할 수 있기 때문에 많이 쓰이지만, 포토샵에서만 다룰 수 있는 파일 포맷으로 다른 그래픽 프로그램과는 호환이 되지 않는다. 또한 파일의 용량도 아주 큰 편이다.
- RAW : RGB모드, CMYK모드, Indexed모드를 지원하며 알파채널과 멀티채널 및 랩 컬러모드까지 지원하는 파일포맷이다. RAW포맷은 본래 다양한 플랫폼의 시스템에서 공통적으로 사용할 수 있도록 개발된 그래픽 파일포맷이다.
- PICT : 매킨토시 기종의 표준 그래픽 파일 포맷으로, 대부분의 그래픽 소프트웨어는 이 포맷으로 작성된 파일을 인식할 수 있다. 서로 다른 소프트웨어에서도 데이터 교환이 가능하며, 24비트 보다 많은 32비트 컬러를 지원하는 큰 장점이 있다. 비트맵 이미지와 포스트스크립 이미지를 동시에 저장할 수 있고, RGB 컬러와 알파채널, JPEG 압축을 지원한다.
- PXR : 3D 그래픽이나 애니메이션에서 사용되는 파일포맷으로 RGB모드와 Grayscale 모드를 지원한다.
- PNG : Portable Network Graphics의 약자로, 인터레이스 기능을 지원하며, JPEG와 같이 압축률을 높이기 위해 등장한 포맷이다. GIF 처럼 색상수를 줄여 압축하는 형식의 이미지 포맷이며, 256으로 한정된 GIF와는 달리 1600만 컬러모드로 저장 가능하고 GIF 보다 10~30% 정도의 뛰어난 압축률을 제공한다. 기본적으로 트루컬러를 지원하고 비손실 압축을 사용하여 이미지 변형 없이 원래 이미지를 웹상에 그대로 표현할 수 있다. PNG는 이미지의 투명성과 관련된 알파 채널에서 향상된 기능을 제공하며, 트루컬러 이외에도 256 그레이 컬러, 256 컬러를 지원한다. GIF와 JPEG에 이어 새롭게 떠오르고 있는 웹 이미지 포맷이라 할 수 있겠다. PNG는 현재 넷스케이프 4, 익스플로러 4에서 지원하고 있다.
- SCT : Scitex 시스템에서 사용되는 파일포맷으로 CMYK모드, RGB모드, Grayscale 모드를 지원하지만, 알파채널은 지원하지 않는다.
- TGA : RGB모드와 Grayscale모드를 지원하며, 하나의 알파채널을 추가할 수 있다. 알파채널을 추가할 수 있기 때문에 3D 그래픽에서 렌더링할 때 사용하면 좋은 파일 포맷이다.
- TIFF : 압축하지 않은 상태로 저장하여 사용하는 경우가 많으나 '무손실 압축방식'을 사용하면서 파일의 용량을 최대한 줄여준다. 스캐너용 소프트웨어나 그래픽용 소프트웨어의 대부분이 TIFF 형식을 지원하여, 그레이 스케일(Gray Scale)로 표현된 이미지 파일을 스캐닝하거나 저장, 전송하는데 주로 사용된다. 매킨토시와 윈도우의 이미지 교환을 위해서 사용하는 포맷이라고 생각해도 무난할 것 같다.

Chapter 02 편리한 기능

Section 01. 작업의 편리를 도와주는 툴 들

1.1 메모를 남기는 노트 툴 (Notes Tool)

공동 작업을 할 경우에 다른 작업자에게 텍스트로 메모를 남긴다.

1.2 음성으로 메시지를 남기는 오디오 툴 (Audio Annotation Tool)

공동 작업을 할 경우에 다른 작업자에게 메모를 음성으로 남긴다.

1.3 색상 정보를 알려주는 색상 샘플러 툴 (Color Sampler Tool)

색상 샘플러 툴로 클릭하는 픽셀의 색상 정보가 Info 팔레트에 저장된다.

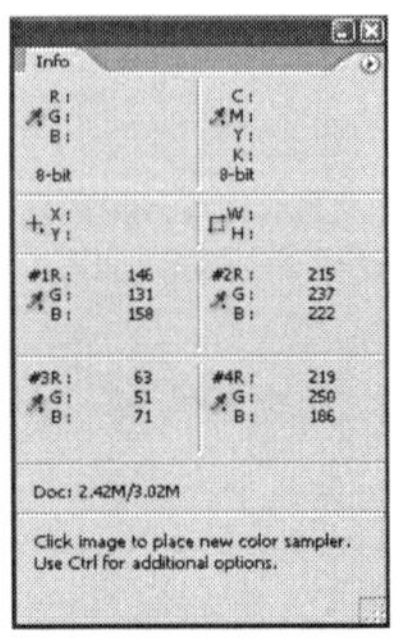

1.4 위치 정보를 알려주는 자 툴 (Measure Tool)

클릭하는 지점의 위치 정보를 Info 팔레트에 저장된다.

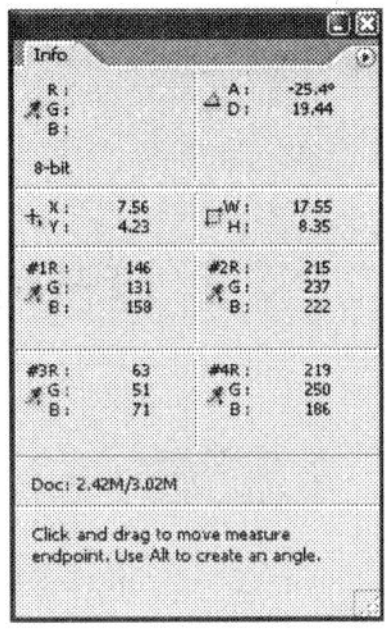

1.5 면을 이동하는 손 툴 (Hand Tool)

손 툴로 이미지를 드래그 하면서 위치를 이동시킬 수 있다. 이때 이미지의 위치가 변하는 것이 아니고 도큐먼트 자체가 변하는 것이다. 툴박스의 손 툴 위에서 더블 클릭하면 확대, 축소, 이동 되었던 도큐먼트가 모니터 화면에 맞춰진다.

1.6 화면을 확대, 축소하는 돋보기 툴 (Zoom Tool)

클릭하거나 드래그 할 때마다 도큐먼트가 확대된다. [Alt]키를 누르면서 클릭하거나 드래그하면 도큐먼트가 축소된다.

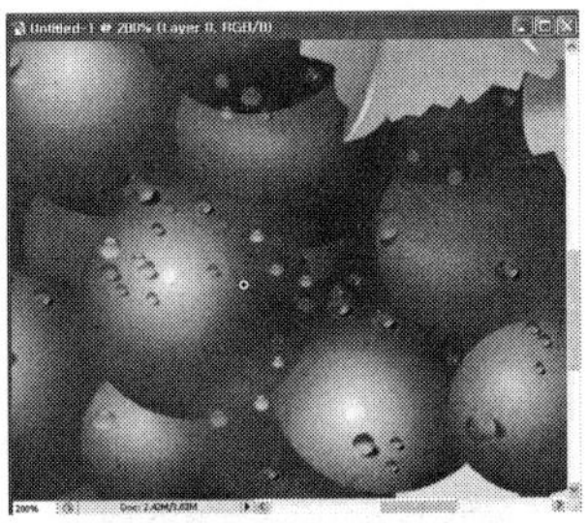

Section 02. Edit 메뉴를 이용한 작업 되돌리기

2.1 전단계로 되돌리는 Undo / Redo

명령어 : [Ctrl+Z]

작업 중에 명령을 취소하고 바로 이전 상태로 되돌리거나 취소한 명령을 원상 복귀한다.

2.2 여러 단계 전으로 되돌리는 Step Forward / Step Backward

명령어 : [Shift+Ctrl+Z]

여러 번 반복해서 취소했던 명령을 다시 되돌려 주거나 여러 번 반복해서 취소한 명령을 원상 복귀한다.

2.3 Undo 명령으로 작업 되돌리기

〈완성 이미지〉

① Undo 명령을 적용하여 작업 전단계로 돌아가고 Redo 명령으로 Undo 명령 적용 전단계로 돌아가 원상 복귀한다.

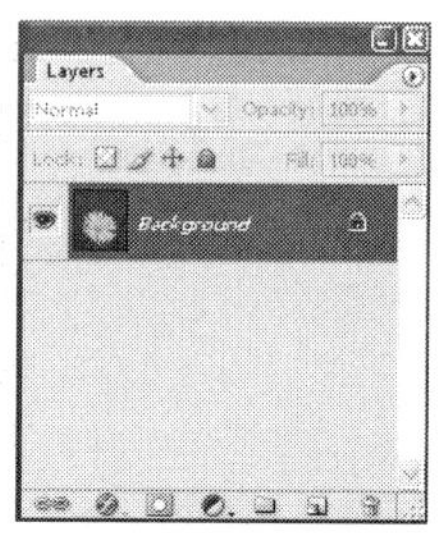

② 레이어 팔레트 하단의 [Create a new layer] 아이콘을 클릭하면 새로운 레이어가 만들어진다.

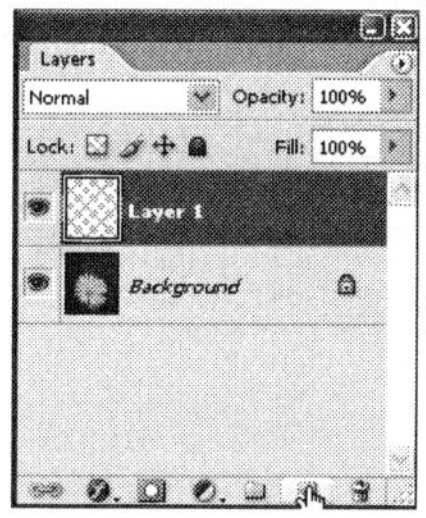

③ 툴박스의 사각 선택 툴로 작업창 위를 드래그하여 직사각형을 만든다.

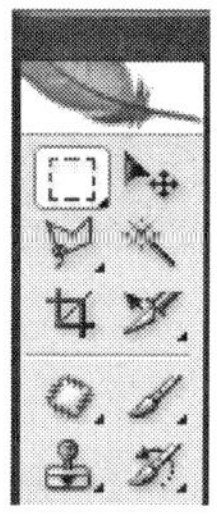

④ 메뉴바의 [Edit-Fill]을 클릭하면 [Fill] 대화상자가 나타난다. [Fill] 대화상자에서 Use 항목을 Pattern으로 설정하고 미리 등록된 패턴을 선택하고 [OK] 버튼을 클릭한다. 선택한 패턴이 사각 선택 영역 안에 채워진다.

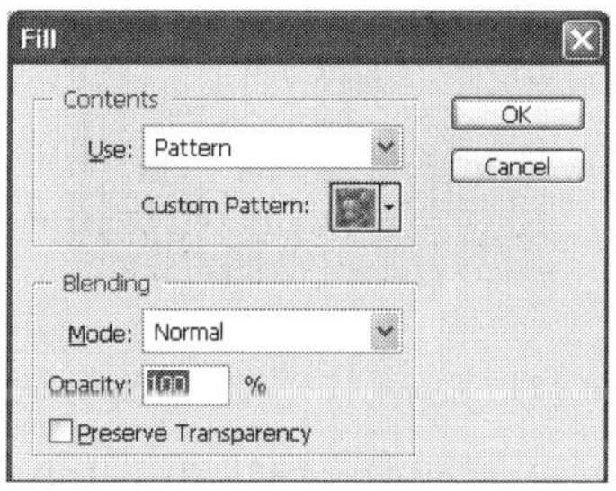

⑤ 레이어 팔레트에서 Opacity 값을 50%로 설정한다. 패턴에 투명도가 적용된다.

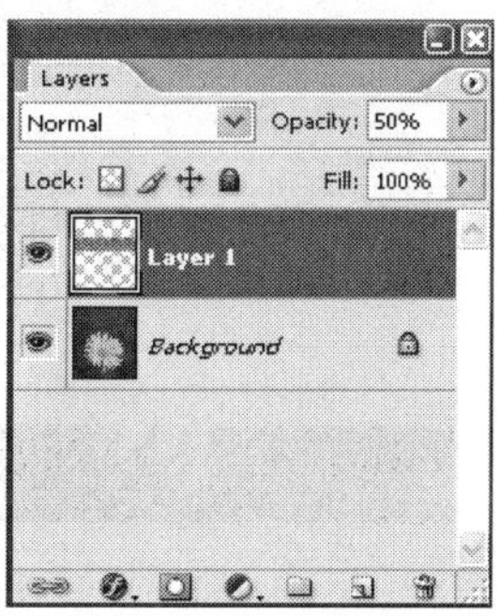

⑥ 메뉴바의 [Edie-Undo] 명령을 적용하면 작업 전단계인 투명도를 적용하기 전 상태로 돌아간다. 다시 [Edie-Redo] 명령을 적용하면 Undo 명령 적용 전단계로 돌아가 투명도가 적용된 상태로 복귀한다.

⑦ 레이어 팔레트 하단의 [Create a new layer] 아이콘을 클릭하면 새로운 레이어가 만들어진다. 툴박스의 사각 선택 툴로 작업창 위를 드래그하여 직사각형을 만든다.

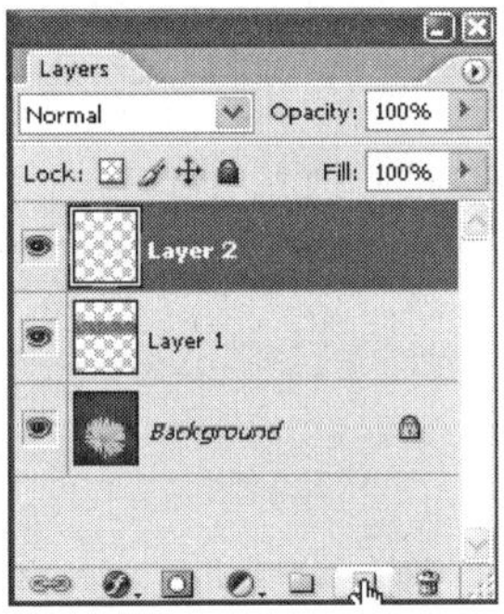

⑧ 메뉴바의 [Edit-Fill]을 클릭하여 [Fill] 대화상자에서 Use 항목을 White로 설정하고 [OK]버튼을 클릭한다. 흰색상이 사각 선택 영역 안에 채워진다.

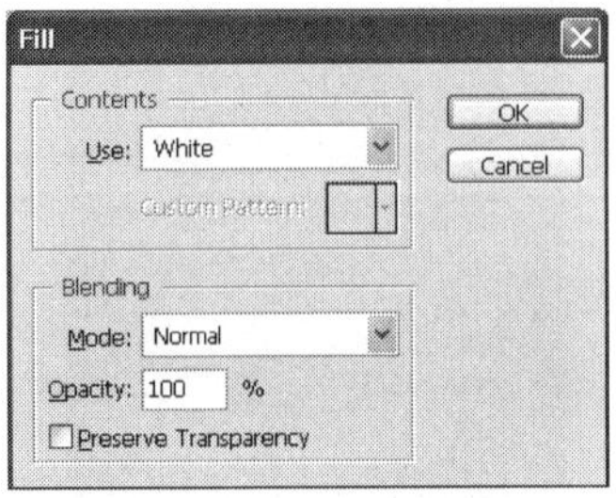

⑨ 레이어 팔레트에서 Opacity 값을 70%로 설정한다. 흰색상에 투명도가 적용된다.

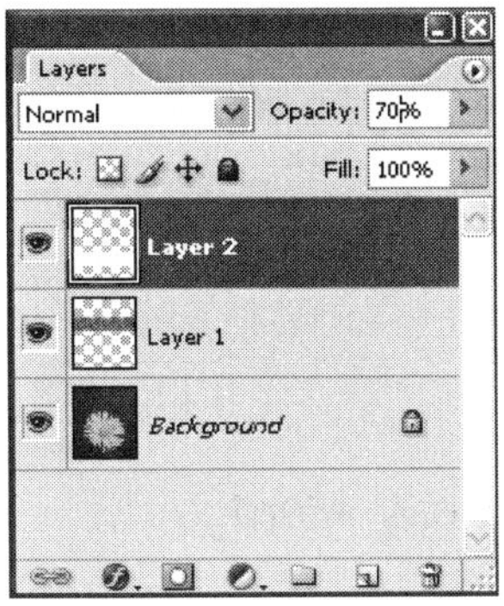

⑩ 메뉴바의 [Edit-Step Backward]를 두 번 클릭하면 두 단계 전으로 돌아가 색상이 적용되지 않은 상태로 되돌아간다. 다시 메뉴바의 [Edit-Step Forward]를 두 번 클릭하면 다시 두 단계 앞으로 돌아가 흰색 상에 투명도가 적용된 상태가 된다.

Section 03. Edit 메뉴를 이용한 기본 편집 기능

3.1 이미지를 잘라내는 Cut

명령어 : [Ctrl+X]

레이어나 이미지를 잘라내어 클립보드에 저장한다. Cut이 적용된 레이어나 이미지는 화면에서 사라진다.

3.2 이미지를 복사하는 Copy

명령어 : [Ctrl+C]

이미지를 복사하여 클립보드에 저장한다. Copy가 적용된 레이어나 이미지는 작업창에 그대로 존재하면서 저장된다.

3.3 여러 이미지를 한 번에 복사하는 Copy Merdge

명령어 : [Shift+Ctrl+C]

여러 레이어를 하나로 합쳐서 복사한다.

3.4 이미지를 불러들이는 Paste

명령어 : [Ctrl+V]

Cut, Copy로 클립보드에 저장된 이미지를 레이어나 이미지 위에 불러온다.

3.5 일정 영역 안으로 이미지를 불러들이는 Paste Into

명령어 : [Shift+Ctrl+V]

선택영역 안으로 클립보드에 저장된 이미지를 불러온다.

3.6 이미지를 지우는 Clear

선택한 부분을 지운다.

3.7 이미지 Copy, Paste로 합성하기

선택 툴로 필요한 이미지를 선택하여 [Edit-Copy]명령으로 복사한다. 합성할 이미지 위에서 [Edit-Paste]명령으로 붙여넣기 한다.

〈완성 이미지〉

① 그림파일을 연다.

② 툴 박스의 마술봉 툴을 선택하고 체리 이미지의 흰색 배경을 클릭한다. 흰색 배경 영역이 모두 선택된다. 메뉴바의 [Select-Inverse] 명령을 적용하면 선택 영역이 반전되면서 체리 이미지가 선택된다. 메뉴바의 [Edit-Copy] 명령을 적용하여 체리 이미지를 클립보드에 복사하여 저장한다.

③ 아이스크림 이미지를 선택하고 메뉴바의 [Edit-Paste] 명령을 적용하여 클립보드에 저장된 체리 이미지를 불러온다. 체리 이미지가 화면의 중앙에 나타난다. 툴박스의 이동 툴을 선택하고 체리 이미지를 아이스크림 위쪽으로 이동시킨다.

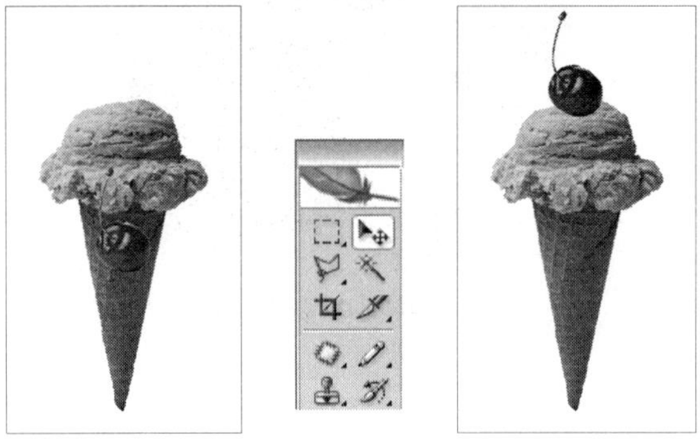

④ 체리가 아이스크림 속에 있는 것처럼 보이기 위해 체리 이미지를 조금 잘라낸다. 툴박스의 올가미 툴을 선택하고 체리 이미지의 아래 부분을 드래그하여 자연스럽게 선택 영역을 만든다.

⑤ 메뉴바의 [Edit-Clear]명령을 적용하면 선택된 체리 이미지의 일부가 삭제된다.

⑥ 툴박스의 올가미 툴로 드래그 하면서 아이스크림 이미지의 일부를 선택한다. 메뉴바의 [Edit-Copy Merdge] 명령을 적용하여 이미지를 복사한다.

⑦ 툴박스의 올가미 툴로 드래그 하면서 커피잔의 윗부분을 선택한다. 복사한 아이스크림 이미지가 불려 들여질 영역이다.

⑧ 메뉴바의 [Edit-Paste Into] 명령을 적용하면 선택 영역 안쪽으로 복사된 이미지가 불러 들여진다. 툴박스의 이동 툴을 선택하고 이미지를 적당한 위치로 이동시킨다. 이미지를 이동하여도 선택 영역 안쪽으로만 이미지가 보여진다.

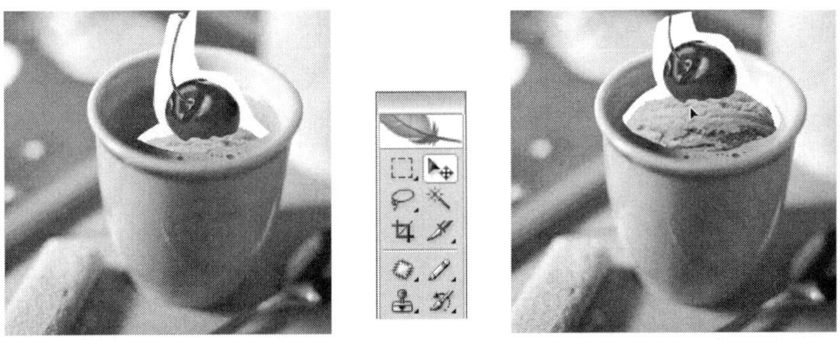

⑨ 아이스크림 이미지의 흰색 부분을 가리기 위해 레이어 팔레트 상단의 블렌드 모드를 Multiply로 설정한다.

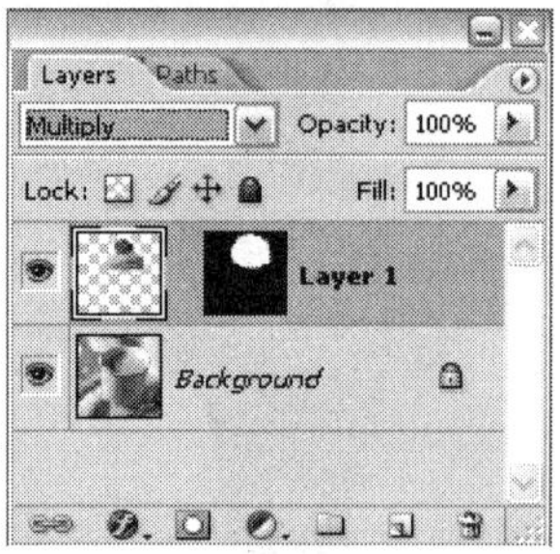

Chapter 03 툴 도구 활용

포토샵 작업에서 이미지를 불러와 새로운 이미지로 리터치 및 합성 작업을 하거나 새로운 작업창에 이미지를 만들어 나갈 때 가장 기본적으로 사용되는 도구가 바로 툴 박스의 여러 툴 들이다. 툴들의 활용법을 정확히 학습하는 것이 포토샵의 첫 단추를 끼우는 것이다.

Section 01. 네 가지 모양의 기본 선택 툴로 이미지 선택하기

1.1 선택 툴의 종류

명령어 : 아이콘 / 메뉴 - M

(1) 사각 선택 툴 [Rectangular Marquee Tool]

드래그한 부분을 사각형 모양의 선택 영역으로 만든다.

(2) 원형 선택 툴 [Elliptical Marquee Tool]

드래그한 부분을 원형 모양의 선택 영역으로 만든다.

(3) 가로선 선택 툴 [Single Marquee Tool]

클릭하여 1픽셀 굵기의 가로 방향의 선을 선택 영역으로 만든다.

(4) 세로선 선택 툴 [Single Column Marquee Tool]

클릭하여 1픽셀 굵기의 세로 방향의 선을 선택 영역으로 만든다.

(5) 선택 툴 옵션바 살펴보기

■ **툴 프리셋(Tool Preset)**

자주 사용하는 툴 옵션을 저장하여 사용할 수 있다.

■ **선택영역 만들기(New selection)**

드래그하거나 클릭 할 때마다 새로운 선택 영역이 만들어 진다.

■ **선택 영역 추가하기(Add to selection)**

기존 선택 영역에 새로운 선택 영역을 추가한다.

■ **선택 영역 제외하기(Subtract from selection)**

기존 선택 영역에서 드래그하거나 클릭한 영역만큼 선택 영역에서 제외된다.

■ **교차 선택 영역 만들기(Intersect with selection)**

기존 선택 영역에서 새롭게 드래그하거나 클릭한 부분과 교차하는 부분만 선택 영역으로 만든다.

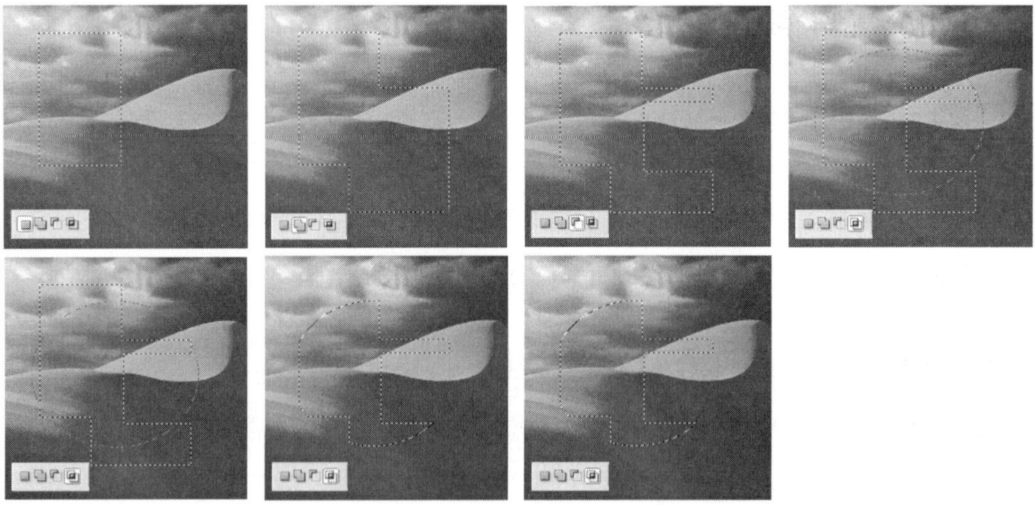

■ Feather

선택 영역의 경계 부분을 부드럽게 만든다. Feather 값이 높을수록 경계 부분이 더욱 부드럽게 표현된다. 선택 영역을 만들기 전에 미리 Feather 값을 설정해야만 Feather를 적용할 수 있다.

Feather : 0

Feather : 20

Feather : 40

Feather : 70

■ Anti-Aliased

포토샵의 이미지는 정사각형의 픽셀로 이루어지는데 Anti-Aliased를 체크하면 이미지의 경계부분에 중간 톤을 만들어 부드럽게 처리한다.

Anti-Aliased 적용

Anti-Aliased 적용하지 않음

■ Style

① Normal : 드래그하거나 클릭한 영역이 선택된다.

② Fixed Aspect Ratio : Width, Height에 각각의 가로, 세로 비율을 입력하면 입력한 비율에 맞추어 선택 영역이 만들어진다.

③ Fixed Size : Width, Height에 각각의 수치를 입력하면, 입력한 크기에 맞추어 선택 영역이 만들어진다.

Fixed Aspect Ratio

Fixed Size

선택영역을 추가하거나 제외할 때는 단축키를 이용하면 더욱 편하게 사용할 수 있다. 선택영역을 추가할 때는 [Shift]키를, 제외할 때는 [Alt]키를 사용한다.

3.2 선택 툴로 우산 만들기

〈완성 이미지〉

- 새로운 작업창을 연다.
- 원형 선택 툴과 사각 선택 툴로 [Alt/Shift]키를 사용하면서 이미지를 완성한다.
- [Color Picker]를 이용하여 전경색을 설정하고 이미지에 적용한다.

① 메뉴바의 [File-New]를 클릭하여 [New] 대화상자에서 새로 만들어질 작업창의 크기를 설정한 후 [OK]버튼을 클릭한다. 새로운 작업창이 열린다.

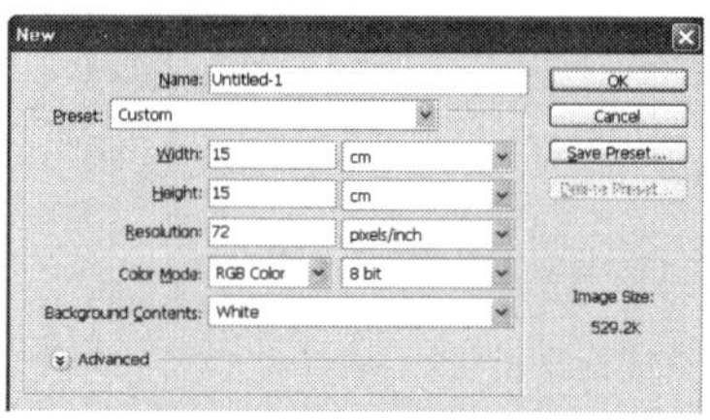

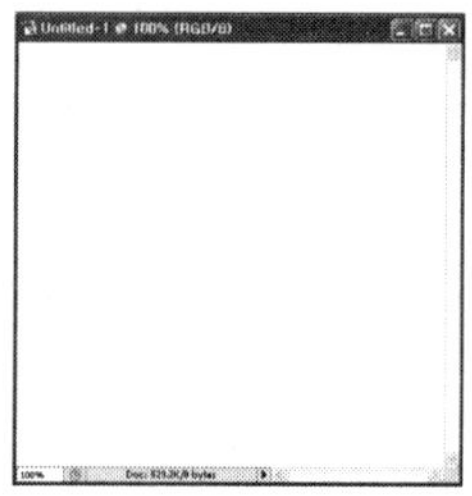

② 메뉴바의 [View-Show-Grid]를 클릭하면 작업창에 모눈종이 모양의 그리드선이 나타난다.

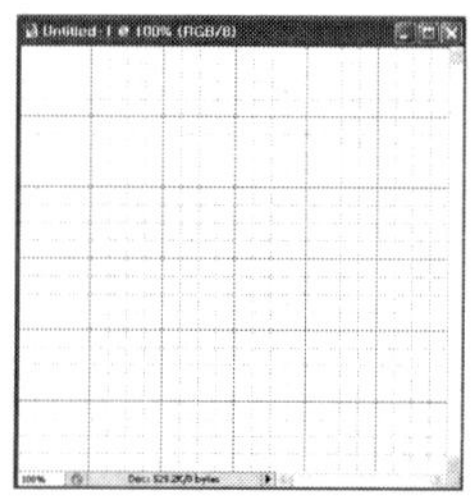

③ 원형 선택 툴로 [Shift]키를 누르면서 드래그하여 정원을 그립니다. 정원의 지름은 그리드의 넓은 칸을 기준으로 4칸을 적용한다.

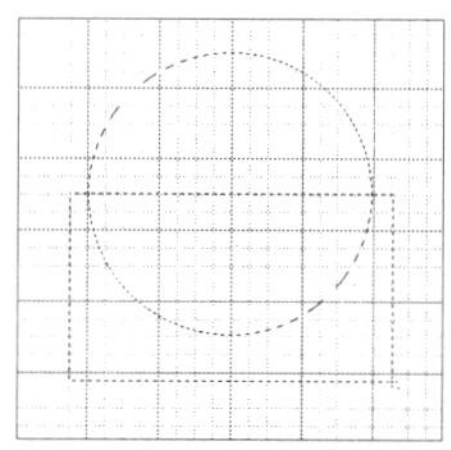

④ 옵션바의 [Subtract from selection] 아이콘을 클릭하거나 [Alt]키를 누르면서 원의 중점 아래 부분을 사각 선택 툴로 드래그하여 선택에서 제외시킨다.

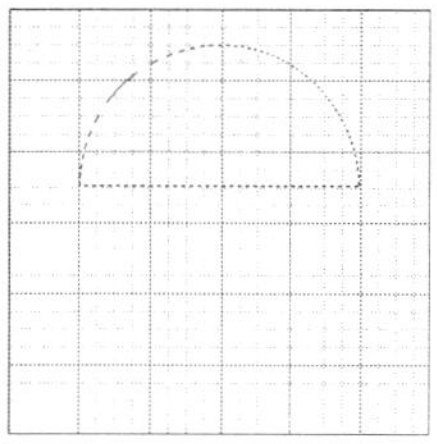

⑤ 옵션바의 [Subtract from selection] 아이콘을 클릭하거나 [Alt]키를 누르면서 원형 선택 툴로 넓은 그리드 칸에 정원을 그려서 작은 정원만큼을 큰 원에서 제외시킨다.

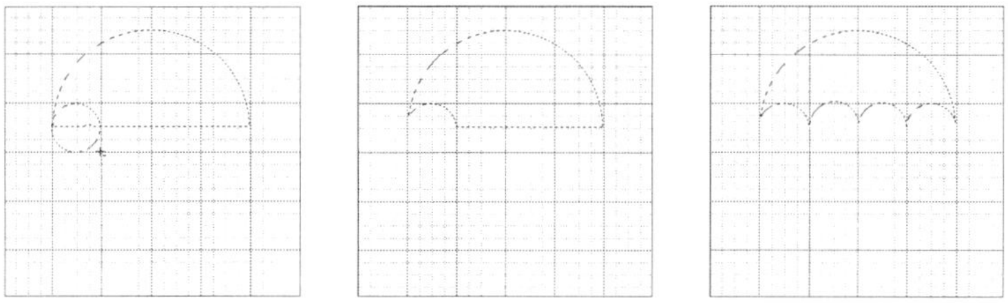

⑥ 옵션바의 [Add to selection] 아이콘을 클릭하거나 [Shift]키를 누르면서 사각 선택 툴로 긴 직사각형을 그린다.

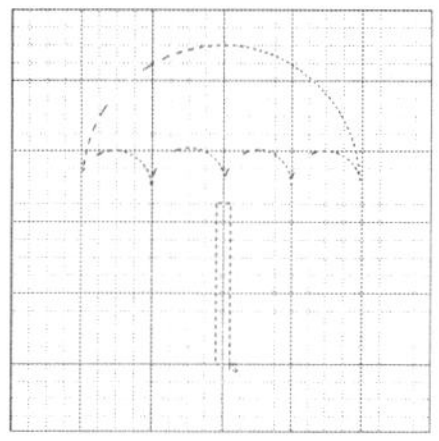

⑦ 원형 선택 툴로 [Shift]키를 누르면서 드래그하여 정원을 그려 우산 손잡이를 만든다. 옵션바의 [Subtract from selection] 아이콘을 클릭하거나 [Alt]키를 누르면서 원형 선택 툴로 작은 정원을 그려서 작은 정원만큼을 큰 원에서 제외시킨다.

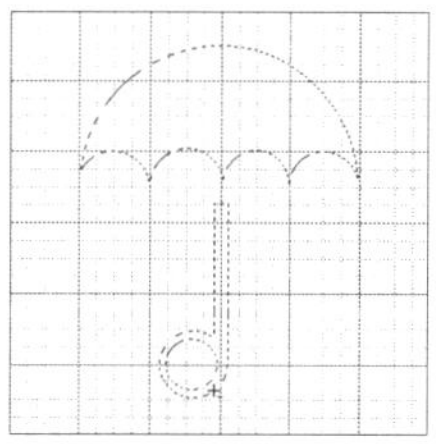

⑧ 툴박스 하단의 전경색 버튼을 클릭하여 [Color Picker] 대화상자에서 우산에 적용할 색상을 클릭하여 선택한다. 선택한 색상이 전경색으로 변경된다.

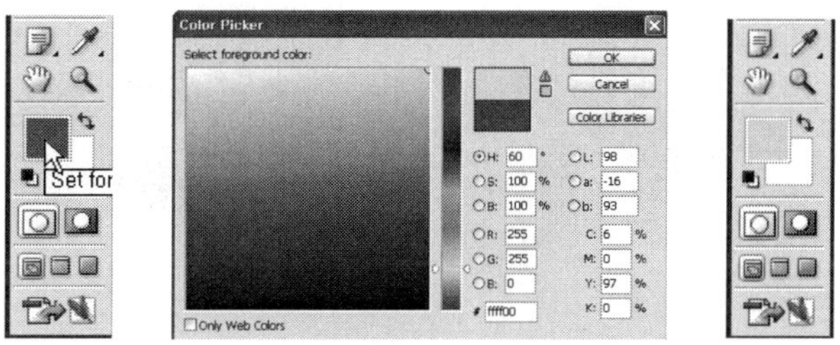

⑨ [Alt+Delete]키를 누르면 선택 영역이 전경색으로 채워진다.

Section 02. 선택한 이미지 이동, 복사하기

2.1 선택한 이미지 이동, 복사하는 이동 툴 [Move Tool / V]

명령어 : 아이콘 / 메뉴 - M

이미지를 원하는 위치로 클릭&드래그하여 이동시키거나 [Alt]키를 누르면서 드래그하면 이미지를 복사할 수 있다.

① 원형 선택 툴을 이용하여 귤 이미지를 선택한다. 이동 툴로 클릭&드래그하여 원하는 위치로 이동한다.

② 귤 이미지를 선택하고 [Alt]키를 누르면서 클릭&드래그하면 귤 이미지를 복사할 수 있다.

2.2 이동 툴로 이미지 이동하고 합성하기

〈완성 이미지〉

- 선택 툴로 필요한 이미지를 선택한다.
- 자연스러운 합성을 위하여 Feather를 적용한다.
- 이동 툴로 이미지를 다른 이미지 위로 이동시킨다.

① 해변, 산악인 이미지를 불러온다.

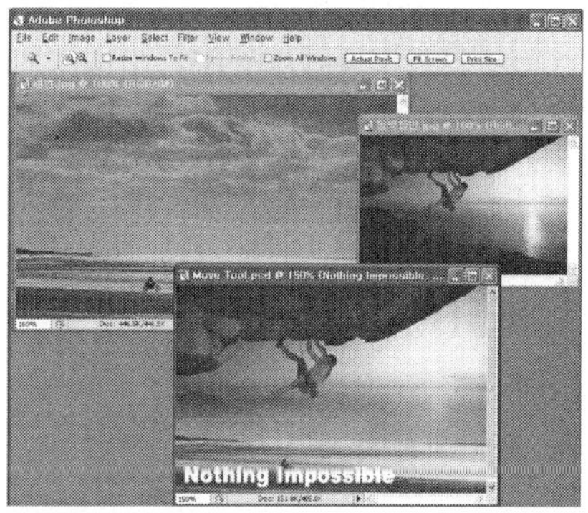

② 완성 파일과 똑같은 크기의 작업창을 만들기 위해 메뉴바의 [Select-All]을 클릭하여 전체 이미지를 선택한다. [Edit-Copy]로 선택한 이미지를 클립보드에 복사한다.

③ 메뉴바의 [File-New]를 클릭하면 [New] 대화상자에 복사한 이미지와 같은 크기가 자동으로 설정된다. [OK]버튼을 클릭하면 완성본과 같은 크기의 작업창이 새롭게 나타난다.

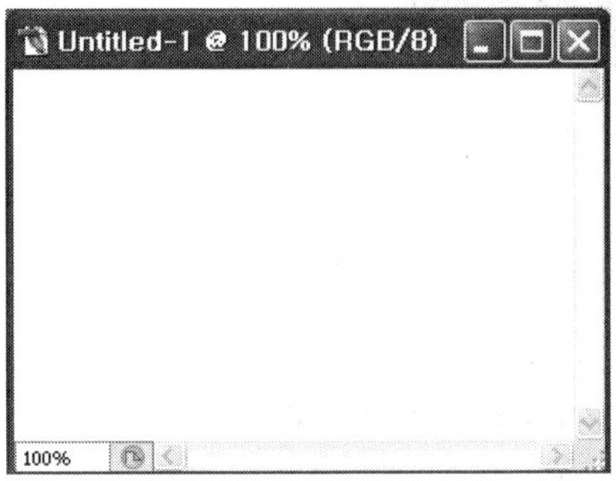

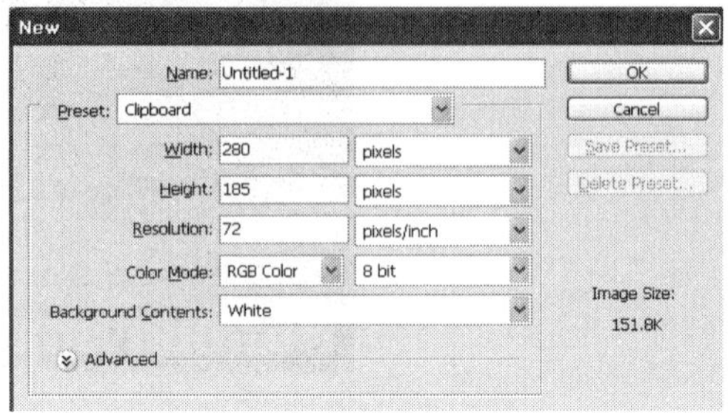

④ 이동 툴로 암벽등반 이미지를 클릭&드래그하여 새로 만든 작업창 위로 이동시킨다. 이때 [Shift]키를 누르면서 이동하면 작업창의 중앙에 자동으로 이미지를 위치시킬 수 있다.

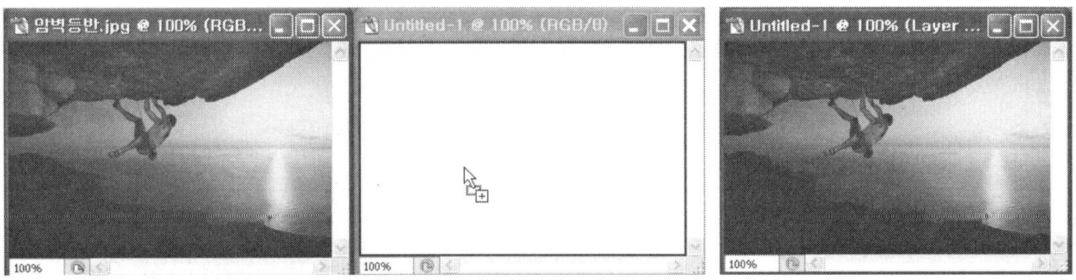

⑤ 사각 선택 툴을 선택하고 옵션바에서 Feather 값을 20px로 설정하고 해변 이미지의 하단 부분을 드래그하여 선택한다. Feather 값이 적용되어 선택 영역이 둥글게 보인다.

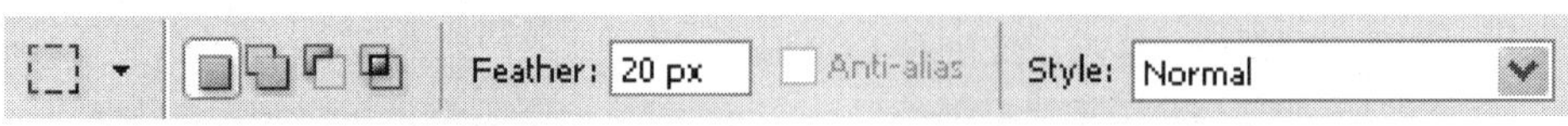

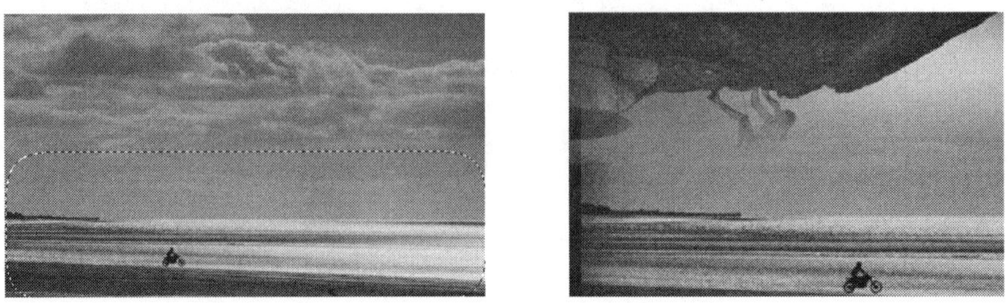

⑥ 이동 툴로 해변 이미지의 선택 영역을 새로 만든 작업창 위로 이동시킨다.

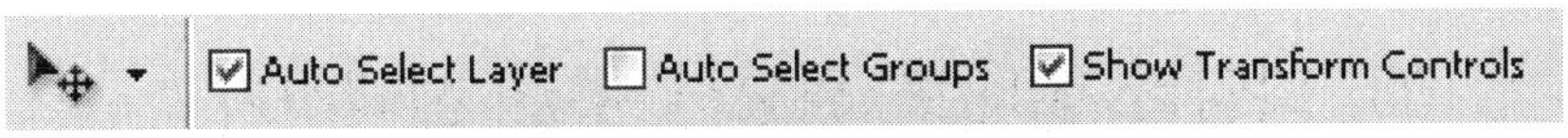

⑦ 옵션바에서 Show Transform Controls를 체크하면 8개의 조절점이 있는 Transform Controls 상자가 나타난다. 조절점을 이용하여 이미지의 크기를 조절하거나 회전시킬 수 있다. 조절점을 조절하여 이미지의 크기를 조절한다. 크기 조절이 끝나면 [Enter]키를 클릭하여 이미지를 고정시킨다.

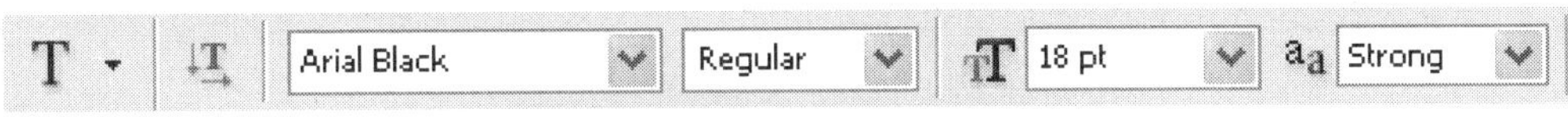

⑧ 툴박스의 문자 툴을 선택하고 옵션바에서 옵션을 설정한 후 문자를 입력하여 이미지를 완성한다.

Section 03. 다양한 형태로 필요한 부분 선택하기

3.1 올가미 툴의 종류

(1) 드래그 하여 이미지를 선택하는 올가미 툴 [Lasso Tool]

명령어 : L

올가미 툴은 선택할 부분이 복잡할 경우 드래그하는 방향에 따라 선택 영역의 모양을 자유롭게 만들 수 있다.

(2) 다각형 형태로 이미지를 선택하는 다각형 올가미 툴 [Polygonal Lasso Tool]

다각형 올가미 툴은 클릭하면서 다각형 모양으로 선택 영역을 만든다.

(3) 자동으로 이미지의 경계를 선택하는 자석 올가미 툴 [Magnetic Lasso Tool]

자석 올가미 툴은 드래그 하면 이미지 경계의 색상, 채도, 명도에 따라서 경계면을 자동으로 선택해주는 툴이다. 색상의 경계면이 뚜렷한 이미지에 사용하면 효과적이다.

(4) 자석 올가미 툴 옵션 바

- Width

  색상의 경계를 감지하는 범위를 설정한다. 수치가 적을수록 정밀한 선택이 가능하다.

- Edge Contrast

  경계선의 색상 차이를 설정한다. 값을 높게 설정하면 경계부분을 넓고 부드럽게, 값을 낮게 설정하면 정교하지만 거칠게 선택된다.

- Frequency

  포인트의 수를 조절한다. 포인트가 많을수록 정교하게 선택된다.

Lasso Tool　　Polygonal Lasso Tool　　Magnetic Lasso Tool

3.2 자석 올가미 툴로 이미지 선택하기

■ 올가미 툴을 이용하여 필요한 이미지를 선택한다.

■ 이동 툴로 선택한 이미지를 배경 이미지 위로 이동시킨다.

〈완성 파일〉

① 이미지를 불러 온다. 자석 올가미 툴을 선택하여 이미지의 윤곽선 부분을 클릭하고 마우스를 드래그 하면 이미지의 윤곽선에 자석처럼 달라붙듯이 선택 영역이 만들어 진다.

② 더블 클릭하거나 처음 시작한 위치에서 클릭하면 선택 영역이 완성된다.

③ 선택한 이미지를 [Ctrl+C]키를 눌러 복사한 후 Lasso-bg 이미지에서 [Ctrl+V]로 붙여 넣는다. 또는 선택한 이미지를 이동 툴로 Lasso-bg 이미지 위로 클릭&드래그 한다.

3.3 색상을 기준으로 이미지를 선택하는 마술봉 툴 [Magic Wand Tool]

마술봉 툴은 클릭한 부분과 유사한 색상을 자동으로 선택한다.

명령어 : W

(1) 마술봉 툴 옵션바

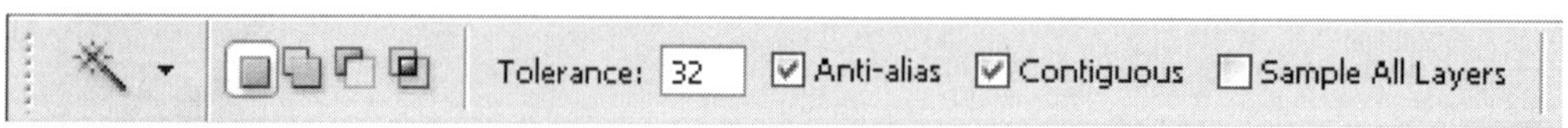

- Tolerance

선택 영역의 크기를 설정한다. 값이 클수록 선택 영역이 넓게 설정된다. 마술봉 툴을 사용하기 전에 미리 Tolerance 값을 설정해야만 적용할 수 있다.

■ Contiquous

Contiquous를 체크하면 클릭한 지점과 연결된 부분만 선택되고, Contiquous가 체크되지 않으면 이미지 안의 유사한 색상은 모두 선택된다.

■ Sample All Layers

Sample All Layers를 체크하면 모든 레이어에서 유사한 색상이 선택되고, 체크하지 않으면 선택된 레이어 이미지에서만 색상이 선택된다.

① 마술봉 툴을 선택하고 병 이미지를 클릭한다.

② [Shift]키를 누른 상태에서 선택되지 않은 부분을 클릭하면 선택 영역에 추가된다. 반대로 [Alt] 키를 누른 상태에서 선택된 부분을 클릭하면 선택 영역에서 제외된다.

Tolerance 10　　Tolerance 32　　Contiquous Off

3.4 하늘을 날아가는 사람 만들기

〈완성 이미지〉

- 마술봉 툴로 갈매기와 사람 이미지를 선택한다. 이동 툴로 선택된 이미지들을 배경 이미지 위로 이동시킨다.
- Transform Controls의 조절점을 이용하여 이미지를 회전시킨다.
- 문자 툴을 이용하여 문자를 입력한다.

① 하늘배경, 갈매기, 사람 이미지를 불러온다.

② 마술봉 툴로 갈매기의 흰색 배경 부분을 클릭하여 선택합니다. 메뉴바의 [Select-Inverse]를 적용하면 선택 영역이 반전되어 갈매기만 선택한다.

③ 흰색 배경이 같이 선택되지 못하도록 하기위해 갈매기 이미지의 선택 영역을 안쪽으로 줄인다.

- 메뉴바의 [Select-Modify-Contract]를 클릭하면 나타나는 [Contract Selection] 대화창에서 옵션을 설정하고 [OK] 버튼을 클릭하면 갈매기 이미지의 선택 영역이 1픽셀만큼 안쪽으로 줄어든다.

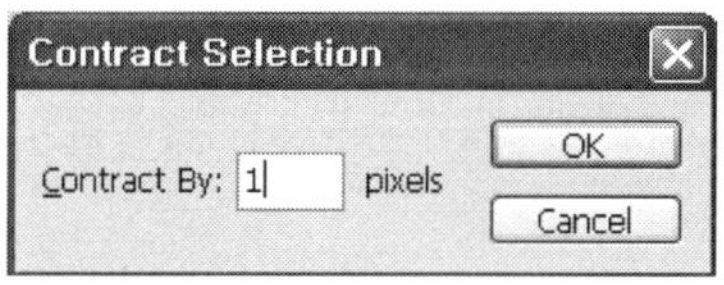

④ 툴박스의 이동 툴로 선택된 갈매기 이미지를 하늘 배경 이미지 위로 클릭&드래그하여 이동시킨다.

⑤ 마술봉 툴을 선택하고 옵션바에서 옵션을 설정한다. 마술봉 툴로 사람 이미지의 흰색 배경 부분을 클릭하고 메뉴바의 [Select-Inverse]를 적용하면 선택 영역을 반전시킨다.

⑥ [Select-Modify-Contract]를 클릭하면 나타나는 [Contract Selection] 대화상자에서 옵션을 설정하고 [OK] 버튼을 클릭하면 선택 영역이 좁아진다. 툴박스의 이동 툴로 선택된 사람 이미지를 하늘 배경 이미지 위로 클릭&드래그하여 이동시킨다.

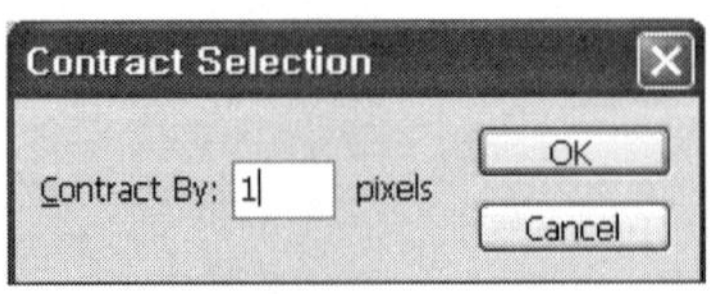

⑦ 옵션바에서 Show Transform Controls를 체크하여 조절점을 조절하여 새의 날개와 기울기가 맞도록 사람 이미지를 회전시킨다. 회전이 끝나면 [Enter]키를 클릭하여 회전시킨 이미지를 고정시킨다.

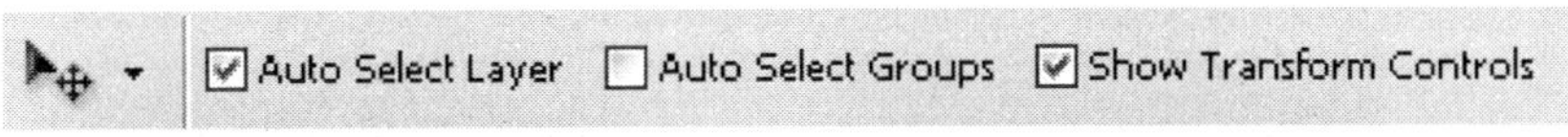

⑧ 툴박스의 문자 툴을 선택하고 옵션바에서 옵션을 설정한 후 문자를 입력하여 이미지를 완성한다.

퀵 마스크 모드  [Edit in Quick Mask Mode]로 이미지 선택하기

〈완성 이미지〉

- 퀵 마스크 모드를 이용하여 필요한 이미지를 선택한다.
- 선택한 이미지를 [Ctrl+C], [Ctrl+V]로 복사하고 불러와서 정리한다.
- 문자 툴로 문자를 입력한다.

① 자석 올가미 툴로 펭귄 이미지 주변을 드래그하여 선택 영역을 만든다.

② 툴박스 하단의 퀵 마스크 모드 아이콘을 클릭하여 일반 모드를 마스크 모드로 전환한다. 전경색과 배경색의 색상을 검정과 흰색의 기본 색상으로 설정한다.

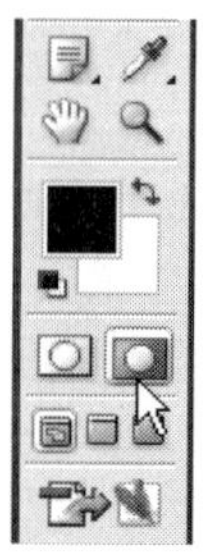

③ 브러시 툴을 선택하고 옵션바에서 브러시 옵션을 설정한다.

④ 브러시 툴로 하얀색으로 보이는 부분을 드래그하여 펭귄 이미지 이외의 부분은 모두 붉은색으로 채워지도록 한다.

⑤ 툴박스의 전경색과 배경색을 교체하고 펭귄 이미지 안쪽으로 붉게 적용된 부분을 드래그하여 안쪽의 붉은 색을 삭제한다.

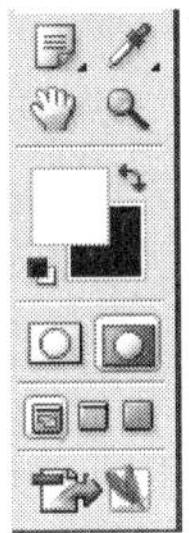

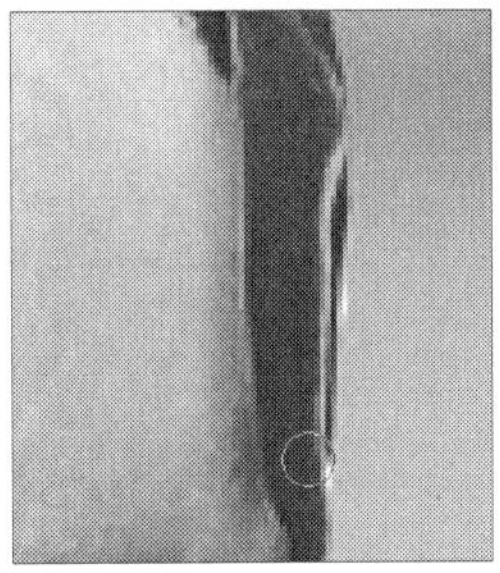

⑥ 툴박스 하단의 일반 모드 아이콘을 클릭하면 퀵 마스크 모드가 일반 모드로 변경되면서 선택 영역이 수정된 것을 확인할 수 있다. 붉은 색으로 채워진 부분은 선택 영역에서 제외된다.

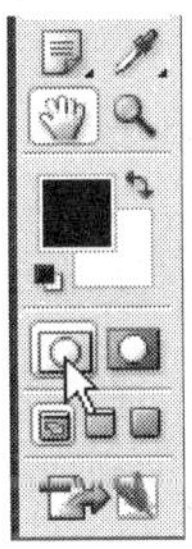

⑦ 메뉴바의 [Select-Modify-Contract]를 클릭하고 [Contract Selection] 대화상자에서 옵션을 설정하면 선택 영역이 안쪽으로 좁아진다. 다시 [Select-Feather]를 적용하여 경계를 부드럽게 만든다.

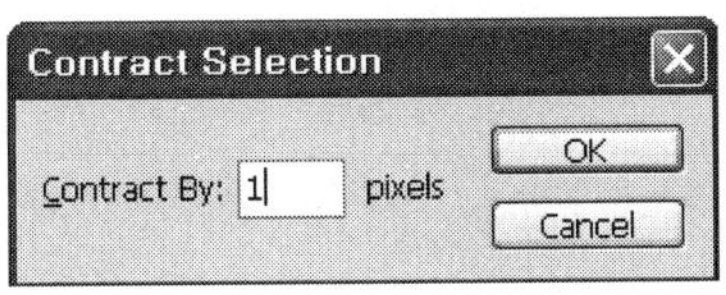

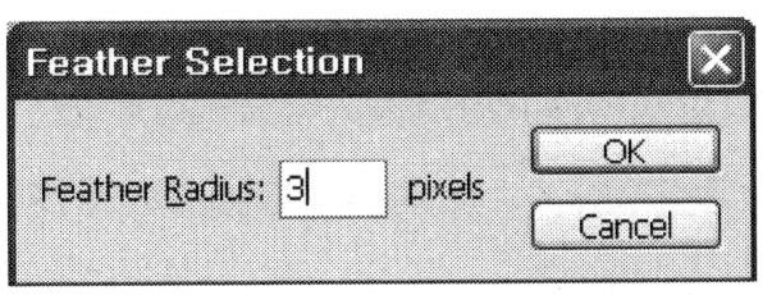

⑧ 선택된 펭귄 이미지를 [Ctrl+C]로 복사하고 배경 이미지 위에서 [Ctrl+V]로 복사된 이미지를 불러온다. 이동 툴로 펭귄 이미지를 적당한 위치로 이동시킨다.

⑨ 문자 툴을 선택하고 옵션바에서 서체, 크기, 색상 등의 옵션을 설정 한 후 문자를 입력하여 이미지를 완성한다.

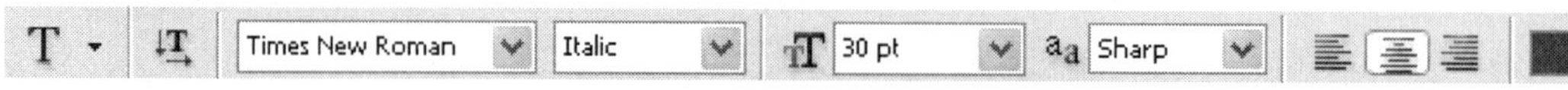

■ 퀵 마스크 모드를 클릭하면 선택되지 않은 부분이 붉은색으로 표시되므로 브러시 툴을 이용하여 선택 영역을 그리거나 지울 수 있다. 브러시의 크기를 조절하면서 선택 영역을 그리면 정밀한 선택이 가능하므로 이미지를 깨끗하게 선택할 수 있다. 동물의 털 등이 표현된 이미지는 퀵 마스크 모드로 선택하기에는 적당하지 않다.

3.5 Transform 명령으로 이미지의 형태를 변형시키기

메뉴바의 [Edit-Transform]을 이용하면 선택한 이미지의 픽셀의 위치와 배열을 바꾸거나 픽셀 수의 증가와 감소 등을 이용하여 형태를 확대, 축소, 회전, 원근감, 왜곡 등 다양한 효과를 주면서 변형시킬 수 있다.

■ Again

가장 최근에 사용한 명령을 한번 더 수행한다.

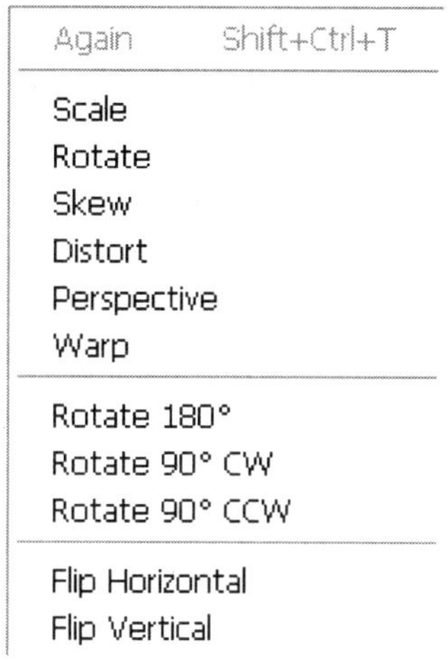

■ Scale

이미지의 크기를 조절하는 명령이다. [Shift]키를 누른 상태에서 적용하면 가로, 세로 비율을 유지하면서 축소, 확대된다. [Alt]키를 누른 상태에서 적용하면 중심점을 기준으로 크기가 조정되고 [Alt+Shift]키를 동시에 적용하면 중심점을 기준으로 원래 이미지의 비율을 유지하면서 크기가 조정된다.

■ Rotate

이미지의 회전 각도를 조절하는 명령이다. [Shift]키를 누른 상태에서 적용하면 회전 각도가 15 단위로 조정된다.

■ Skew

이미지를 평행사변형으로 조절하는 명령이다. [Alt]키를 누른 상태에서 적용하면 마주보는 변이 반대 방향으로 동시에 이동된다.

■ Distort

이미지를 다양한 형태로 조절하는 명령이다. [Alt]키를 누른 상태에서 적용하면 대각선으로 마주보는 변이 반대 방향으로 동시에 이동된다.

■ Perspective

이미지를 퍼스펙티브한 형태로 조정하여 원근감을 주는 명령이다. 조절점을 움직이면 마주보는 방향의 조절점도 같이 이동된다.

■ Warp

12개의 조절점을 이용하여 이미지를 구부리거나 휘게하여 공간감을 준다.

■ Rotate 180

이미지를 180도 회전시키는 명령이다.

■ Rotate 90 CW

이미지를 시계 방향으로 90도 회전시키는 명령이다.

■ Rotate 90 CCW

이미지를 시계 반대 방향으로 90도 회전시키는 명령이다.

■ Flip Horizontal

이미지를 좌우로 대칭시키는 명령이다.

■ Flip Vertical

이미지를 상하로 대칭시키는 명령이다.

(1) Transform Preview

원본 이미지

Scale

Rotate

Skew

Skew(Alt)

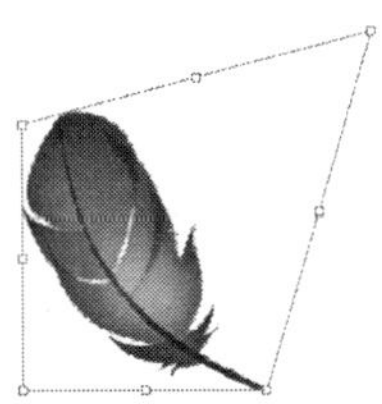

Distort

Distort(Alt)

Perspective

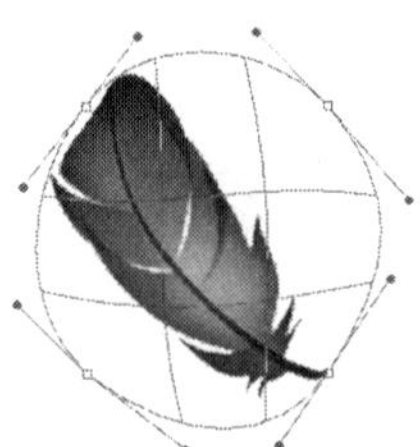

Warp

Rotate 180

Rotate 90 CW

Rotate 90 CCW

Flip Horizontal

Flip Vertical

(2) Warp Preview

None

Custom

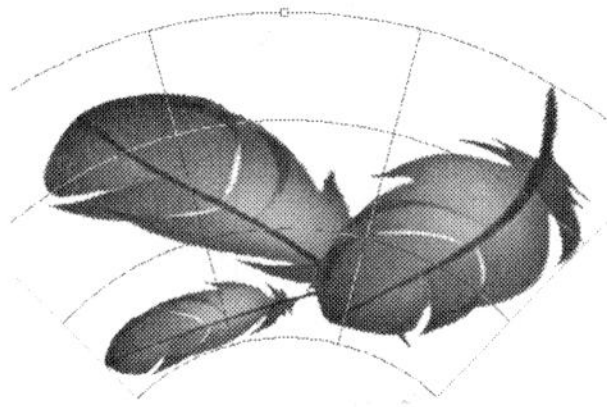

Arc

Arc Lower

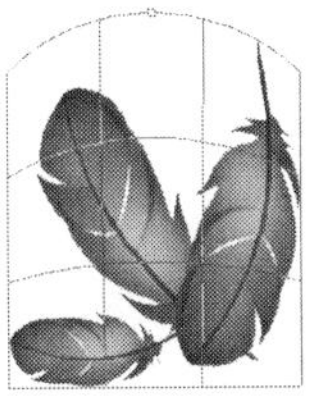

Arc Upper

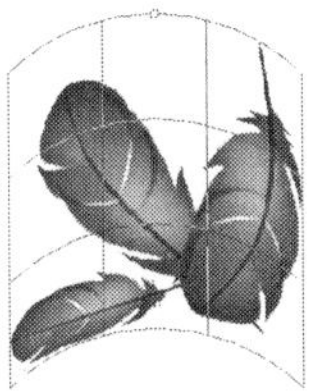

Arch

Bulge

Shell Lower

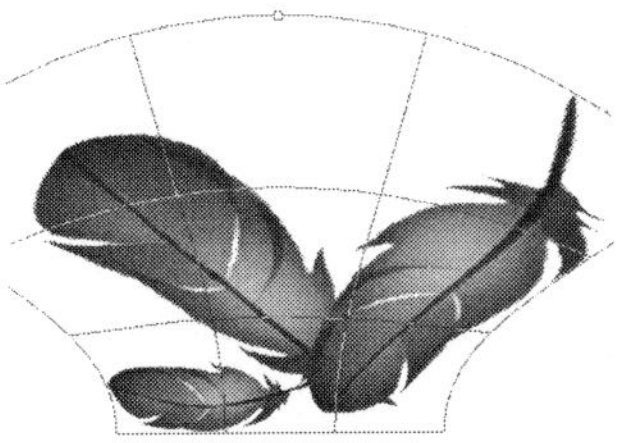

Shell Upper

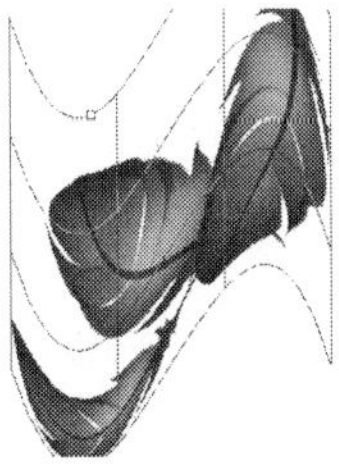

Flag

Wave

Fish

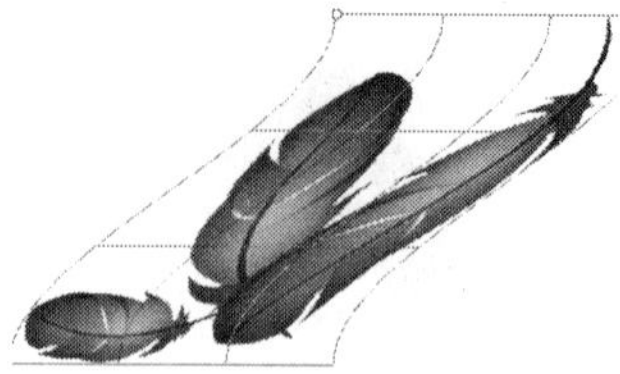

Rise

Arc Lower

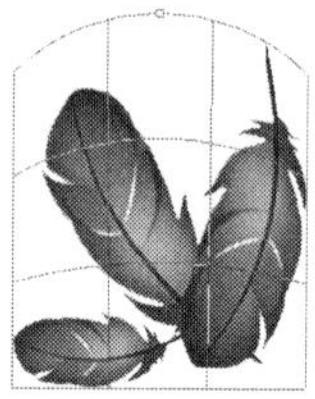

Arc Upper

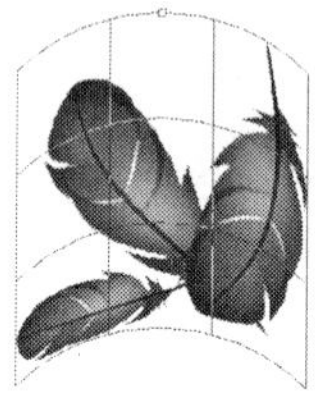

Arch

Bulge

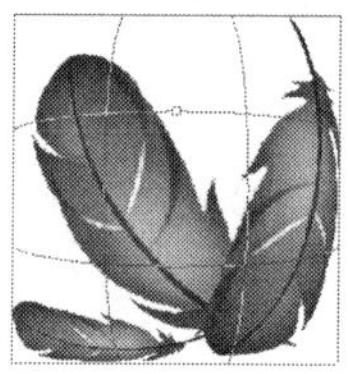

Fisheye

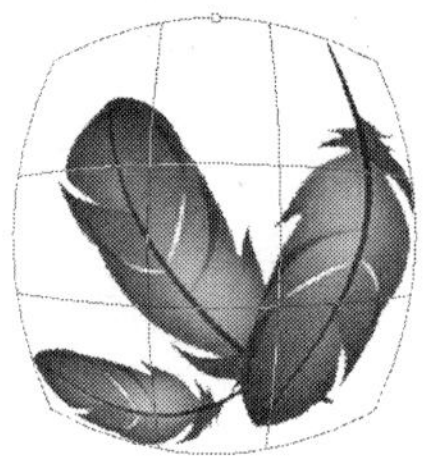

Inflate

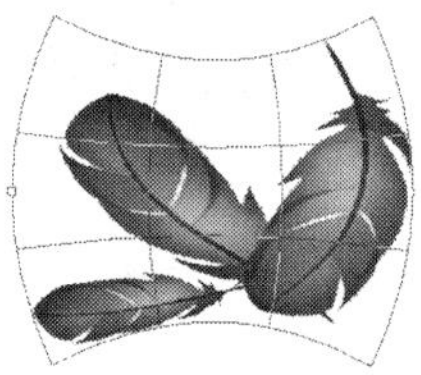

Squeeze

Twist

3.6 Transform 메뉴로 피자 토핑하기

〈완성 이미지〉

- 브러시 툴로 소스 이미지를 만들고 [Bevel and Emboss]를 적용하여 입체감을 적용한다.
- 선택 툴로 필요한 토핑 재료를 선택하고 이동 툴로 도우 이미지 위로 이동시킨다.
- Transform 메뉴로 크기와 모양을 수정한다.
- 브러시 툴로 피자 이미지를 만들고 [Bevel and Emboss]를 적용하여 입체감을 적용한다.

① 그림파일을 연다.

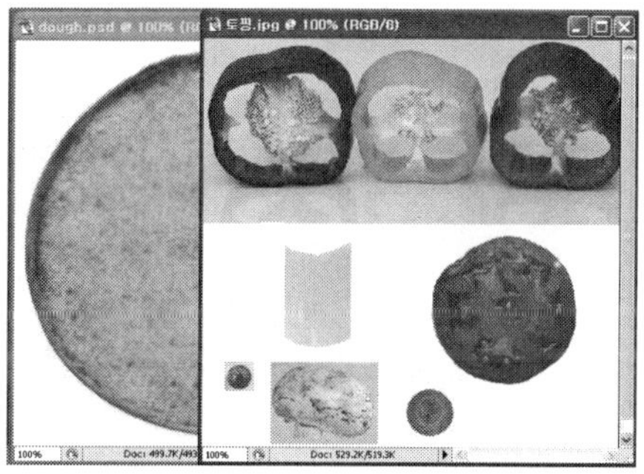

② 윈도우 이미지를 선택하고 레이어 팔레트 하단의 [Create new layer] 아이콘을 클릭하면 새로운 레이어가 만들어진다.

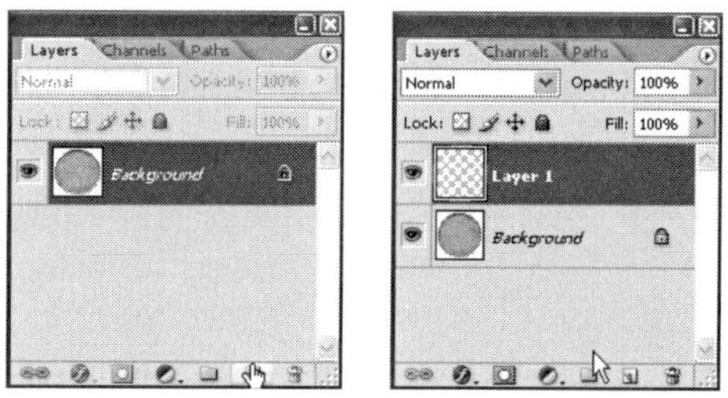

③ 툴 박스에서 브러시 툴을 선택하고 전경색을 클릭하면 [Color Picker] 대화상자가 나타난다. 색상을 설정하고 [OK] 버튼을 클릭한다.

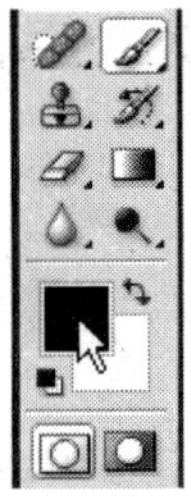

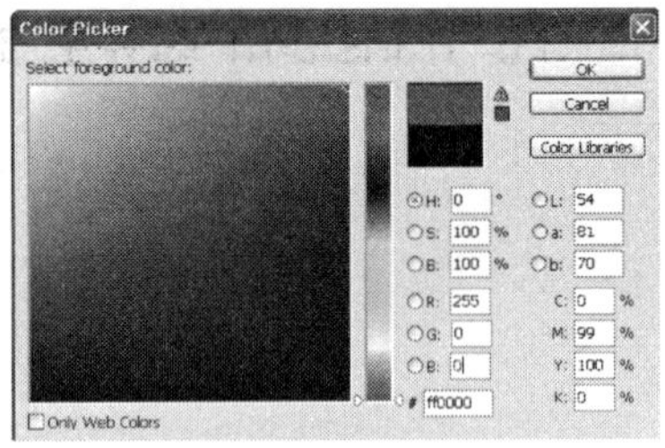

④ 툴 박스의 브러시 툴을 선택하고 브러시 옵션바에서 브러시의 크기를 설정하고 피자 도우 이미지 위를 드래그하여 토마토소스 이미지를 만든다.

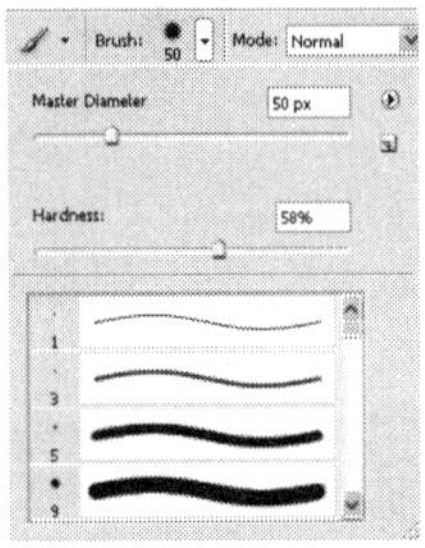

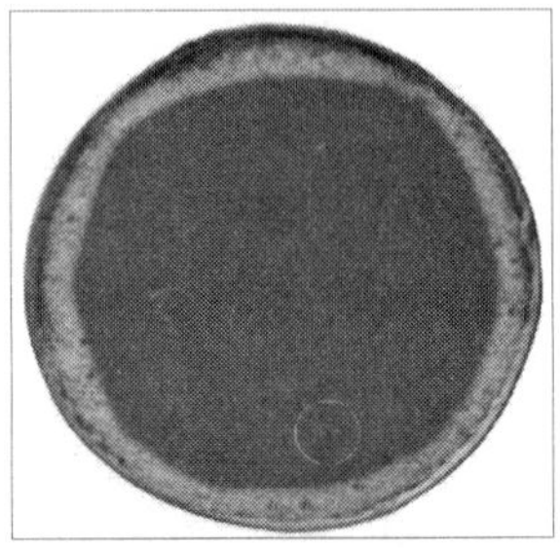

⑤ 레이어 팔레트 하단의 [Add a layer style] 아이콘을 클릭하고 [Bevel and Emboss]를 클릭하여 대화상자에서 옵션을 설정한다.

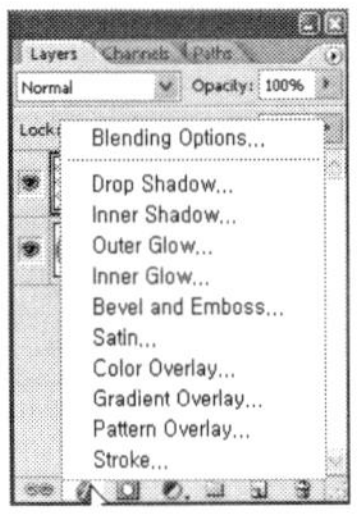

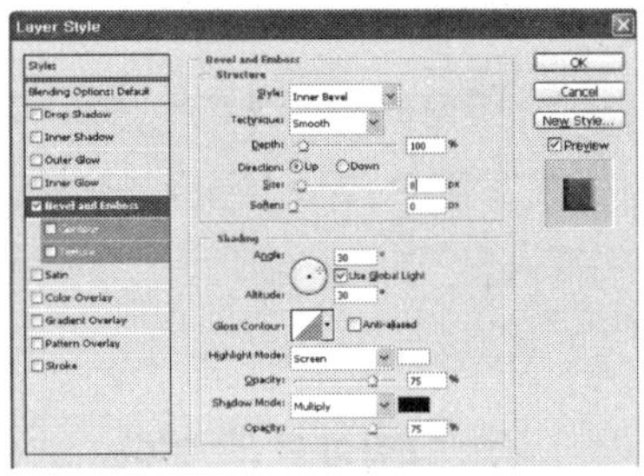

⑥ [Bevel and Emboss] 대화상자에서 설정한 옵션이 적용되어 입체감이 생긴다. Layer1에는 [Layer style]이 적용된 표시가 나타난다.

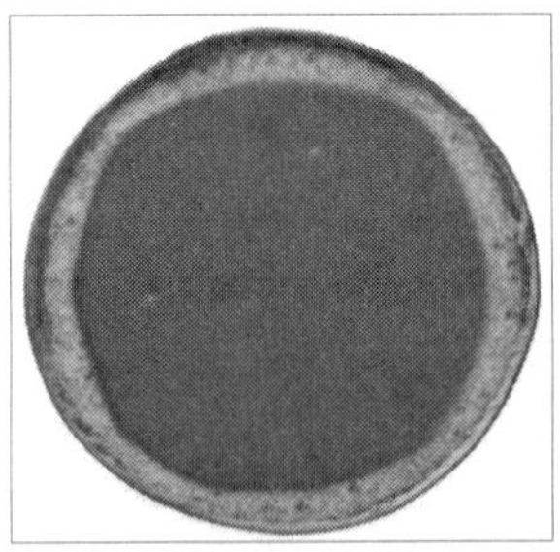

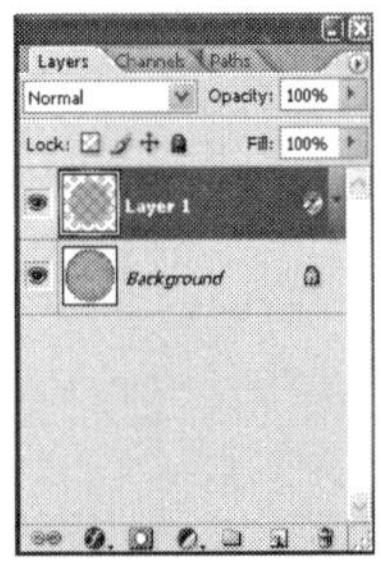

⑦ 선택 툴을 이용하여 피망 이미지를 선택한다.

⑧ 이동 툴로 피망 이미지를 도우 이미지 위로 드래그하여 이동 시킨다.

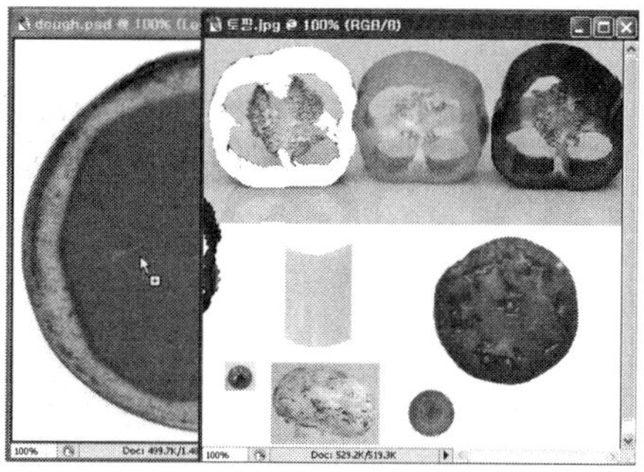

⑨ 메뉴바의 [Edit-Transform-Scale]을 클릭하면 이미지 주변에 Transform Controls가 나타난다. Transform Controls의 조절점을 안쪽으로 드래그하여 피망 이미지를 축소 시킨다. [Enter]키를 눌러 Scale을 적용한다.

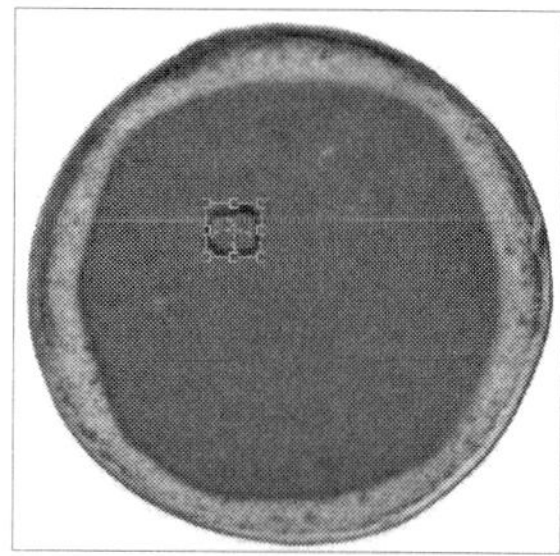

⑩ 축소시킨 피망 이미지를 [Alt]키를 누르면서 이동, 복사 시킨다.

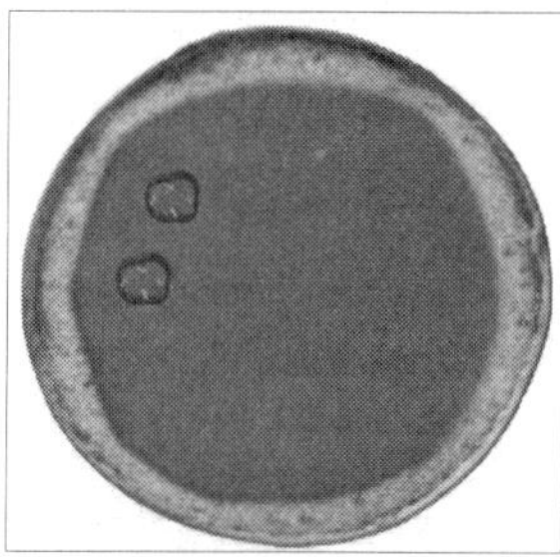

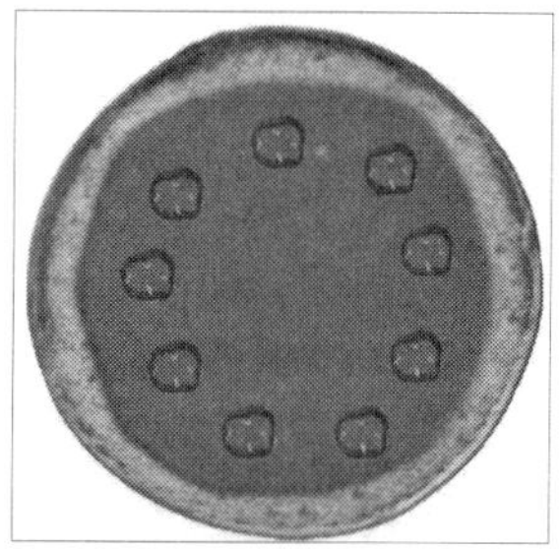

⑪ 파인애플 이미지를 선택하고 이동 툴로 도우 이미지 위로 이동시킨다.

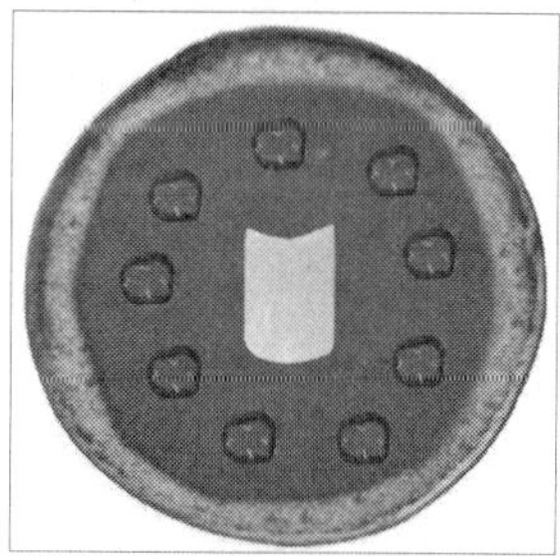

⑫ 메뉴바의 [Edit-Transform-Perspective]을 클릭하면 이미지 주변에 Transform Controls가 나타난다. Transform Controls의 조절점을 바깥쪽으로 드래그하여 파인애플 이미지를 변형 시킨다. [Enter]키를 눌러 Perspective를 적용한다. Perspective가 적용된 이미지에 [Edit-Transform-Scale]을 적용하여 크기를 축소시

키고 [Enter]키를 눌러 Scale을 적용한다.

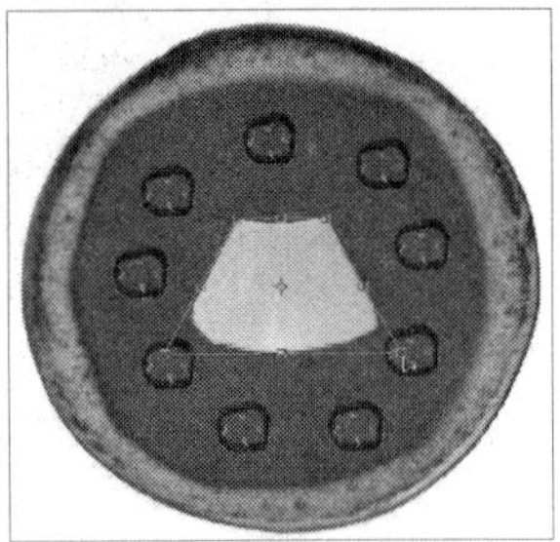 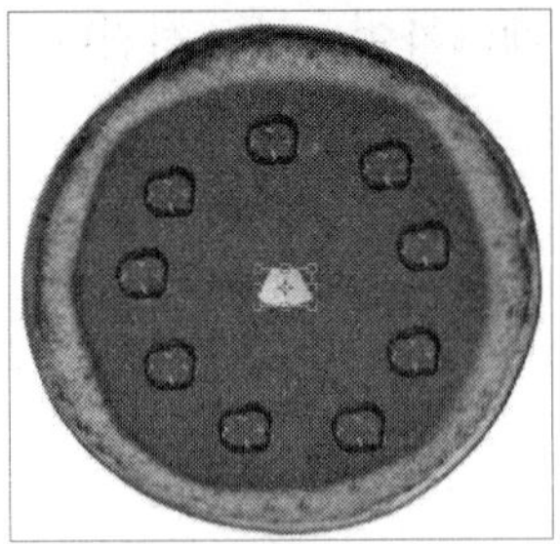

⑬ 파인애플 이미지에 메뉴바의 [Edit-Transform-Rotate]을 클릭하면 이미지 주변에 Transform Controls가 나타난다. Transform Controls의 조절점을 드래그하여 파인애플 이미지를 변형 시킨다. [Enter]키를 눌러 Rotate를 적용한다. 파인애플 이미지를 [Alt]키를 누르면서 이동, 복사 시킨다.

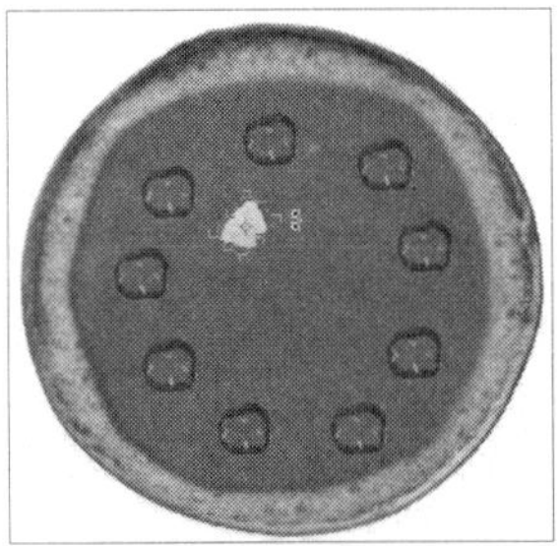 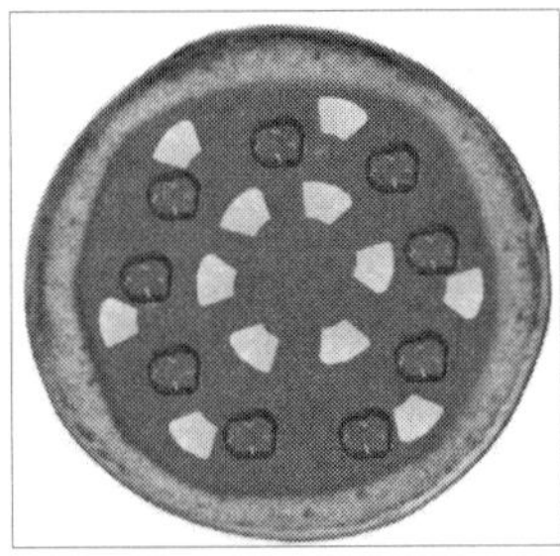

⑭ 토마토 이미지를 선택하고 이동 툴로 도우 이미지 위로 이동시킨다.

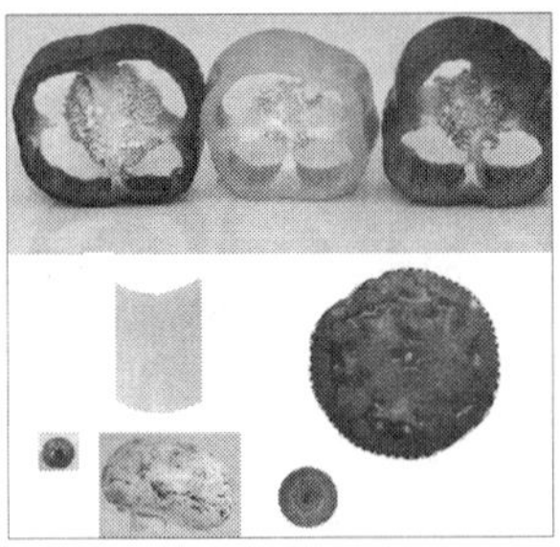 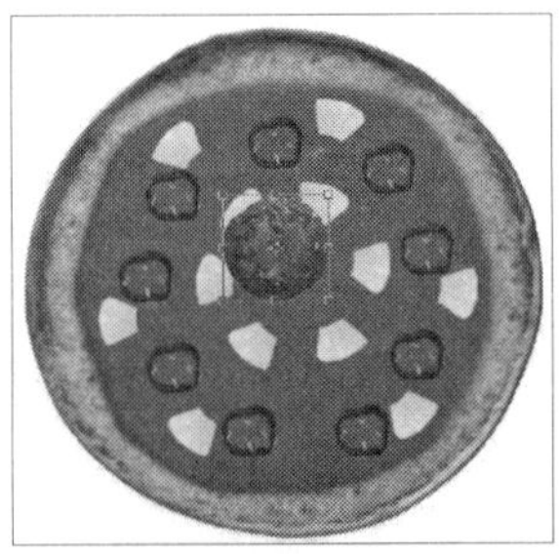

⑮ 토마토 이미지에 [Edit-Transform-Scale]를 적용하여 축소시키고 [Alt]키를 누르면서 이동, 복사 시킨다.

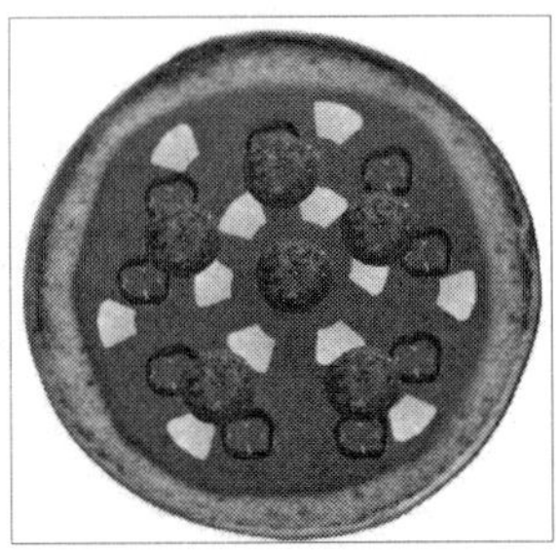

⑯ 햄 이미지를 이동 툴로 도우 이미지 위로 이동시킨다. 햄 이미지에 [Edit-Transform-Scale]를 적용하여 축소시키고 [Alt]키를 누르면서 이동, 복사 시킨다.

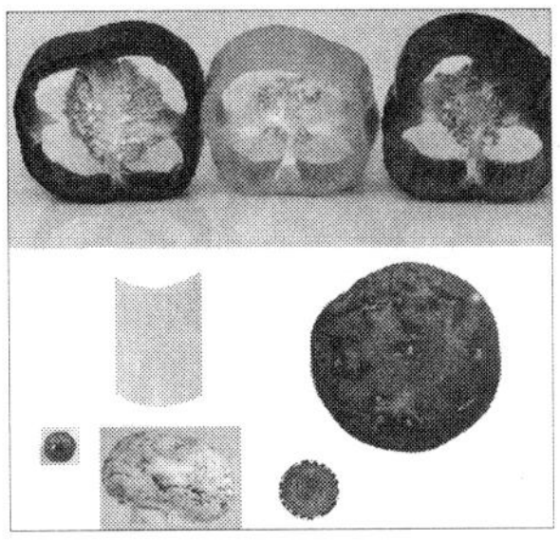

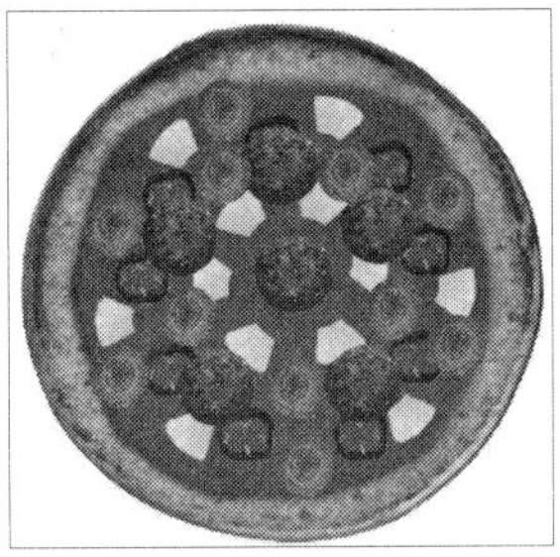

⑰ 버섯 이미지를 선택하여 도우 이미지 위로 이동시키고 [Alt]키를 누르면서 이동, 복사한다. [Edit-Transform-Rotate]를 클릭하여 회전 시킨다.

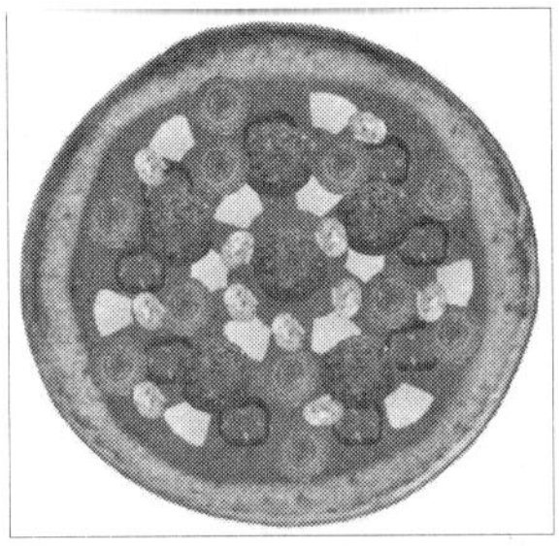

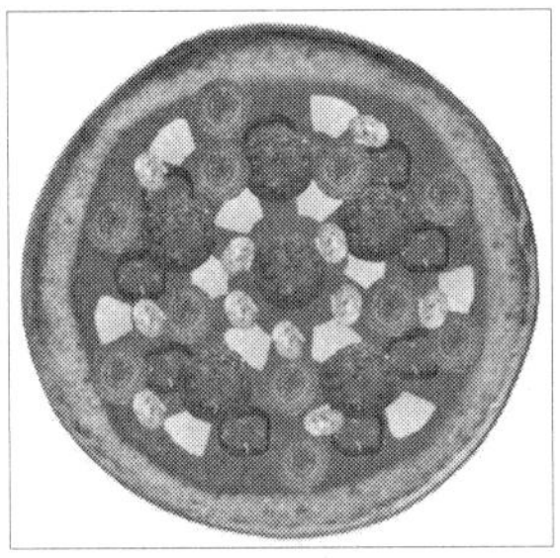

⑱ 올리브를 선택하여 도우 이미지 위로 이동시키고 [Alt]키를 누르면서 이동, 복사한다.

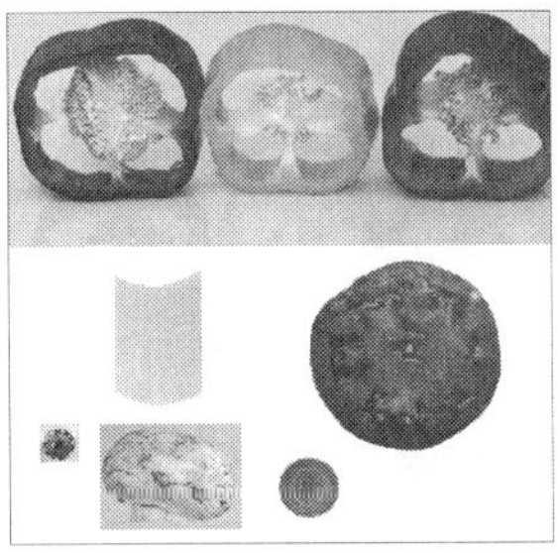

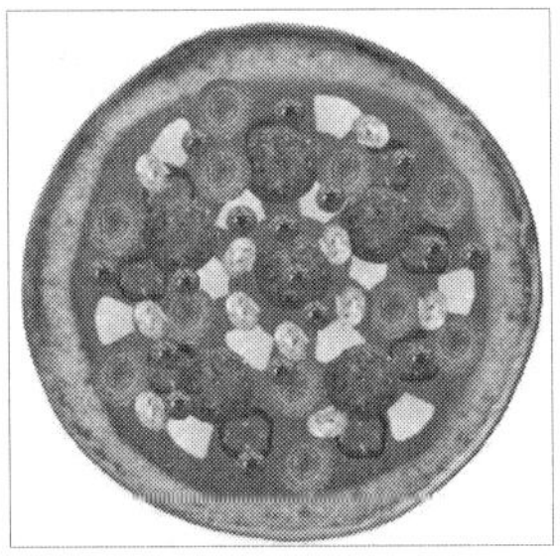

⑲ 레이어 팔레트에 복사한 이미지만큼 레이어의 수가 추가된다. 레이어 팔레트 오른쪽 상단의 팝업버튼을 클릭하고 [Flatten Image]를 적용하면 레이어가 하나로 합쳐지면서 정리된다.

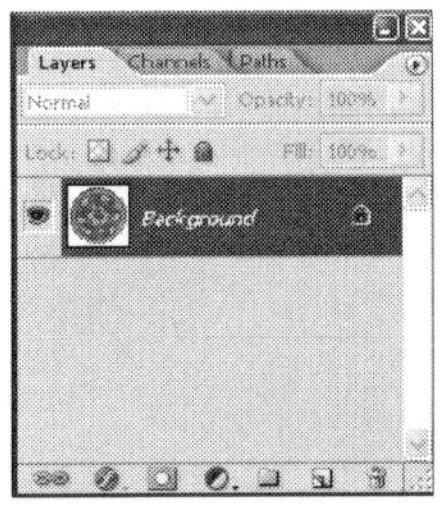

⑳ 레이어 팔레트 하단의 [Create new layer] 아이콘을 클릭하여 새로운 레이어를 만든다.

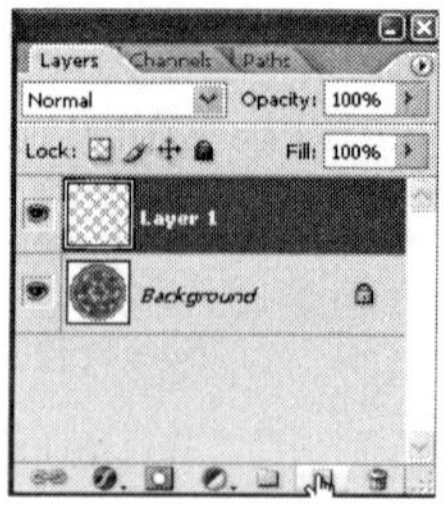

㉑ 툴 박스에서 브러시 툴을 선택하고 브러시의 크기를 조절한다. 툴 박스의 전경색은 흰색으로 설정한다. 브러시 툴로 드래그하여 치즈 이미지를 완성한다. [Shift] 키를 누르면서 드래그하면 일직선으로 그린다.

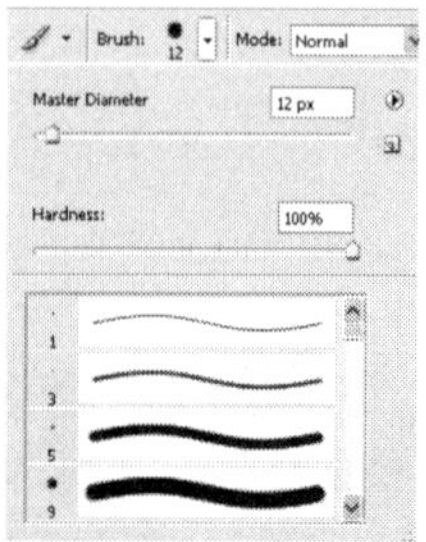

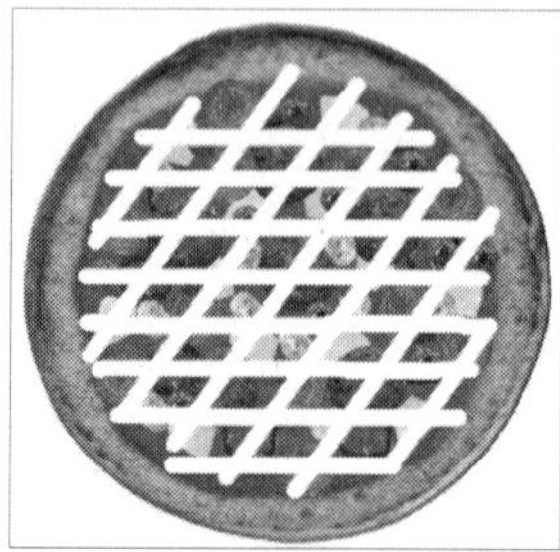

㉒ 레이어 팔레트 하단의 [Add a layer style] 아이콘을 클릭하고 [Bevel and Emboss]를 클릭하여 대화상자에서 옵션을 설정한다.

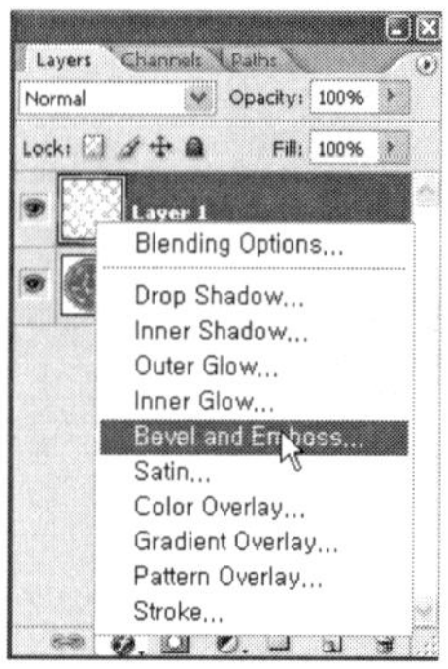

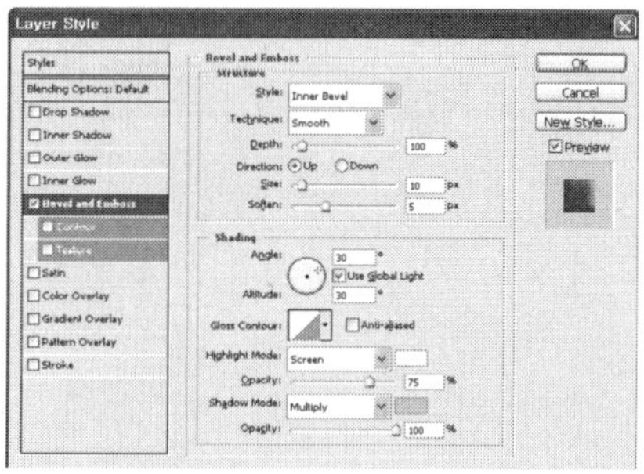

㉓ [Bevel and Emboss] 대화상자에서 설정한 옵션이 치즈 이미지에 적용되어 입체감이 생긴다. 좋아하는 토핑 재료는 개인 취향에 따라 더 추가하면 된다.

Section 04. Select 메뉴로 간단하게 선택하기

4.1 색상을 찍어서 선택하는 Color Range [Select-Color Range]

[Color Range] 대화상자를 이용하여 이미지에서 원하는 색상을 스포이드로 찍어서 유사한 색상을 선택하는데 선택을 계속 추가하거나 제외시킬 수 있다.

(1) Color Range 대화상자

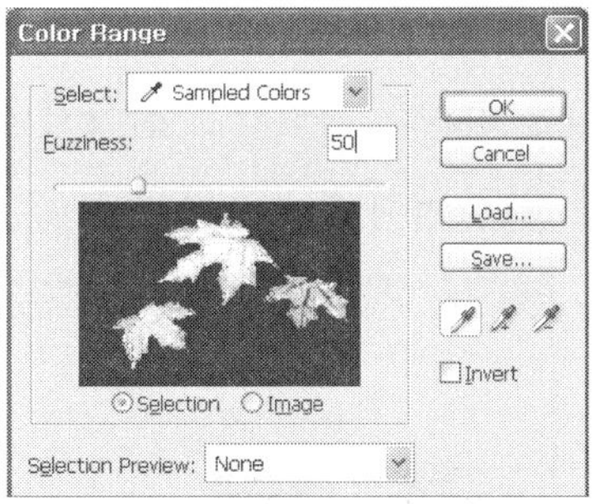

〈원본이미지〉

- Sampled Colors

  Sampled Colors로 설정하면 원하는 색상을 클릭하여 비슷한 색상을 선택할 수 있다. 또한 각종 색상 채널을 이용하여 색상을 선택할 수 있다.

- Fuzziness

  선택되는 색상 영역의 넓이를 설정한다. 수치가 클수록 선택되는 색상의 범위가 넓어진다.

Fuzziness : 30

Fuzziness : 100

■ Selection Preview

포토샵 이미지 창에서 선택 영역으로 지정될 부분을 다양한 형식으로 미리 볼 수 있다.

■ Eyedropper Tool

클릭한 부분과 유사한 색상이 선택된다.

■ Add to Sample

클릭한 부분과 유사한 색상이 추가로 선택된다.

■ Subtract from Sample

클릭한 부분과 유사한 색상이 선택 영역에서 제외된다.

① 버튼을 클릭하고 이미지에 원하는 부분을 클릭하면 그 색상이 포함된 부분이 선택 영역에 추가된다.

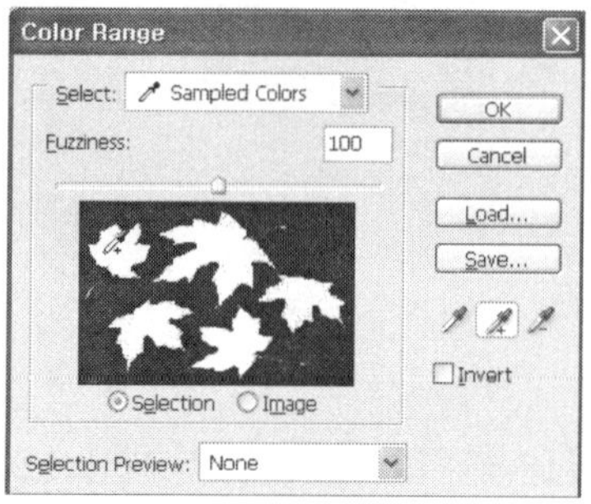

② 버튼을 클릭하고 선택된 영역 위를 클릭하면 그 색상이 포함된 부분이 선택 영역에서 제외된다.

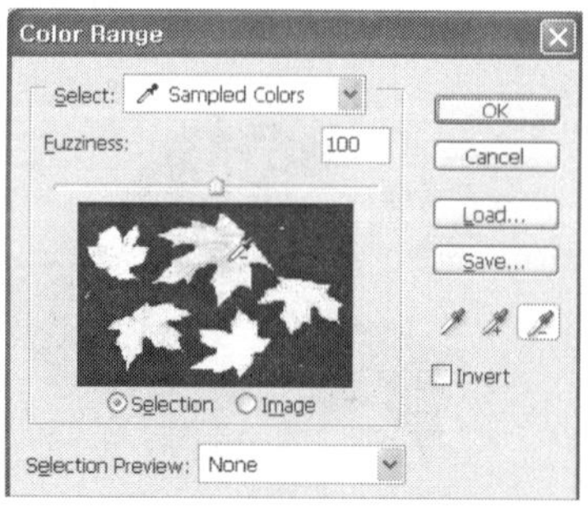

③ 메뉴바의 [Image-Adjustments-Hue/Saturation]을 클릭하여 옵션을 설정한다. 선택 영역의 색상이 옵션 값에 따라 적용된다.

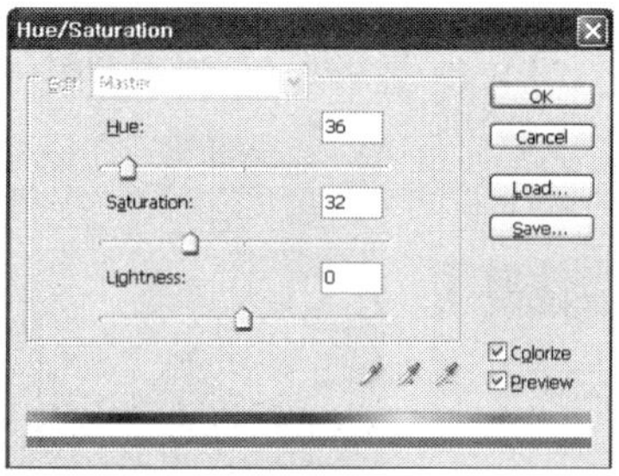

4.2 테두리를 부드럽게 처리하는 Feather [Select-Feather]

명령어 : Alt+Ctrl+D

선택 영역의 테두리를 적용된 픽셀 값만큼 색상을 지워서 부드럽게 만든다.

(1) Feather 대화상자

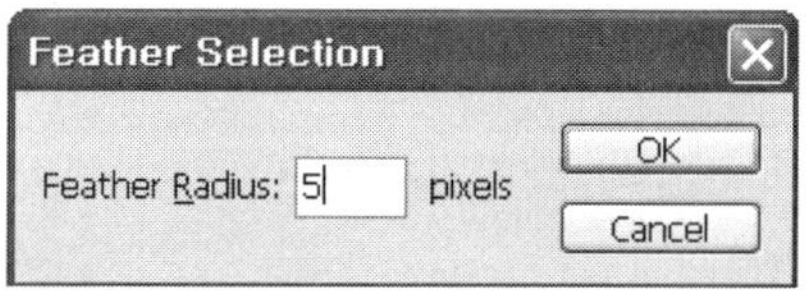

■ Feather Radius

경계 부분을 부드럽게 만들 수치를 적용한다. 수치가 크면 클수록 경계 부분이 많이 부드러워 진다.

Feather Radius : 0 Feather Radius : 5 Feather Radius : 15

4.3 선택 영역의 크기와 형태를 변경하는 Modify [Select-Modify]

(1) Border [Select-Modify-Border]

선택영역의 테두리를 만들어준다. 테두리의 색상은 툴박스의 전경색이 적용된다.

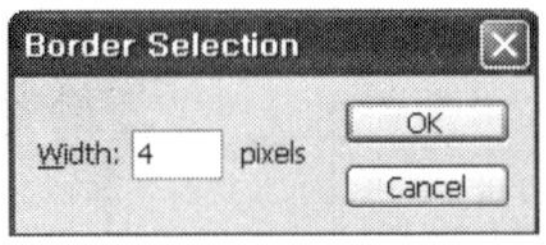

(2) Smooth [Select-Modify-Smooth]

선택되어 있는 영역의 픽셀들을 정돈함으로 전체적으로 부드럽게 만들어준다.

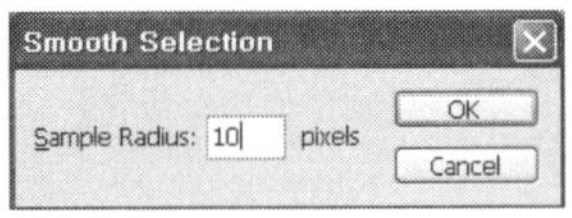

(3) Expand [Select-Modify-Expand]

선택영역을 지정한 픽셀 수치만큼 팽창시킨다.

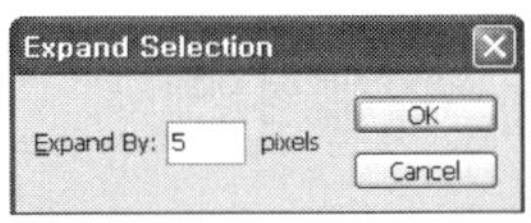

(4) Contract [Select-Modify-Contract]

선택영역을 지정한 픽셀의 수치만큼 축소시킨다.

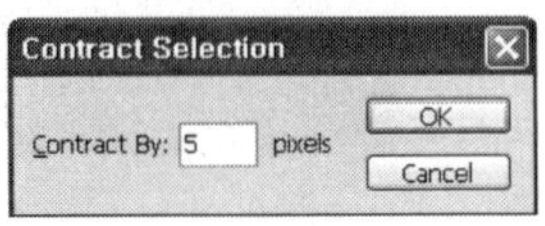

4.4 색상 정보로 인접한 색상을 선택하는 Glow [Select-Glow] & Similar [Select-Similar]

- Glow는 선택영역과 비슷한 컬러 정보를 가진 인접한 위치의 색상을 선택한다.
- Similar는 선택영역과 비슷한 컬러 정보를 가진 인접하지 않은 위치의 색상까지 추가 선택한다.

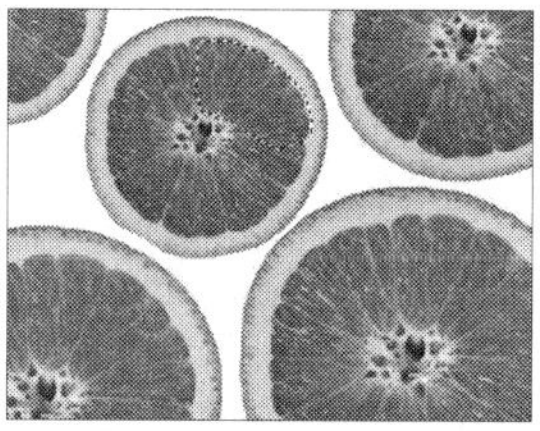

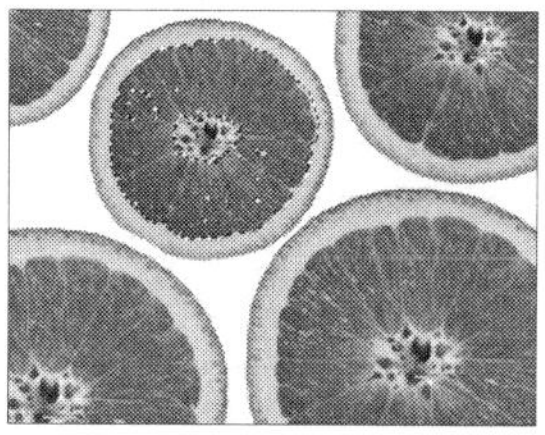

Glow 적용

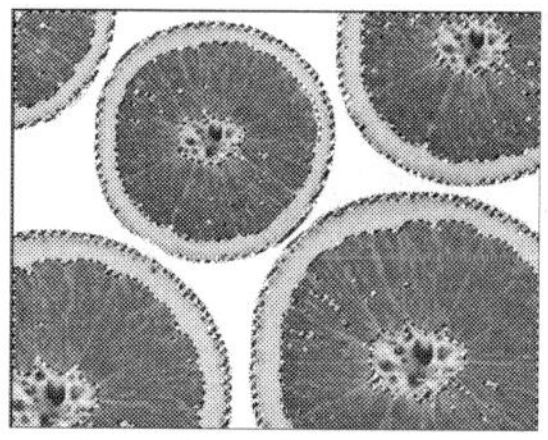

Similar 적용

4.5 선택 영역의 크기와 형태를 변경하는 Transform Selection [Select-Transform Selection]

[Select-Transform Selection]을 적용하면 선택영역을 기준으로 Transform Controls가 나타난다. Transform Controls의 조절점들을 이용해 선택 영역의 크기와 각도를 변경시킨다.

선택 영역 지정

선택 영역 회전

선택 영역 축소

4.6 필요한 부분만 남기는 자르기 툴 [Crop Tool]

명령어 : C

자르기 툴은 전체 이미지 중에서 원하는 부분만 남겨두고 나머지는 잘라낼 수 있다. 이미지를 원하는 각도로 회전시키거나 이미지를 왜곡시킬 수 있다. 자르기 툴을 선택하고 클릭&드래그하면 잘려질 부분은 이미지가 어둡게 표시된다. 드래그하여 영역을 이동시키거나 조절점을 이용하여 영역을 회전, 확대, 축소할 수 있다.

(1) Crop Tool 옵션바

- 잘라내어 새롭게 만들어질 이미지의 가로, 세로 크기와 해상도를 설정한다.
- 작업 중인 이미지의 크기와 해상도가 표시되며, 잘려진 이미지가 현재 작업창의 크기로 확대된다.
- 입력창에 입력된 값이 모두 초기화 된다.

4.7 자르기 툴로 이미지 자르고 변형하기

자르기 툴로 드래그하여 영역을 설정하고 [Enter]키를 클릭하면 이미지가 변형된다.

① 그림파일을 연다.

② 자르기 툴로 이미지를 클릭&드래그하면 선택되지 않은 부분은 어둡게 보인다.

③ [Enter]키를 누르거나 영역 내부에서 더블클릭하여 선택 영역 이외의 부분을 삭제한다.

④ 선택 영역의 조절점을 이용하여 크기를 조절하거나 회전할 수 있다.

⑤ 자르기 툴 옵션바의 Perspective 항목을 선택하면 조절점을 좀 더 자유롭게 조절하여 형태를 왜곡시킬 수 있다.

Section 05. 원하는 컬러 선택하고 적용하기

5.1 전경색과 배경색 설정하기

툴 박스 하단의 전경색과 배경색 버튼을 이용해 색상을 간단히 설정할 수 있다. 전경색이나 배경색 버튼을 클릭하면 [Color Picker]창이 나타나며, [Color Picker]창에서 원하는 색상을 설정한다.

■ Set foreground Color(전경색)

선택 영역에 색상을 채색하거나 브러시나 문자를 입력할 때 전경색에서 설정된 색상이 적용된다.

■ Set background Color(배경색)

선택 영역의 이미지를 삭제할 때 나타나는 배경 색상이다.

■ Switch Colors

전경색과 배경색의 색상을 서로 바꿔 준다.

■ Default Colors

전경색은 검정색, 배경색은 흰색으로 변경한다.

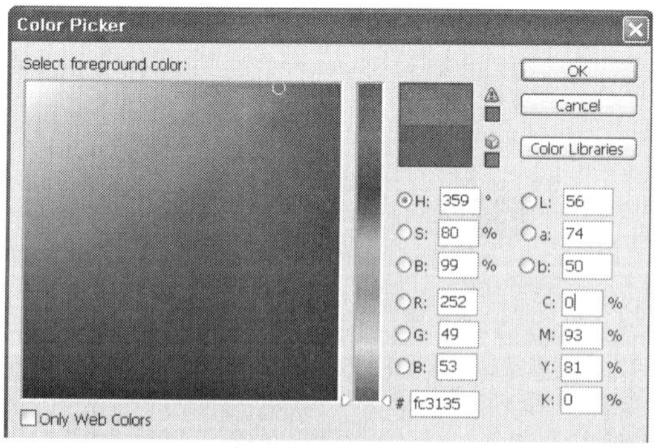

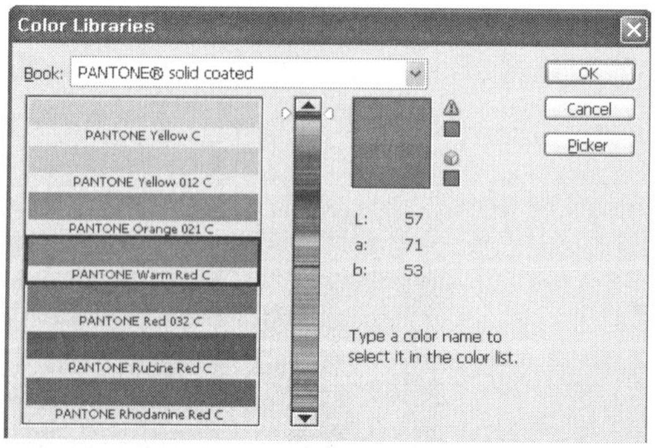

■ 색상 디스플레이 모드

원하는 색상을 클릭하여 적용한다.

■ **컬러 슬라이더 바**

화살표를 이용하여 색상 종류를 선택한다.

■ **선택한 색상, 이전 색상**

현재 선택한 색상은 상단에, 이전 색상은 하단에 표시한다.

■ **인쇄 색상 경고**

선택된 색상이 인쇄시 제대로 표현되지 않는다는 표시이다. 밑에 표시된 컬러를 클릭하면 인쇄에 적합한 색상으로 변경된다.

■ **웹 안전 색상 경고**

선택된 색상이 웹에서 제대로 표현되지 않는다는 표시이다. 밑에 표시된 색상을 클릭하면 웹에서 적합한 색상으로 변경된다.

■ Only Web Color

클릭하면 웹에서만 사용할 수 있는 웹 안전 컬러로 설정된다.

■ Custom

인쇄에 적당한 색상으로 변경된다.

5.2 캐릭터에 색상 적용하기

〈완성 이미지〉

■ 선택 툴로 색상이 적용될 부분을 선택하여 [Color Picker]창에서 변경 할 색상을 적용한다.

■ 선택 툴로 색상이 적용될 부분을 선택하여 옵션바에서 적용할 패턴을 설정한다.

① 그림파일을 연다.

② 툴박스의 마술봉 툴을 선택하고 [Shift]키를 누르면서 선택영역을 추가한다.

③ 툴 박스 하단의 전경색을 클릭하면 나타나는 [Color Picker]창에서 변경 할 색상(255,254,153)을 적용하면 툴 박스의 전경색이 설정한 색상 값으로 변경된다. 툴 박스의 페인드 버켓 툴로 선택 영역 위를 클릭한다. 클릭할 때마다 선택된 영역에 색상이 적용된다.

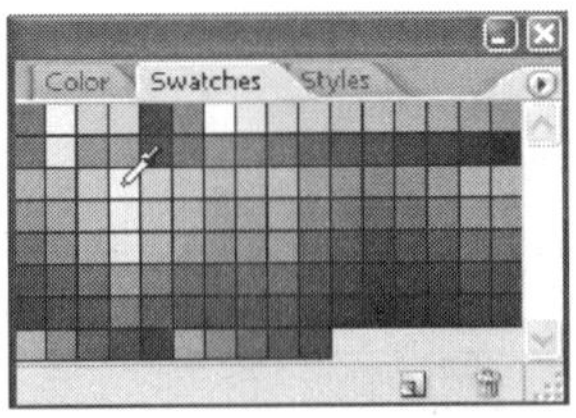

④ 마술봉 툴을 선택하고 [Shift]키를 누르면서 쿠션의 별 이미지를 모두 선택한다. 페인트 버켓 툴을 선택하고 옵션바에서 Pattern으로 설정하고 적용할 패턴 모양을 선택한다. 페인트 버켓 툴로 선택 영역 위를 클릭하면 클릭할 때마다 선택된 영역에 패턴이 적용된다.

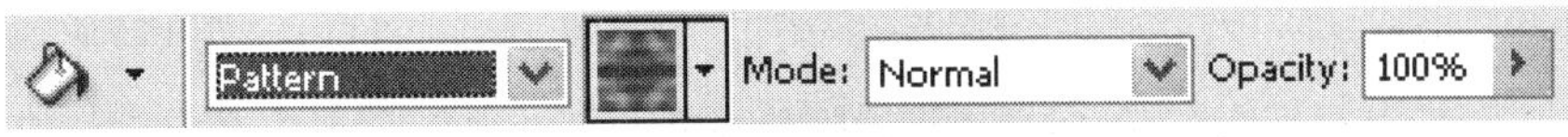

⑤ [Swatch] 팔레트에서 배경으로 채워질 색상을 클릭하여 선택한다.

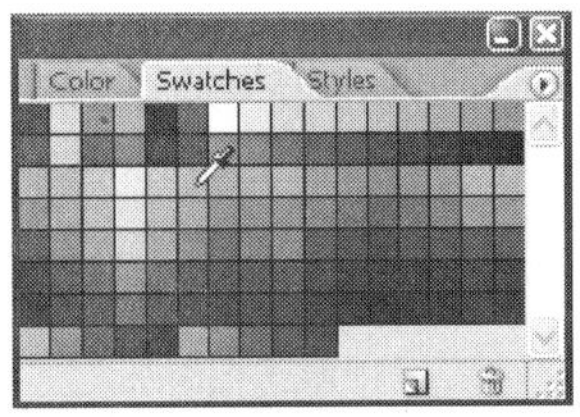

⑥ 마술봉 툴로 배경 부분을 클릭하여 선택하고 [Alt+Delete]키를 누르면 [Swatch]팔레트에서 신택한 색상이 배경 부분에 적용된다.

- [Alt+Delete]를 클릭하면 전경색이 선택 영역에 적용된다.
- [Ctrl+Delete]를 클릭하면 배경색이 선택 영역에 적용된다.

5.3 [Color] 팔레트와 [Swatch] 팔레트를 이용해 색상 선택하기

[Color] 팔레트에서는 색상 슬라이더를 드래그하면서 색상이 변하는 모습을 눈으로 확인할 수 있어 전경색과 배경색을 간단하게 선택할 수 있다.

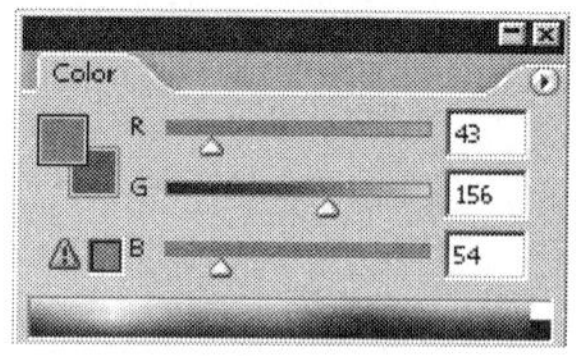

[Swatch] 팔레트는 기본적인 색상들을 미리 만들어 놓은 팔레트이다. 견본 색상을 클릭하여 간단하게 색상을 선택하여 사용할 수 있으며, 자주 사용하는 색상은 팔레트에 등록하여 사용할 수도 있다.

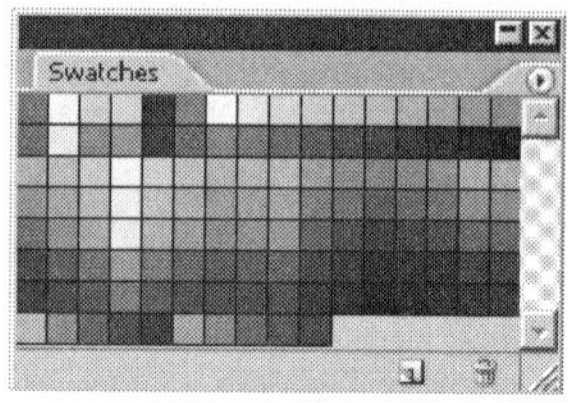

- Create new swatch of foreground color
  현재 선택된 전경색을 [Swatch] 팔레트에 새롭게 등록한다.
- Delete swatch
  견본 색상을 아이콘 위로 드래그하면 삭제된다.

① 툴 박스 하단의 전경색을 클릭하면 나타나는 [Color Picker]창에서 등록 할 색상을 클릭한다. 전경색이 새롭게 만든 색상으로 변경된다.

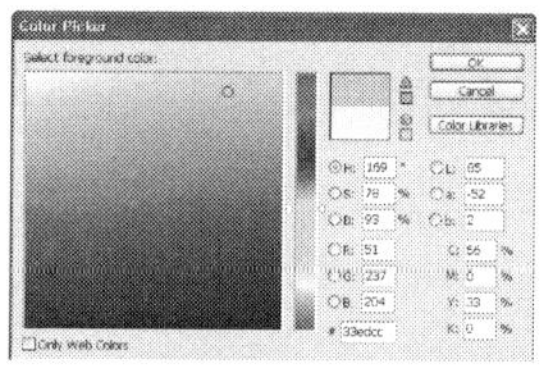

② [Swatch] 팔레트 하단의 [Create new swatch of foreground color] 버튼을 클릭하면 전경색이 [Swatch] 팔레트에 새롭게 등록된다.

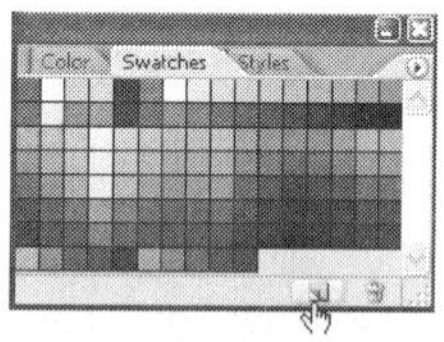

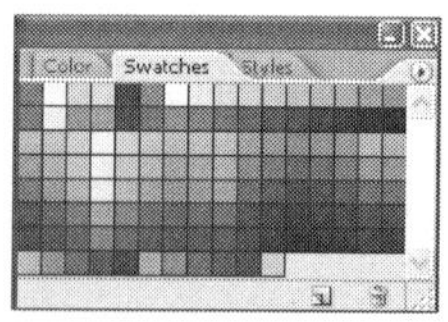

③ [Color] 팔레트에서는 색상 슬라이더를 드래그하면서 원하는 색상을 만든다.

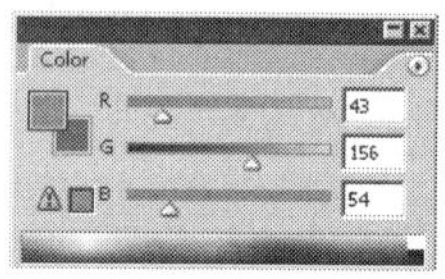

④ [Swatch] 팔레트의 [Create new swatch of foreground color] 아이콘을 클릭하면 [Color] 팔레트에서 만들어진 색상이 [Swatch] 팔레트에 등록된다.

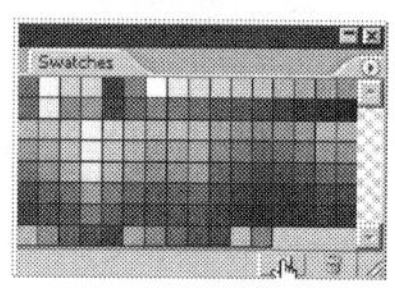

5.4 색상을 추출해 내는 스포이드 툴 (Eyedropper Tool)

명령어 : I

스포이드 툴을 사용하면 이미지에 사용된 색상을 다시 추출해서 편리하게 재사용할 수 있다.

(1) 스포이드 툴 옵션바

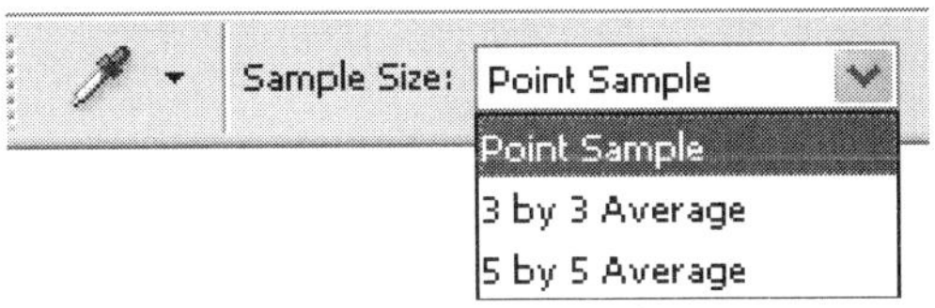

- Point Sample

  마우스로 클릭한 지점의 픽셀 색상을 정확히 추출한다.

Point Sample 적용

- 3 by 3 Average

  클릭한 지점의 가로, 세로 3픽셀의 혼합 색상을 추출한다.

3 by 3 Average 적용

- 5 by 5 Average

  클릭한 지점의 가로, 세로 5픽셀의 혼합 색상을 추출한다.

5 by 5 Average 적용

5.5 이미지에 색상을 채우는 페인트 버켓 툴 (Paint Bucket Tool)

명령어 : G

선택한 영역이나 이미지에 전경색에 설정된 색상이나 패턴을 적용하는 툴로 이미지나 선택 영역 위에서 클릭한다.

(1) 페인트 버켓 툴 옵션바

- Fill

  선택 영역이나 레이어를 전경색으로 채울 것인지 또는 패턴으로 채울 것인지를 선택한다.

- Pattern

  Fill 부분이 Pattern으로 채워질 경우 패턴의 종류를 선택한다.

- Mode

  Fill 부분에 블랜딩 모드를 선택한다.

- Opacity

  불투명도를 설정한다.

- Tolerance

  색상이 채워질 범위를 설정한다.

- Continuous

  체크하면 경계 영역 안쪽으로만, 체크하지 않으면 경계를 무시하고 비슷한 색상 범위는 모두 채워진다.

(2) 페인트 버켓 툴 Preview

원본 이미지

Foreground Color 적용

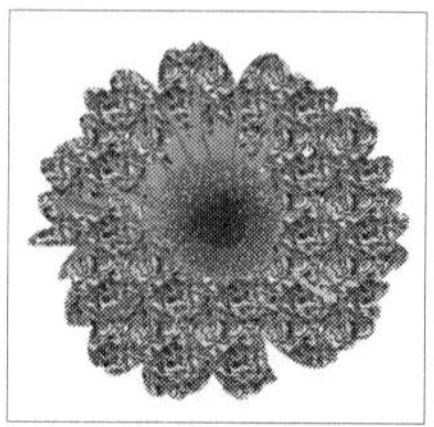
Pattern 적용

Opacity : 30 적용

Opacity : 60 적용

Opacity : 100 적용

olerance : 30적용

Tolerance : 60적용

Tolerance : 100 적용

5.6 그라디언트 툴 (Gradient Tool)로 다양한 종류의 그라디언트 만들기

그라디언트 툴을 이용하면 선택 영역에 그라디언트 색상을 적용하여 사실적이고 부드러운 효과를 이미지에 적용할 수 있다. 선택 영역을 드래그 할 때 드래그하는 길이와 방향, 그라디언트의 종류에 따라 다양한 효과를 표현할 수 있다.

(1) 그라디언트 툴 옵션바

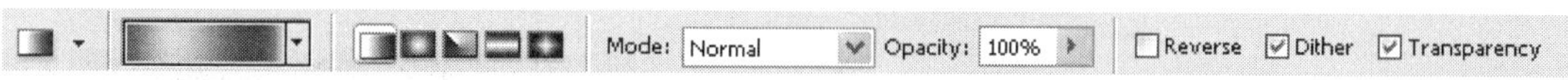

- 현재 설정된 그라디언트가 보여진다. 우측 삼각형 버튼을 클릭하면 미리 만들어진 그라디언트를 선택할 수 있는 그라디언트 피커(Gradient Picker)가 열린다.
- 그라디언트의 종류를 선택한다.
- Mode

  블랜딩 모드를 선택한다.
- Opacity

  불투명도를 설정한다.
- Reverse

  그라디언트의 방향을 반대로 바꾼다.

- Dither

  색상의 경계를 부드럽게 표현한다.

- Transparency

  그라디언트 색상에 투명도를 적용한다.

(2) 그라디언트 툴 Preview

Linear

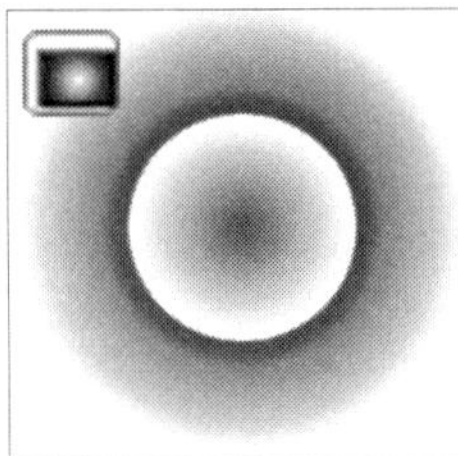

Radial

Angle

Reflected

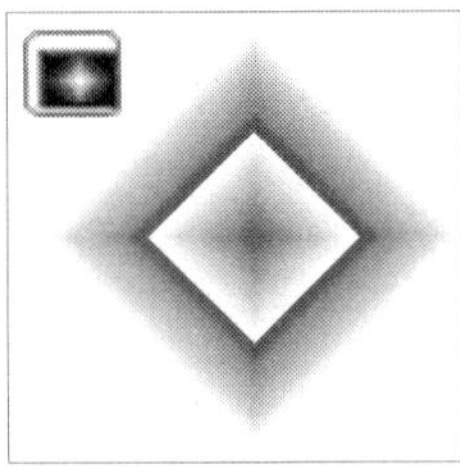

Diamond

(3) Gradient Editor 대화상자

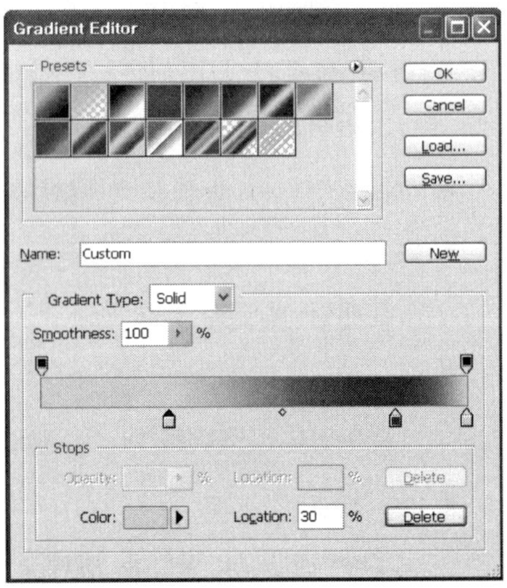

- Presets

  미리 설정된 그라디언트를 사용할 수 있으며, 다시 편집할 수도 있다.

- Name

  그라디언트의 이름을 설정한다.

- Gradient Type

  그라디언트의 종류를 설정한다.

- Smoothness

  그라디언트 색상의 부드러운 정도를 설정한다.

■ Stop

위쪽 슬라이더를 클릭하면 Opacity를 적용할 수 있고, 아래쪽 슬라이더를 클릭하면 컬러를 변경할 수 있다.

■ Load

미리 만들어진 여러 종류의 그라디언트를 불러올 수 있다.

■ Save

새롭게 만든 그라디언트를 저장할 수 있다.

5.7 그라디언트로 웹버튼 만들기

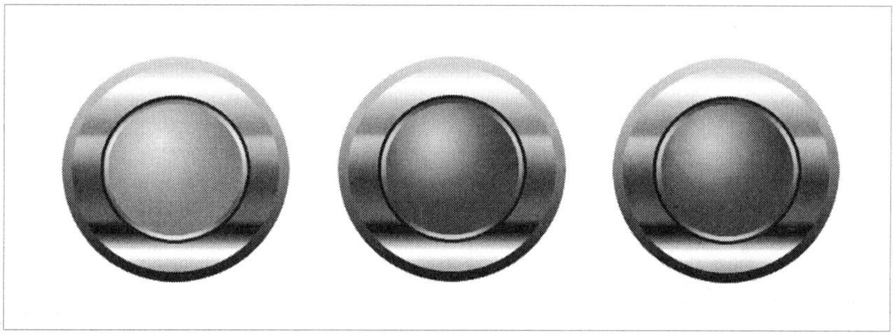

〈완성 이미지〉

■ 원형 선택 툴로 버튼의 형태를 만들고 그라디언트를 적용한다.

■ [Select-Transform Selection]을 적용하여 안쪽의 버튼 형태를 만든다.

■ 버튼 내부 원형의 그라디언트를 설정하여 적용한다.

① 메뉴바의 [File-New] 항목을 선택하여 (400×400)pixels의 새로운 작업창을 만든다. 원형 선택 툴을 선택하고 [Shift] 키를 누르면서 작업창 위에서 클릭&드래그하여 정원을 만든다.

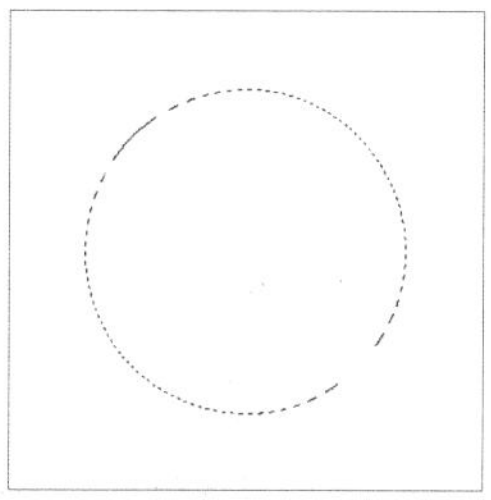

② 툴 박스의 그라디언트 툴을 선택하고 옵션바에서 Linear 형태의 그라디언트를 선택하고 [Click to Edit the Gradient]를 클릭한다.

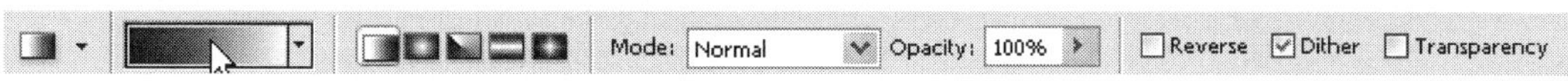

③ [Gradient Editor] 대화상자가 나타난다. 앞쪽의 Color Stop을 클릭하고 Color 샘플 색상창을 클릭하여 [Color Picker] 대화상자에서 밝은 회색을 선택하고 [OK] 버튼을 클릭한다.

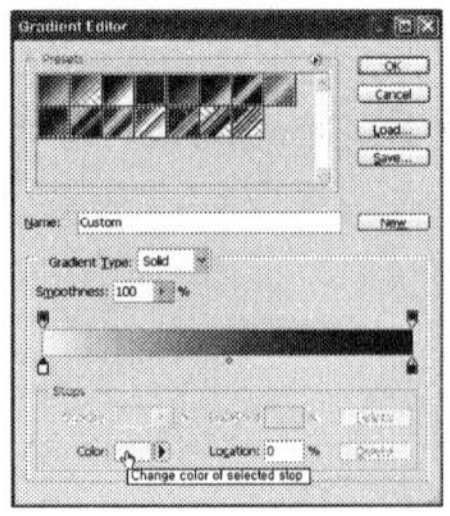

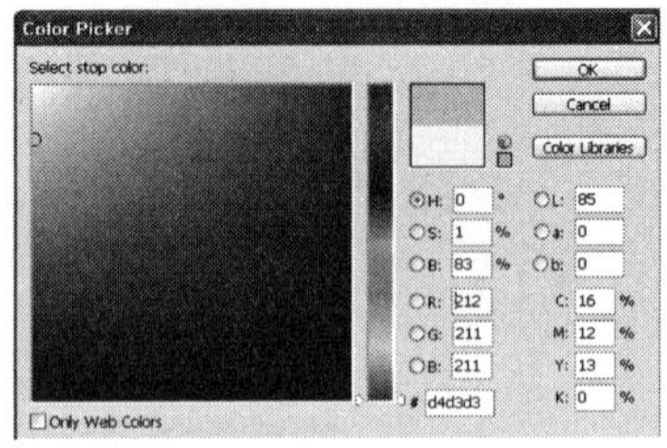

④ 다시 뒤쪽의 Color Stop을 클릭하고 Color 샘플 색상창을 클릭하여 [Color Picker] 대화상자에서 어두운 회색을 선택하고 [OK] 버튼을 클릭한다.

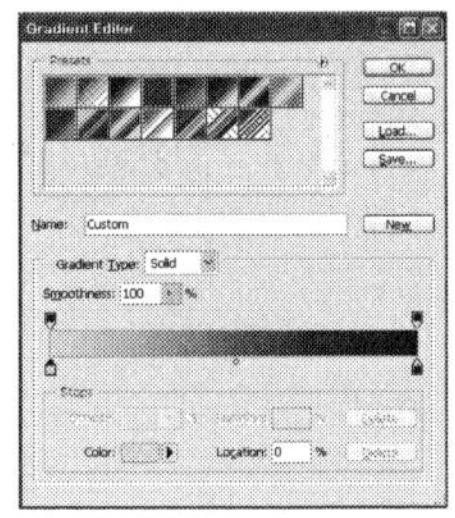

⑤ 그라디언트 툴이 선택된 상태에서 선택 영역 위를 클릭&드래그하여 그라디언트를 적용한다.

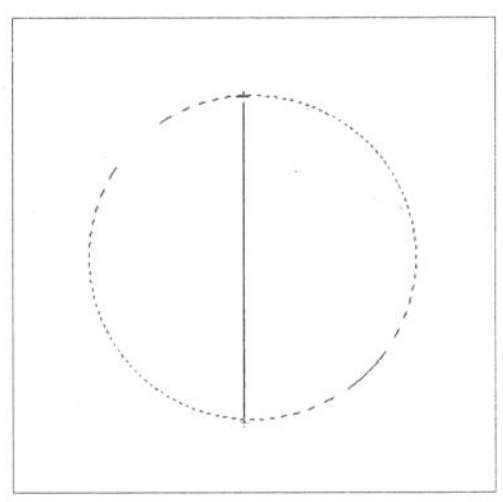

⑥ 메뉴바의 [Select-Transform Selection]을 적용하여 선택 영역의 크기를 축소한다.

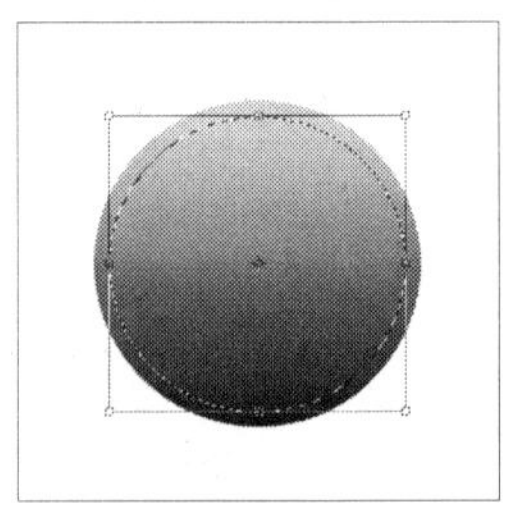

⑦ [Gradient Editor] 대화상자에서 새로운 형태의 그라디언트를 만들어 적용한다. Color Stop을 추가하려면 슬라이더바 밑에서 클릭한다. Color Stop을 제거하려면 클릭하면서 밑으로 당긴다.

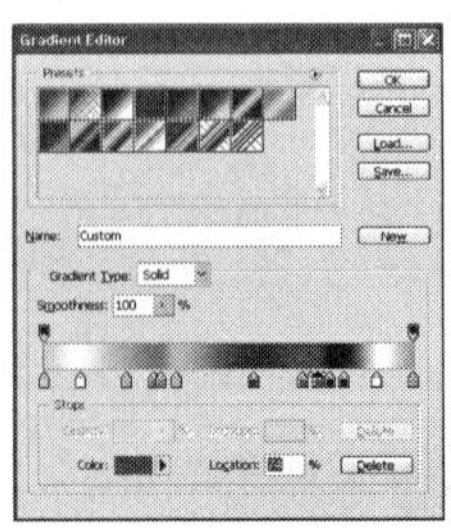

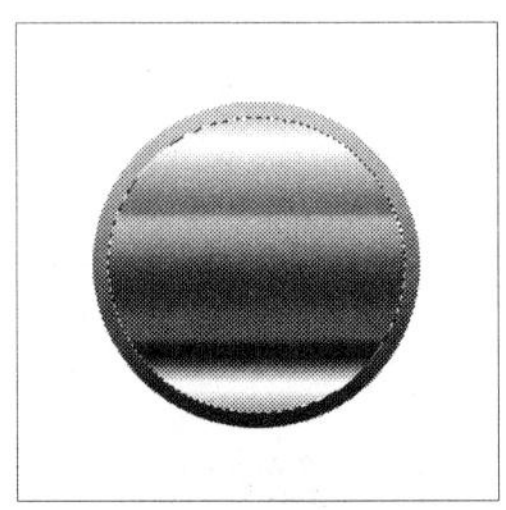

⑧ 메뉴바의 [Select-Transform Selection]을 적용하여 선택 영역의 크기를 다시 축소한다.

⑨ 메뉴바의 [Edit-Fill] 항목을 적용하여 [Fill] 대화상자에서 Use 항목에 Black을 설정하고 [OK] 버튼을 클릭한다. 선택 영역에 검정색이 적용된다.

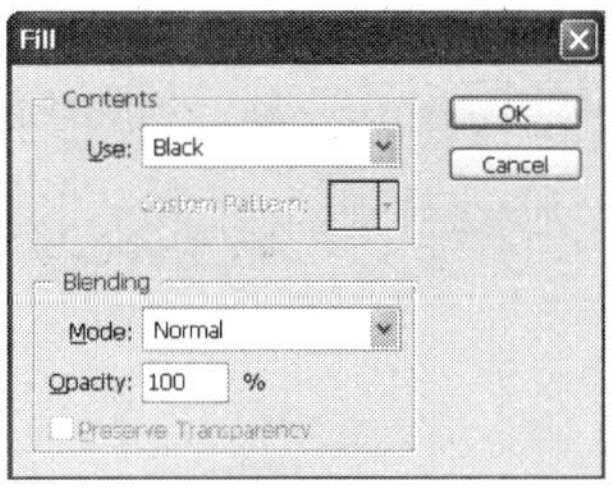

⑩ 메뉴바의 [Select-Transform Selection]을 적용하여 선택 영역의 크기를 다시 축소한다.

⑪ [Gradient Editor] 대화상자에서 Copper 그라디언트를 선택하고 적용한다.

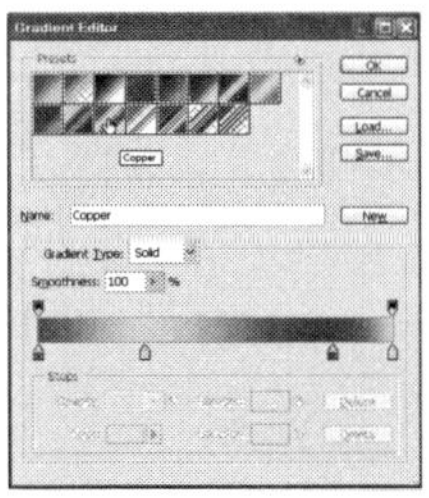

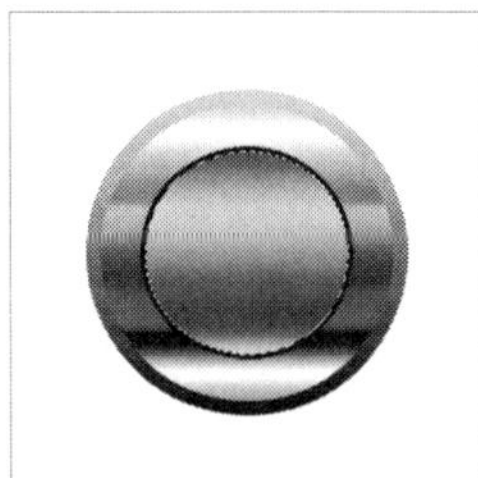

⑫ 메뉴바의 [Select-Transform Selection]을 적용하여 선택 영역의 크기를 다시 축소한다.

⑬ [Gradient Editor] 대화상자에서 Color Stop을 제거하기 위해 Color Stop을 클릭하면서 밑으로 당긴다.

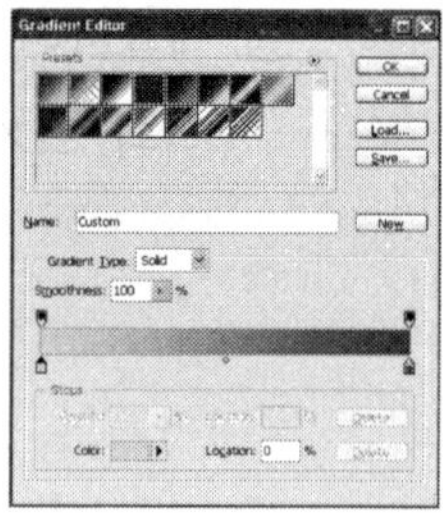

⑭ 그라디언트 옵션바에서 Radial 형태의 그라디언트를 선택하고 선택 영역에서 클릭&드래그하여 그라디언트를 적용한다.

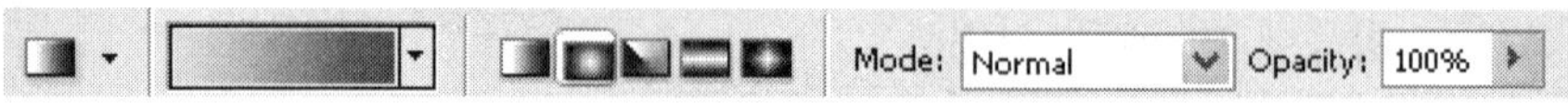

⑮ 원형 선택 툴로 버튼의 안쪽 영역을 선택한다.

⑯ 메뉴바의 [Image-Adjustments-Hue/Saturation]에서 옵션을 조절하여 버튼의 색상을 다양하게 적용한다.

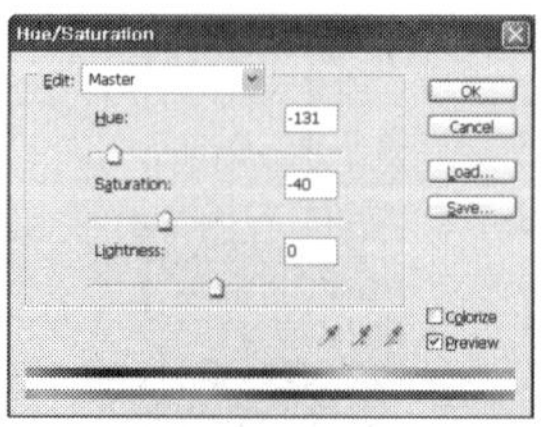

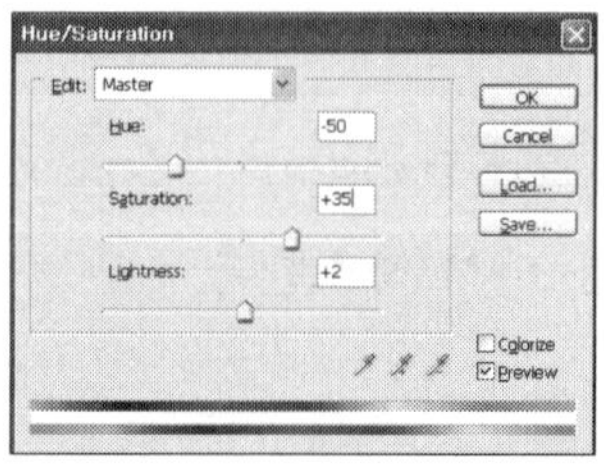

Section 06. 브러시와 연필로 원하는 이미지 그리고 지우개로 지우기

6.1 기본적인 브러시 툴 [Brush Tool]사용하기

브러시 툴은 포토샵에서 이미지를 그릴때 가장 많이 사용하는 툴이다. 자연스럽고 부드러운 이미지의 표현이 가능하고 여러 종류의 브러시를 사용하면 다양한 효과를 표현할 수 있다.

(1) 브러시 툴 옵션바

- Brush

  브러시의 크기와 모양을 설정하거나 미리 만들어 놓은 브러시를 선택하여 사용할 수 있다.

- Mode

  브러시로 그려진 부분과 아래 이미지와의 블렌딩 모드를 선택한다.

- Opacity

  브러시로 그려질 부분의 불투명도를 설정한다.

- Flow

  에어브러시 [4-7-3]옵션을 사용할 때 에어브러시의 농도에 강약을 조절한다.

(2) 브러시 툴 Preview

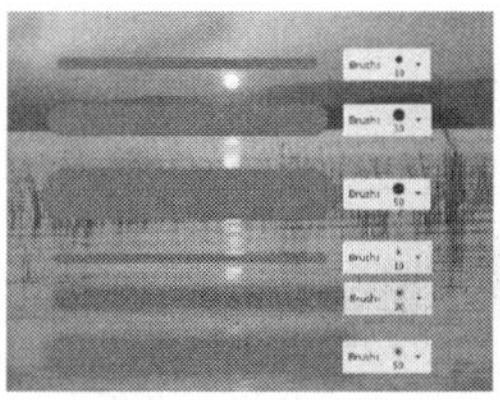

크기와 Hardness 적용

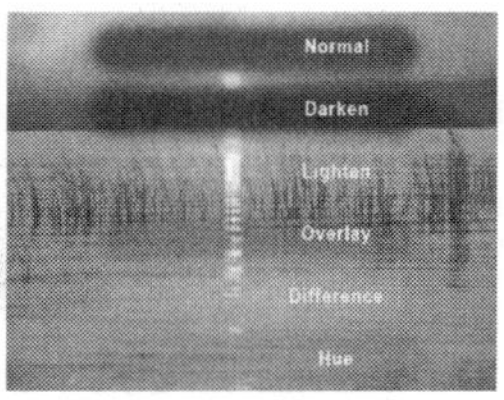

Mode 적용

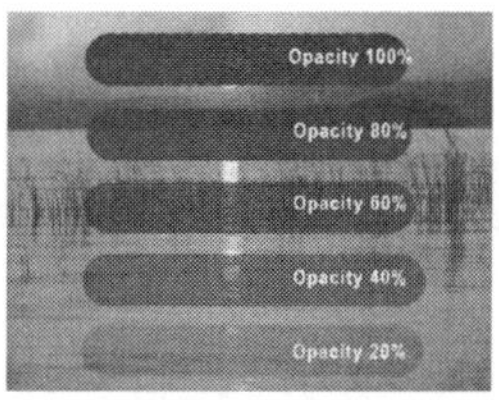

Opacity 적용

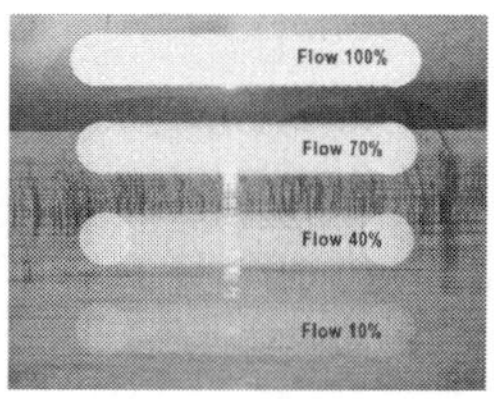

Flow 적용

(3) 브러시 창

- **Master Diameter**

  슬라이더를 움직이거나 직접 입력하여 브러시의 크기를 설정한다.

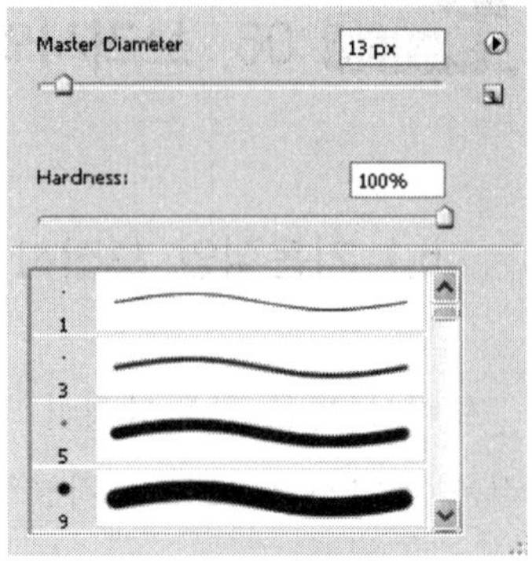

- **Hardness**

  브러시의 부드러운 정도를 설정한다. 100%에 가까울수록 테두리가 선명하게 0%에 가까울수록 경계가 부드럽게 표현된다.

- **Preset Brush List**

  미리 만들어놓은 브러시 샘플이다.

6.2 브러시 팔레트로 다양한 형태의 브러시 만들기

브러시 툴이 선택된 상태에서 브러시 옵션바의 우측에 있는 Toggle the Brushes palette 버튼을 클릭하거나 [Brushes] 버튼을 클릭하면 여러 가지 설정 항목이 있는 브러시 팔레트가 나타난다.

(1) 브러시 팔레트

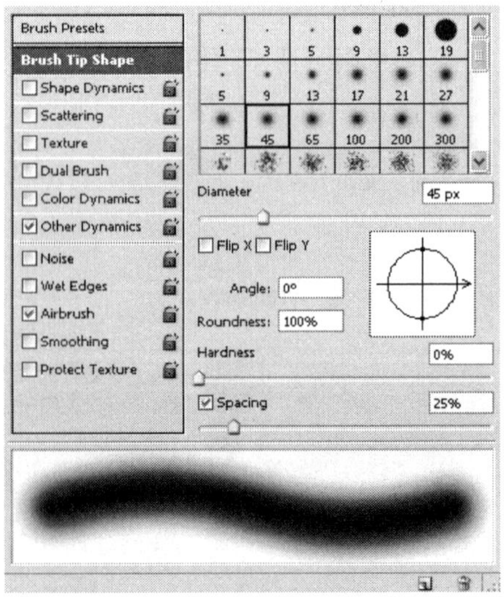

- **Brush Preset**

  미리 만들어진 브러시를 선택한다.

- **Brush Tip Shape**

  브러시의 크기, 부드러운 정도, 간격 등을 설정한다.

- **Shape Dynamics**

  브러시의 크기, 각도, 모양 등의 불규칙한 정도를 설정한다.

- **Scattering**

  브러시가 흩어지는 정도를 설정한다.

■ Texture

브러시에 패턴을 적용한다.

■ Dual Brush

두 가지 브러시를 혼합한다.

■ Color Dynamics

브러시의 색상을 전경색에서 배경색으로 변할 수 있도록 한다.

■ Other Dynamics

브러시의 투명도 등을 설정한다.

6.3 Define Brush Preset으로 새로운 브러시 만들기

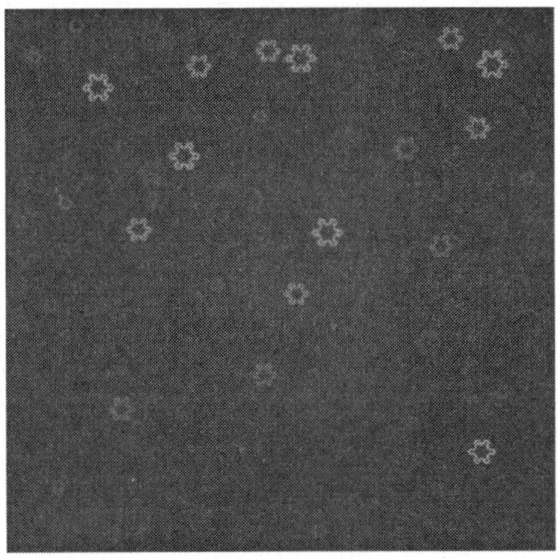

〈완성 이미지〉

■ 눈 이미지를 브러시로 등록한다.

■ 브러시 크기와 블렌드 모드, 불투명도 등을 조절하여 다양한 눈송이를 만든다.

① 그림파일을 연다.

② 메뉴바의 [Edit-Define Brush Preset]을 클릭하면 [Brush Name]대화상자에서 새로 등록할 브러시의 이름을 입력한다.

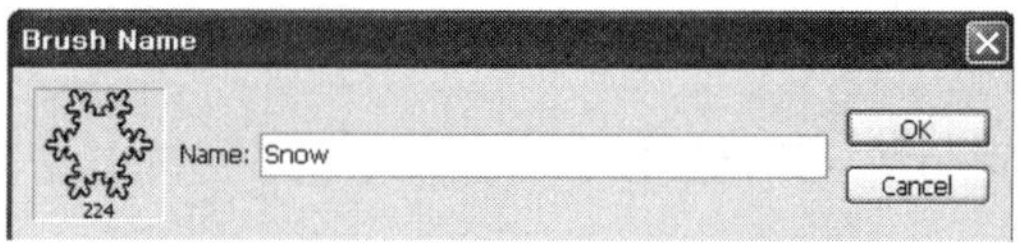

③ 브러시 툴을 선택하고 브러시 옵션바의 브러시 창을 클릭하면 Preset Brush List 하단에 새로 등록한 snow 브러시가 나타난다.

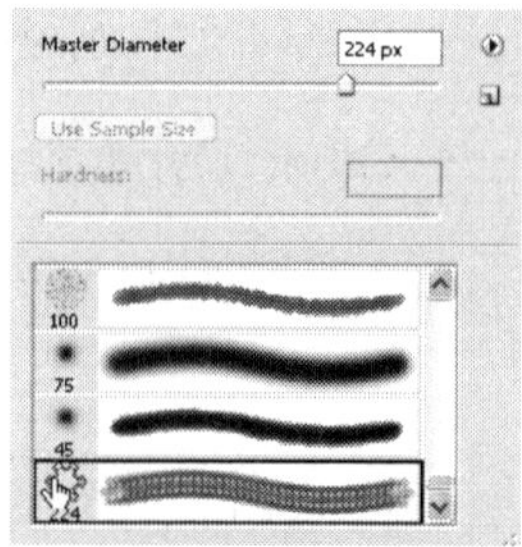

④ 메뉴바 [File-New]를 클릭하고 [New]대화상자에서 작업창의 크기를 설정하고 새로운 작업창을 만든다.

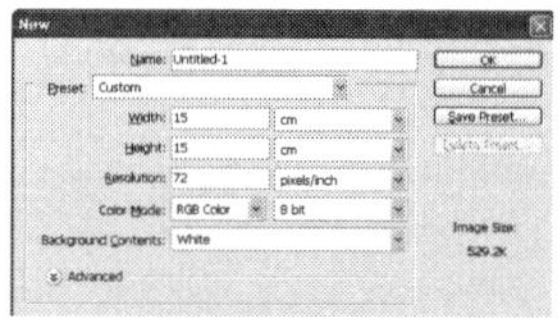

⑤ 그라디언트 툴을 선택하고 [Gradient Editor]대화상자에서 그림과 같이 그라디언트를 설정하고 [OK]버튼을 클릭한다.

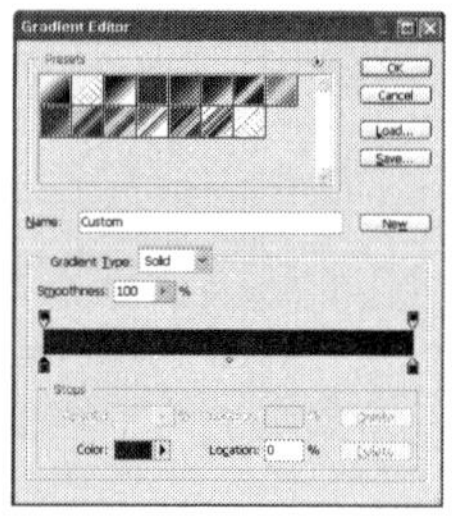

⑥ 그라디언트 툴로 작업창 위를 드래그하여 그라디언트 색상을 작업창 전체에 적용한다.

⑦ 브러시 툴을 선택하고 전경색을 흰색으로 설정한다.

⑧ 브러시 옵션바에서 새로 등록한 브러시를 선택하고 Size, Mode, Opacity, Flow 등을 변경하면서 작업창 위에 클릭하여 눈송이를 만들어 이미지를 완성한다.

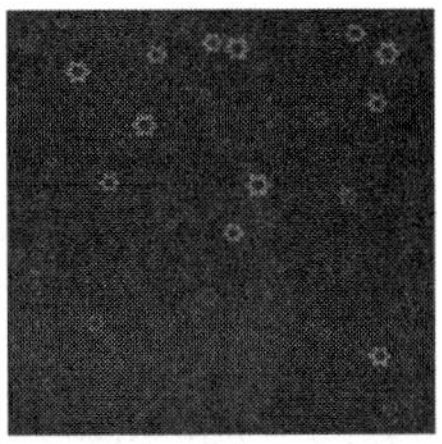

6.4 브러시 등록하고 수정하기

〈완성 이미지〉

- 꽃 이미지를 새로운 브러시로 등록한다.
- 브러시 팔레트에서 브러시의 옵션을 조절하여 다양한 형태의 브러시를 적용해본다.

① 그림파일을 열어 마술봉 툴로 검정 배경을 클릭하여 선택한다. 메뉴바의 [Select-Inverse]를 적용하여 선택 영역을 반전시켜 꽃 이미지가 선택되도록 한다.

② 메뉴바의 [Edit-Define Brush Preset]을 클릭하면 [Brush Name] 대화상자가 나타난다. 새로 등록할 브러시의 이름을 정하고 [OK]버튼을 클릭한다.

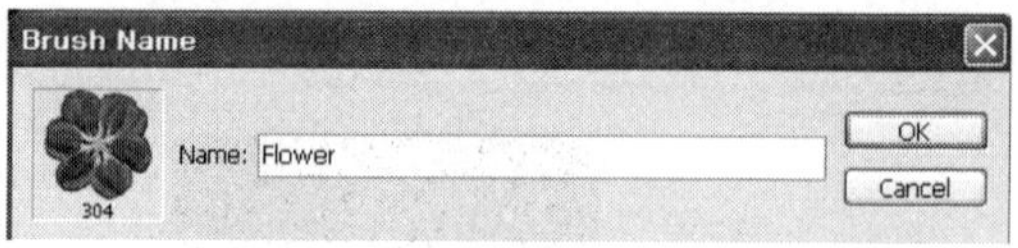

③ 메뉴바의 [File-New]를 클릭하여 [New]대화상자에서 새로 만들 작업창의 크기를 설정하고 [OK]버튼을 클릭하면 새로운 작업창이 만들어진다.

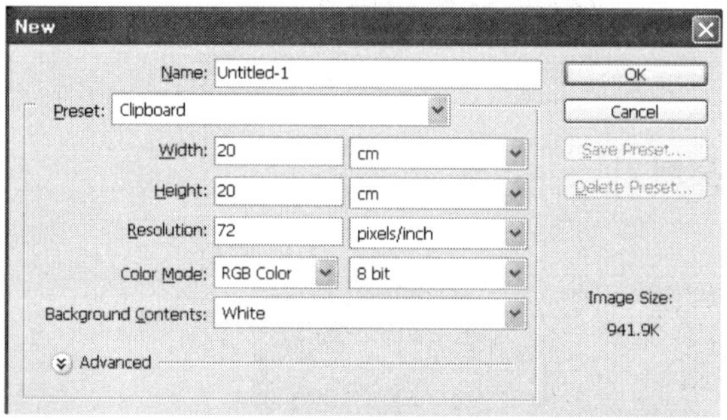

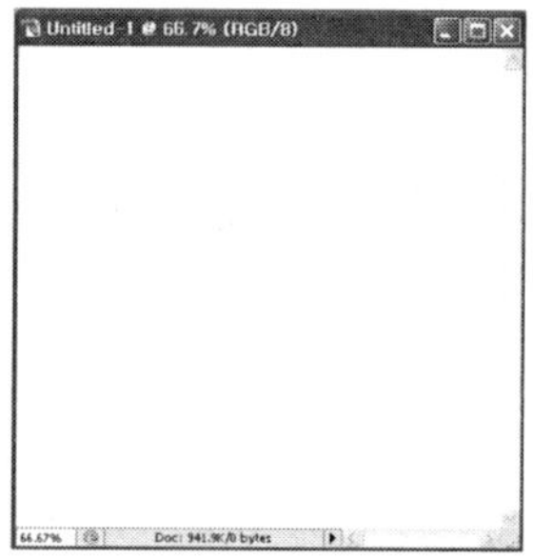

④ 툴박스의 브러시 툴이 선택된 상태에서 화면 상단 옵션바 우측의 팔레트 웰의 [Brushes] 탭을 클릭하여 [Brushes]팔레트를 열고 Brush Tip Shape이 선택된 상태에서 옵션값을 설정한다.

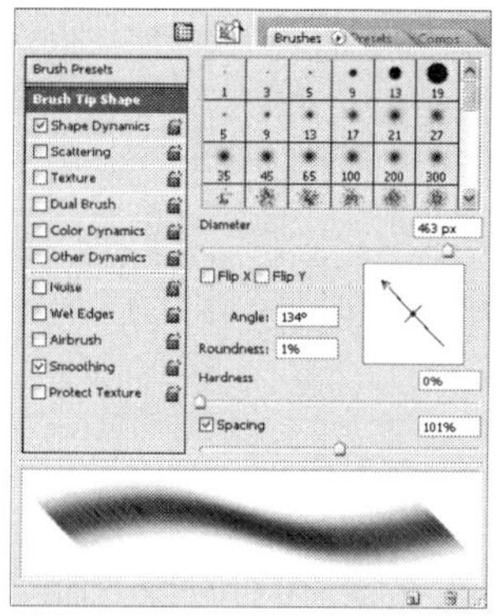

[4-7-114]

⑤ 툴박스의 전경색을 다양하게 바꿔가면서 브러시를 적용해본다. 대각선의 형태가 나오도록 [Brushes]팔레트의 Brush Tip Shape에서 Angle 값을 바꿔주면서 브러시를 적용한다.

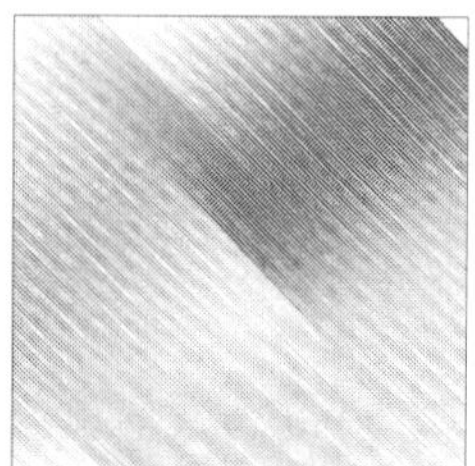
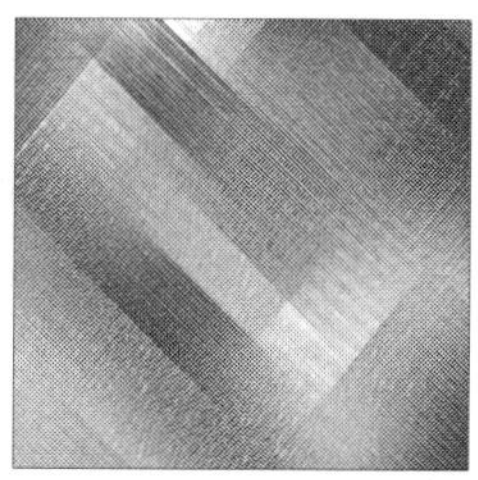

⑥ 툴박스의 사각 선택 툴로 사각형을 그린다. 메뉴바의 [Image-Adjustment-Invert]를 적용하면 사각 선택 영역의 색상이 반전된다.

⑦ Flower sauce의 꽃 이미지를 선택하고 이동 툴로 작업창으로 이동시킨다. [Alt]키를 누르면서 이동, 복사여 복사된 꽃 이미지를 축소한다.

⑧ 툴박스의 브러시 툴을 선택하고 새로 등록한 브러시를 선택하여 브러시의 크기를 설정한다. 툴박스의 전경색은 브러시가 적용될 색상으로 설정하고 클릭하여 브러시를 적용한다.

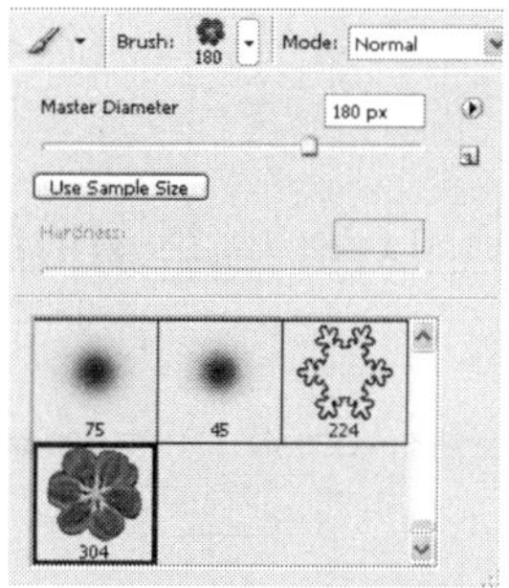

⑨ 브러시의 크기, Opacity, 색상 등을 다양하게 조절하면서 브러시 툴로 클릭하여 꽃이 흩날리는 이미지를 완성한다.

⑩ 툴박스의 문자 툴을 선택하고 옵션을 설정한 후 문자를 입력한다.

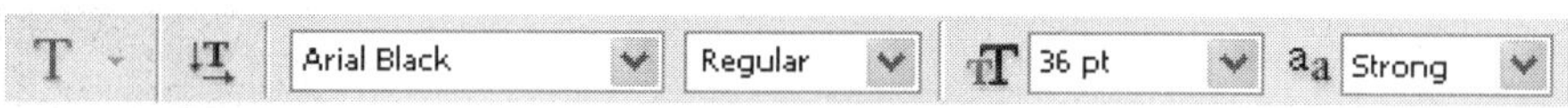

⑪ 문자의 크기를 다르게 설정한 후 문자를 입력하여 이미지를 완성한다.

6.5 히스토리 브러시 툴  (History Brush Tool)로 원본 이미지 되살리기

명령어 : Y

히스토리 브러시를 사용하면 이전 작업 상태를 기억하기 때문에 히스토리 브러시 툴로 드래그하면 원본 이미지로 복구해준다.

6.6 히스토리 브러시로 원본 이미지 부분적으로 되살리기

- 원본 이미지를 [Image-Adjustments-Desaturate]를 적용하여 흑백 이미지로 만든다.
- 히스토리 브러시 툴로 색상을 복원하고 싶은 부분만 드래그한다.

〈완성 이미지〉

① 이미지를 연다.

② 메뉴바의 [Image-Adjustments-Desaturate]를 적용하면 이미지의 채도가 제거되면서 흑백 이미지로 전환된다.

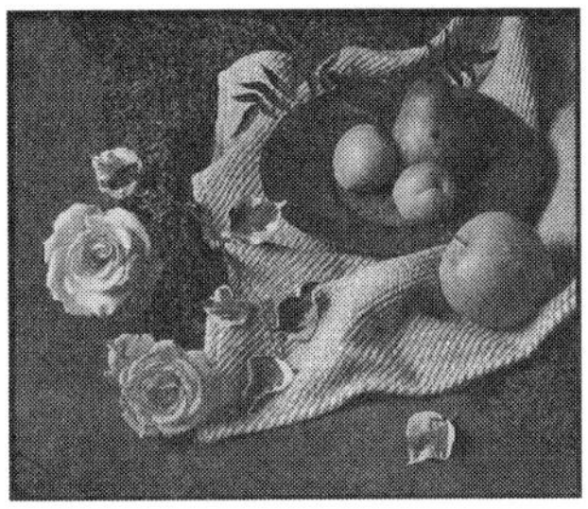

③ 히스토리 브러시 툴을 선택하고 옵션바의 브러시 아이콘을 클릭하여 브러시의 크기와 종류를 선택한다.

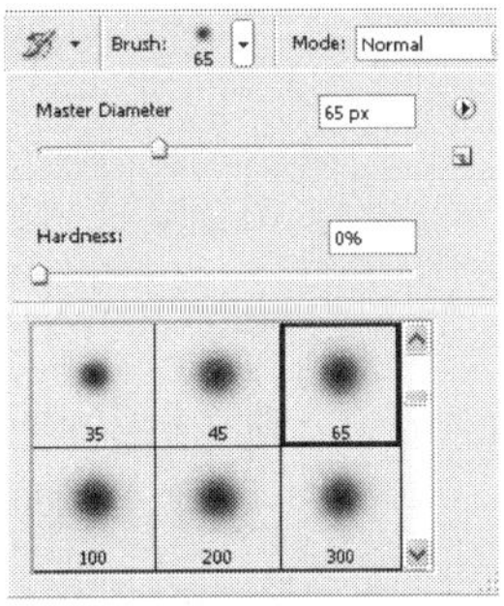

④ 히스토리 브러시 툴로 꽃 이미지 위를 드래그하면 히스토리 브러시가 적용된 부분은 원본 이미지로 복원된다.

⑤ 메뉴바의 [Window-History]를 클릭하면 히스토리 팔레트가 나타난다. 히스토리 팔레트에는 앞서 작업한 과정이 모두 기록되어 있다.

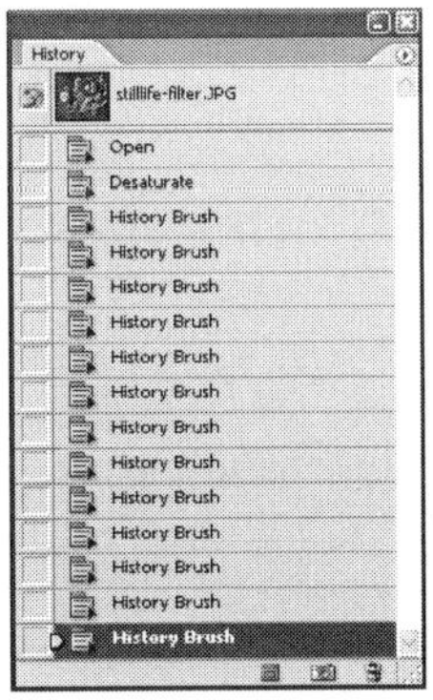

⑥ 히스토리 팔레트의 중간 과정을 클릭하면 그때까지의 작업 단계로 되돌아간다.

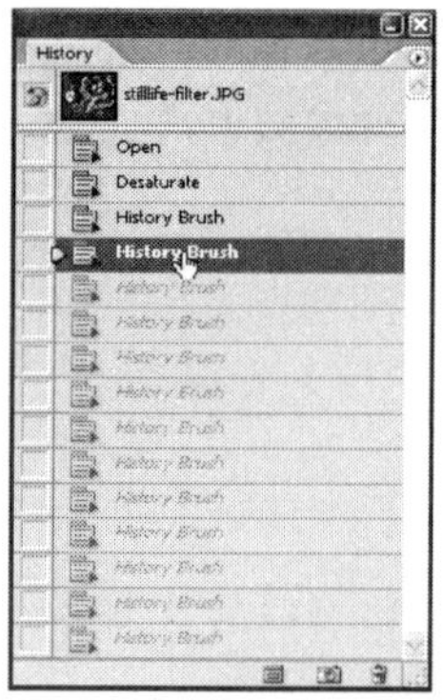

⑦ 히스토리 팔레트 하단의 [Create new snapshot]아이콘을 클릭하거나 팝업메뉴의 [New snapshot]을 클릭하면 히스토리 팔레트 상단에 snapshot1이 생성된다.

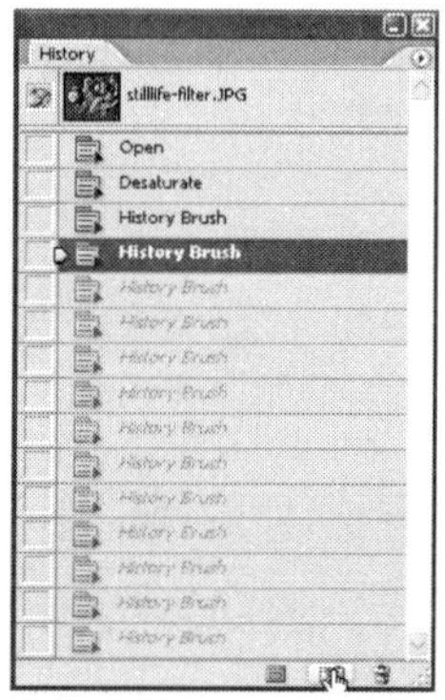

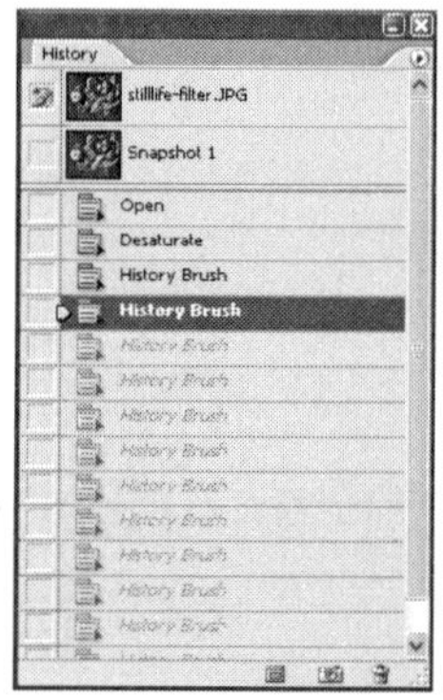

⑧ 툴박스의 아트 히스토리 브러시를 선택하고 옵션바의 브러시 아이콘을 클릭하여 브러시의 크기와 종류를 선택한다. 이미지 위를 드래그하면 붓으로 그린 듯한 효과가 적용된다.

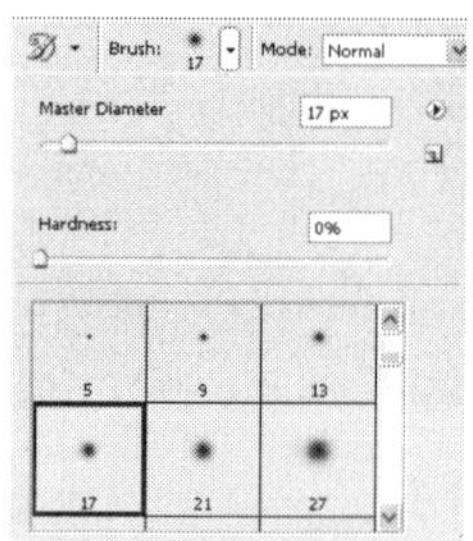

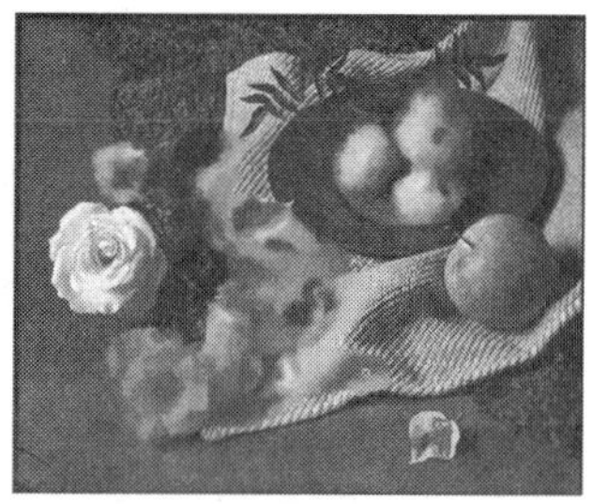

⑨ 히스토리 팔레트의 snapshot1을 클릭하면 snapshot1이 저장된 단계까지 되돌아간다.

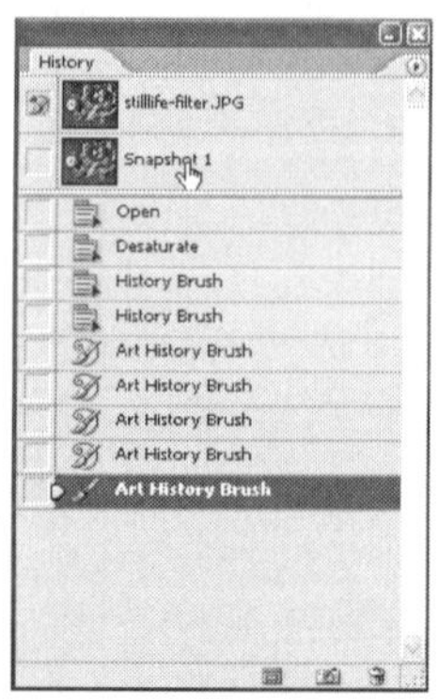

6.7 아트 히스토리 브러시 툴 (Art History Brush Tool)로 회화 이미지로 복구하기

히스토리 브러시 툴은 원본 이미지로 복구하지만 아트 히스토리 브러시 툴은 원본 이미지로 복구하면서 회화적인 붓터치 효과를 추가로 적용하게 된다.

(1) 아트 히스토리 브러시 툴 옵션바

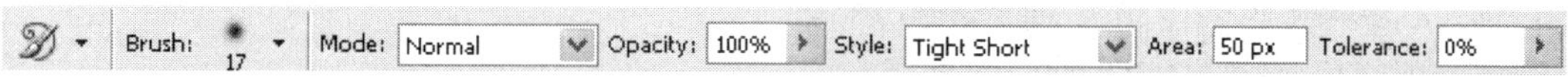

- Brush

  브러시의 크기와 모양을 설정하거나 미리 만들어 놓은 브러시를 선택하여 사용할 수 있다.

- Mode

  브러시로 그려진 부분과 아래 이미지와의 블랜딩 모드를 선택한다.

- Opacity

  브러시로 그려질 부분의 불투명도를 설정한다.

- Style

  붓터치 효과를 선택할 수 있다.

- Tolerance

  수치가 높을수록 정밀하게 그려진다.

(2) 아트 히스토리 브러시 스타일 Preview

Tight Shart

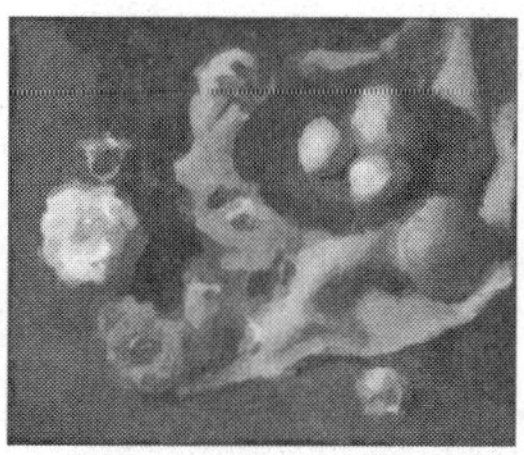
Tight Medium

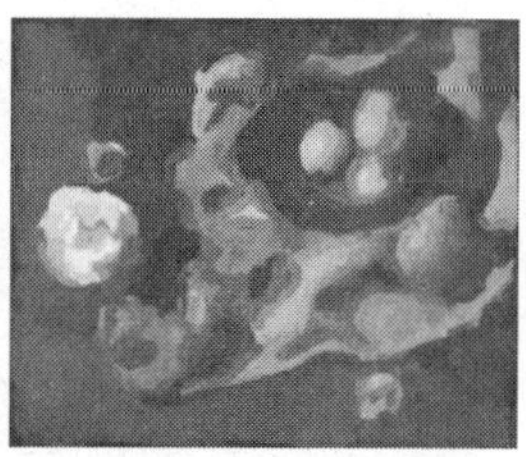
Tight Long

Loose Medium

Loose Long

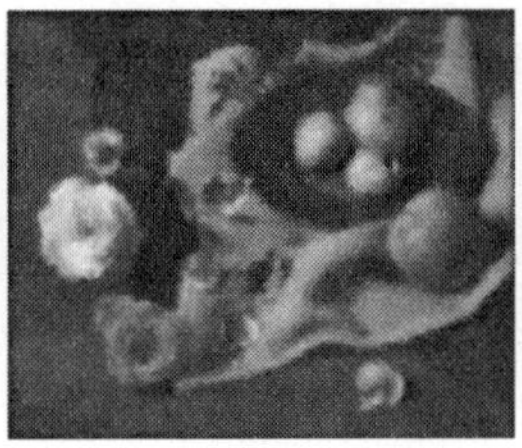

Dab

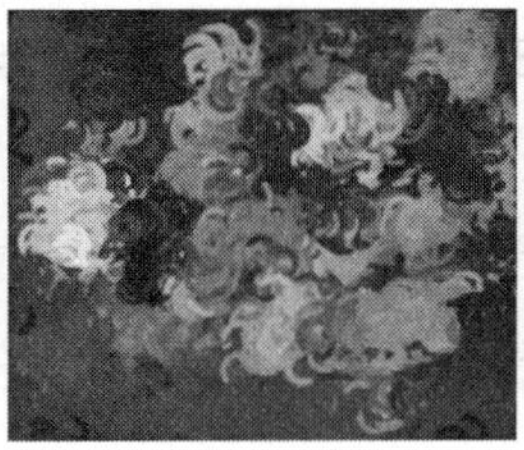

Tight Curl

Tight Curl Long

Loose Curl

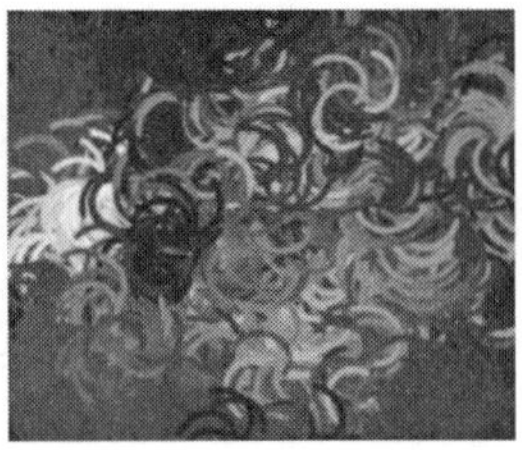

Loose Curl Long

6.8 연필 툴 (Pencil Tool)로 그림을 그린다.

명령어 : B

연필 툴은 브러시 툴과 같이 툴박스의 전경색으로 드로잉 되는 툴이며, 브러시 툴처럼 경계가 부드러운 표현보다는 날카롭고 선명한 이미지에 사용한다.

6.8 연필 툴로 물고기 그리기

〈완성 이미지〉

- 연필 툴과 지우개 툴을 이용하여 물고기를 그린다.
- 물고기에 다양한 색상과 그라디언트를 적용하여 물고기 이미지를 완성한다.
- [Alt]키를 이용하여 물고기 이미지를 필요한 수만큼 복사하고 색상을 변경한다.

① 메뉴의 [File-New]로 새로운 작업창을 연다.

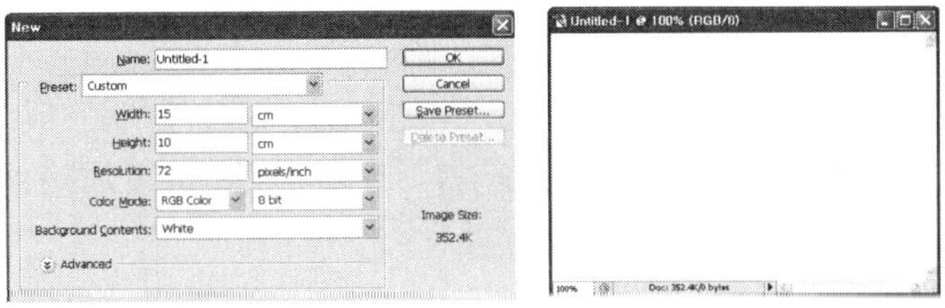

② 연필 툴을 선택하고 연필 툴 옵션바의 브러시 창을 클릭하면 [Preset Brush List]에서 브러시의 크기와 모양을 설정한다.

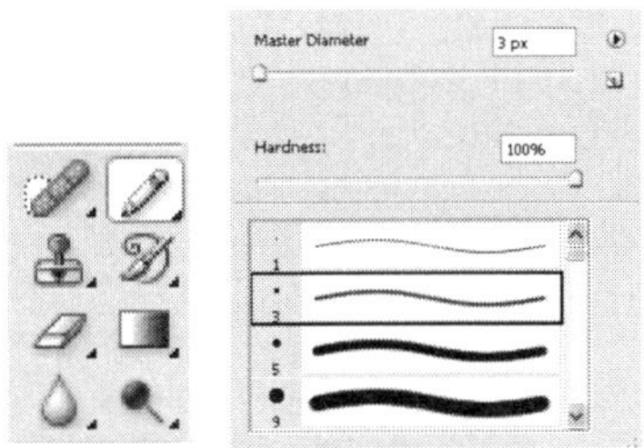

③ 툴박스의 전경색을 검정으로 설정하고 연필 툴로 이미지를 그려줍니다. 수정할 때는 지우개 툴로 지워주면서 이미지를 완성한다.

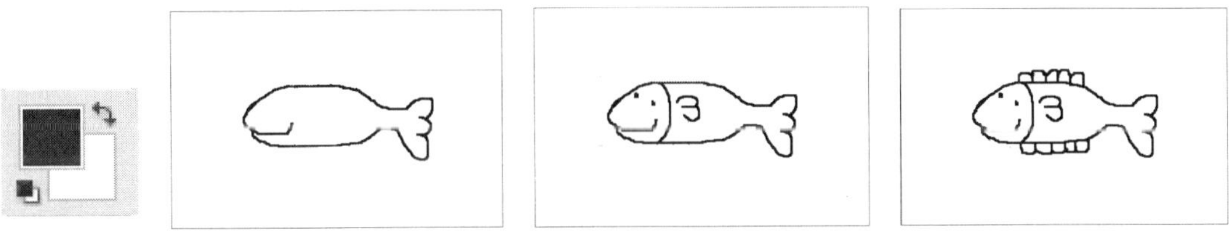

④ 페인트 버켓 툴과 그라디언트 툴을 이용하여 색상을 적용한다.

⑤ 레이어 팔레트의 Background 레이어를 더블클릭한다. [New Layer] 대화상자에서 Background 레이어를 일반 레이어인 Layer0으로 변경한다.

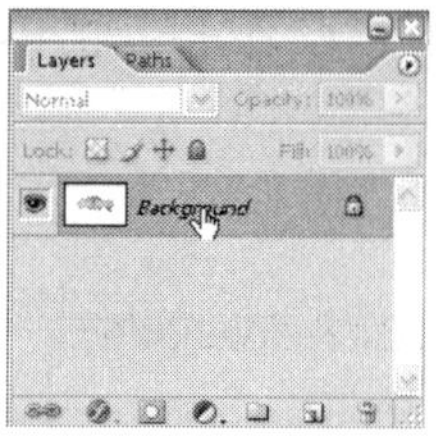

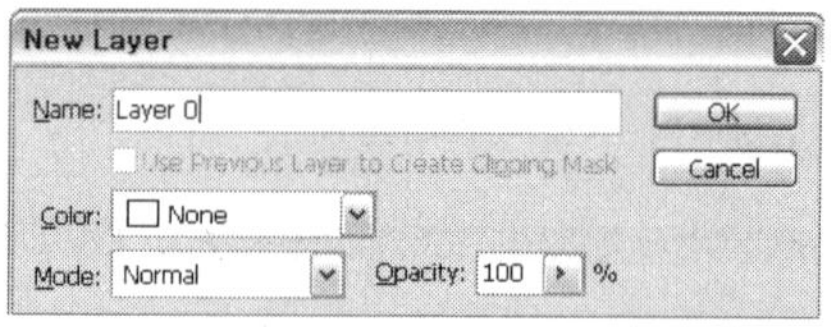

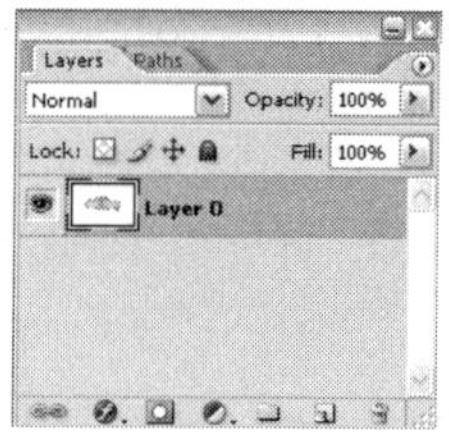

⑥ 마술봉 툴로 흰색 배경 부분을 클릭하여 선택하고 [Delete]키를 눌러 흰색 배경을 삭제하여 투명한 상태로 만든다.

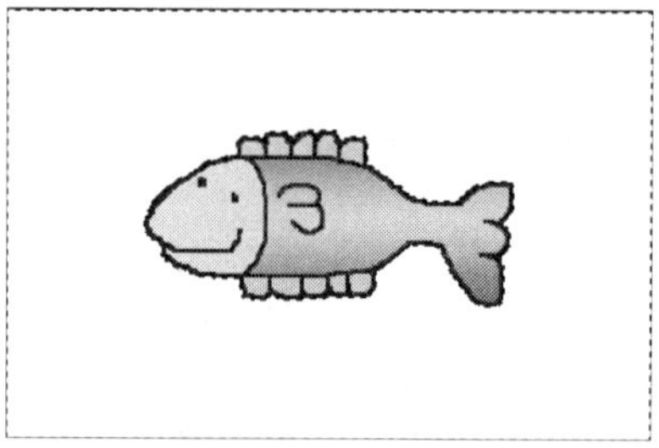

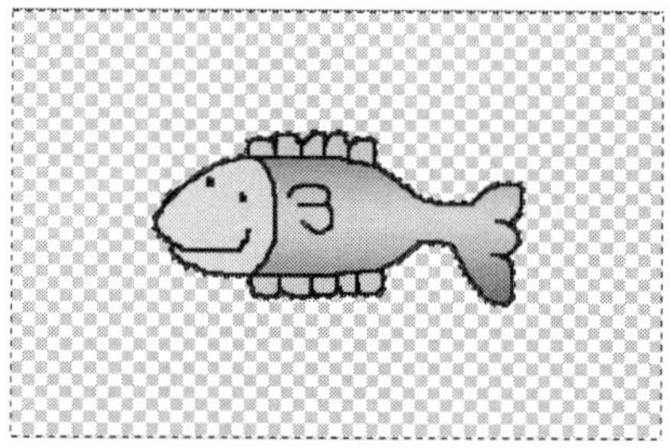

⑦ 레이어 팔레트 하단의 [Create a new layer] 아이콘을 클릭하여 새로운 레이어 Layer1을 만든다. Layer1을 Layer0 레이어 밑으로 이동시킨다.

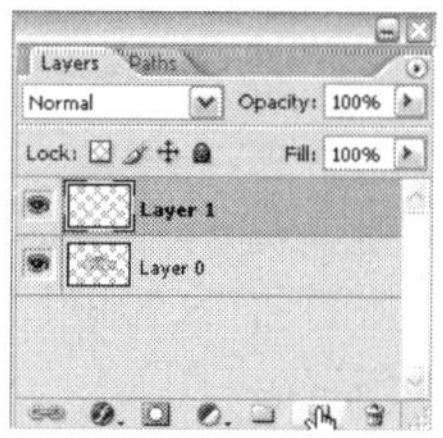

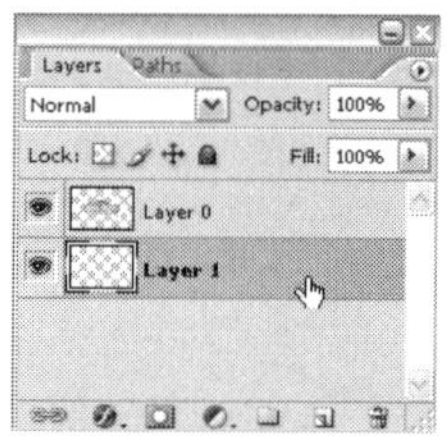

⑧ 그라디언트 툴을 선택하고 그라디언트 색상을 설정한다. 레이어 팔레트에서 Layer1을 선택하고 그라디언트를 작업창 전체에 적용하여 배경 색상을 만든다.

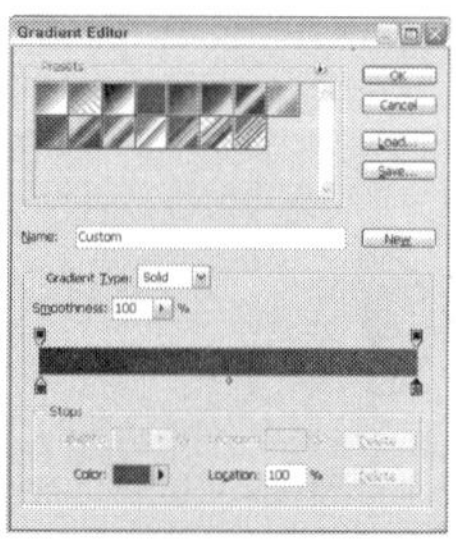

⑨ 레이어 팔레트에서 Layer0을 팔레트 하단의 [Create a new layer] 아이콘으로 드래그하면 Layer0 copy가 복사되면서 물고기가 복사된다.

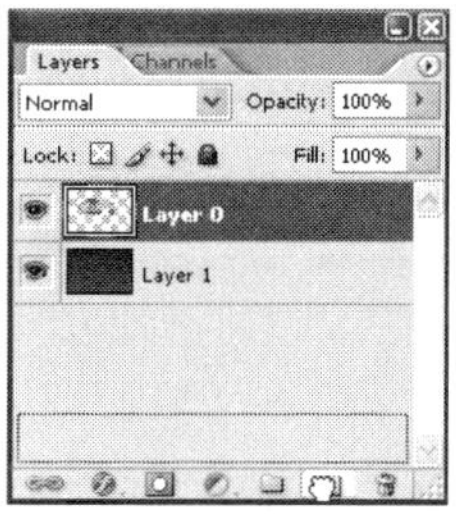

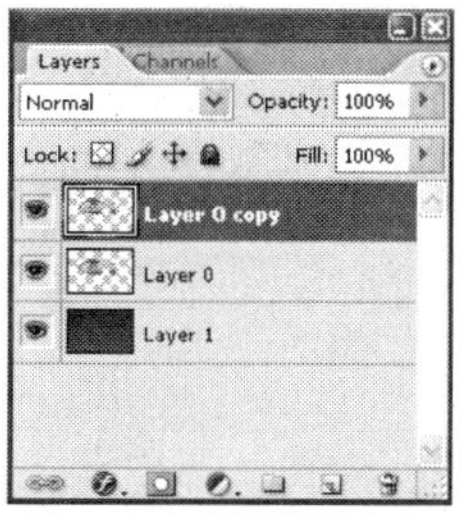

⑩ 복사된 물고기의 크기와 색상을 변경하여 이미지를 완성한다.

6.10 지우개 툴로 필요 없는 부분 간단하게 지우기

명령어 : E

지우개 툴은 3가지 종류가 있는데 드래그한 영역이 배경색으로 채워지면서 이미지가 지워지는 지우개 툴 [4-7-60](Eraser Tool), 드래그한 영역이 투명하게 처리되는 배경 지우개 툴 [4-7-61](Background Eraser Tool), 클릭한 부분의 색상과 비슷한 색상 정보를 가진 색상은 한꺼번에 지우는 마술 지우개 툴 [4-7-62](Magic Eraser Tool)이 있다.

원본 이미지

지우개 툴

배경 지우개 툴

마술 지우개 툴

6.11 지우개 툴로 거친 테두리 만들기

〈완성 이미지〉

- 이미지를 지우개 툴의 거친 브러시를 적용하여 테두리 부분을 삭제하여 거친 테두리의 이미지를 만든다.
- 이미지에 [Drop Shadow]를 적용하여 그림자 효과를 적용한다.
- 문자 툴을 이용하여 문자를 입력하고 이미지를 완성한다.

① 이미지파일을 연다.

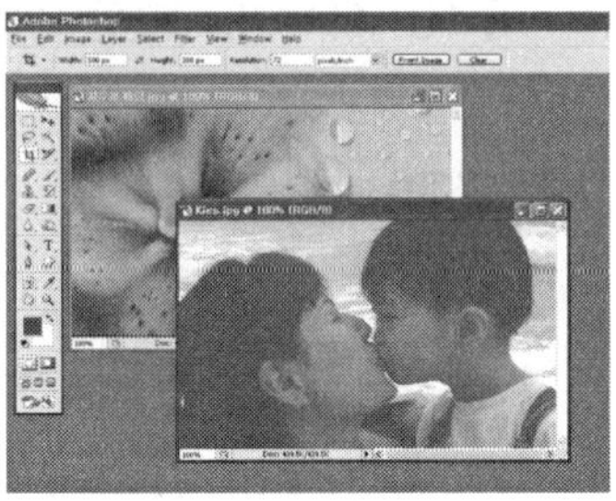

② 인물.jpg 파일에서 이동 툴로 인물 이미지를 인물 배경이 될 이미지 위로 드래그하여 이동시킨다. 지우개 배경 이미지에 인물 이미지가 있는 레이어가 새로 추가된다.

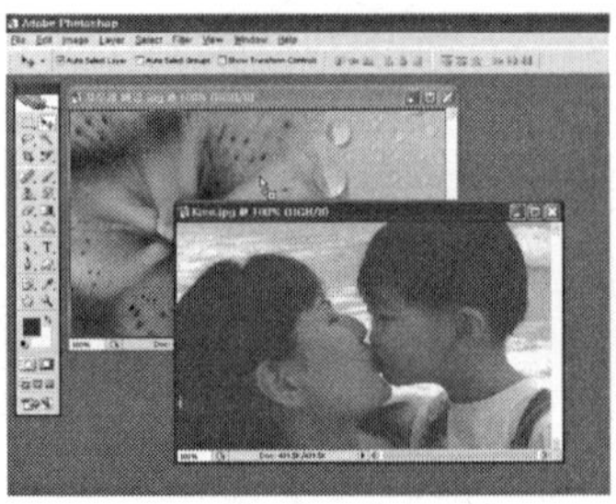

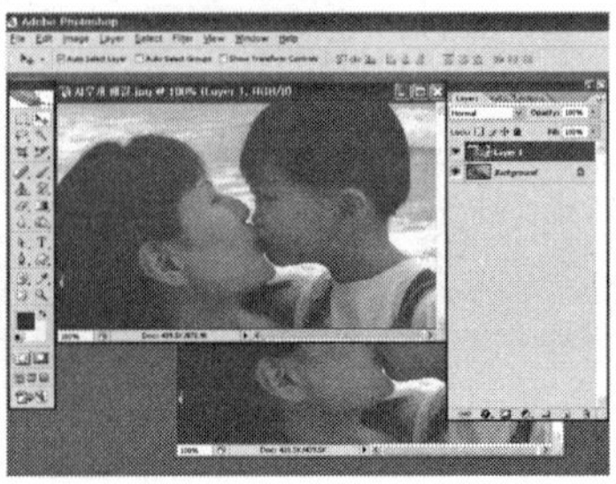

③ 레이어 팔레트 하단의 [Create a new layer] 아이콘을 클릭하면 새로운 레이어가 나타난다.

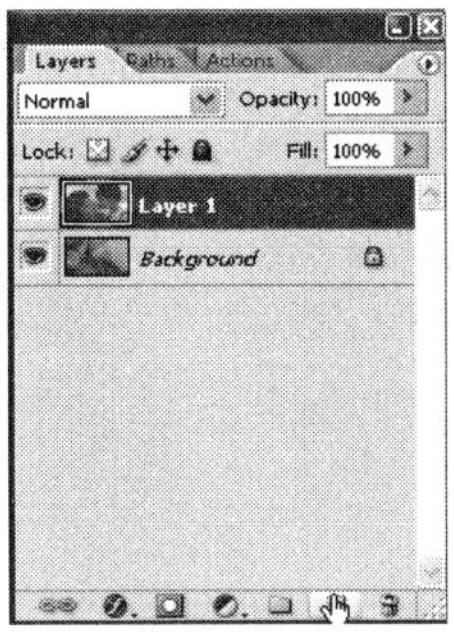

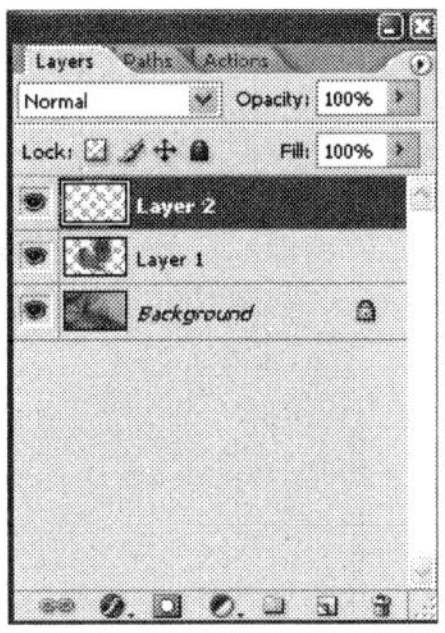

④ 툴박스의 커스텀 쉐입 툴을 선택하고 옵션바에서 Shape의 형태를 선택한다.

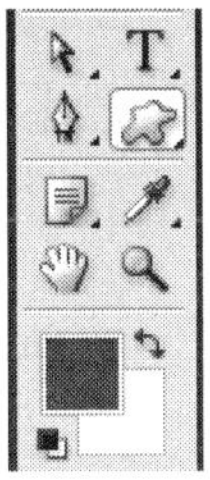

⑤ 작업창 위에서 클릭&드래그하면서 하트 이미지를 만든다.

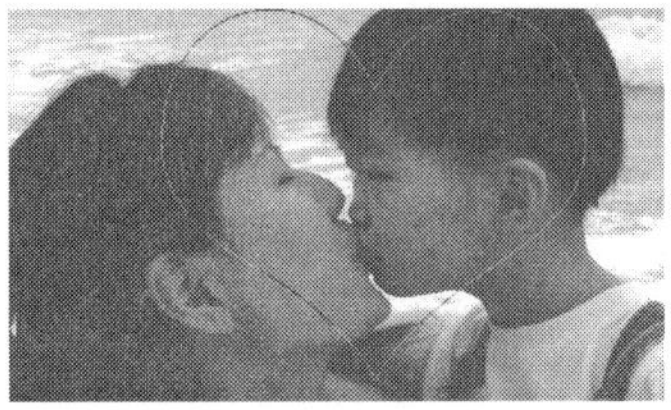

⑥ 패스 팔레트를 선택하거나 메뉴바의 [Window-Paths]를 클릭하여 패스 팔레트가 나타나도록 한다.

⑦ 패스 팔레트 하단의 [Load path as a selection] 아이콘을 클릭하면 패스로 그려진 부분이 선택영역으로 로딩된다.

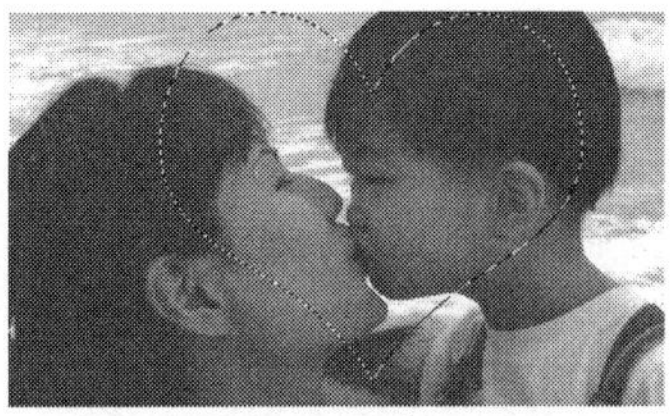

⑧ 메뉴바의 [Select-Transform Selection]을 클릭하여 선택 영역의 크기와 위치를 조절한다. 크기와 위치를 맞춘 후 [Enter]키를 클릭한다.

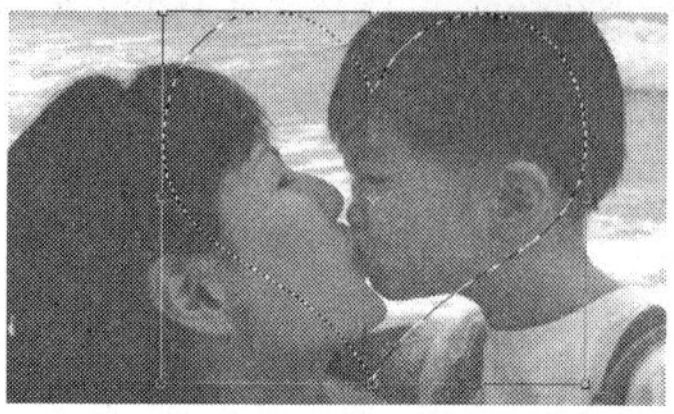  

⑨ 레이어 팔레트에서 Layer2를 선택하고 메뉴바의 [Edit-Stroke]을 클릭하여 [Stroke] 대화상자에서 옵션을 설정하고 [OK]버튼을 클릭한다.

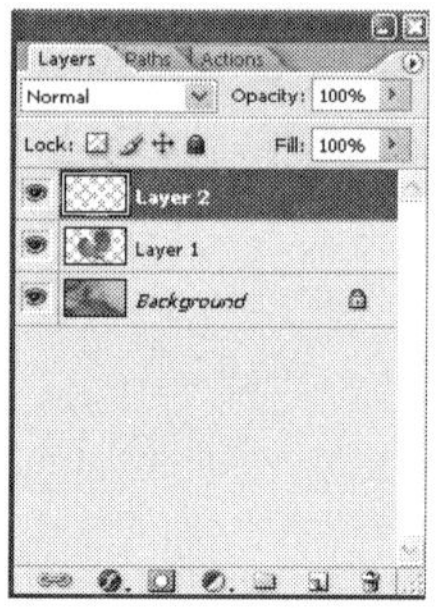

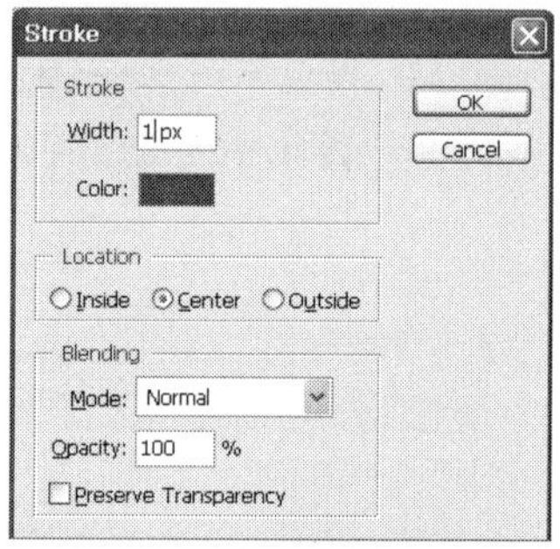

⑩ [Stroke] 대화상자에서 설정한 옵션 값이 하트 패스에 적용된다.

⑪ Layer1을 선택합니다. 툴박스의 지우개 툴을 선택하고 옵션바에서 지우개의 모양과 크기를 선택한다.

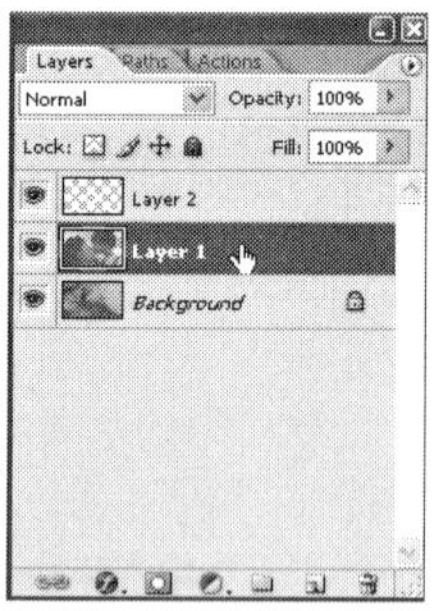

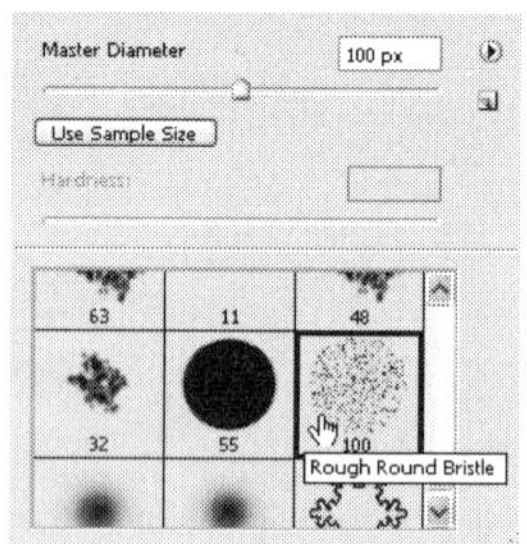

⑫ 브러시의 크기를 조절하면서 하트
이미지를 기준으로 지우개 툴로 드래그하면서 이미지를 지워나간다.

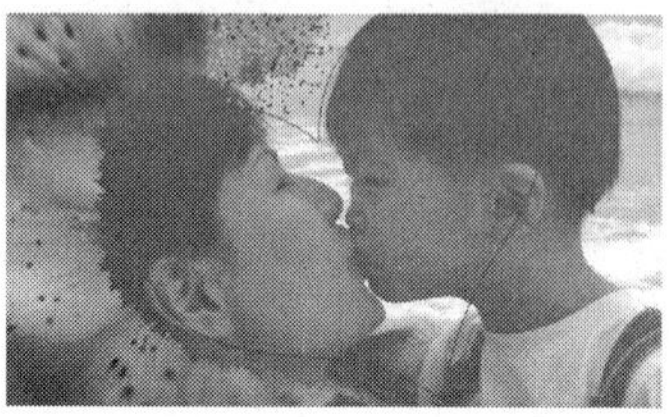 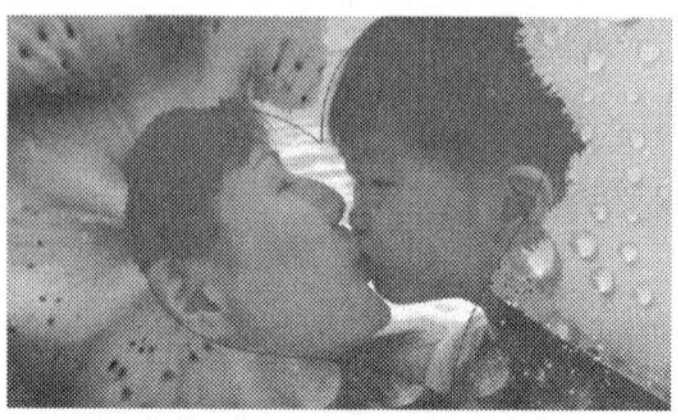 

⑬ Layer2를 레이어 팔레트 하단의 [Delete Layer] 아이콘 위로 드래그하면 Layer2가 삭제된다.

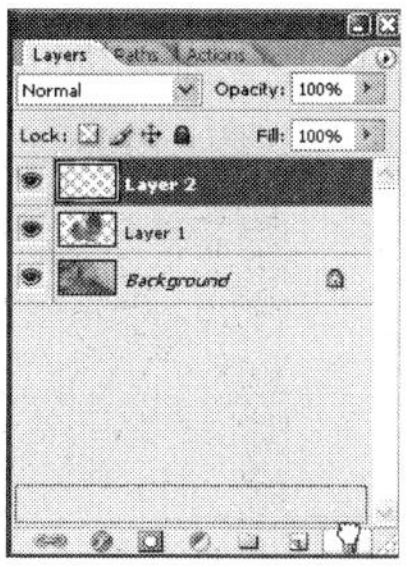

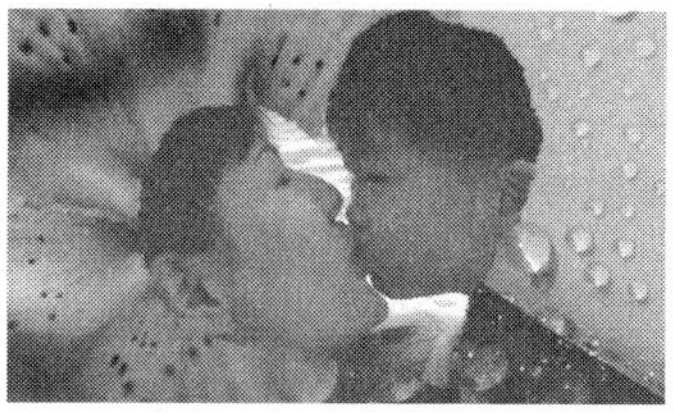

⑭ Layer1을 선택하고 레이어 팔레트 하단의 [Add a layer style] 아이콘을 클릭하여 [Drop Shadow]를 선택한다.

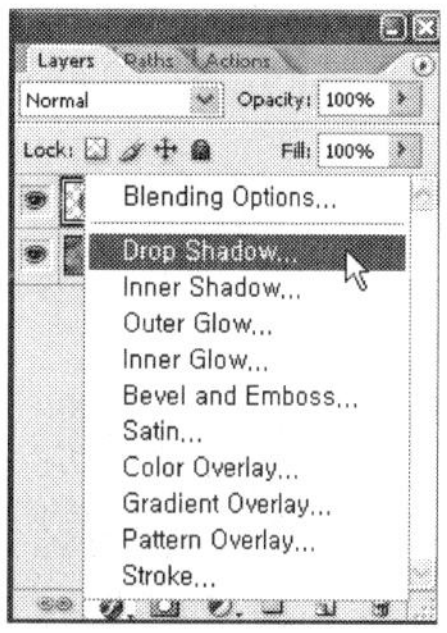

⑮ [Drop Shadow] 대화상자에서 옵션을 설정하고 [OK] 버튼을 클릭하면 Layer1 이미지에 그림자 효과가 적용되다.

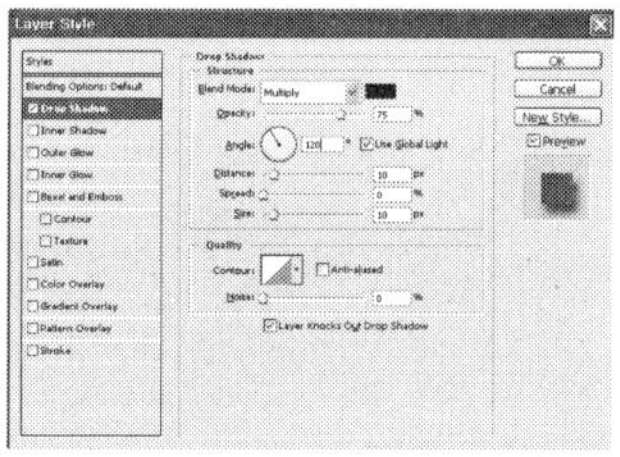

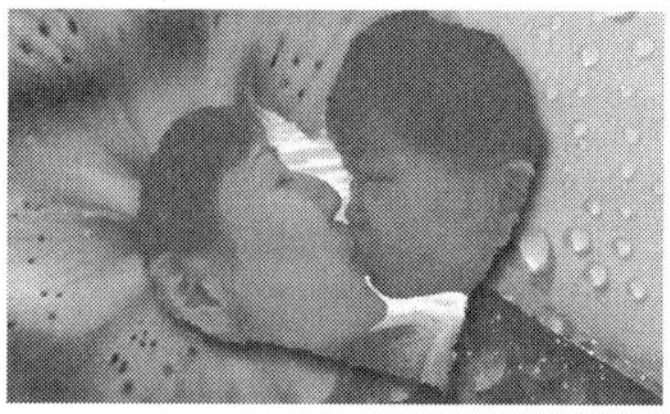

⑯ 툴박스의 문자 툴을 선택하고 옵션바에서 옵션을 설정한 후 문자를 입력한다.

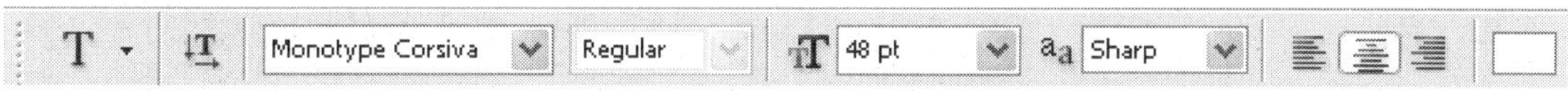

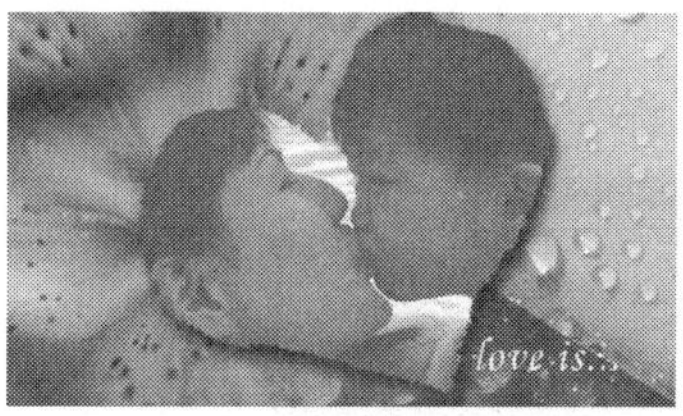

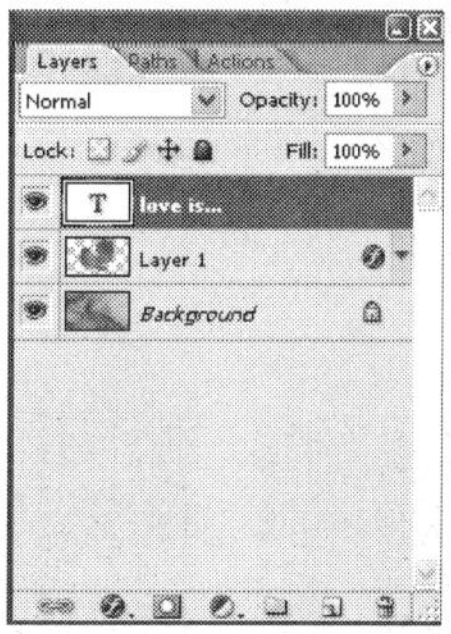

⑰ 툴박스의 자르기 툴을 선택하고 도큐먼트 위에서 필요한 부분을 드래그하여 영역을 설정한다. 더블클릭하면 설정된 영역만큼만 남고 나머지 부분은 삭제된다.

■ 메뉴바의 [Edit-Stroke]를 적용하면 선택 영역의 테두리 부분에 선을 만들 수 있다. [Stroke] 대화상자에서는 선의 색상과 두께, 모드를 다양하게 설정할 수 있다.

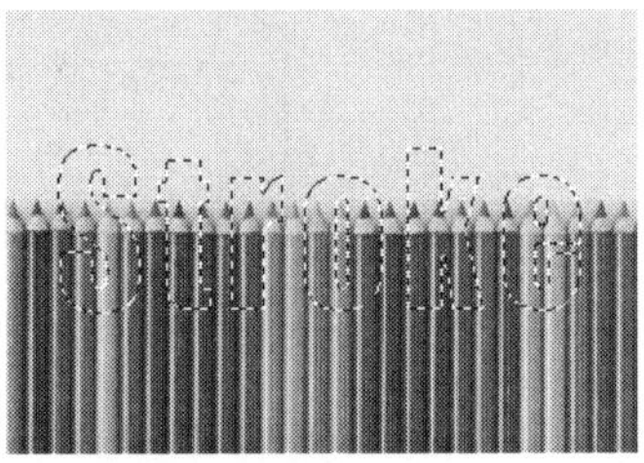

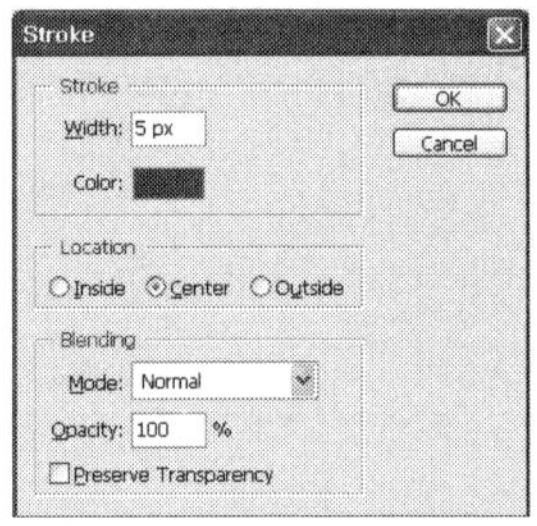

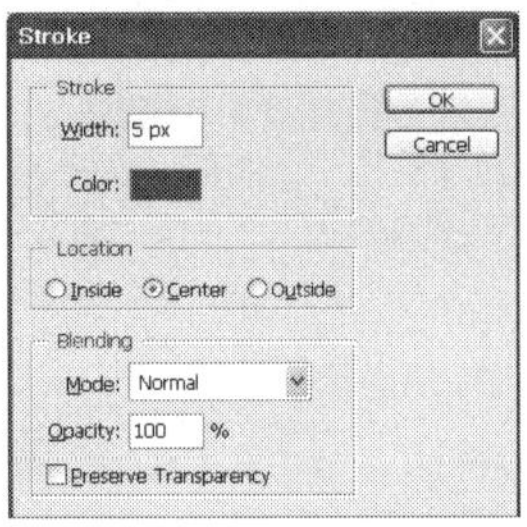

Inside 적용

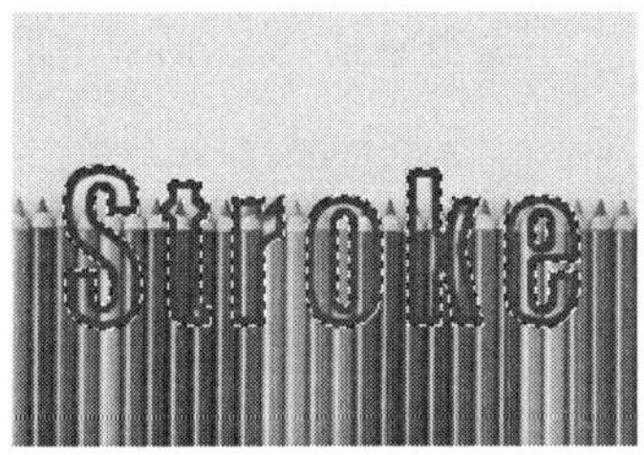

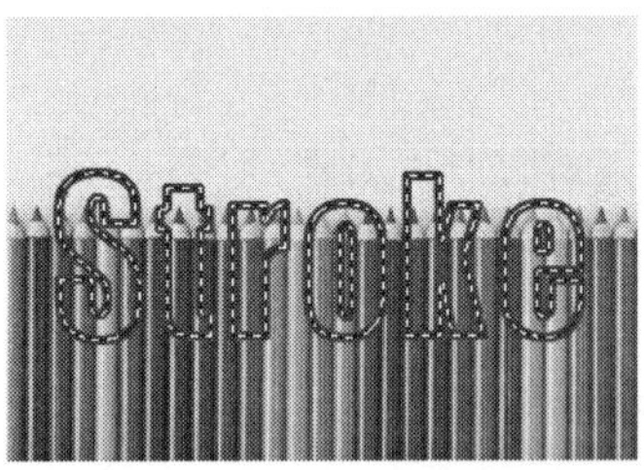

Center 적용

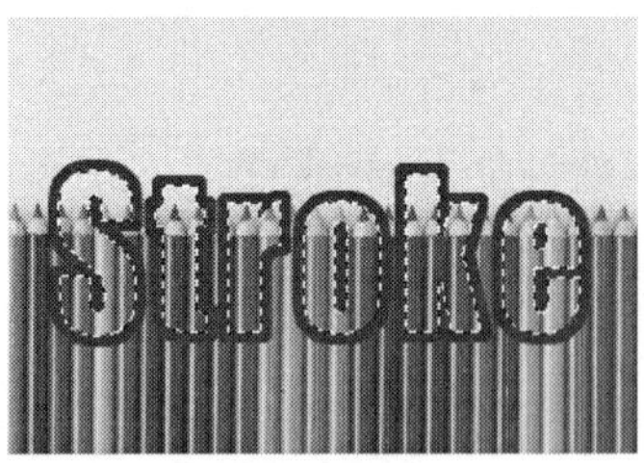

Outside 적용

Normal 100% 적용

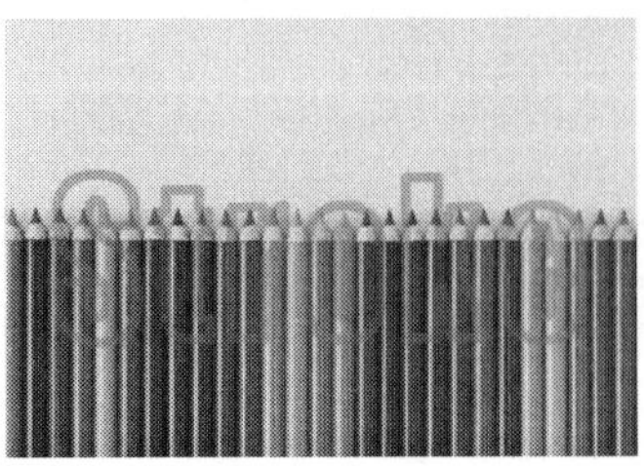

Normal 50% 적용

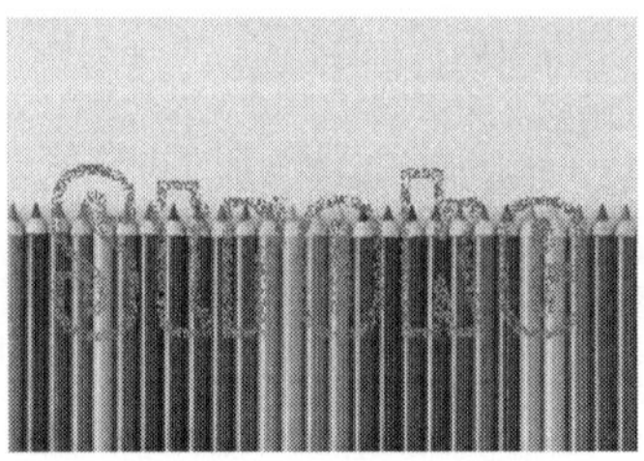

Dissolve 50% 적용

Section 07. 이미지를 복사하듯 찍어 낸다.

7.1 이미지를 찍어내고 패턴으로 채워주는 도장 툴 (Clone Stamp Tool)과 패턴 도장 툴 (Pattern Stamp Tool)

명령어 : S

도장 툴은 선택된 이미지를 도장으로 찍어내듯이 복사하여 똑같은 이미지를 만들어내는 것이다. 패턴 도장 툴은 브러시의 내부에 패턴을 적용하는 툴로 도큐먼트 위를 드래그하면 드래그하는 영역이 패턴으로 채워진다.

(1) Clone Stamp Tool 옵션바

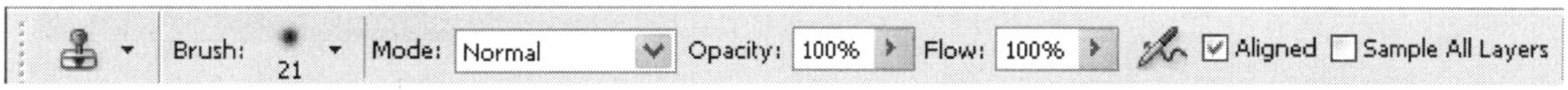

- Brush

  브러시의 모양과 크기를 설정한다.

- Opacity

  브러시가 적용되는 부분의 불투명 정도를 설정한다.

- Flow

  에어브러시 [4-7-3]옵션을 사용할 때 에어브러시의 농도에 강약을 조절한다.

- Aligned

  처음 지정된 이미지의 위치를 그대로 적용하여 하나의 연속된 이미지를 만든다. Aligned를 적용하지 않으면 드래그 할 때마다 새로운 모양으로 만들어 진다.

- Sample all Layers

  모든 레이어에 적용된다.

원본 이미지

Aligned 적용

Aligned 미적용

7.2 도장 툴로 이미지 복사하기

도장 툴로 책 이미지를 복사한다. 패턴 도장 툴로 벽면을 채워 벽지 이미지를 만든다.

〈완성 이미지〉

① 그림파일을 연다.

② 도장 툴을 책 이미지 위에 올리고 [Alt]키를 누르면서 클릭한다. 클릭한 위치의 이미지가 저장된다.

③ 도장 툴로 도큐먼트 위를 드래그하면 복사된 책 이미지가 나타난다.

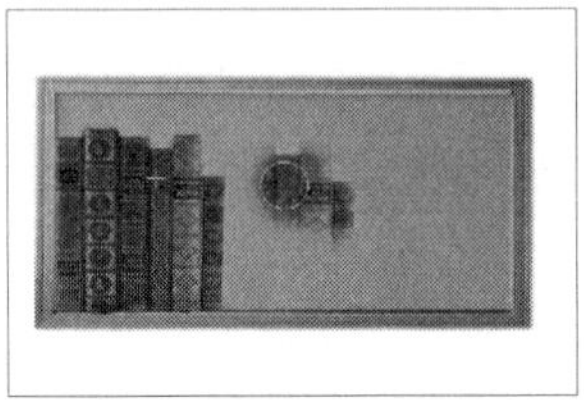

④ 마술봉 툴로 흰색 배경 부분을 클릭하여 배경 이미지를 선택한다.

⑤ 패턴 도장 툴을 선택하고 옵션바에서 패턴의 모양을 선택한다.

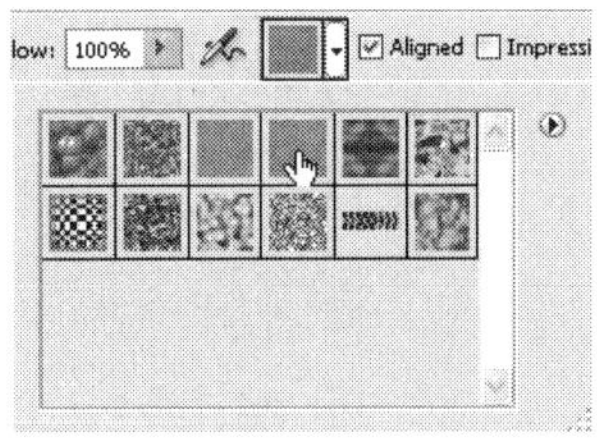

⑥ 패턴 도장 툴로 드래그하면 옵션바에서 선택한 패턴이 선택 영역 안에 채워진다.

7.3 패턴 등록하기

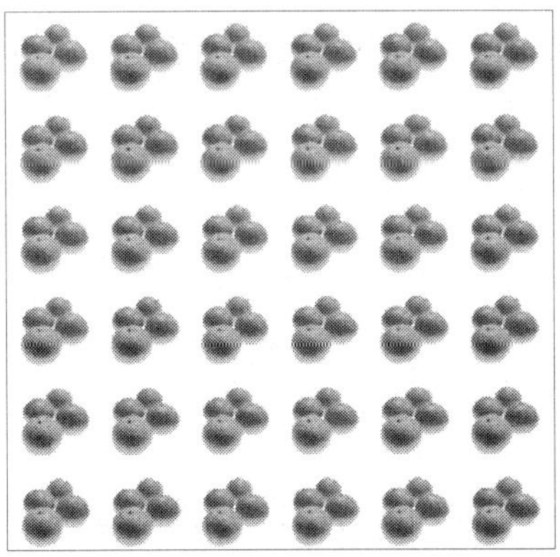

〈완성 이미지〉

- 패턴으로 등록할 이미지를 선택하고 메뉴바의 [Edit-Define Pattern]으로 등록한다.
- [Edit-Fill] 명령으로 패턴을 적용한다.

① 그림파일을 연다.

② 사각 선택 툴로 선택 영역을 설정합니다. 툴박스의 이동 툴을 선택하고 옵션바의 Show Transform Controls를 체크하여 조절 점을 안쪽으로 드래그하여 축소 시킨다. 이때 [Shift]키를 누르면서 드래그하면 가로, 세로 비율을 유지하면서 축소할 수 있다. 축소가 끝나면 [Enter]키를 눌러 크기를 적용시킨다.

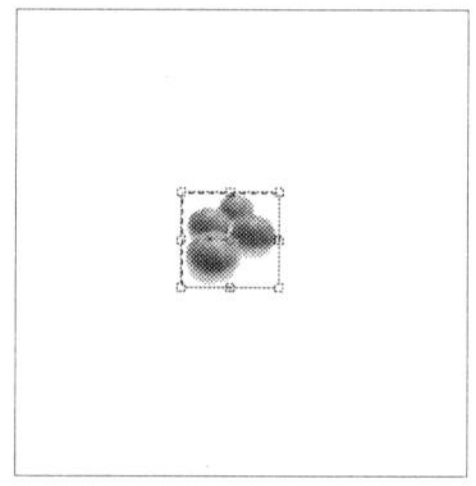

③ 메뉴바의 [Edit-Define Pattern]을 클릭하여 [Pattern Name]에서 새로 등록할 패턴의 이름을 정한다.

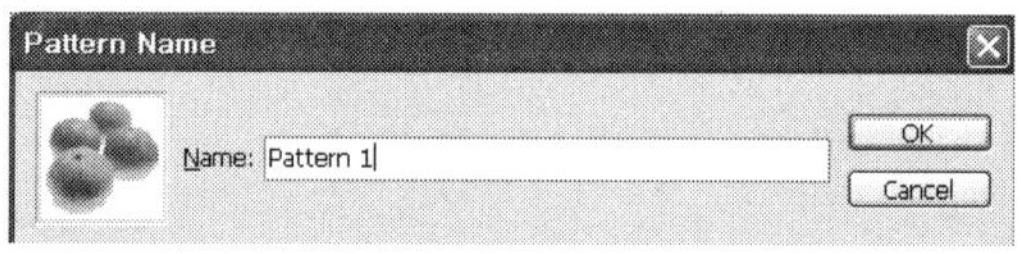

④ 메뉴바의 [File-New]를 클릭하여 [New] 대화상자에서 새로 만들 도큐먼트의 크기를 설정하고 [OK] 버튼을 클릭하면 새로운 도큐먼트가 나타난다.

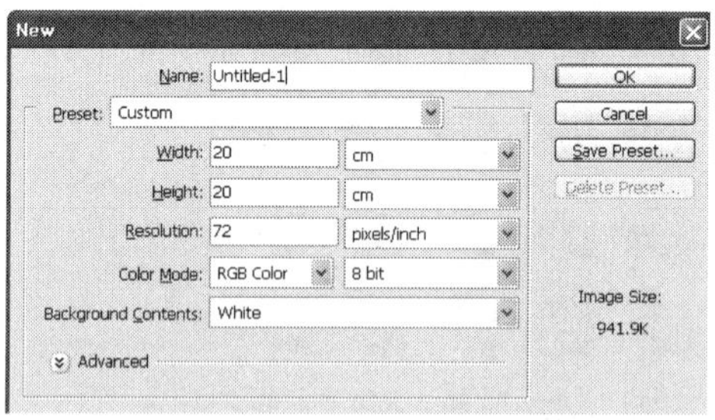

⑤ 툴박스의 패턴 도장 툴을 선택하고 옵션바에서 새로 등록한 패턴을 선택한다. 도큐먼트 위를 드래그 할 때마다 패턴 이미지가 나타난다.

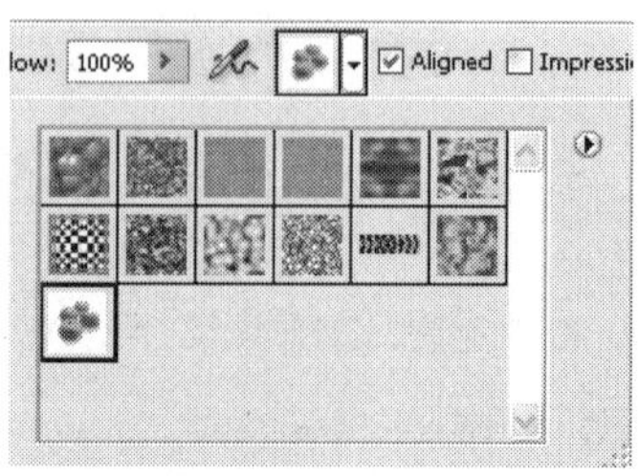

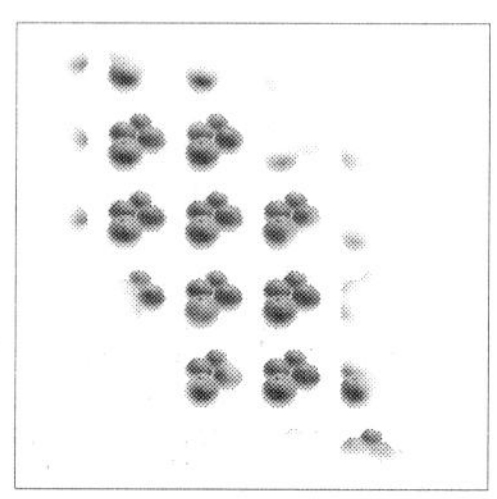

⑥ 메뉴바의 [Edit-Fill]을 선택하고 [Fill] 대화상자에서 옵션을 설정하고 [OK]버튼을 클릭하면 도큐먼트 전체에 선택한 패턴이 적용된다.

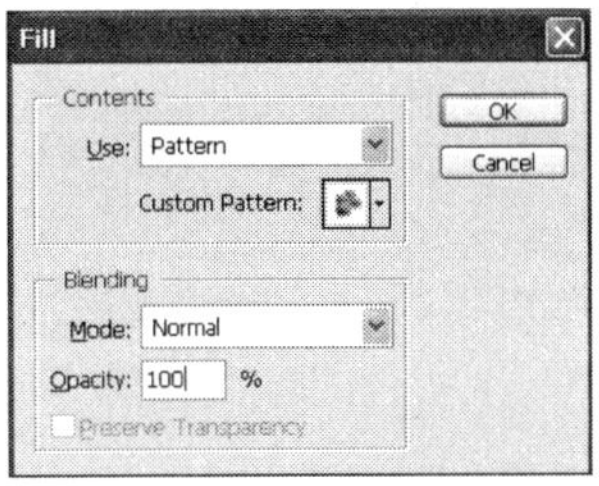

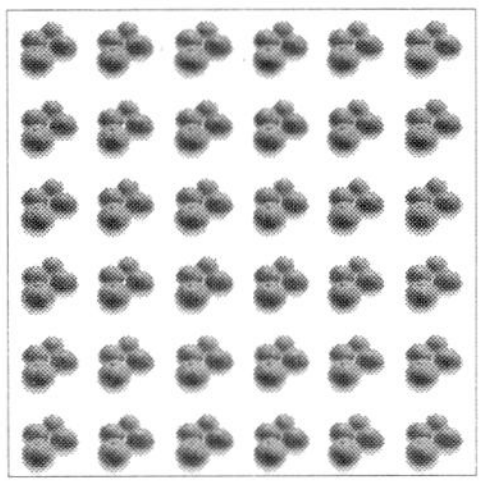

7.4 격자 무늬 패턴 등록하기

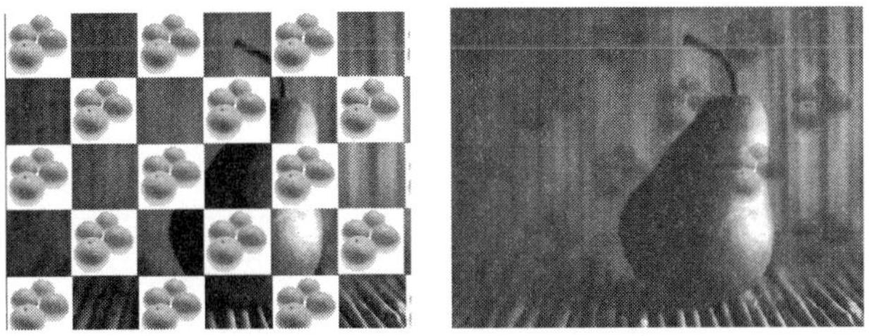

〈완성 이미지〉

- 패턴으로 등록할 이미지를 선택하고 메뉴바의 [Edit-Define Pattern]으로 등록한다.
- [Edit-Fill] 명령으로 패턴을 적용한다.
- 블렌드 모드의 변경으로 다양한 효과를 적용한다.

① 그림 파일을 연다.

② 레이어 팔레트의 Background 레이어를 더블클릭한다. [New Layer] 대화상자가 나타나면 [OK]버튼을 클릭한다.

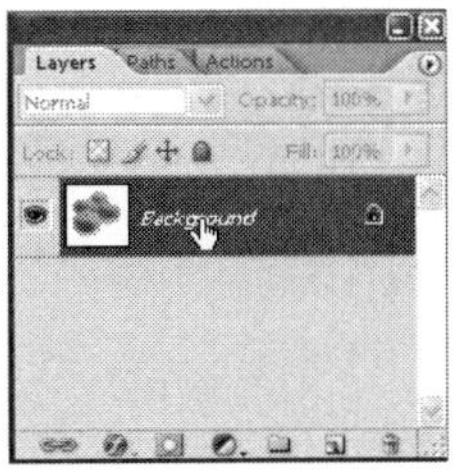

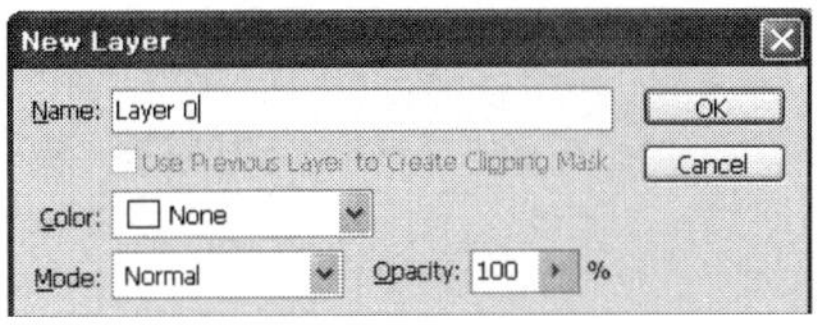

③ Background 레이어가 Layer0으로 변경됩니다.

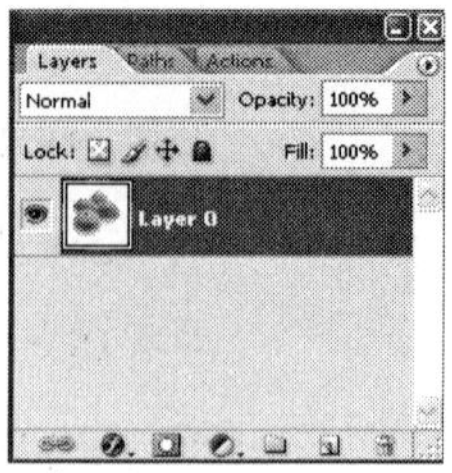

④ 사각선택 툴로 정사각형의 선택 영역을 만든다. [Shift]키를 누르면서 드래그하면 정사각형을 만들 수 있다.

⑤ 메뉴바의 [Select-Inverse]를 클릭하면 선택 영역이 반전된다. [Delete]키를 눌러 선택 영역을 삭제한다. 삭제된 부분의 색상이 투명하게 빠진다.

⑥ 메뉴바의 [View-Rulers]를 클릭하면 가로, 세로 방향으로 눈금자가 나타난다. 눈금자 위에서 클릭&드래그하여 안내선을 만든다.

⑦ 만들어진 안내선을 기준으로 이미지를 축소한다. 툴박스의 이동 툴을 선택하고 옵션바의 Show Transform Controls를 체크하여 [Shift]키를 누르면서 조절점을 안쪽으로 드래그하여 축소시킨다. 축소가 끝나면 [Enter]키를 눌러 크기를 적용시킨다. [Alt]키를 누르면서 드래그하여 이미지를 복사한다.

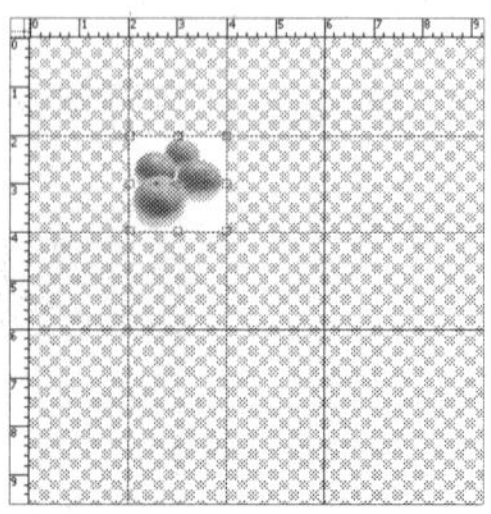

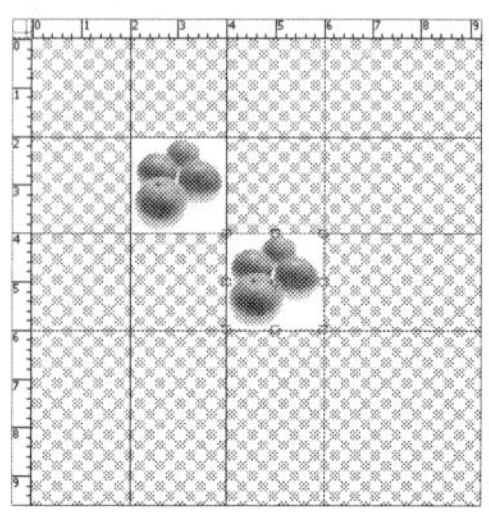

⑧ 안내선을 따라 사각 선택 툴로 선택 영역을 만든다.

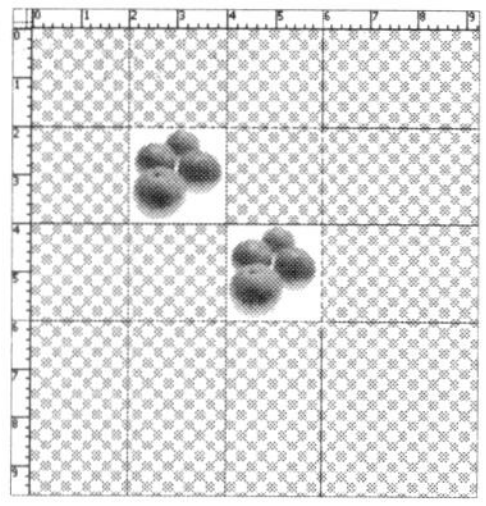

⑨ 메뉴바의 [Edit-Define Pattern]을 클릭하여 [Pattern Name]에서 새로 등록할 패턴의 이름을 정한다.

⑩ 그림파일을 연다. 레이어 팔레트 하단의 [Create a new layer]아이콘을 클릭하여 새로운 레이어를 만든다.

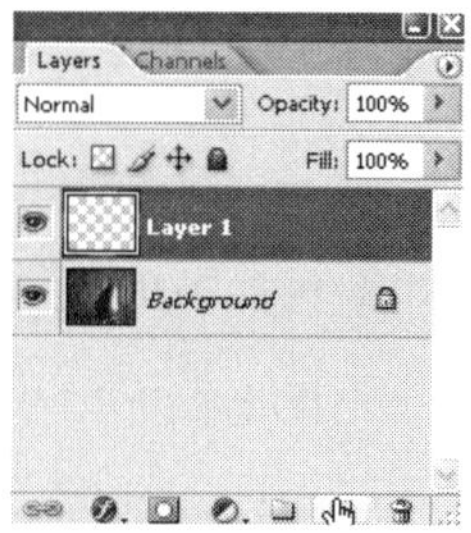

⑪ Layer1을 선택하고 메뉴바의 [Edit-Fill]을 선택하고 [Fill] 대화상자에서 옵션을 설정하고 [OK]버튼을 클릭하면 도큐먼트 전체에 선택한 패턴이 적용된다.

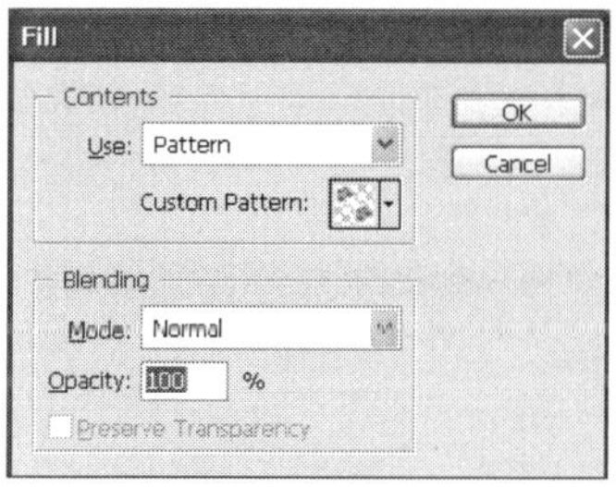

⑫ 레이어 팔레트에서 블렌드 모드를 Multiply를 적용한다.

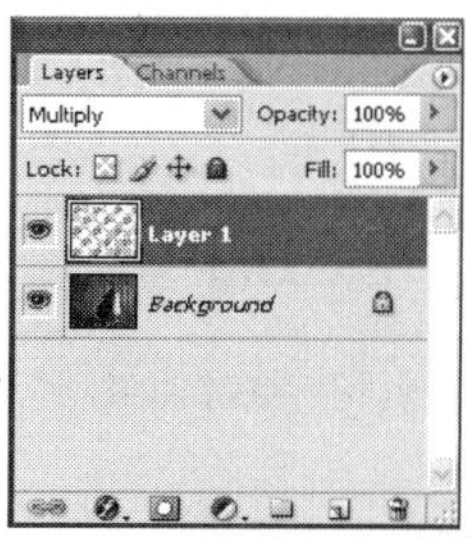

7.5 사각형 패턴 만들기

〈완성 이미지〉

- 사각형태의 패턴 이미지를 만들고 메뉴바의 [Edit-Define Pattern]으로 등록한다.
- [Edit-Fill] 명령으로 패턴을 적용한다.
- [Filter-Distort-Spherize]를 적용하여 볼륨감을 적용한다.

① 메뉴바의 [File-New]를 클릭하여 [New] 대화상자에서 작업창의 크기를 설정하고 [OK] 버튼을 클릭하면 새로운 작업창이 열린다.

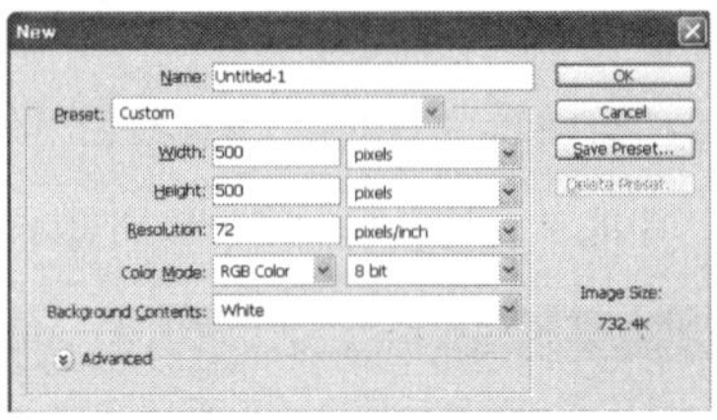

② 패턴을 제작할 작업창을 새로 만든다. 메뉴바의 [File-New]를 클릭하여 [New] 대화상자에서 작업창의 크기를 설정하고 [OK] 버튼을 클릭하면 새로운 작업창이 열린다.

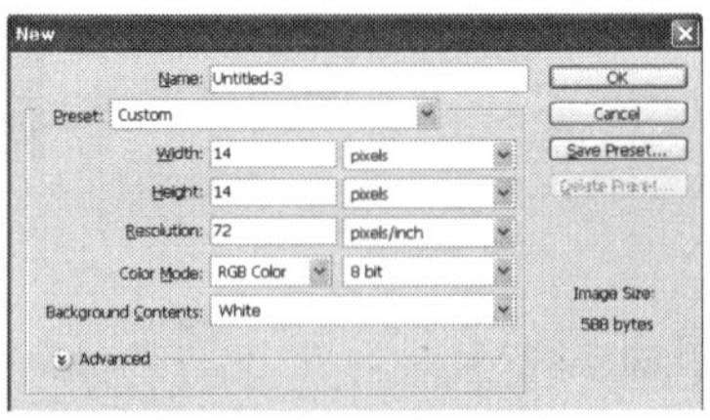

③ 툴박스의 사각 선택 툴을 선택하고 옵션바에서 선택 툴이 적용될 크기를 설정한다. 패턴을 제작할 작업창의 크기를 기준으로 선택 영역의 크기를 설정한 것이다.

[4-8-46]

④ 사각 선택 툴로 작업창을 클릭하여 선택 영역을 만들고 검정색으로 선택 영역을 채워준다. [Alt]키를 누르면서 검정 영역을 이동, 복사한다.

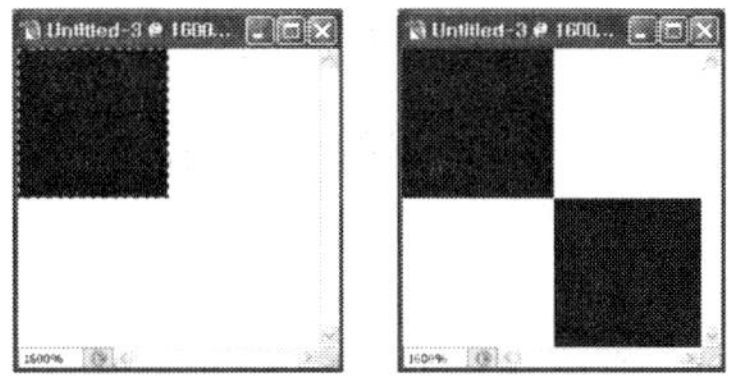

⑤ 메뉴바의 [Edit-Define Pattern]을 클릭하여 작업한 이미지를 새로운 패턴으로 등록한다.

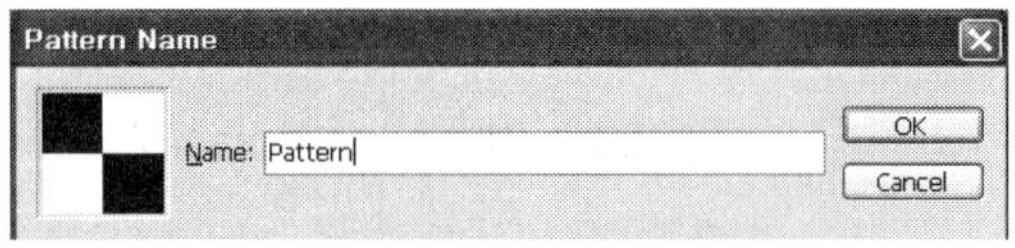

⑥ 처음 만들어 놓은 작업창을 선택한다. [Edit-Fill]을 클릭하여 나타나는 [Fill] 대화상자에서 새로 만들어 등록한 패턴을 선택하고 [OK] 버튼을 클릭하면 작업창이 패턴으로 채워진다.

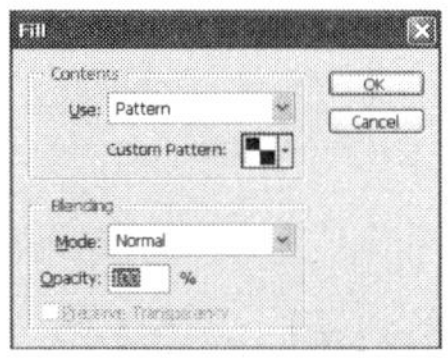

⑦ 메뉴바의 문자 툴을 선택하고 옵션바에서 옵션을 설정 한 후 문자를 입력한다. 입력된 문자를 레이어 팔레트에서 Opacity값을 낮추어 문자에 투명도를 적용한다.

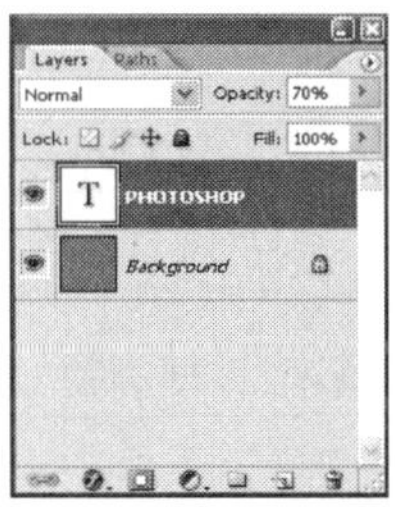

⑧ 문자 레이어를 레이어 팔레트 하단의 [Create new layer] 아이콘으로 드래그하여 문자 레이어를 복사한다. 복사된 문자 이미지를 작업창의 아래쪽으로 이동시키고 메뉴바의 [Edit-Transform-Flip Vertical]을 적용하여 세로 방향으로 반전시킨다.

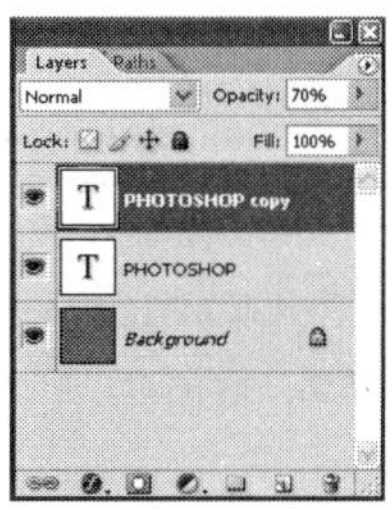

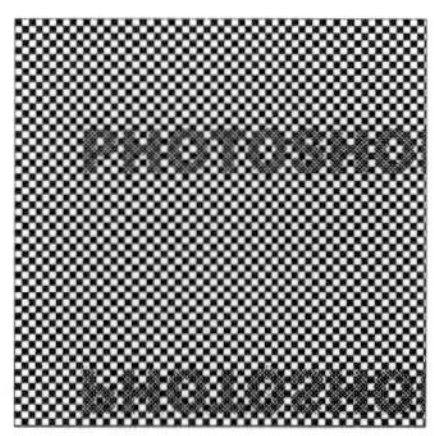

⑨ 레이어 팔레트의 팝업 메뉴에서 Flatten Image를 적용하여 모든 레이어를 합치고 Background 레이어로 만든다.

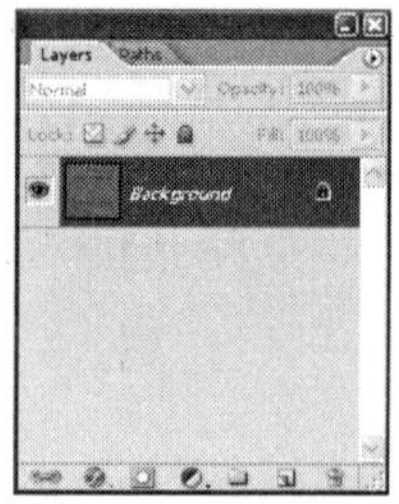

⑩ 메뉴바의 [Filter-Distort-Spherize]를 적용한다. 이미지의 가운데 부분이 구 형태로 볼록하게 처리된다.

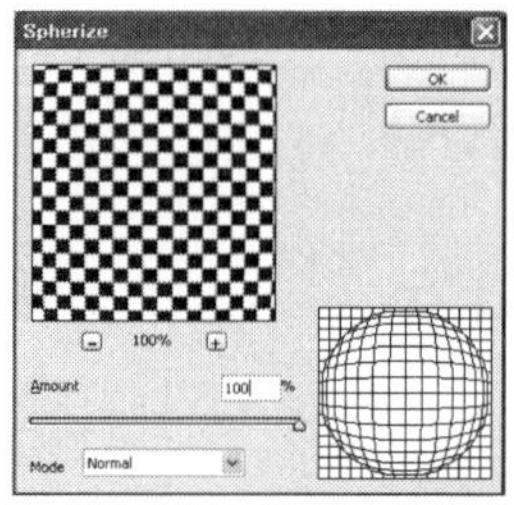

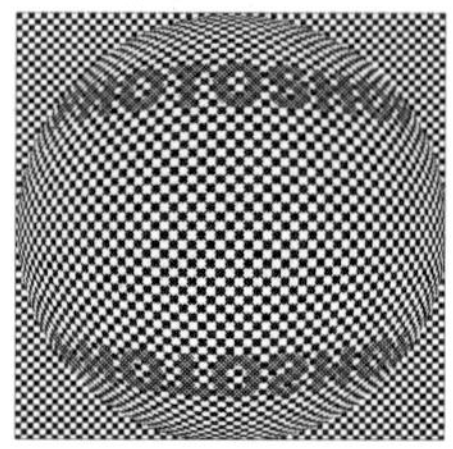

Section 08. 이미지 수정은 내 몫

8.1 이미지를 부드럽게 만드는 블러 툴 (Blur Tool)과 날카롭게 강조하는 샤픈 툴 (Sharpen Tool)

명령어 : R

블러 툴은 드래그 할 때마다 이미지를 흐릿하게 만들어 이미지를 부드럽게 처리하는 효과가 적용된다. 반대로 샤픈 툴은 드래그 할 때마다 이미지를 선명하고 날카롭게 만들어 준다. 샤픈 툴을 많이 사용하면 이미지가 깨진것 처럼 보일 수 있으므로 적당히 사용해야 한다.

(1) 블러 툴 옵션바

■ Brush

브러시의 모양과 크기를 설정한다.

■ Mode

브러시가 적용되는 부분의 합성 모드를 설정한다.

■ Strength

흐릿하게 처리하는 정도를 설정한다. 100%에서는 한 번에 효과가 적용된다.

■ Sample All Layers

모든 레이어에 적용된다.

원본 이미지

블러 툴 적용

샤픈 툴 적용

8.2 손가락으로 문지른 효과를 만드는 스머지 툴 (Smudge Tool)

명령어 : R

스머지 툴로 이미지 위를 드래그하면 물감이 마르기 전에 손가락으로 문질러 물감을 혼합하는 것과 같은 효과로 이미지의 경계가 변형된다.

(1) 스머지 툴 Preview

원본 이미지

Strength : 40

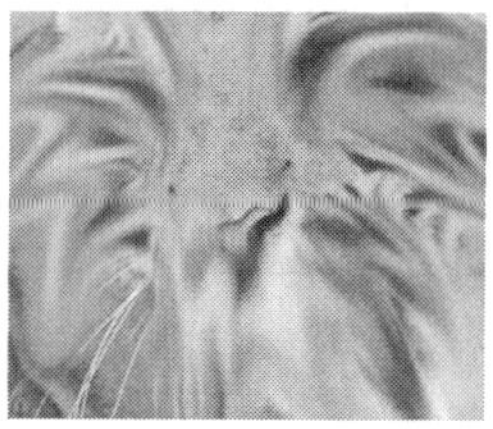

Strength : 70

Strength : 100

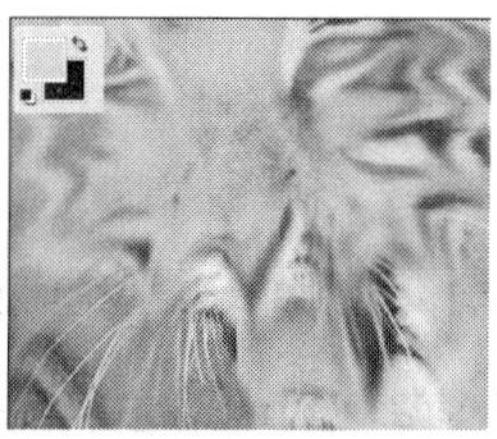

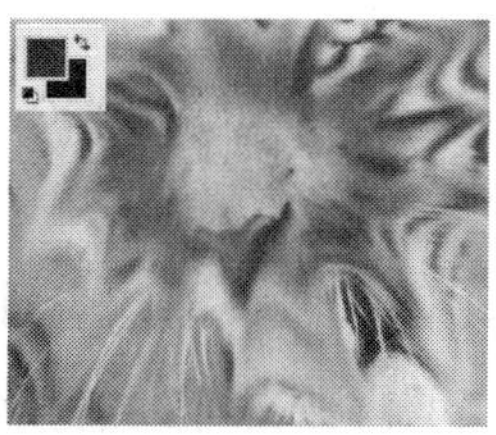

Finger Painting 적용

8.3 이미지를 밝게 만드는 닷지 툴 (Dodge Tool)과 어둡게 만드는 번 툴 (Burn Tool)

명령어 : R

닷지 툴과 번 툴은 이미지의 명도를 변경해 드래그 할 때마다 이미지를 점점 밝게 혹은 점점 어둡게 만들어준다. 닷지 툴은 이미지에 하이라이트 효과를 만들 경우, 번 툴은 이미지의 그림자나 어두운 효과를 줄때 사용한다.

(1) 닷지 툴 Preview

Shadows 적용　　원본 이미지　　Midtones 적용

(2) 번 툴 Preview

Shadows 적용　　Midtones 적용　　Highlights 적용

8.4 이미지에 물기를 조절하는 스펀지 툴 (Sponge Tool)

스펀지 툴로 드래그 할 때마다 채도가 빠져 흑백 이미지에 가깝게 되거나 채도가 높아져 이미지가 선명해 진다. 옵션바의 Desaturate를 적용하면 채도가 낮아지고 Saturate를 적용하면 채도가 높아진다.

(1) 스펀지 툴 Preview

Desaturate 적용

Saturate 적용

(2) 닷지 툴과 번 툴로 이미지에 명암 적용하기

〈완성 이미지〉

- 마술봉 툴로 선택 영역을 지정하고 색상을 적용한다.
- 닷지 툴로 이미지를 어둡게, 번 툴로 이미지를 밝게 처리하여 이미지에 명암을 표현한다.

① 그림파일을 연다.

② 툴박스의 전경색 버튼을 클릭하여 [Color Picker] 대화상자에서 잎에 적용될 색상을 선택하고 [OK]버튼을 클릭한다. 툴박스의 전경색이 [Color Picker] 대화상자에서 적용한 색상으로 변경된다.

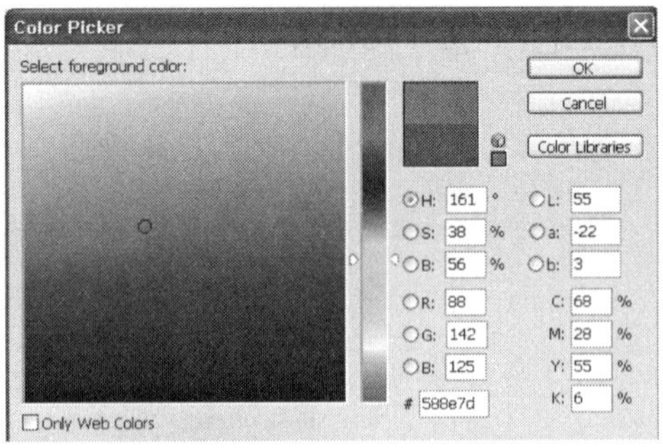

③ 마술봉 툴로 [Shift]키를 누르면서 잎 부분을 모두 선택한다. 툴박스의 페인트 버켓 툴로 선택 영역을 클릭하거나 메뉴바의 [Edit-Fill]항목을 적용하여 선택 영역에 색상을 적용한다.

④ 툴박스의 번 툴을 선택하고 옵션바에서 번 툴의 옵션을 설정한다. 번 툴의 브러시 크기는 이미지의 크기에 따라 다양하게 설정하여 사용한다.

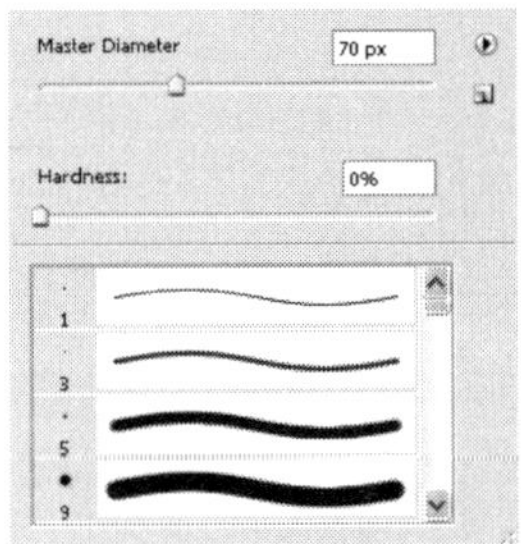

⑤ 번 툴로 색상이 적용된 이미지에서 어둡게 표현되어야할 부분을 드래그하면서 어둡게 표현한다. 적용할 때 마다 이미지가 점점 어두워진다.

⑥ 툴박스의 닷지 툴을 선택하고 옵션바에서 닷지 툴의 옵션을 설정한다. 닷지 툴로 색상이 적용된 이미지에서 밝게 표현되어야할 부분을 드래그하면서 밝게

표현한다. 적용할 때 마다 이미지가 점점 밝아진다.

⑦ 툴박스의 전경색 버튼을 클릭하여 [Color Picker] 대화상자에서 꽃잎에 적용될 색상을 선택하고 [OK]버튼을 클릭한다. 툴박스의 전경색이 [Color Picker] 대화상자에서 적용한 색상으로 변경된다.

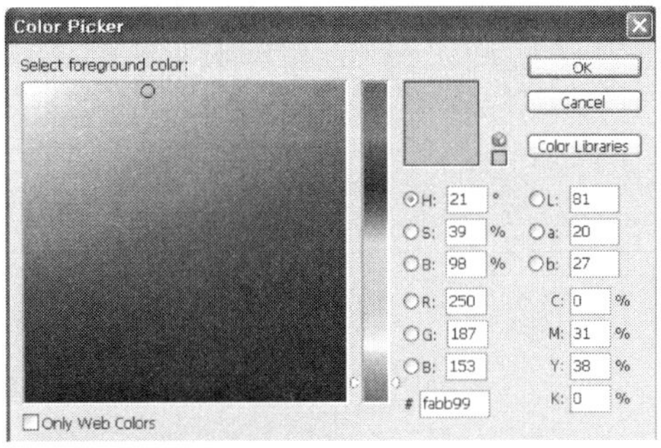

⑧ 마술봉 툴로 색상이 적용될 부분을 클릭하여 선택하고 선택 영역에 색상을 적용한다. 번 툴로 색상이 적용된 이미지에서 어둡게 표현되어야할 부분을 드래그하면서 어둡게 표현한다.

⑨ 마술봉 툴로 색상이 적용될 부분을 클릭하여 선택하고 선택 영역에 색상을 적용한다. 번 툴로 색상이 적용된 이미지에서 어둡게 표현되어야할 부분을 드래그하면서 어둡게 표현하고, 닷지 툴로 밝게 표현되어야할 부분을 드래그하면서 밝게 표현한다.

⑩ 서로 접해있지 않은 부분들의 꽃잎을 마술봉 툴로 [Shift]키를 누르면서 선택하고 색상을 적용한다.

⑪ 닷지 툴과 번툴을 사용하여 이미지의 명암을 표현한다.

⑫ 위와 같은 방법으로 이미지를 선택하고 색상을 적용한 후 닷지 툴과 번 툴을 사용하여 이미지의 명암을 표현하여 장미꽃 이미지를 완성한다.

8.5 색상 교체를 쉽게 해주는 색상 교체 툴 (Color Replacement Tool)

색상 교체 툴을 이용하면 원하는 부분의 색상을 손쉽게 교체하여 다른 분위기의 이미지를 만들 수 있다. 전경색에서 교체할 색상을 선택한 후 교체할 이미지 위를 드래그 한다.

(1) 색상 교체 툴 옵션바

■ Brush

브러시의 모양과 크기를 설정한다.

■ Mode

브러시가 적용되는 부분의 합성 모드를 설정한다.

- Hue : 이미지의 채도와 명도는 유지하면서 색상만 새로 적용된다.
- Saturation : 이미지의 색상과 명도는 유지하면서 채도만 새로 적용된다.
- Luminosity : 이미지의 색상과 채도는 유지하면서 명도만 새로 적용된다.

■ Continuous

전체 이미지에 전경색을 적용한다.

■ Once

처음 클릭한 색상에만 전경색이 적용된다.

■ Background Swatch

배경색에 설정된 색상만 전경색으로 적용된다.

■ Limits

컬러 적용 범위를 자유롭게 설정한다.

■ Tolerance

색상을 적용할 범위를 설정한다.

8.6 캐릭터 색상 변경하기

〈완성 이미지〉

색상 교체 툴로 캐릭터의 색상을 변경한다.

① 그림파일을 연다. 분홍색의 캐릭터 인형을 색상 교체 툴을 이용하여 파란색의 캐릭터로 교체해본다.

② 툴박스의 색상 교체 툴을 선택하고 전경색을 교체하고자 하는 색상으로 설정한다. 옵션바에서 옵션을 설정한다.

③ 색상 교체 툴로 캐릭터 인형을 드래그하여 전경색을 적용한다.

④ 브러시의 크기를 다양하게 적용하고 이미지를 확대해가면서 세밀한 부분까지 깔끔하게 처리한다. 분홍색의 캐릭터 인형이 파란색으로 변경된다.

8.7 작은 부분의 말끔한 수정은 스팟 힐링 브러시 툴 (Spot Healing Brush Tool)

스팟 힐링 브러시 툴은 이미지를 복사하여 수정하고자하는 부분에 적용하는 툴로 힐링 브러시보다 적은 부분에 사용하는 것이 좋고 테두리 부분까지 자연스럽게 수정이 가능하다.

(1) 스팟 힐링 브러시 툴 옵션 바

- Brush

  브러시의 모양과 크기를 설정한다.

- Mode

  브러시가 적용되는 부분의 합성 모드를 설정한다.

- Proximity Match

  선택 영역의 테두리 부분을 복사하여 적용한다.

- Create Texture

  선택 영역의 픽셀을 사용해 새로운 텍스처를 만들어 적용한다.

- Sample All Layers

  체크되면 같은 레이어에 있는 이미지만 복사된다.

8.8 스팟 힐링 브러시 툴로 얼굴 상처 없애기

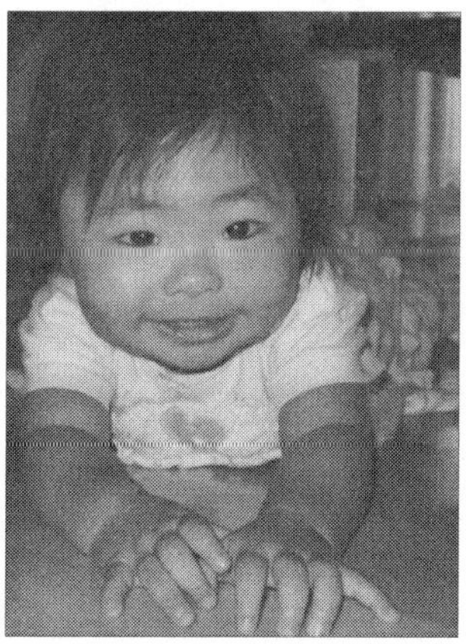

〈완성 이미지〉

스팟 힐링 브러시 툴로 상처 부위를 드래그하여 상처를 없애본다.

① 그림파일을 연다. 얼굴에 있는 상처를 스팟 힐링 브러시 툴을 이용하여 수정한다.

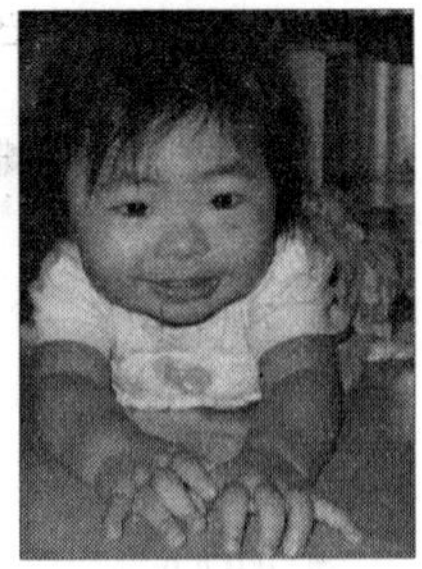

② 툴박스의 스팟 힐링 브러시 툴을 선택하고 옵션바에서 Mode는 Screen으로 설정하고 브러시 크기는 수정할 부분보다 작은 크기로 설정한다.

③ 상처 부위를 드래그하면서 수정한다. 드래그 할 때 마다 상처가 흐려지고 원래 피부 이미지 색상이 나타난다.

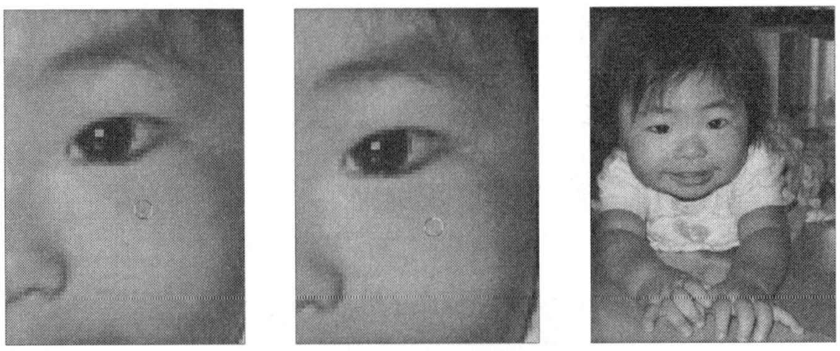

8.9 부분 수정을 한 번에 해결하는 힐링 브러시 툴  (Healing Brush Tool)

힐링 브러시 툴은 도장 툴과 같이 Alt 키를 이용하여 이미지를 복사하여 원하는 부분에 불러온다. 주름이나 잡티 등 작은 부분의 이미지를 깨끗하게 수정할 수 있다.

(1) 힐링 브러시 툴 옵션 바

■ Brush

브러시의 모양과 크기를 설정한다.

■ Mode

브러시가 적용되는 부분의 합성 모드를 설정한다.

■ Source

Sampled를 적용하면 원본 이미지가 복제되고 Pattern을 적용하면 선택한 패턴 이미지로 복제된다.

■ Aligned

처음 지정된 이미지의 위치를 그대로 적용하여 하나의 연속된 이미지를 만든다. Aligned를 적용하지 않으면 드래그 할 때마다 새로운 모양으로 만들어진다.

■ Sample All Layers

모든 레이어에 적용된다.

8.10 힐링 브러시 툴로 커피 잔의 흠집 없애기

〈완성 이미지〉

스팟 힐링 브러시 툴로 상처 부위를 드래그하여 상처를 없애본다.

① 그림파일을 연다.

② 힐링 브러시 툴을 선택하고 옵션바에서 수정하고자하는 부분보다 조금 크게 브러시의 크기를 설정한다.

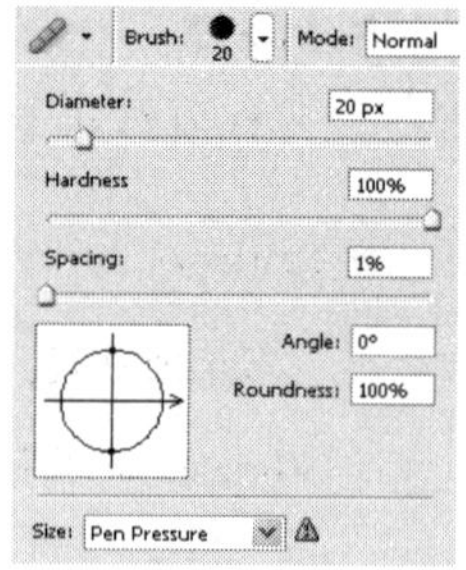

③ 잡티가 있는 부분과 가장 유사한 색상을 가진 깨끗한 이미지가 있는 위치에서 [Alt]키를 누르면서 클릭하여 이미지를 복사한다.

④ 잡티가 있는 부분을 드래그 한다. 드래그 하는데로 복사한 이미지가 나타나면서 잡티가 사라진다.

⑤ 같은 방법으로 이미지의 잡티를 모두 제거한다.

8.11 넓은 부분 수정을 한 번에 해결하는 패치 툴 (Patch Tool)

패치 툴로 결과물로 보여 질 이미지를 드래그하여 선택한 후 수정이 필요한 부분으로 이동하면 패치 툴로 드래그하여 선택된 이미지가 이동된 부분에 적용되어 이미지를 깨끗하고 간편하게 수정할 수 있다.

(1) 패치 툴 옵션 바

■ **선택 모드**

패치 툴로 선택할 영역을 지정할 수 있다. 새로운 영역으로 설정, 선택 영역을 추가, 선택 영역에서 제외, 겹치는 부분만 선택 영역으로 남는다.

■ Source

패치 툴로 영역을 선택한 후 다른 부분으로 드래그하면 패치 툴로 선택한 영역의 이미지가 드래그한 이미지로 변경된다.

■ Destination

Source와 반대로 패치 툴로 영역을 선택한 후 다른 부분으로 드래그하면 패치 툴로 선택한 영역의 이미지로 드래그한 부분의 이미지가 변경된다.

■ Transparent

투명 영역이 있을 경우 투명한 속성을 그대로 복사하여 패치가 적용된다.

■ Use Pattern

패치 영역에 선택한 패턴이 원본 이미지의 색상 패턴에 맞게 적용된다.

8.12 패치 툴로 얼굴의 주름 펴기

〈완성 이미지〉

패치 툴로 얼굴의 주름을 없애 젊은 이미지를 만들어본다.

① 그림파일을 연다. 패치 툴을 이용하여 얼굴의 주름을 없애 젊은 이미지로 수정한다.

② 패치 툴로 수정할 부분을 드래그하여 주름 부분을 선택한다.

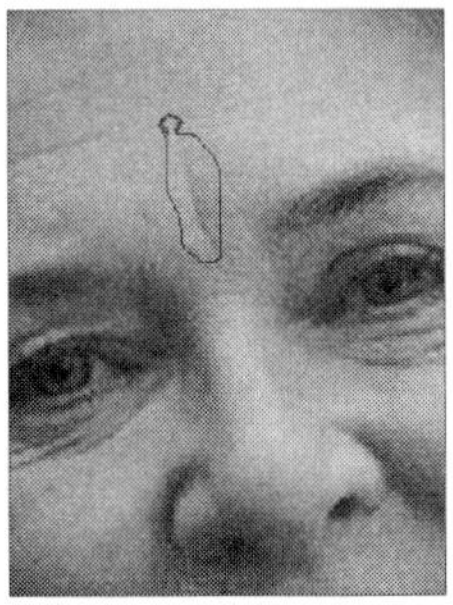

③ 패치 툴의 옵션을 Source로 설정하고 패치 영역을 주름이 없는 깨끗한 곳으로 드래그한다. 패치 영역으로 설정한 부분이 드래그한 곳의 이미지로 복사되어 깨끗하게 변경된다.

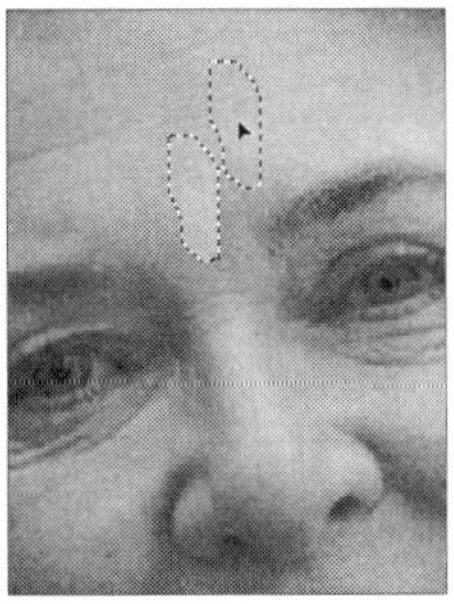

④ 패치 툴로 눈 밑의 주름을 드래그하여 선택하고 패치 영역을 주름이 없는 깨끗한 곳으로 드래그 한다. 패치 영역으로 설정한 부분이 깨끗하게 변경된다.

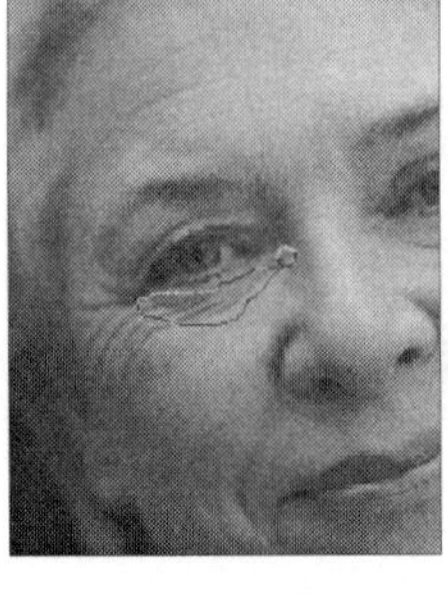

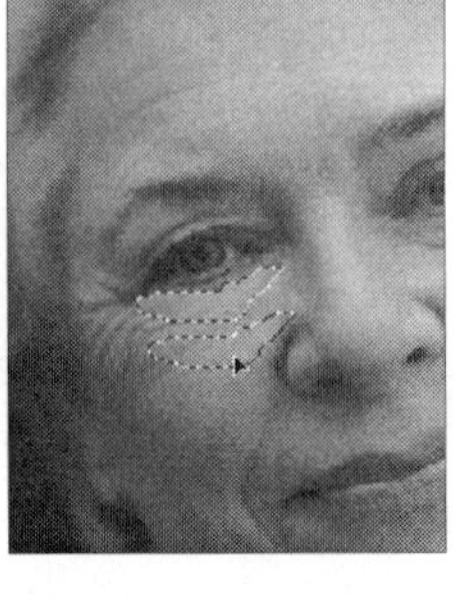

⑤ 같은 방법으로 주름을 모두 제거한다.

8.13 적목 현상을 수정하는 레드 아이 툴 (Red Eye Tool)

사진을 찍을 때 눈동자가 빨갛게 나오는 적목 현상 등, 자연스럽지 못한 색상을 수정할 때 사용합니다. 넓은 부분의 수정보다는 아주 적은 부분의 색상 수정에 사용된다.

(1) 레드 아이 툴 옵션 바

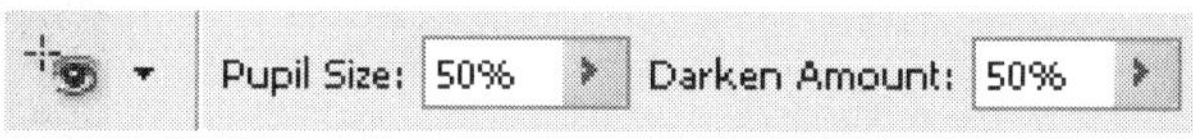

- Pupil Size

  눈동자의 크기를 설정한다. Pupil Size를 100%로 설정하면 이미지를 또렷하게 적용할 수 있다.

- Darken Amount

  눈동자의 어두운 정도를 설정한다.

8.14 눈의 적목 현상 없애기

레드 아이 툴로 적목 현상으로 빨갛게 보이는 눈을 수정한다.

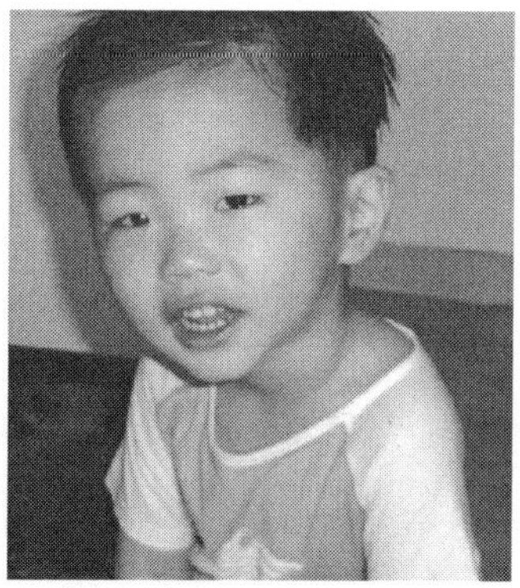

〈완성 이미지〉

① 눈동자가 적목 현상으로 빨갛게 보인다.

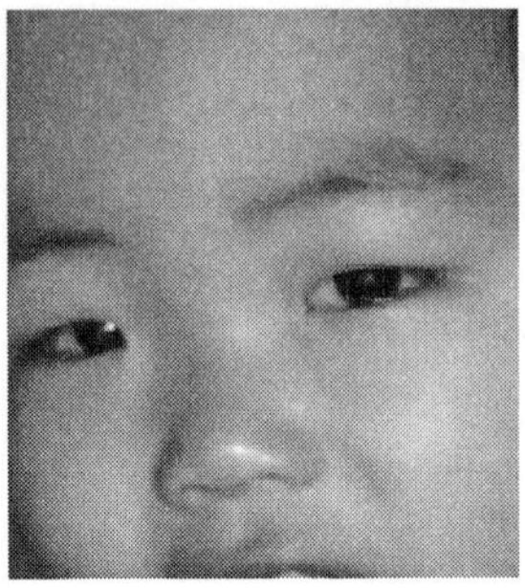

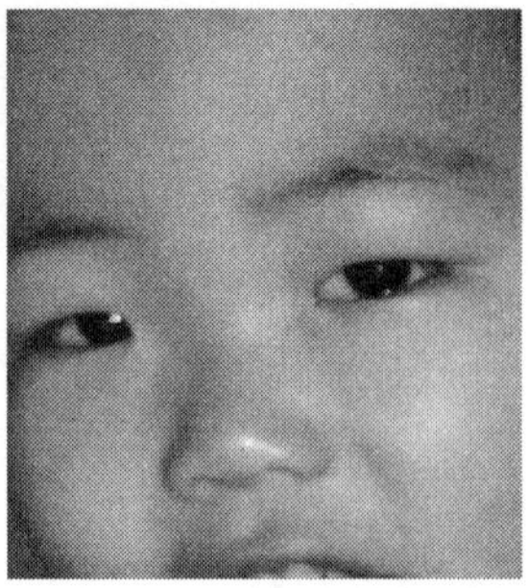

② 레드 아이 툴을 선택하고 빨갛게 보이는 부분을 드래그한다. 드래그 할 때마다 눈동자가 검게 변하면서 적목 현상이 수정된다.

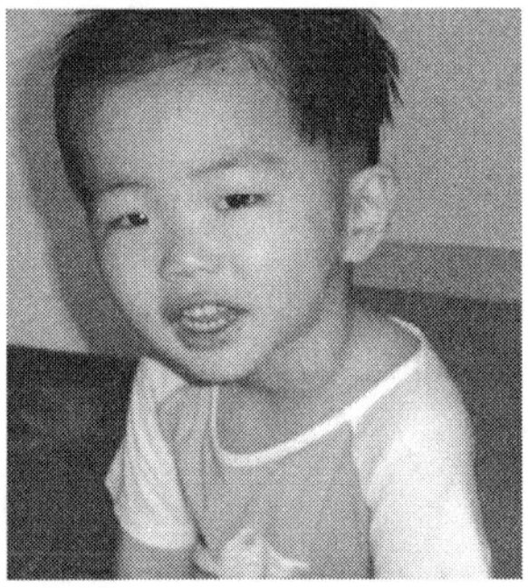

Section 09. 문자 디자인의 꽃 타입 툴

9.1 문자 툴의 종류

(1) 문자 툴 T (Horizontal Type Tool)

가로 방향의 문자를 입력하는 툴로 문자 툴을 선택하고 도큐먼트 클릭해서 문자를 입력할 수 있다. 줄 바꿈을 할 때는 [Enter] 키를 클릭한다.

(2) 세로 문자 툴 IT (Vertical Type Tool)

문자가 세로 방향으로 입력된다.

(3) **마스크 문자 툴** (Horizontal Type Mask Tool)

마스크 문자 툴로 문자를 입력하면 문자에 색상은 포함되지 않고 선택 영역으로만 문자가 나타난다. 선택 영역 안에 이미지를 채우거나 선으로만 표현된 문자를 만들 수 있다.

(4) **마스크 세로 문자 툴** (Vertical Type Mask Tool)

문자의 선택 영역이 세로 방향으로 나타난다.

(5) 문자 툴 Preview

Horizontal Type Tool

Vertical Type Tool

Horizontal Type Mask Tool

Vertical Type Mask Tool

(6) 문자 툴 옵션바

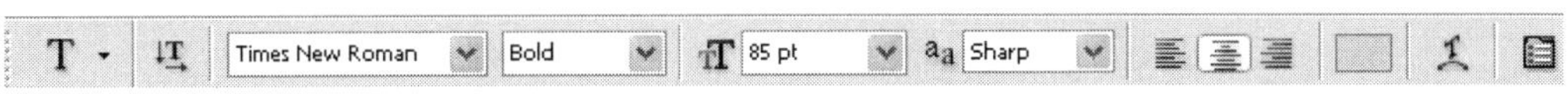

- Change the text orientation

  가로 방향 문자는 세로 방향으로, 세로 방향의 문자는 가로 방향으로 전환한다.

- Set the font family

  문자의 글꼴을 설정한다.

■ Set the font style

문자의 굵기, 기울기 등을 설정한다.

■ Set the font size

문자의 크기를 설정한다.

■ Anti-aliasing

문자의 경계 처리 방식을 설정한다.

- None : 문자의 경계가 날카롭게 처리된다.
- Sharp : 문자의 경계가 부드럽고 선명하게 처리된다.
- Crisp : 문자의 경계가 안쪽으로 부드럽게 처리된다.
- Strong : 문자의 경계가 바깥쪽으로 부드럽게 처리된다.
- Smooth : 문자의 경계가 전체적으로 부드럽게 처리된다.

(7) Anti-aliasing Preview

None

Sharp

Crisp

Strong

Smooth

■ Align

문자와 문단의 정렬 방식을 설정한다.

■ Set the font color

문자의 색상을 설정한다.

■ Wrap Text

문자와 문단을 여러 가지 형태로 왜곡시킨다.

(8) Wrap Text Preview

None

Arc

Arc Lower

Arc Upper

Arch

Bulge

Shell Lower

Shell Upper

Flag

Wave

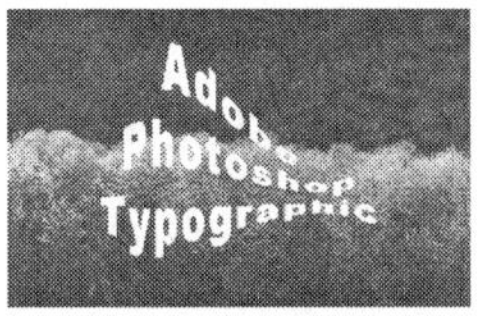

Fish

Rise

Fisheye

Inflate

Squeeze

Twist

- Toggle the Character and Paragraph Palette

  캐릭터 팔레트와 파라그라프 팔레트가 나타난다.

(9) Character 팔레트

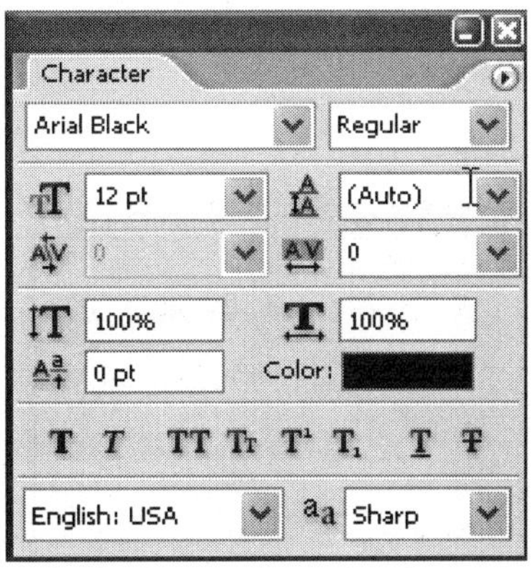

■ Font : 문자의 서체를 지정하는데 영문과 한글 폰트 중에서 원하는 폰트를 지정하면 문자가 지정된 서체로 바뀐다. [Type]-[Font]와 같은 기능이다.
■ Style : 지정된 서체의 스타일을 설정한다.
■ Size : 문자의 크기를 지정하며 [Type]-[Size]와 같은 기능이다.
■ Leading : 문자의 행간을 조절한다. 문자보다 작은 값으로 설정하면 문자와 문자가 겹칠 수 있으므로 문자보다 큰 값으로 설정하고 보통의 경우는 Auto로 설정한다.
■ Kerning : 문자의 자간을 자동으로 조절한다. 블록으로 지정하면 활성이 되지 않으므로 적용하고자하는 글자와 글자 사이에 커서를 위치시키고 사용한다. 영문 알파벳은 각 글자마다 자간을 다르게 설정해야 글자의 흐름이 자연스러우므로 보통은 Auto로 설정하는 경우가 많다.
■ Tracking : 문자의 자간을 수동으로 조절한다.
■ Verticale Scale : 문자의 세로 길이를 조절하며, 문자를 장체로 만들어주려면 100%이상의 값을 적용해야 한다.
■ Horizontal Scale : 문자의 가로 길이를 조절하며, 문자를 평체로 만들어주려면 100% 이상의 값을 적용해야 한다.
■ Baseline Shift : 문자를 기준선 위, 아래로 이동시키는 기능으로 (−)값이 적용되면 밑으로 내려가고 (+)값이 적용되면 위로 올라가게 된다. 어깨 문자를 만들 때 주로 사용한다.
■ Color : 선택한 문자에 색상을 적용한다.
■ 글자 Style : 선택한 문자에 스타일을 적용한다.
■ 언어 : 서체를 지원하는 국가를 선택한다.
■ anti-aliasing Method : 문자 외곽의 안티 알리아싱 처리를 선택한다.

(10) Paragraph 팔레트

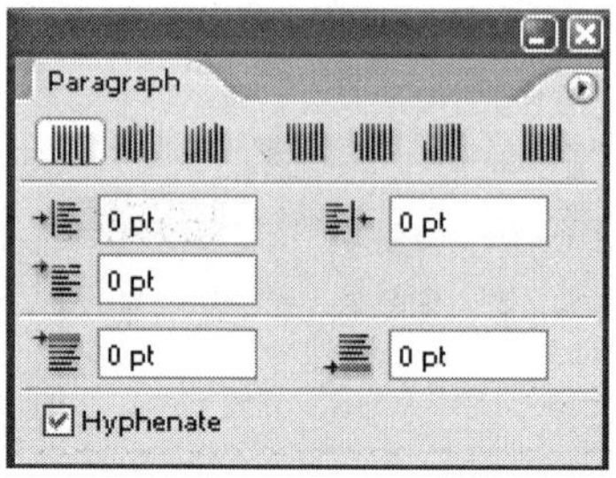

■ Align Left : 문장을 좌측 정렬시킨다.
■ Align Center : 문장을 중앙 정렬시킨다.
■ Align Right : 문장을 우측 정렬시킨다.
■ Justify with last line aligned left : 문장을 양측 정렬시키며 마지막 행은 왼쪽 정렬시킨다.
■ Justify with last line aligned center : 문장을 양측 정렬시키며 마지막 행은 중앙 정렬시킨다.
■ Justify with last line aligned right : 문장을 양측 정렬시키며 마지막 행은 오른쪽 정렬시킨다.
■ Justify All Lines : 문장을 강제로 양측 정렬시킨다.
■ Left Indent margin : 문자 영역의 좌측 경계를 기준으로 들여쓰기 한다.
■ Right Indent margin : 문자 영역의 우측 경계를 기준으로 들여쓰기 한다.
■ Indent First Line : 단락이 시작되는 첫줄만 들여쓰기 한다.
■ Add space before paragraph : 단락과 단락 사이의 위쪽 줄 간격을 조절한다.
■ Add space after paragraph : 단락과 단락 사이의 아래쪽 줄 간격을 조절한다.
■ Auto-Hyphenate : 행 끝의 적당한 위치의 텍스트에 자동으로 하이픈을 적용한다.

문자 툴을 이용하여 문자를 입력하면 레이어에 새로운 문자 레이어가 나타나면서 입력된 문자는 문자 레이어에 적용된다.

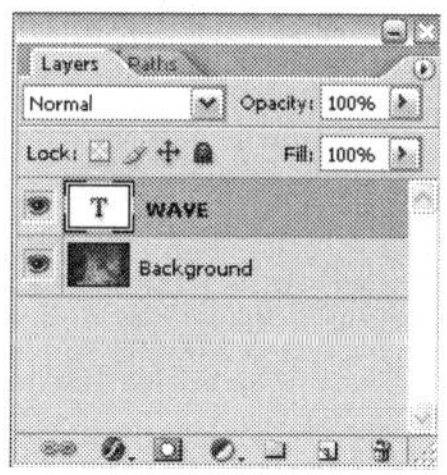

문자 레이어를 선택하고 마우스 오른쪽 버튼을 클릭하거나 메뉴바의 [Layer-Type/Rasterize]를 적용하여 문자 레이어를 일반 이미지 레이어, 패스, 벡터 쉐이프 레이어로 전환하여 다양한 효과를 추가할 수 있다.

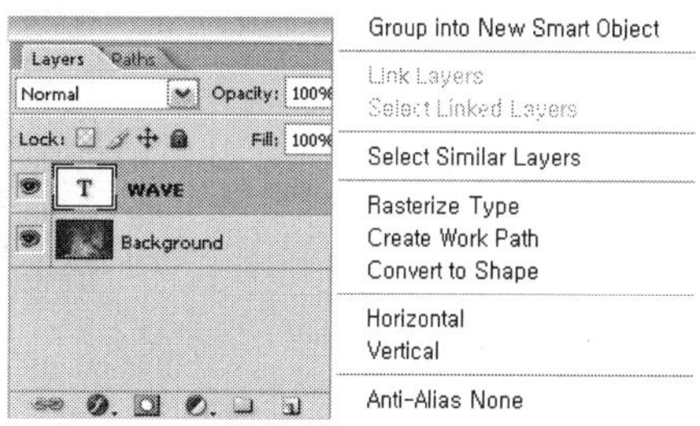

① Rasterize를 적용하면 일반 이미지 레이어로 전환되면서 문자 상태에서는 적용할 수 없는 그라디언트를 적용하는 등 다양한 효과를 적용할 수 있다.

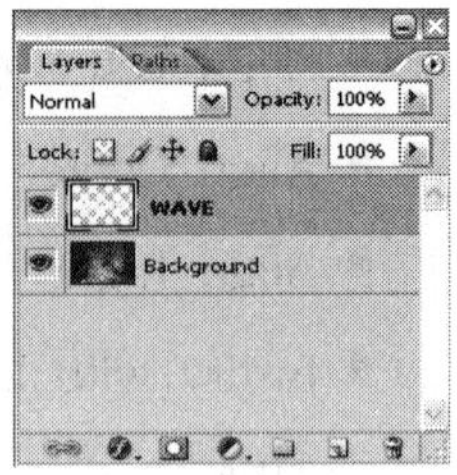

② Create Work Path를 적용하면 패스 팔레트에 Work Path로 저장이 되면서 패스의 효과를 작용할 수 있다.

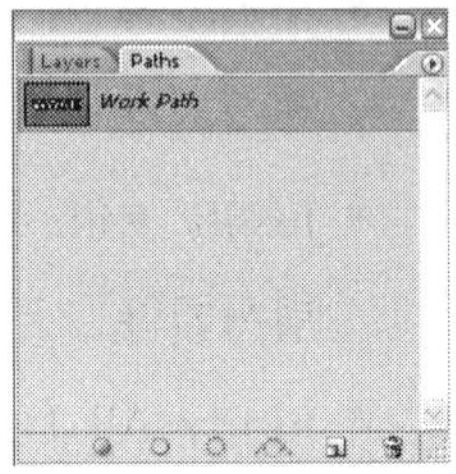

③ Convert to Shape을 적용하면 문자 레이어가 벡터 쉐이프 레이어로 전환되면서 형태에 다양한 변화를 적용할 수 있다.

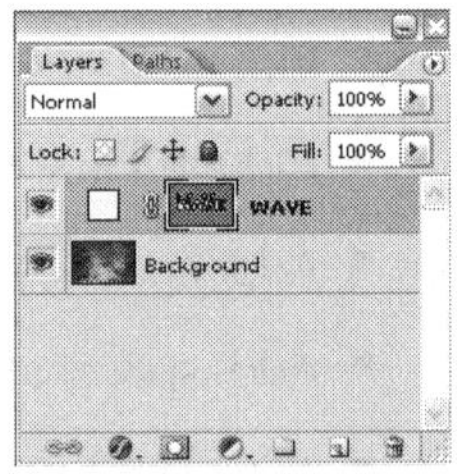

9.2 그라디언트를 적용한 문자에 원근감 적용하기

〈완성 이미지〉

■ 복사된 구름 이미지에 [Image-Adjustment-Brightness/Contrast] 적용하여 Brightness값

을 조절한다.

- 문자를 Rasterize시켜 이미지로 변경하고 그라디언트와 [Out Glow]를 적용한다.
- 문자 이미지에 [Edit-Transform-Perspective]를 적용하여 원근감을 적용한다.

① 이미지 파일을 연다. [Ctrl+A]- [Ctrl+C] 키를 눌러 이미지 전체를 선택하고 복사한다.

② 메뉴바의 [File-New]를 클릭하면 [New] 대화상자에서 도큐먼트의 크기가 복사한 하늘 이미지 크기와 동일하게 자동 설정된 것을 확인할 수 있다. Height의 크기를 600으로 설정한다.

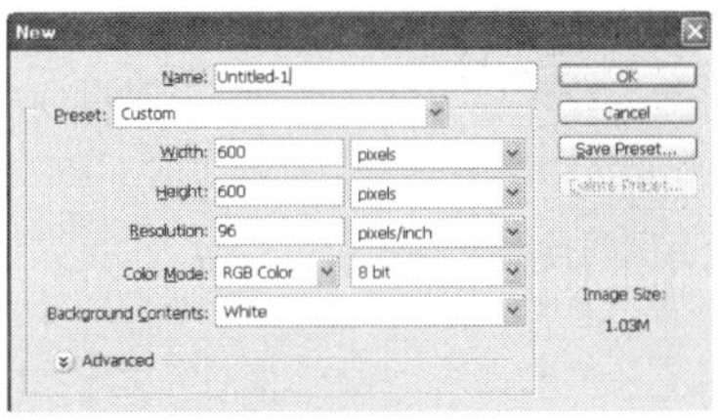

③ 하늘 이미지를 새로 만든 도큐먼트 위로 드래그하여 이동 시킨다. 메뉴바의 [Edit-Transform-Distort]를 클릭하고 조절점을 이동하여 기울기를 적용한다.

④ [Alt]키를 누르면서 아래쪽으로 드래그하여 하늘 이미지를 복사한다. 복사한 하늘 이미지를 [Edit-Transform-Rotate 180° CW]를 클릭하고 180° 회전시킨다.

⑤ 레이어 팔레트에 하늘 이미지가 복사되면서 새로운 레이어로 만들어진 것을 확인할 수 있다. Layer1을 선택한다.

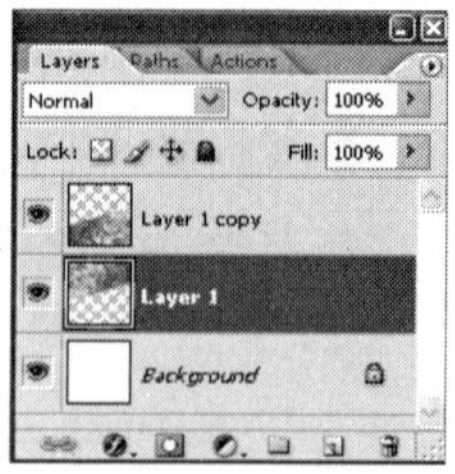

⑥ 메뉴바의 [Image-Adjustment-Brightness/Contrast]를 클릭하여 [Brightness/Contrast] 대화상자에서 Brightnessn값을 떨어뜨려 이미지를 어둡게 만든다.

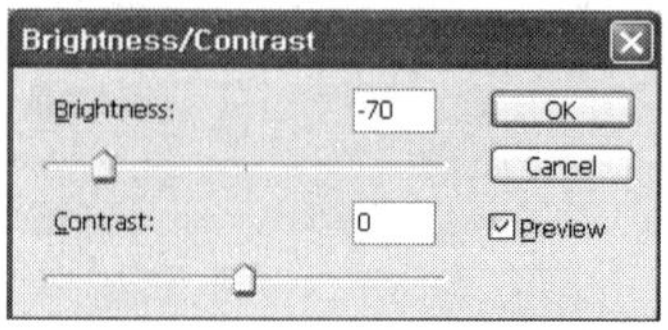

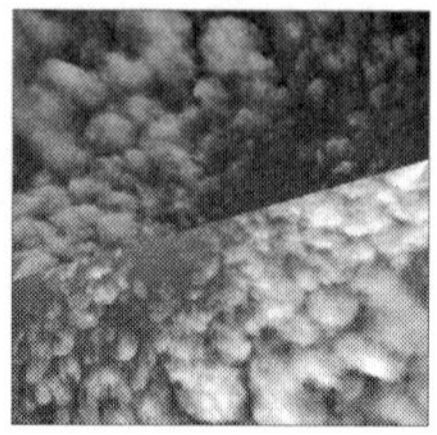

⑦ 툴박스의 문자 툴을 선택하고 옵션바에서 크기와 서체 등 옵션을 설정한 후 문자를 입력한다.

⑧ 메뉴바의 [Layer-Rasterize-Type]을 클릭하거나 문자 레이어에서 오른쪽 마우스를 클릭하여 [Rasterize Type]을 클릭한다. 문자를 Rasterize 시키면 이미지로 변환된다.

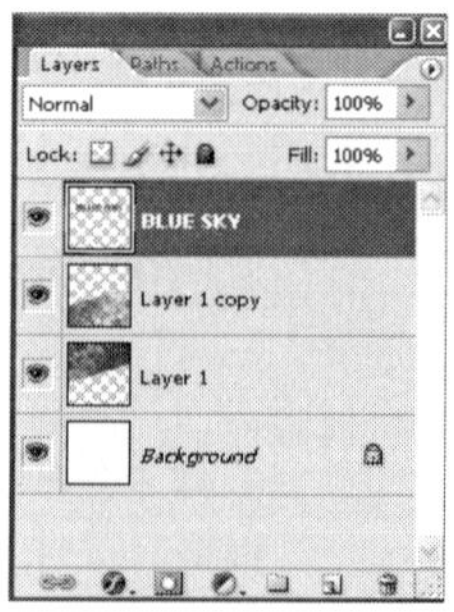

⑨ 메뉴바의 [Select-Load Selection]을 클릭하여 [Load Selection]대화상자에서 BLUE SKY Transparence를 선택 하면 문자 이미지가 선택영역으로 로딩된다.

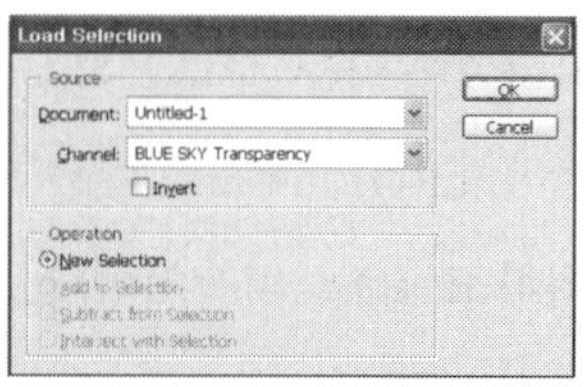

⑩ 메뉴바의 그라디언트 툴을 선택하고 옵션바에서 그라디언트를 설정한 후 문자 이미지에서 그라디언트 툴을 드래그하여 그라디언트를 적용한다.

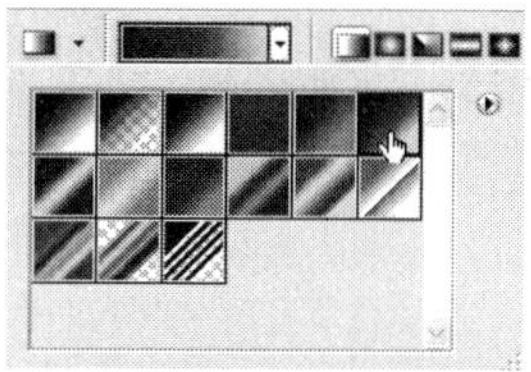

⑪ 메뉴바의 [Edit-Transform-Perspective]를 클릭하고 조절점을 이동하여 원근감을 적용한다. 다시 [Edit-Transform-Scale]을 적용하여 적당한 크기로 축소한다.

⑫ 레이어 팔레트 하단의 [Add Layer Style] 아이콘을 클릭하여 [Out Glow]를 클릭한다. [Layer Style] 대화상자에서 옵션을 설정한 후 [OK] 버튼을 클릭하면 문자 이미지에 바깥쪽으로 빛이 번지는 효과가 적용된다.

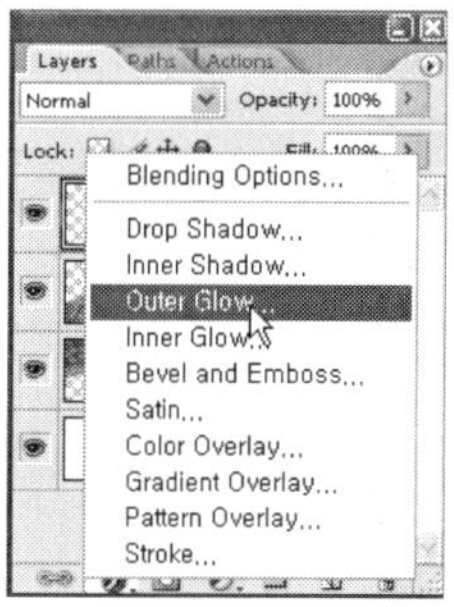

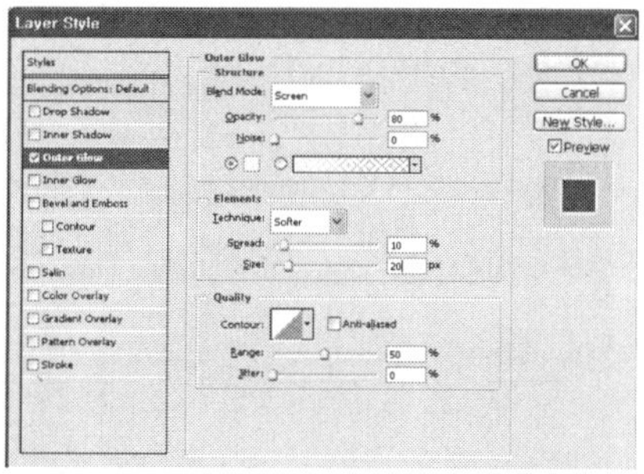

⑬ [Alt]키를 누르면서 문자 이미지를 아래쪽으로 드래그하여 복사한다. [Edit-Transform-Flip Vertical]을 클릭하여 이미지를 대칭 이동시킨다. 다시 [Edit-Transform-Distort]를 클릭하고 조절점을 이동시켜 반사되는 이미지를 만든다.

⑭ 레이어 팔레트에서 BLUE SKY copy 레이어를 선택하고 Opacity 값을 50%로 적용하여 이미지를 반투명 상태로 만든다.

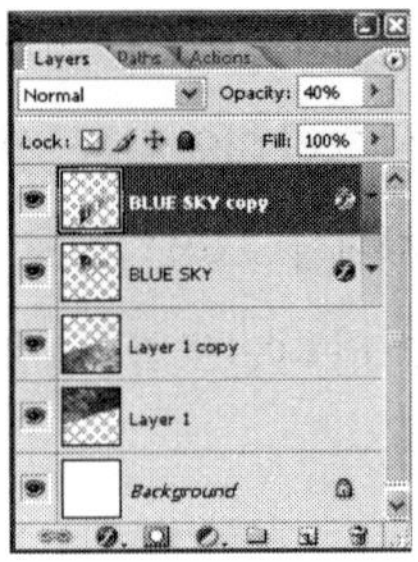

⑮ 툴박스의 자르기 툴로 필요한 부분만 드래그하여 영역을 설정한 후 더블클릭하여 불필요한 이미지를 잘라낸다.

9.3 패스를 따라 흐르는 문자 만들기

〈완성 이미지〉

펜 툴로 패스를 그리고 패스를 따라 흐르는 문자를 입력한다. 문자의 위치, 색상, 크기 등을 조절해본다.

① 그림파일을 연다.

② 레이어 팔레트 하단의 [Create a new layer]아이콘을 클릭하여 새로운 레이어 Layer1을 만든다.

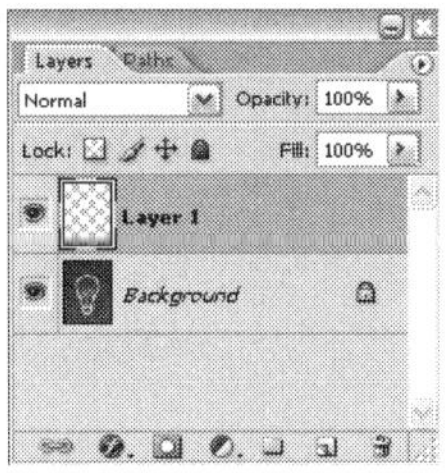

③ 툴박스의 펜 툴을 선택하고 옵션바에서 옵션을 설정한 후 패스를 그린다. 또는 패스 팔레트를 열고 Work Path를 클릭하여 선택하면 미리 그려 놓은 패스가 나타난다.

④ 툴박스의 문자 툴을 선택하고 옵션바에서 폰트와 크기, 색상을 설정한다. 문자 툴로 패스 위를 클릭하면 문자를 입력할 수 있는 커서가 나타나면 문자를 입력한다.

⑤ 수정할 문자를 블록으로 선택한 후 크기를 24pt로 키우고 문자의 색상을 각각 적용한다.

⑥ 문자를 패스의 중앙으로 위치시키기 위해 문자 툴이 선택된 문자 입력 상태에서 [Ctrl]키를 클릭하면 문자를 둘러싸고 있는 바운딩 박스가 나타난다.

⑦ C자 앞에서 커서를 드래그하여 문자를 패스의 중앙에 위치시킨다. 커서를 움직이는 방향에 따라 문자의 배열을 다양하게 활용할 수 있다.

Section 10. 펜 툴로 깔끔하게 그리고 패스 선택 툴로 수정하기

10.1 패스의 종류

(1) 펜 툴 (Pen Tool)

패스를 만드는 툴입니다. 도큐먼트 위에서 클릭하면 직선의 패스가, 드래그하면 곡선의 패스가 만들어진다.

(2) 자유 펜 툴  (Freeform Pen Tool)

드래그한 모양대로 패스가 만들어진다. 자유롭게 패스를 만들 수 있지만 정밀한 이미지를 만들 때는 적합하지 않다.

(3) 포인트 추가 툴  (Add Anchor Point Tool)

만들어진 패스 위에서 클릭하여 포인트를 추가한다. 포인트를 추가하면 패스를 수정할 수 있다.

(4) 포인트 삭제 툴  (Delete Anchor Point Tool)

기존의 포인트를 클릭하여 포인트를 삭제한다. 불필요한 포인트는 삭제하는 것이 바람직하다.

(5) 포인트 전환 툴  (Convert Point Tool)

곡선의 패스는 직선으로, 직선의 패스는 곡선으로 전환한다. 곡선 패스의 포인트 위를 클릭하면 직선 패스로 전환되고, 직선 패스의 포인트 위를 드래그하면 곡선 패스로 전환된다.

(6) 패스 선택 툴  (Path Selection Tool)

패스 전체를 선택한다.

(7) 직접 선택 툴  (Direct Selection Tool)

패스의 일부분만을 선택한다.

10.2 패스의 구성 요소

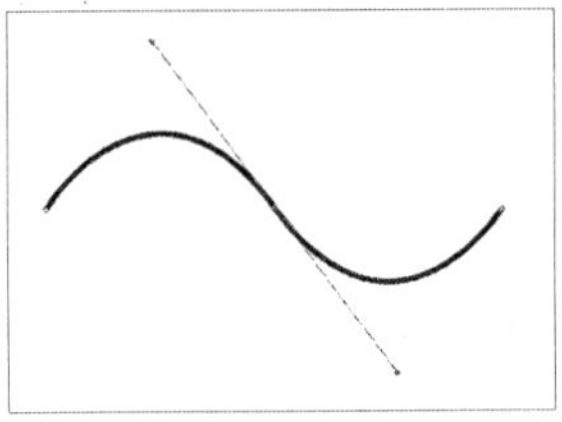

- 방향선 : 나가는 방향선과 들어가는 방향선이 있으며 곡선의 형태를 조절한다.
- 방향점 : 방향선의 길이와 방향을 조절한다.
- 앵커 포인트 : 패스의 기본 단위이다.
- 선분 : 포인트와 포인트를 연결하는 선이다.

(1) 직선 패스 그리기

펜 툴을 선택하고 도큐먼트 위를 클릭하면 패스의 최소 단위인 포인트가 생긴다. 다른 위치에서 다시 클릭하면 포인트와 포인트를 연결하는 선분이 생기면서 직선 패스가 만들어진다.

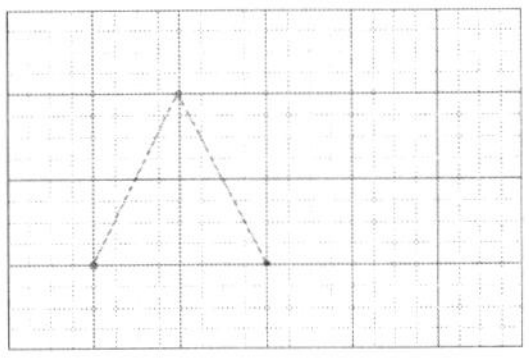

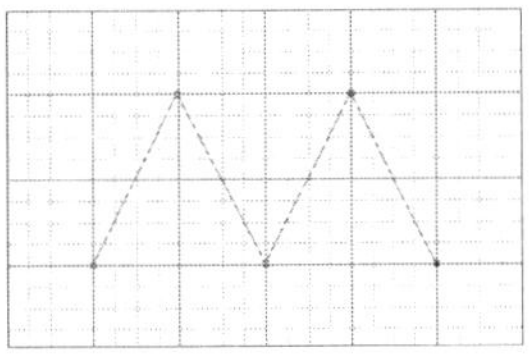

(2) 곡선 패스 그리기

① 펜 툴을 선택하고 도큐먼트 위를 클릭하여 포인트를 만든 후 다음 위치에서 드래그 한다. 방향선과 방향점이 생기면서 곡선의 패스가 만들어진다. [Alt]키를 누르면서 포인트를 클릭하면 2개의 방향선 중 하나의 방향선이 없어진다.

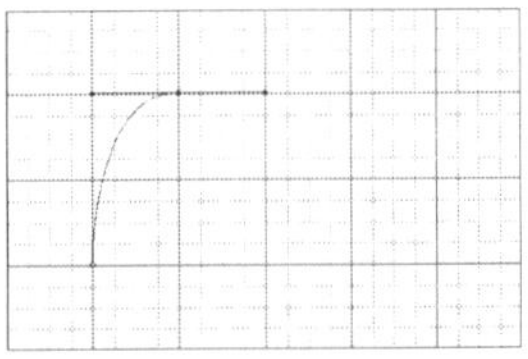

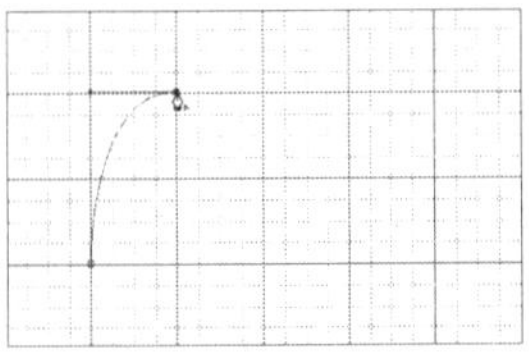

② 방향선의 위치와 길이에 따라 곡선 패스의 모양이 결정된다.

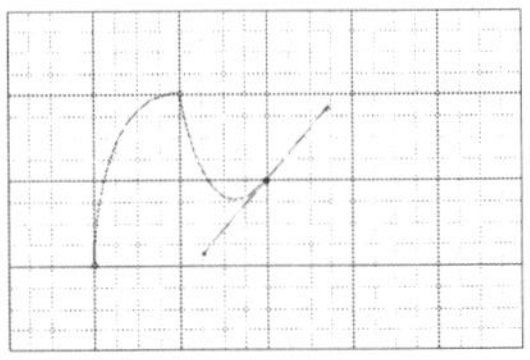

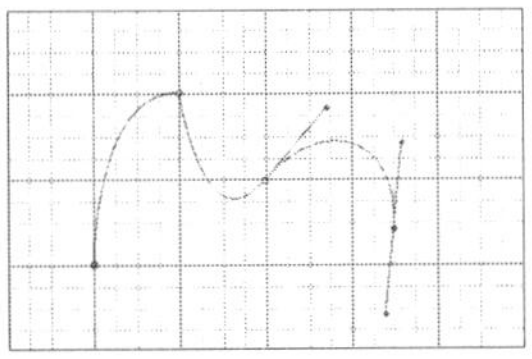

쉬어가기

Grid 사용하기

도큐먼트에 오브젝트를 그릴 경우 [View]-[Show]-[Grid]를 선택하면 도큐먼트에 격자무늬의 선이 나타나거나 사라진다. 격자무늬의 선을 Grid라고 하는데 Grid를 기준으로 작업을 하면 편리하다. Grid는 선택되거나 프린트 되지 않는 보조 기능이다. [View]-[Snap to]-[Grid]를 선택하면 도형 툴이나 펜 툴로 오브젝트를 그릴 때 그리드에 툴이 자석처럼 달라붙는 기능으로 원하는 위치에 오브젝트를 정확히 그릴 수 있다.

[Edit]-[Preferences]-[Guides, Grid & Slice]에서 그리드의 간격이나 색상, 모양을 조절할 수 있다.

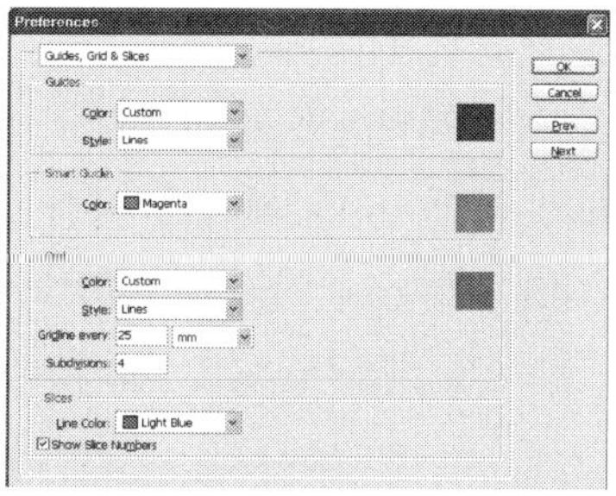

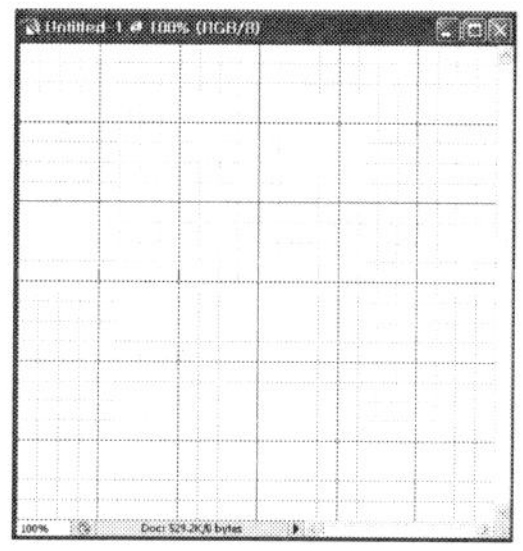

(3) 포인트를 추가하거나 삭제하기

① 그림파일을 열고 Paths 팔레트의 Work Path를 선택한다.

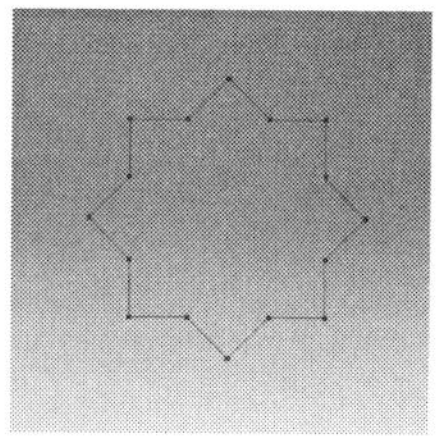

② 포인트 삭제 툴을 선택하고 삭제하고자 하는 포인트 위를 클릭한다. 포인트가 삭제되면서 패스의 형태가 변한다. 반드시 기존 포인트 위를 정확히 클릭해야 한다.

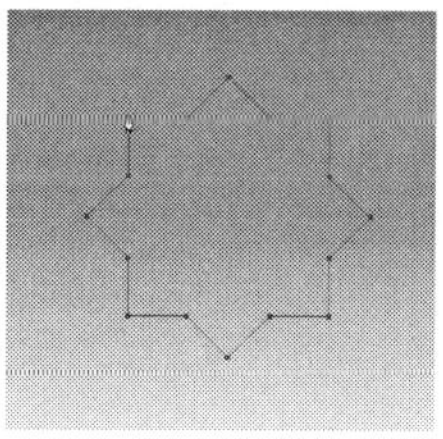
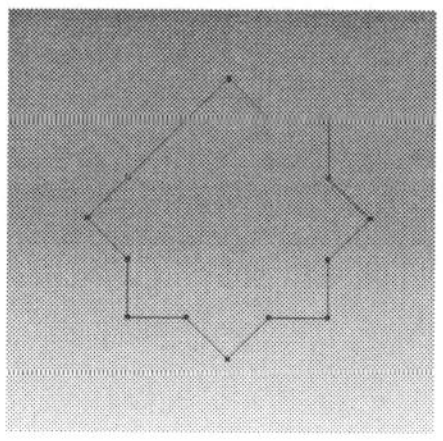
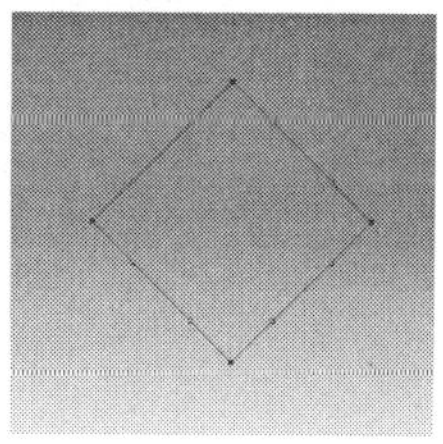

③ 포인트 추가 툴을 선택하고 패스 위를 클릭하면 포인트가 추가된다.

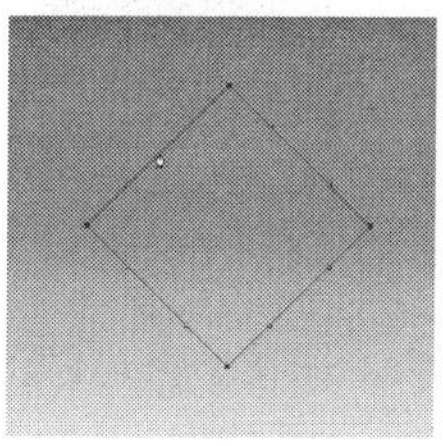
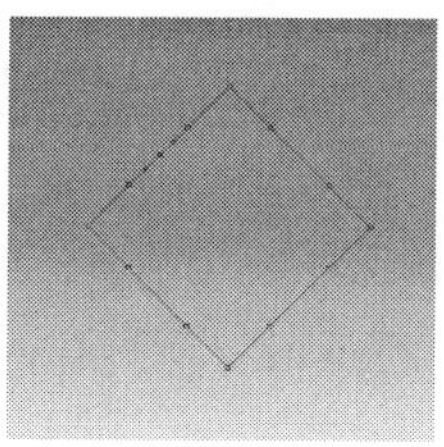
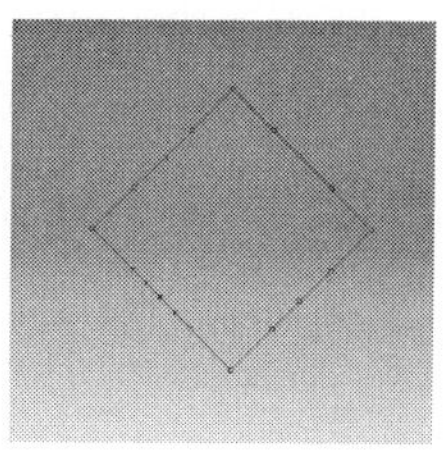

(4) 포인트 전환하기

① 직접 선택 툴로 포인트를 선택한 후 바깥쪽으로 드래그하면 패스의 모양이 바뀐다.

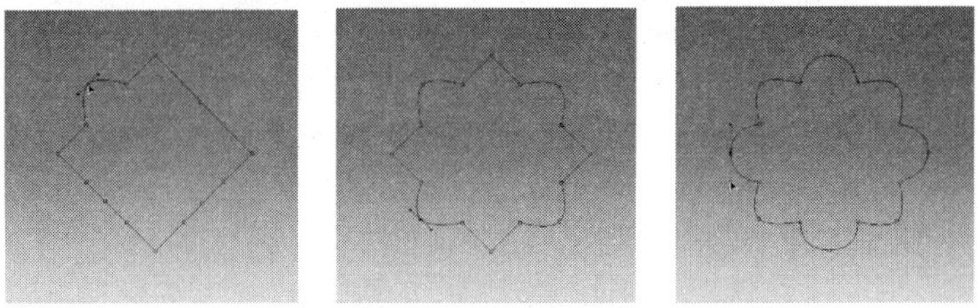

② 포인트 전환 툴로 포인트 위를 클릭하면 곡선 패스가 직선 패스로 전환된다. 반대로 직선 패스 위를 드래그 하면 직선 패스가 곡선 패스로 전환된다.

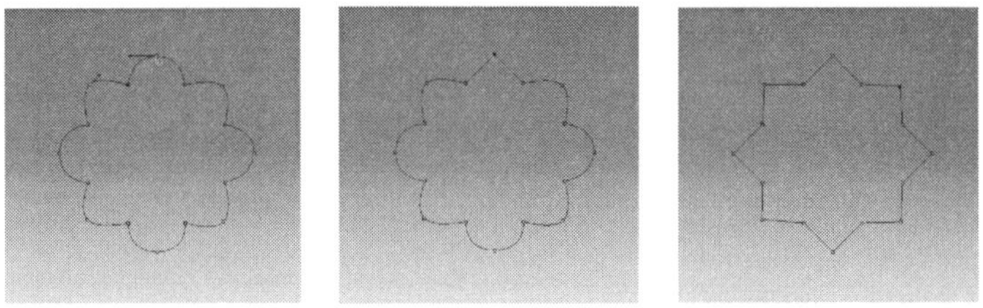

■ 펜 툴 옵션바

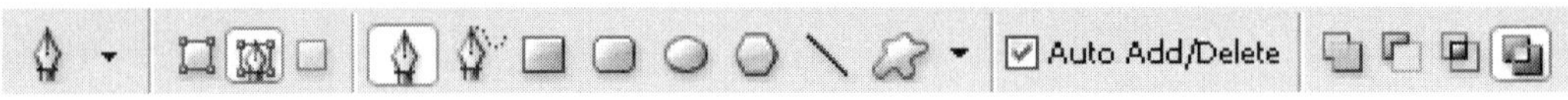

① Shape layers : 패스로 그려지는 이미지에 전경색이 적용되어 만들어진다.

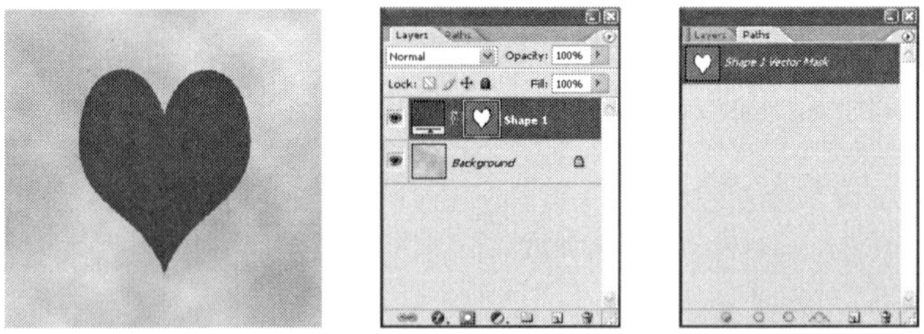

② Paths : Paths 팔레트에 새로 만들어진 패스가 Work Path로 나타난다.

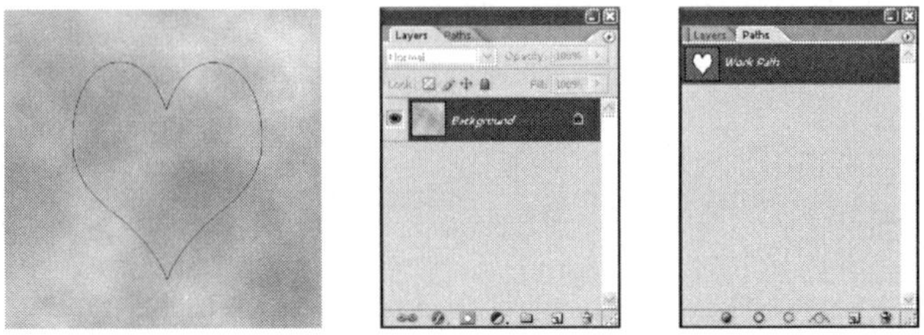

③ Fill Pixels : 펜 툴에서는 사용할 수 없으며 도형 툴에서만 사용이 가능하다. 도형 툴로 도형을 그리면 새로운 레이어에 도형이 그려지고 전경색이 적용된다.

④ 펜 툴, 자유 펜 툴, 도형 툴 등을 선택할 수 있다. 라인 툴을 선택할 경우에는 다양한 옵션을 이용하여 화살표를 만들 수 있다.

⑤ Automatically add or delete points when over path : 체크되어 있으면 패스를 그리는 도중 자동으로 패스 위에서는 포인트 추가 툴로, 포인트 위에서는 포인트 삭제 툴로 자동 변환된다.

⑥ 두개 이상의 패스가 겹쳐 있을 때 겹친 부분의 처리 방법을 설정한다.

Create new shape layer 적용

Add to shape area 적용

Subtract from shape area 적용

Intersect shape area 적용

Exclude overlapping shape area 적용

(5) Paths 팔레트

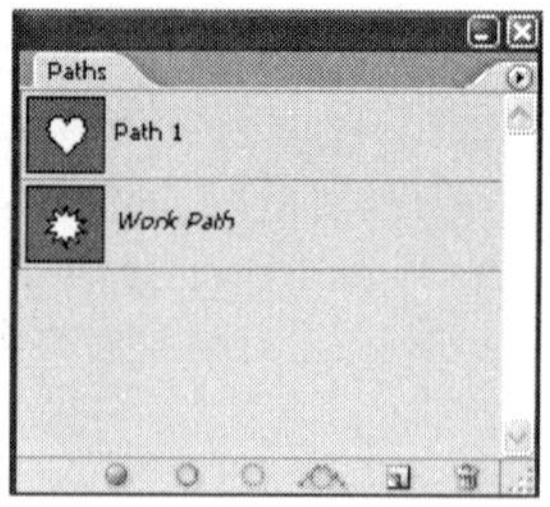

- Work Path

  새로 만들어진 패스는 Work Path로 등록된다.

- Path1

  Work Path는 새로운 패스를 만들면 사라지므로 Work Path를 더블클릭하여 Save path로 저장해야한다.

- Fill path with foreground color

  선택된 패스를 전경색으로 채운다.

- Stroke path with brush

  패스의 테두리를 선택된 브러시로 적용한다.

- Load path as selection

  패스 모양을 선택 영역으로 로딩시킨다.

- Make work path from selection

  선택 영역을 패스로 만들어준다.

- Create new path

  새로운 패스 레이어를 만든다.

- Delete current path

  선택된 패스 레이어를 삭제한다.

10.3 Stroke path with brush로 패스 꾸미기

〈완성 이미지〉

■ 피망 이미지를 패스로 저장한다.
■ 저장된 패스를 배경 이미지 위로 이동하여 Stroke path with brush를 적용한다.
■ 브러시의 크기와 색상을 다르게 적용하여 네온 효과를 표현한다.
■ 문자를 입력하고 입력된 문자를 [Create Work Path]로 변경한다.
■ Work Path로 전환된 문자에 Stroke path with brush를 적용한다.
■ 지우개 툴로 배경의 테두리 부분을 삭제하여 이미지를 완성한다.

① 그림파일을 연다.

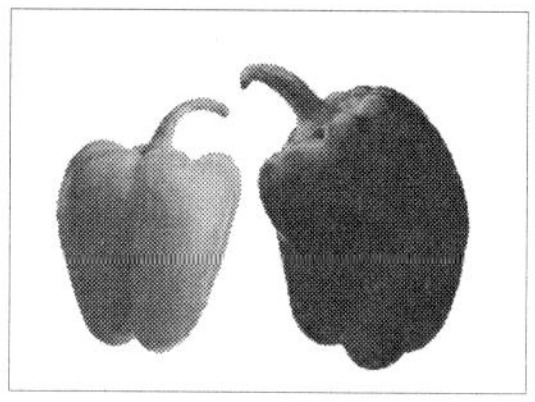

② 펜 툴을 사용하여 노란색 피망의 외곽이미지를 따라 패스를 만든다.

③ 패스 팔레트에 노란색 피망 패스가 Work Path 레이어에 새롭게 등록되어진다.

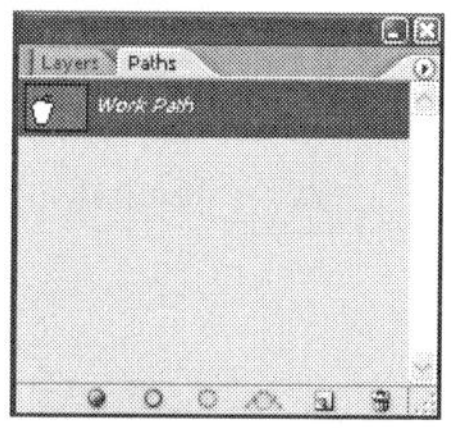

④ Work Path 레이어를 더블클릭하여 [Save Path] 대화상자에서 저장하면 Save Path로 새롭게 저장된다.

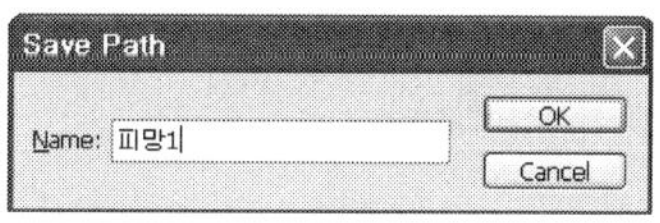

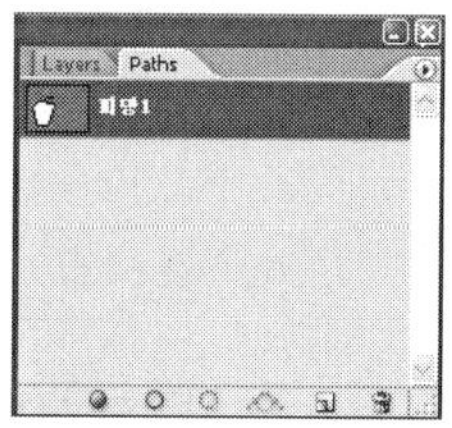

⑤ 패스 팔레트 하단의 Create new path 아이콘을 클릭하여 새로운 Path1 레이어를 만든다.

⑥ 펜 툴을 사용하여 빨강색 피망의 외곽선을 패스로 만든다. 패스 팔레트의 Path1 레이어에 패스로 등록된다. Path1 레이어의 이름을 피망2로 등록한다.

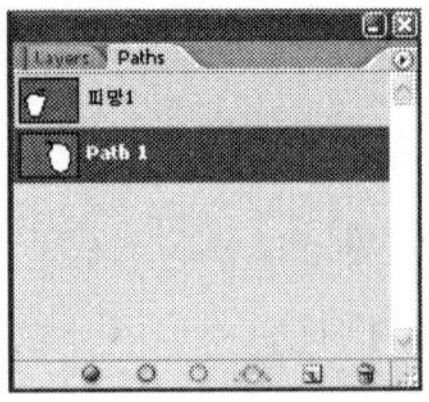

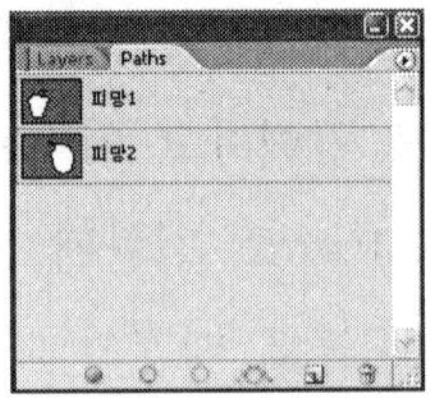

⑦ 패스 팔레트 하단의 [Create new path] 아이콘을 클릭하여 새로운 Path1 레이어를 만든다. Path1 레이어의 이름을 피망1라고 수정한니다. 같은 방법으로 Path1 레이어를 만들고 Path2 레이어의 이름을 피망2라고 수정한다.

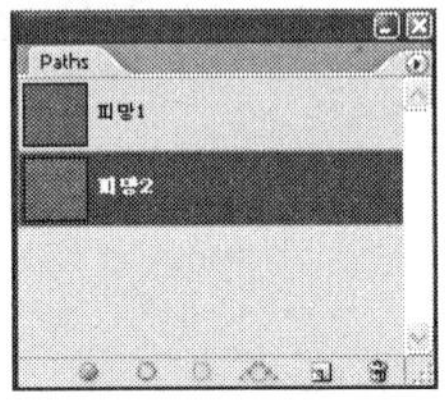

⑧ 배경이 될 파일의 패스 팔레트의 피망1 레이어를 Path 배경 이미지 위로 드래그하면 피망1 패스가 배경 이미지 위로 복사된다. 패스 선택 툴로 피망1 패스를 선택하여 위치를 이동시킨다. 펜 툴을 이용하여 피망 패스에 눈과 입을 만든다.

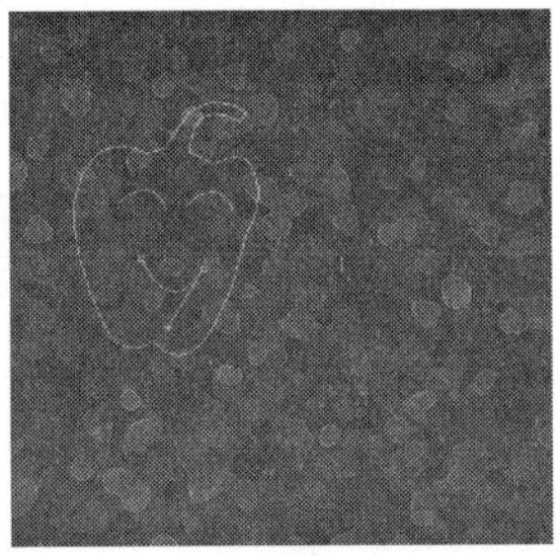

⑨ 레이어 팔레트 하단의 [Create a new layer] 아이콘을 클릭하여 새로운 레이어를 만들고 레이어의 이름을 피망1이라고 수정한다.

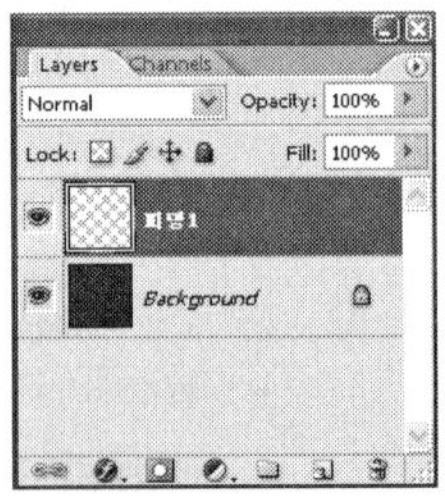

⑩ 브러시 툴을 선택하고 브러시 툴의 옵션을 설정한다. 툴박스의 전경색은 (240,240,150)으로 설정하고 패스 팔레트에서 피망1 레이어를 선택하고 패스 팔레트 하단의 Stroke path with brush 아이콘을 클릭하면 툴박스에서 적용한 전경색과 브러시가 피망1 패스에 적용되어 테두리가 부드럽게 퍼진다. 이때 레이어 팔레트에서는 피망1레이어가 선택되어 있어야한다.

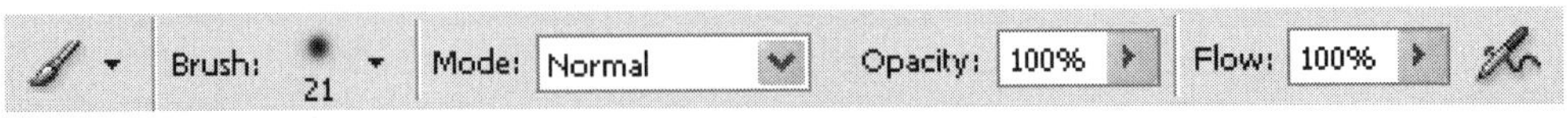

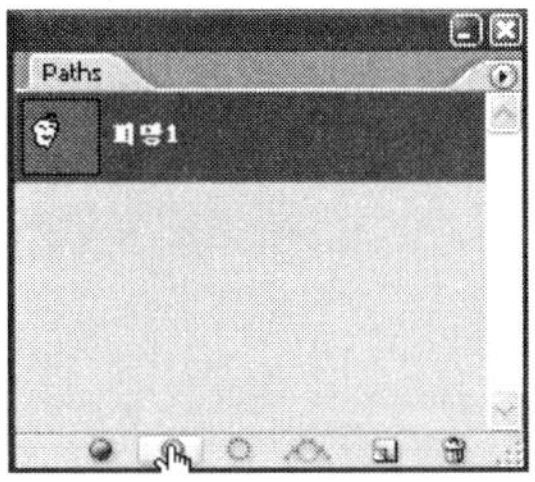

⑪ 브러시의 크기는 12px, 색상은 (255,255,0)으로 설정한 후 패스 팔레트 하단의 Stroke path with brush 아이콘을 클릭하여 브러시를 적용한다. 다시 브러시의 크기는 8px, 색상은 (255,174,0)으로 설정한 후 Stroke path with brush 아이콘을 클릭하여 브러시를 적용한다. 다시 브러시의 크기는 4px, 색상은 흰색으로 설정한 후 Stroke path with brush 아이콘을 클릭하여 브러시를 적용하여 피망1의 이미지를 완성한다.

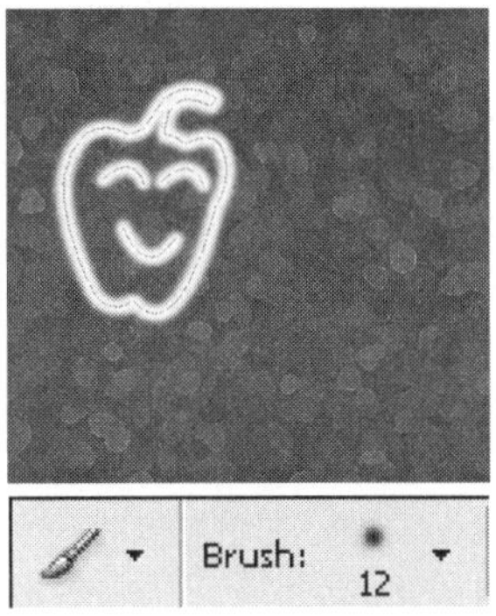

⑫ 배경이 될 파일의 패스 팔레트의 피망2 레이어를 Path 배경 이미지 위로 드래그하면 피망2 패스가 배경이미지 위로 복사됩니다. 패스 선택 툴로 피망2 패스를 선택하여 위치를 이동시킨다. 이때 패스 팔레트의 피망2 패스 레이어가 선택되어 있어야한다. 펜 툴을 이용하여 피망 패스에 눈과 입을 만든다.

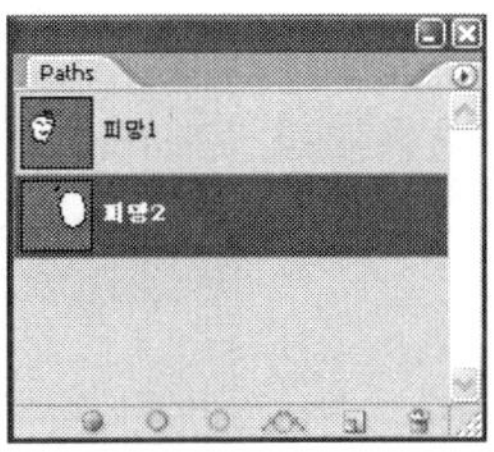

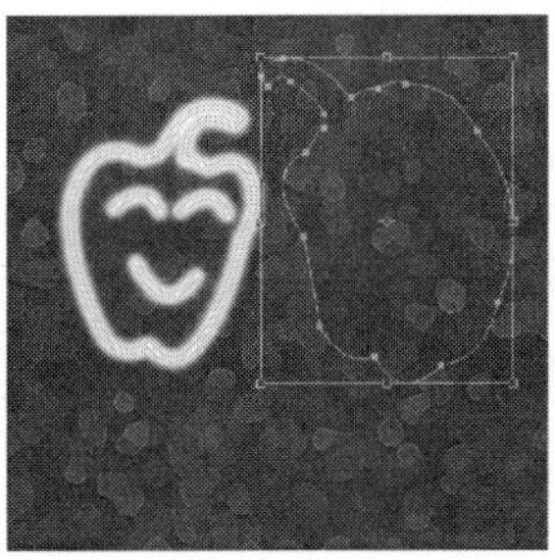

⑬ 레이어 팔레트 하단의 [Create a new layer] 아이콘을 클릭하여 새로운 레이어를 만들고 레이어의 이름을 피망2이라고 수정한다.

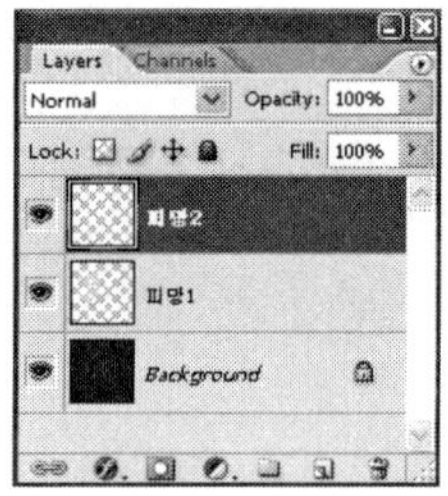

⑭ 위와 같은 방법으로 피망2의 패스에도 브러시를 적용합니다. 브러시 크기는 30px 색상은 (255,130,150)으로 다음엔 브러시 크기는 15px 색상은 (255,3,43)으로 다음엔 브러시 크기는 8px 색상은 (182,3,31)으로 마지막으로 브러시 크기는 4px 색상은 흰색으로 적용하여 피망2 이미지를 완성한다.

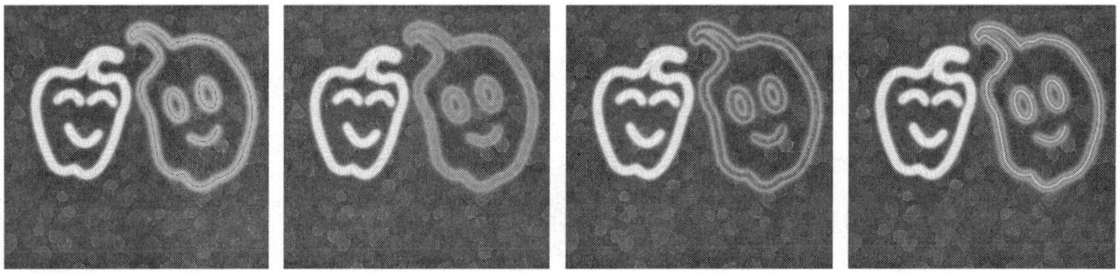

⑮ 문자 툴을 선택하고 옵션바에서 옵션을 설정한 후 문자를 입력한다.

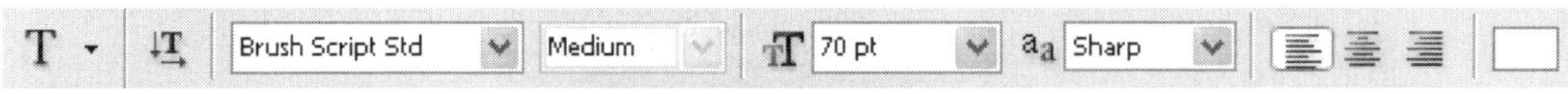

⑯ 문자 레이어를 선택하고 레이어 위에서 마우스 오른쪽 버튼을 클릭하여 [Create Work Path] 아이콘을 클릭한다. 패스 팔레트에 새로운 Work Path가 만들어진다.

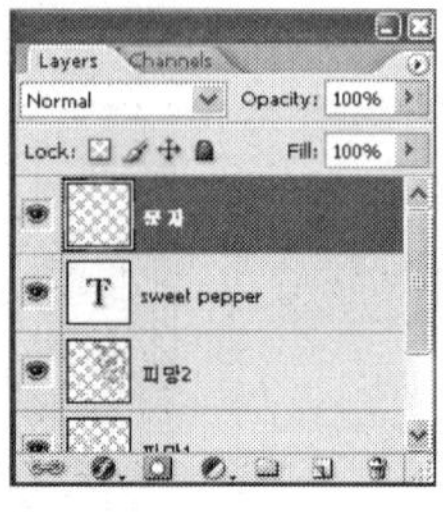

⑰ 패스 팔레트의 Work Path 위에서 마우스를 더블클릭하여 Save Path로 만들고 패스의 이름을 문자라고 수정한다.

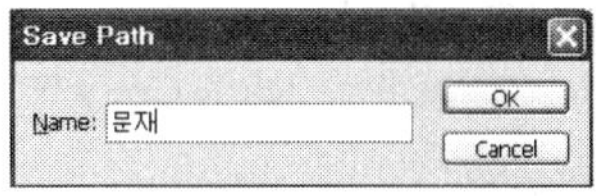

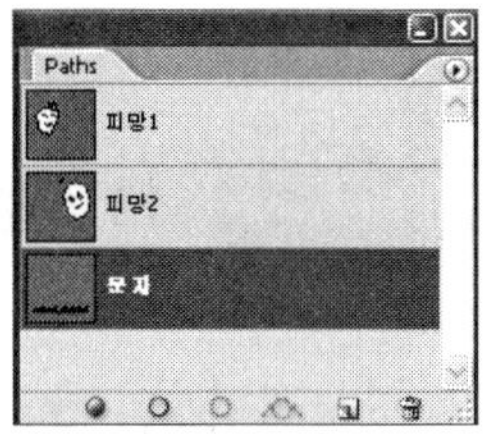

⑱ 레이어 팔레트 하단의 [Create a new layer] 아이콘을 클릭하여 새로운 레이어를 만들고 레이어의 이름을 문자라고 수정한다. 처음 문자를 입력했던 레이어는 삭제한다.

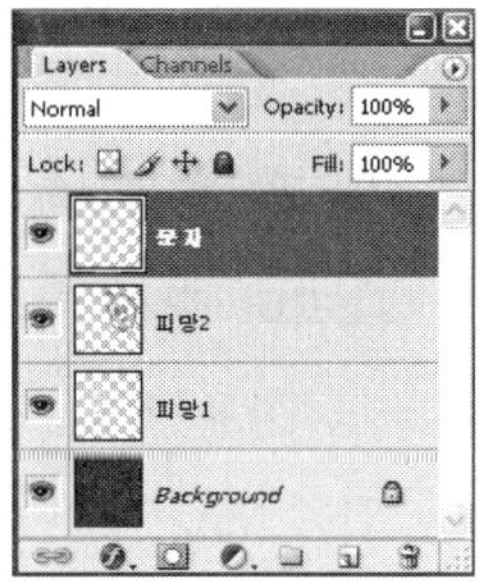

⑲ 패스 팔레트의 문자 패스 레이어를 선택한다. 위와 같은 방법으로 문자 패스 레이어의 패스에도 브러시를 적용한다. 브러시 크기는 12px 색상은 (155,250,90)으로 다음엔 브러시 크기는 6px 색상은 (36,195,6)으로 다음엔 브러시 크기는 3px 색상은 흰색으로 적용하여 문자 이미지를 완성한다.

⑳ 지우개 툴을 선택하고 지우개의 모양과 크기를 설정한다. 레이어 팔레트의 Background 레이어를 선택하고 배경 이미지를 지우개의 거친 브러시 모양으로 지워 나간다.

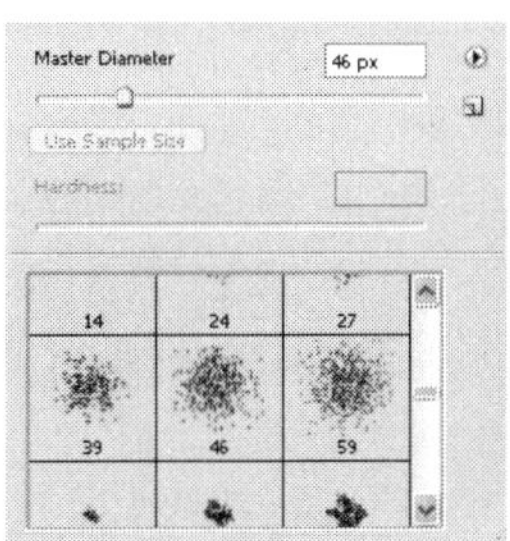

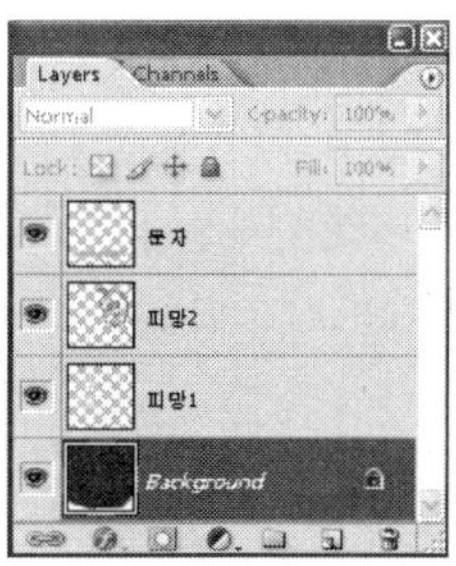

Section 11. 포토샵에서 벡터 이미지를 자유자재로 그린다.

11.1 도형 툴의 종류

(1) 사각형 툴 (Rectangle Tool)

벡터 형태의 사각형을 만드는 툴이다. 드래그 하는 데로 사각형의 모양이 만들어진다. [Shift]키를 사용하면 정사각형, [Alt] 키를 사용하면 클릭한 지점이 도형의 중심이 되면서 만들어진다.

(2) 둥근 사각형 툴 (Rounded Rectangle Tool)

벡터 형태의 모서리가 둥근 사각형을 만드는 툴이다.

(3) 원형 툴 (Ellipse Tool)

벡터 형태의 원형을 만드는 툴이다.

(4) 다각형 툴 (Polygon Tool)

벡터 형태의 다각형을 만드는 툴이다.

다양한 형태의 다각형과 별을 만들 수 있다.

(5) 선형 툴 (Line Tool)

다양한 형태의 선과 화살표를 만드는 툴이다.

(6) 자유 도형 툴 (Custom shape Tool)

기본적으로 제공되는 다양한 형태의 도형을 만드는 툴이다.

(7) 사각형 툴과 원형 툴의 옵션

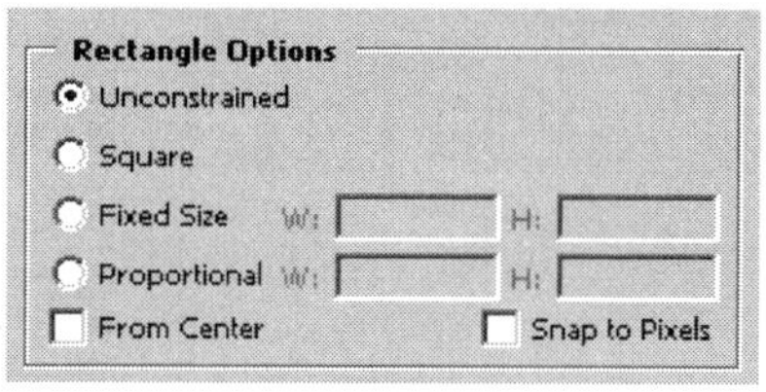

■ Unconstrained

마우스를 드래그 하는 데로 도형이 그려진다.

■ Square

가로, 세로 비율이 같은 정방형의 도형이 그려진다.

■ Fixed Size

가로, 세로 크기를 미리 입력하여 원하는 크기의 도형을 정확히 그릴 수 있다.

■ Proportional

가로, 세로 비율을 미리 입력하여 원하는 비율의 도형을 정확히 그릴 수 있다.

■ From Center

클릭한 지점이 도형의 중심이 된다. [Alt] 키를 사용하는 것과 동일한 기능이다.

■ Snap to Pixels

도형의 외곽을 배경 픽셀의 모양과 동일하게 그려준다.

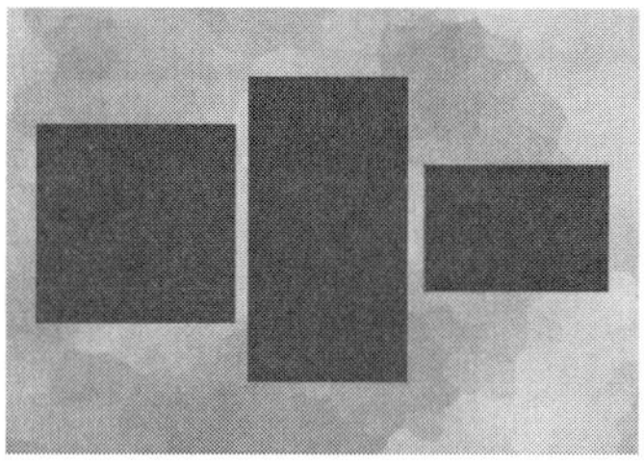

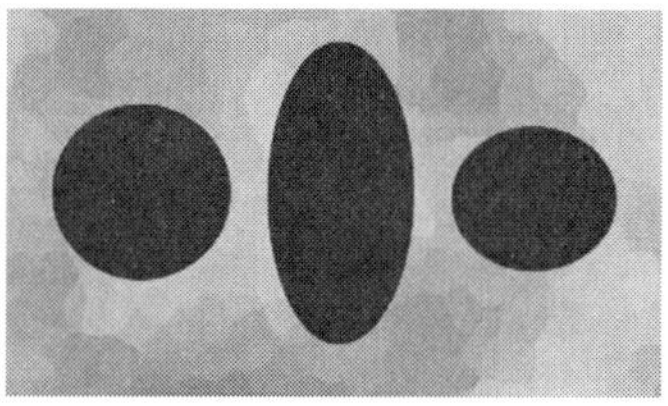

(8) 둥근 사각형 툴의 옵션

■ Radius

둥근 사각형의 모서리 부분의 둥근 정도를 설정한다. 값이 클수록 원형에 가까운 형태가 된다.

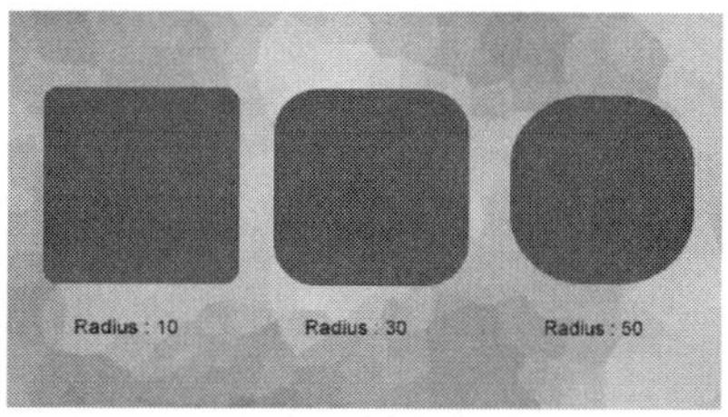

(9) 다각형 툴의 옵션

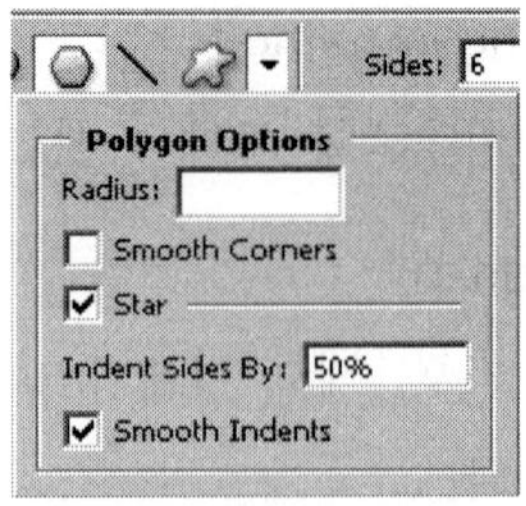

- Side

  다각형의 면의 개수를 설정한다.

- Radius

  입력한 수치가 다각형의 반지름의 길이가 된다.

- Smooth Corners

  별의 바깥쪽으로 향하는 꼭지점을 부드럽게 만든다.

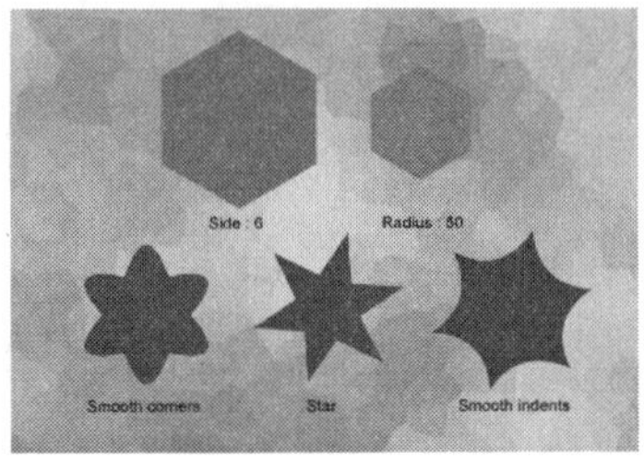

- Star

  별을 만든다.

- Smooth Indents

  별의 안쪽으로 향하는 꼭지점을 부드럽게 만든다

(10) 선형 툴의 옵션

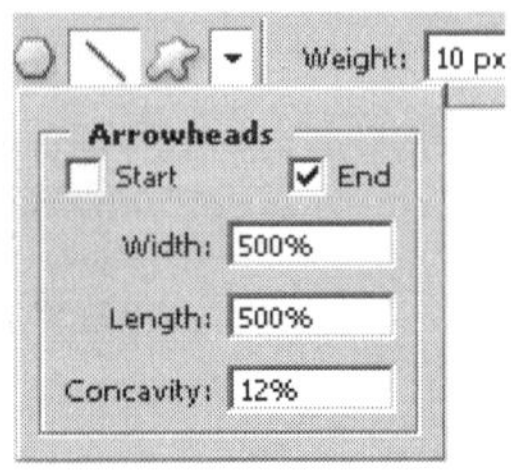

- Weight

  선과 화살표의 두께를 설정한다.

- End, Start

  화살표를 만들때 화살표 모양을 선의 시작점과 끝점에서 적용할 부분을 설정한다.

- Weidth, Length

  선의 두께에 비례하여 화살표의 두께와 길이를 설정한다.

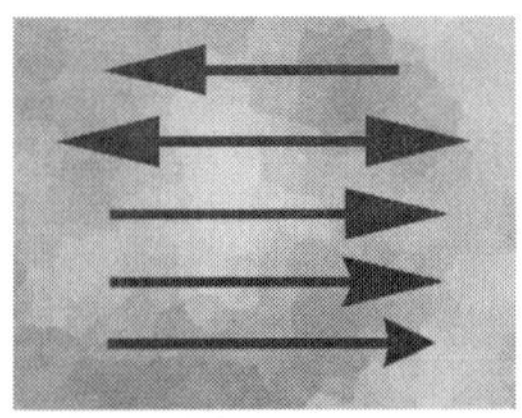

- Concavity

  선과 화살표가 만나는 부분의 모양을 설정한다.

(11) 자유 도형 툴의 옵션

포토샵에서 미리 제공되는 도형을 선택하여 사용할 수 있다. 팝업 버튼을 클릭하여 도형의 종류를 추가하거나 기본 형태로 되돌릴 수 있다.

11.2 커스텀 쉐입 툴로 버튼 만들기

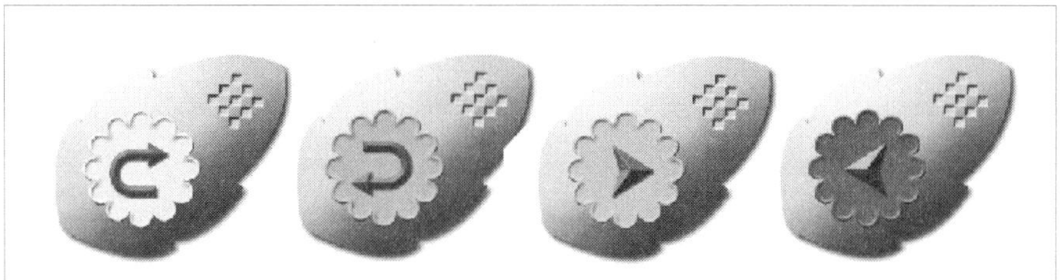

〈완성 이미지〉

커스텀 쉐입 툴로 버튼의 형태를 만든다.

[Layer Style]의 [Bevel and Emboss], [Drop Shadow], [Color Overlay] 항목을 이용하여 버튼에 입체 효과를 표현한다.

① 메뉴의 [File-New]를 선택하여 새로운 파일을 연다. 300*300px의 새로운 작업창을 만든다.

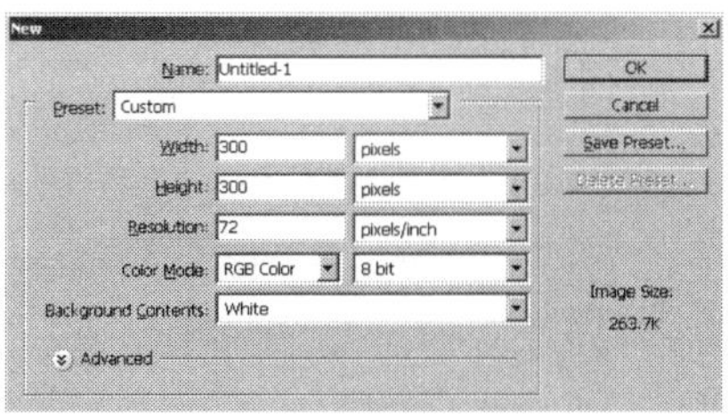

② 레이어 팔레트 하단의 [Create a new layer] 아이콘을 클릭하여 새로운 레이어를 만든다.

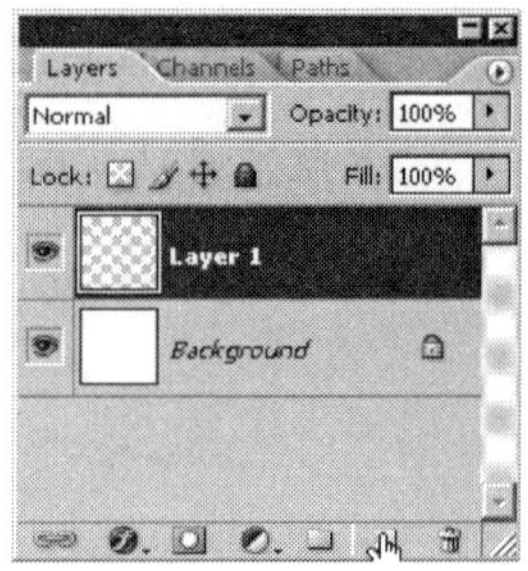

③ 툴 박스에서 커스텀 쉐입 툴을 선택하고 옵션바에서 옵션을 설정한 후 작업창에 드래그하여 버튼의 형태를 만든다.

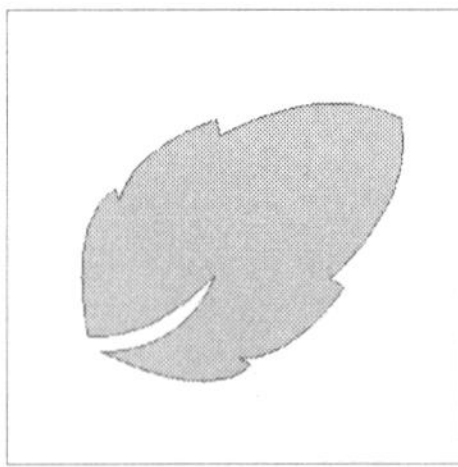

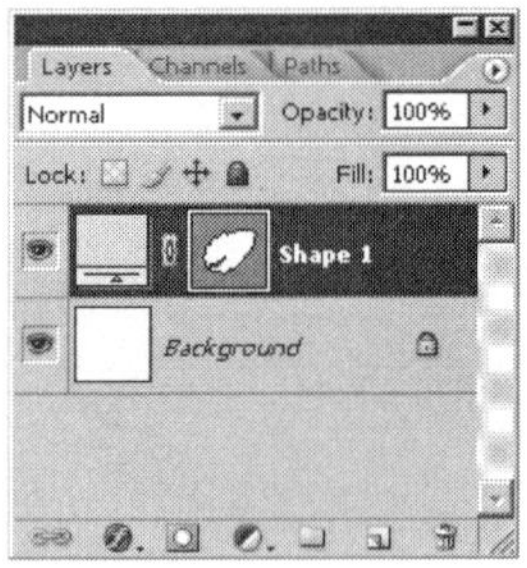

④ 페스를 직접 선택 툴로 포인트를 클릭하여 선택한 후 [Delete]키를 눌러 포인트를 삭제한다. 포인트가 삭제되면서 버튼의 형태가 변경된다.

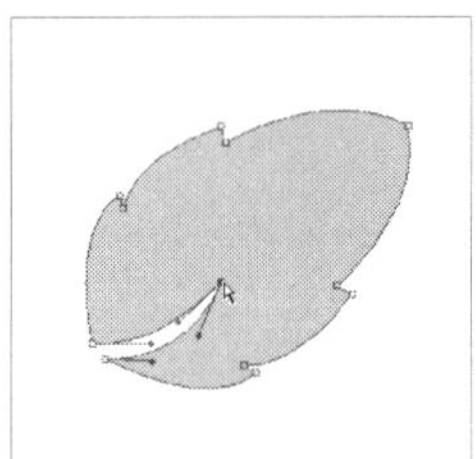

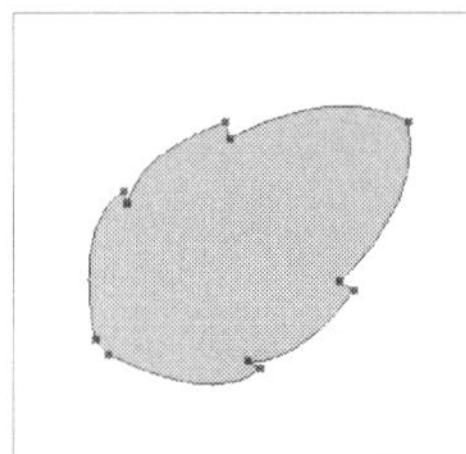

⑤ Shape1 레이어에서 마우스 오른쪽 버튼을 클릭하여 Rasterize Layer 항목을 클릭하면 쉐입 레이어가 일반 레이어로 전환된다.

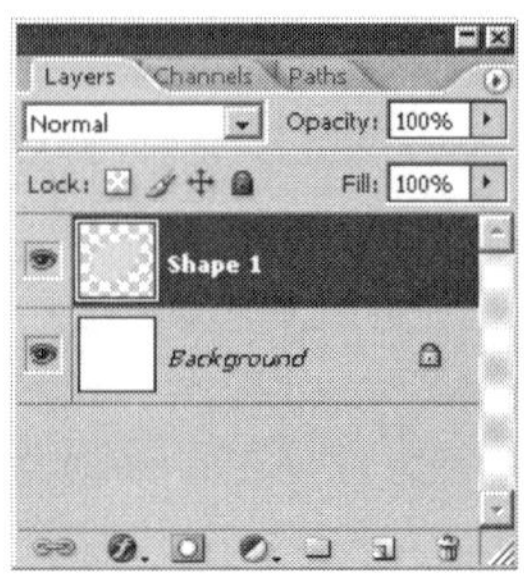

⑥ 그림자 효과를 적용하기 위해 레이어 팔레트 하단의 [Add Layer Style] 아이콘을 클릭하고 [Drop Shadow] 항목에서 옵션을 설정한 후 [OK]버튼을 클릭한다.

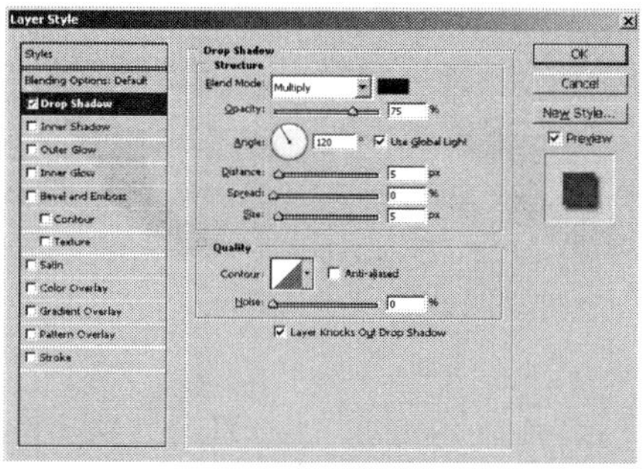

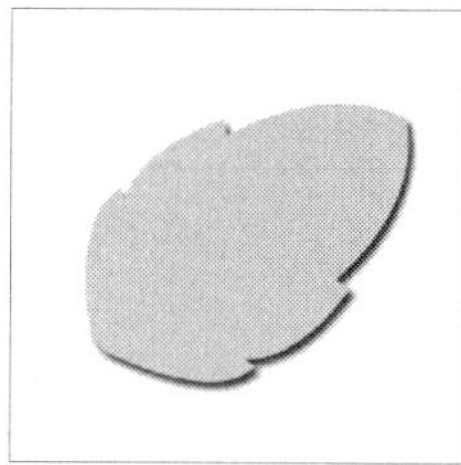

⑦ 버튼에 입체감을 적용하기 위해 다시 레이어 팔레트 하단의 [Add Layer Style] 아이콘을 클릭하고 [Bevel and Emboss] 항목에서 옵션을 설정한 후 [OK]버튼을 클릭한다.

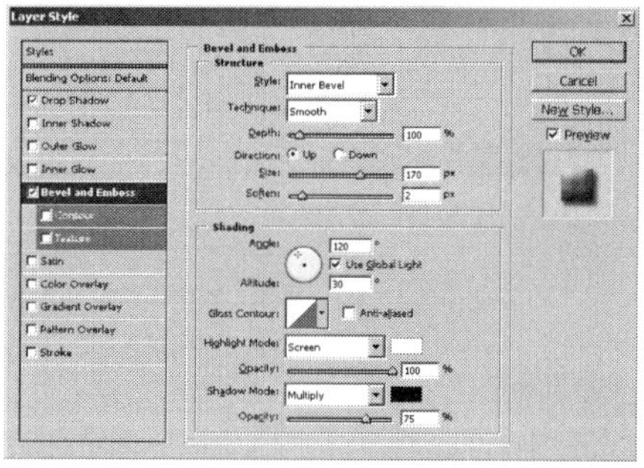

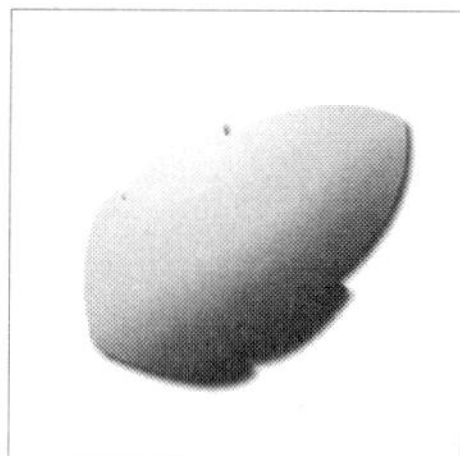

⑧ 레이어 팔레트 하단의 [Create a new layer] 아이콘을 클릭하여 새로운 레이어를 만든다.

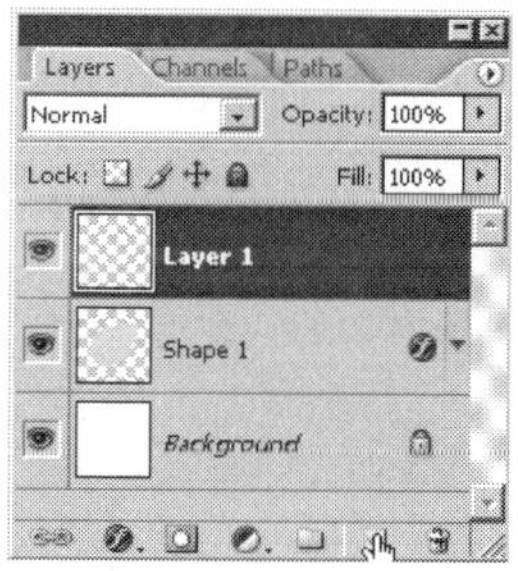

⑨ 버튼의 안쪽 형태를 만들기 위해 커스텀 쉐입을 선택하고 옵션바에서 옵션을 설정한 후 작업창에서 드래그하여 버튼의 안쪽 형태를 만든다. 꽃잎이 많이 갈라져 있으므로 형태를 수정하기 위하여 꽃 형태 안쪽으로 원형 선택 툴을 이용하여 정원을 그리고 색상을 흰색으로 채워준다.

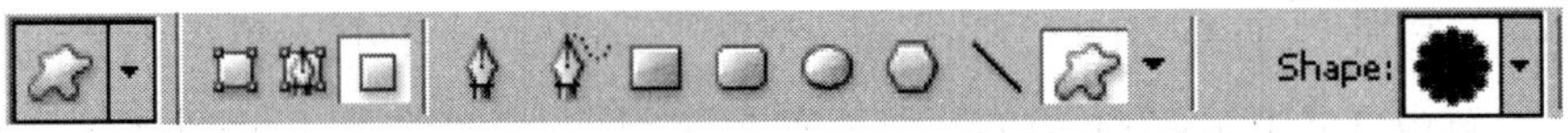

⑩ 버튼의 안쪽 형태에 안쪽으로 패인 효과를 적용하기 위하여 레이어 팔레트 하단의 [Add Layer Style] 아이콘을 클릭하고 [Bevel and Emboss] 항목에서 옵션을 설정하고 [Layer Style] 팔레트 왼쪽의 [Conture] 항목을 클릭하여 Conture를 Cone로 선택하고 [OK]버튼을 클릭한다.

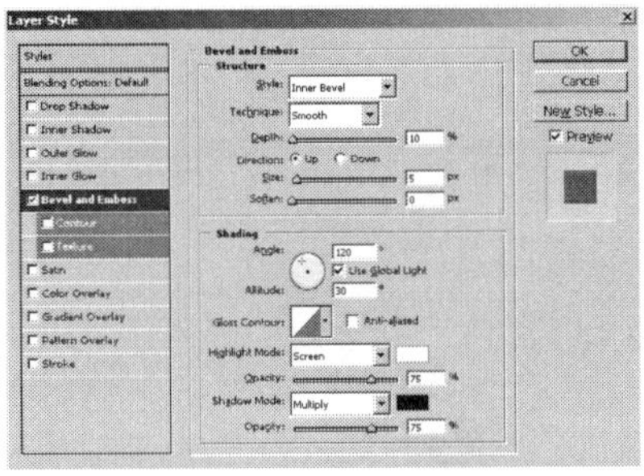

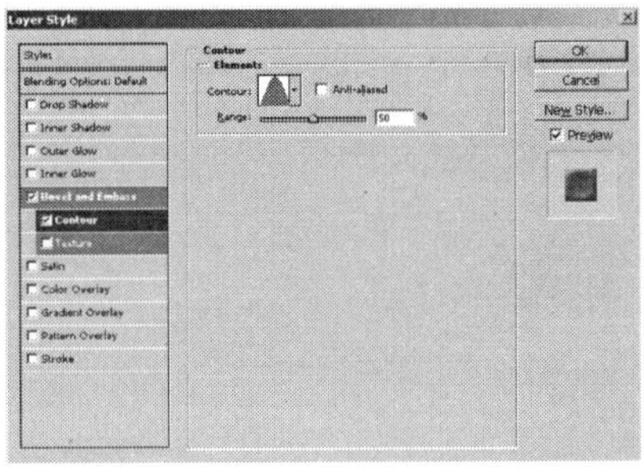

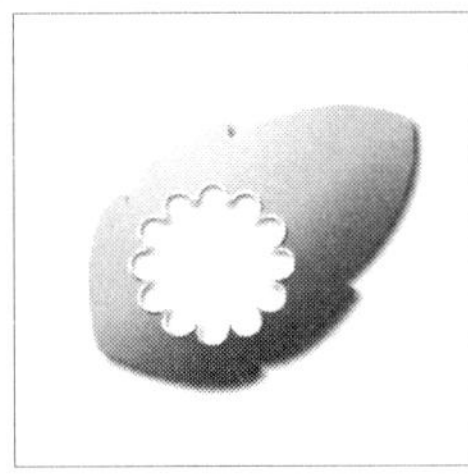

⑪ 버튼의 안쪽 형태에 색상을 적용하기 위해 레이어 팔레트 하단의 [Add Layer Style] 아이콘을 클릭하고 [Color Overlay] 항목에서 적용할 색상을 설정하고 [OK] 버튼을 클릭하면 설정한 색상으로 변경된다.

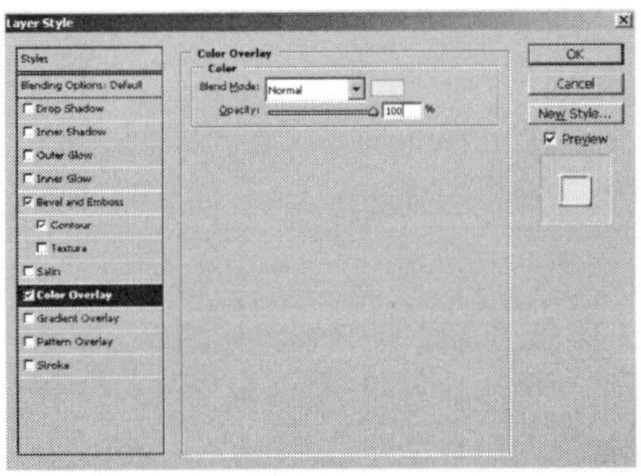

⑫ 레이어 팔레트 하단의 [Create a new layer] 아이콘을 클릭하여 새로운 레이어를 만든다. 커스텀 쉐입을 선택하고 옵션바에서 쉐입의 형태를 선택한 후 작업창에서 드래그하여 화살표 형태를 만든다.

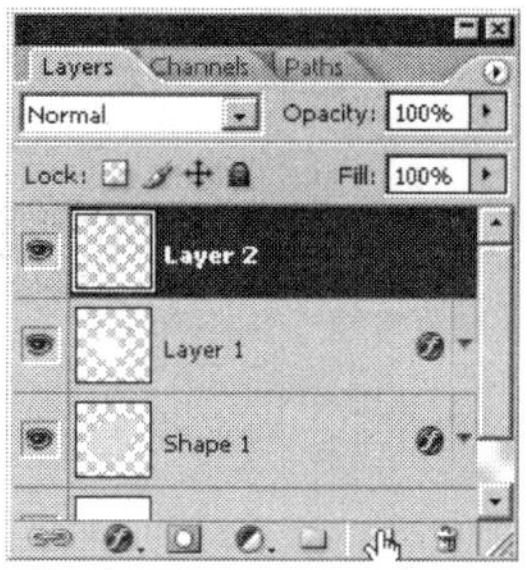

⑬ 화살표 형태에 입체감을 적용하기 위해 다시 레이어 팔레트 하단의 [Add Layer Style] 아이콘을 클릭하고 [Bevel and Emboss] 항목에서 옵션을 설정한 후 [OK]버튼을 클릭한다.

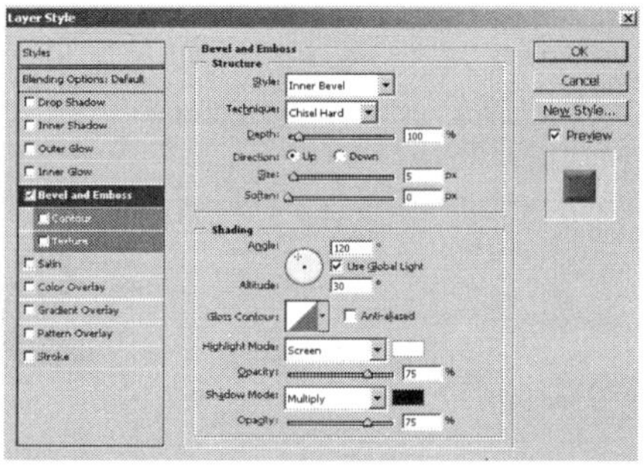

⑭ 그림자 효과를 적용하기 위해 레이어 팔레트 하단의 [Add Layer Style] 아이콘을 클릭하고 [Drop Shadow] 항목에서 옵션을 설정한 후 [OK]버튼을 클릭한다.

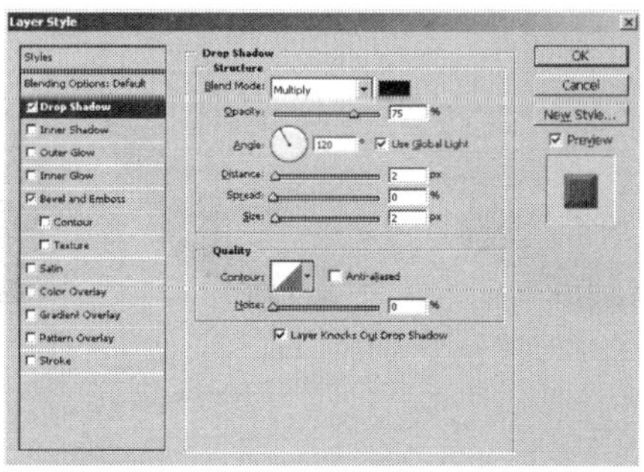

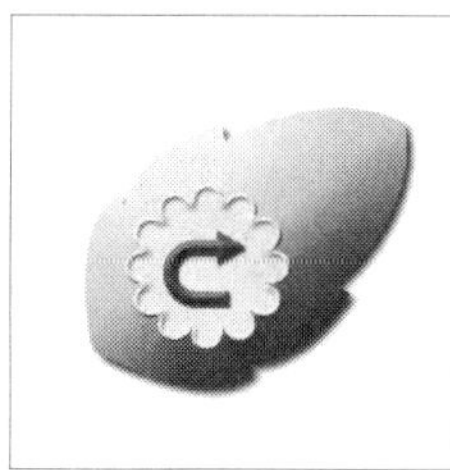

⑮ 레이어 팔레트 하단의 [Create a new layer] 아이콘을 클릭하여 새로운 레이어를 만든다. 커스텀 쉐입을 선택하고 옵션바에서 쉐입의 형태를 선택한 후 작업창에서 드래그하여 형태를 만든다.

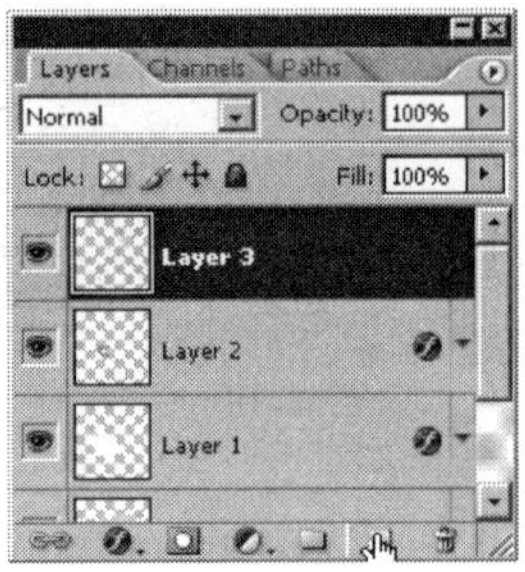

⑯ 쉐입에 입체감을 적용하기 위해 다시 레이어 팔레트 하단의 [Add Layer Style] 아이콘을 클릭하고 [Bevel and Emboss] 항목에서 옵션을 설정한 후 [OK]버튼을 클릭한다.

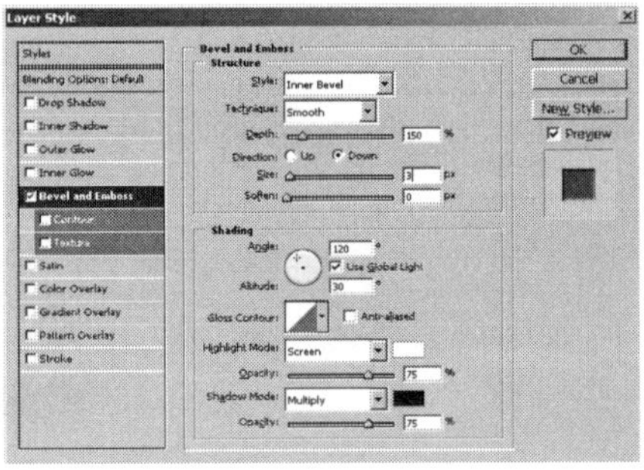

⑰ 이미지를 복사하여 [Color Overlay]에서 색상을 변경하고 쉐입의 형태를 다르게 적용하여 다양한 버튼을 완성한다.

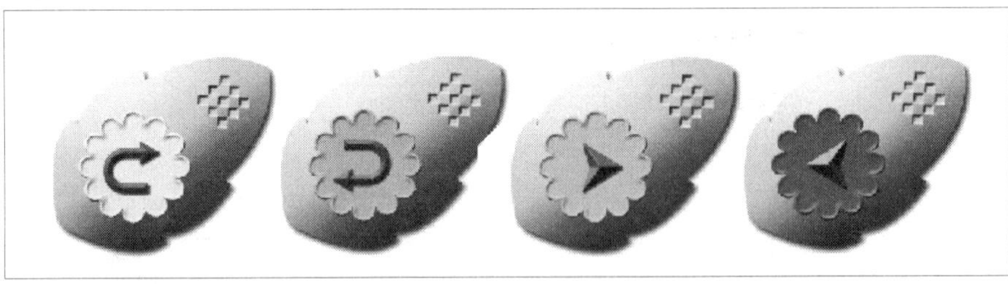

Chapter 04 이미지 보정

Section 01. 색상 모드 이용하여 다양한 효과 적용하기

1.1 색상모드의 종류

(1) Bitmap Mode

검정과 흰색만을 사용하여 흑백 이미지를 만든다. 컬러 이미지의 경우는 먼저 Grayscale 모드로 변환한 뒤 Bitmap 모드를 적용해야 한다.

Resolution 72 적용

Resolution 150 적용

(2) Bitmap 대화상자

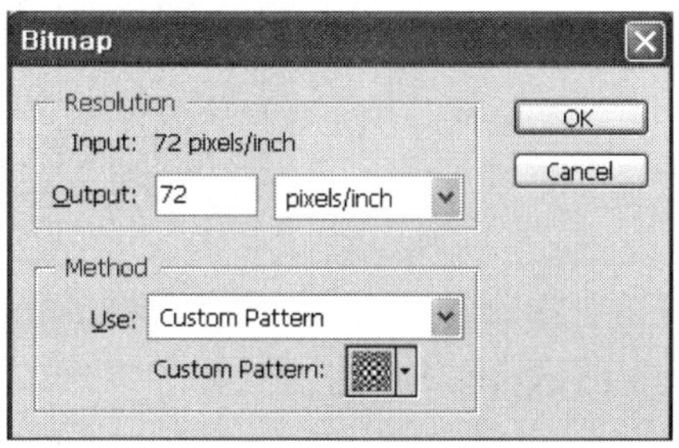

■ Resolution

Input에서는 현재 이미지의 해상도가 Output 에서는 새로 적용할 해상도를 설정한다.

■ Method

이미지를 변경할 표현 방식을 설정한다.

• 50% Threshold : 50% 회색을 기준으로 50% 보다 밝으면 흰색으로 50% 보다 어두우면 검정색으로 표현된다.

• Pattern Dither : 이미지가 패턴으로 처리된다.
• Diffusion Dither : 중간색을 검정색 점으로 표현한다.
• Halftone Screen : 이미지를 망점 형태로 표현한다.
• Custom Pattern : 저장된 패턴을 이미지에 적용한다.

(3) Custom Pattern Preview

50% Threshold

Pattern Dither

Diffusion Dither

Halftone Screen

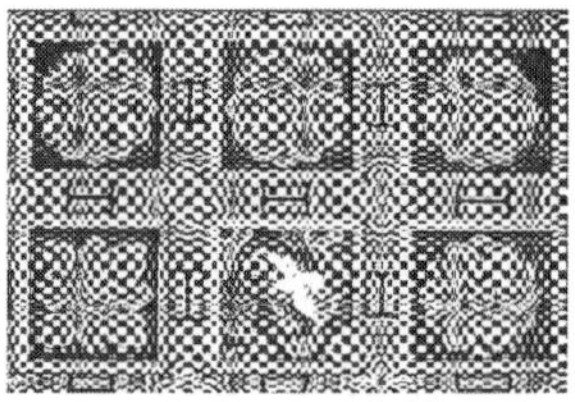
Custom Pattern

(4) Grayscale Mode

흰색, 회색, 검정색 톤의 256색상으로 표현된다. 256단계의 회색 음영을 표현할 수 있으므로 부드러운 색상의 흑백사진 표현이 가능하다.

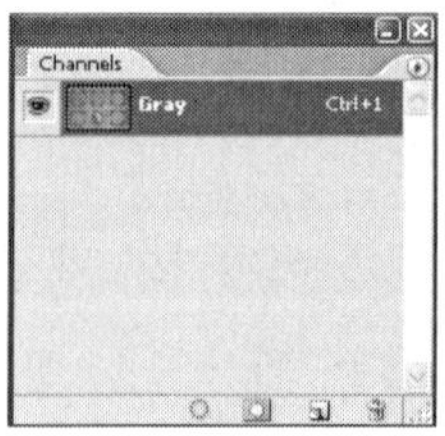

(5) Duotone Mode

회색 음영에 특정한 색상을 추가하여 부드럽고 고급스러운 이미지 표현이 가능하다. 듀오톤은 1~4가지 색상을 사용하여 이미지를 표현한다. 색의 개수에 따라 1가지 색을 사용하면 Monotone, 2가지 색상을 사용하면 Duotone, 3가지 색상을 사용하면 Tritone, 4가지 색상을 사용하면 Quadatone이라고 부fms다.

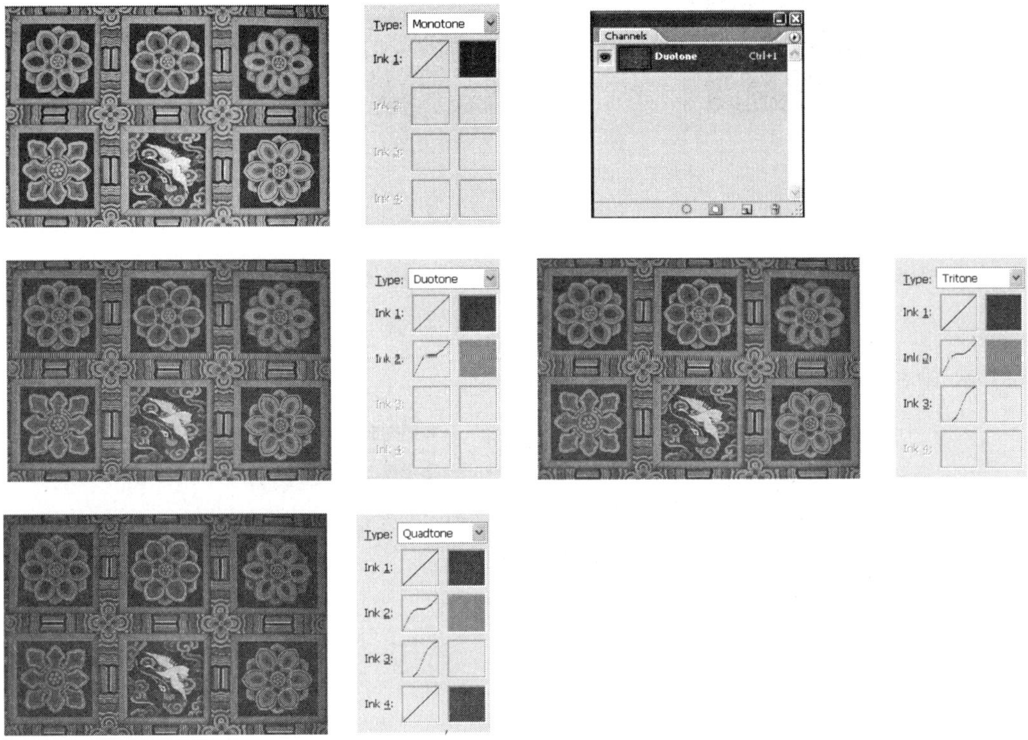

(6) Duotone Option 대화상자

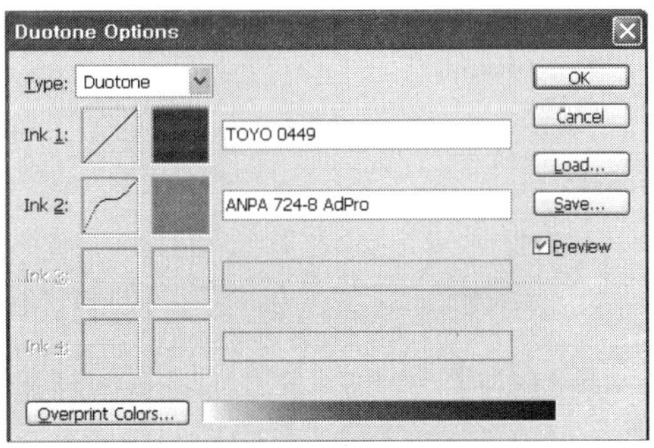

- Type

  적용할 색상 수를 설정한다.

- Ink

  적용할 색상을 선택한다. 클릭하여 [Color Picker] 대화상자에서 색상을 선택하거나 [Custom] 버튼을 클릭하여 [Custom Colors] 대화상자에서 색상을 선택한다.

- Duotone Curve

  색상 농도를 결정한다. 감마곡선을 마우스로 드래그하여 곡선의 모양을 만든다.

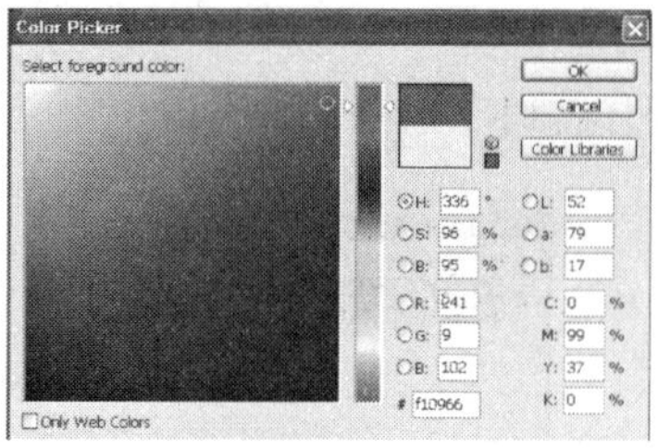

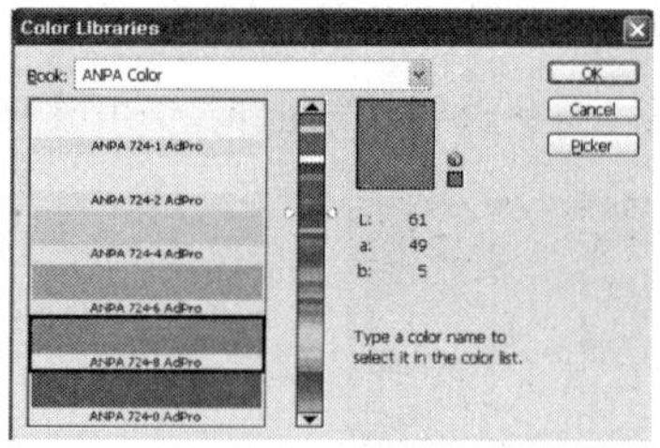

(7) Index Mode

256단계로 이루어진 컬러색상모드로 RGB컬러보다 적은 용량의 이미지를 만들 때 사용한다. RGB나 CMYK 모드 보다는 거친 느낌으로 색상이 표현되지만 파일 용량을 줄일 수 있으므로 주로 인터넷 파일 또는 애니메이션 (GIF파일)을 만들 때 사용한다.

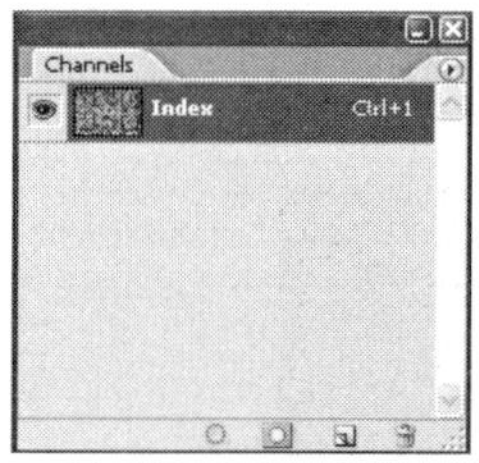

(8) Index Color 대화상자

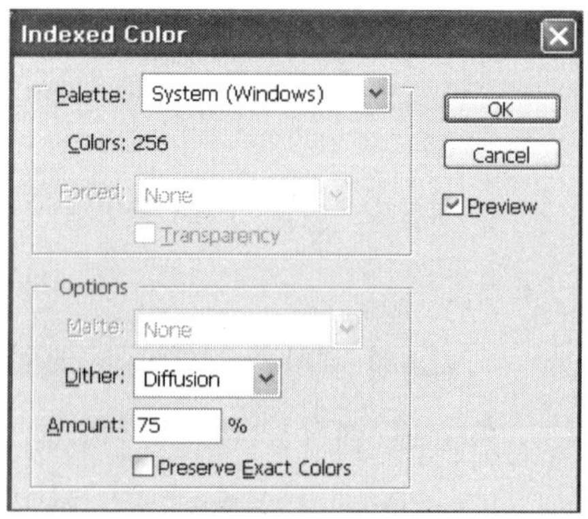

■ Palette

컬러 팔레트를 설정한다.

■ Colors

이미지에 표현될 색상 수를 설정한다.

■ Forced

투명으로 적용할 이미지를 선택한다.

■ Matte

투명 영역을 채워줄 색상을 선택한다.

■ Dither

이미지 색상을 256으로 제한할 때 표현하지 못하는 색상을 어떻게 표현할 것인지를 결정한다. Amount 값이 높을수록 색상의 표현은 원본에 가깝지만 용량이 커진다.

■ Preserve Exact Colors

Dither가 적용될 원본 이미지의 색상을 최대한 보호한다.

(9) RGB Mode

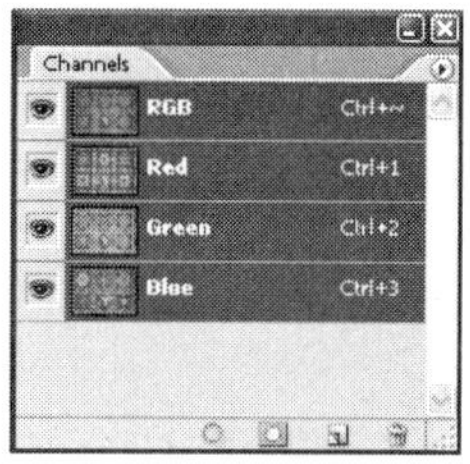

RGB 모드는 빛의 3원색인 Red(빨강), Green(초록), Blue(파랑)를 혼합하여 사람이 구별할 수 있는 가장 풍부한 색상을 표현한다. 색을 섞을수록 밝아지는 가산혼합 방식이며, 컴퓨터 모니터나 TV 등에서 RGB 방식을 기본 모드로 사용하고 있다.

(10) CMYK Mode

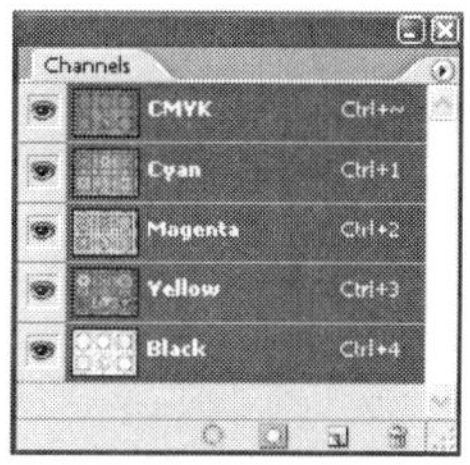

CMYK 모드는 Cyan, Magenta, Yellow, Black 잉크의 색상을 혼합하여 인쇄에 적합한 이미지를 만들어낸다.

(11) Lab Mode

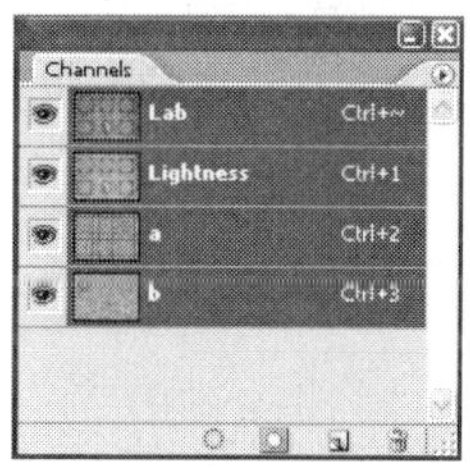

랩 컬러모드는 모니터나 프린터, 스캐너 등 서로 다른 기기 사이의 색상차이를 줄이기 위해 사용한다. RGB 모드에서 작업한 후 이를 출력하기 위해 CMYK 모드로 바꾸기 전에 Lab 모드로 전환한 후 CMYK 모드로 변경하면 색상의 파괴를 최소화할 수 있습니다.

(12) Multichannel Mode

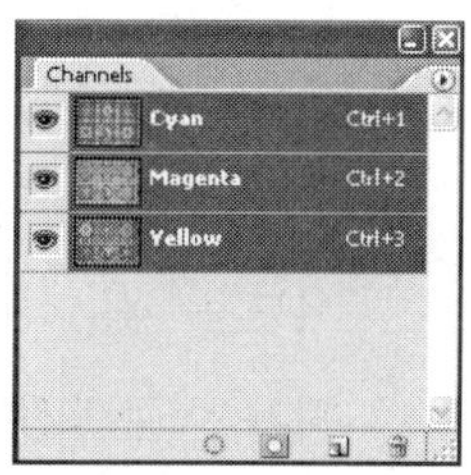

RGB, CMYK 모드의 이미지를 멀티채널모드로 변경하면 각 색상 채널은 256개의 회색의 음영으로

표시된다. 특히 RGB 모드는 K값이 없는 C, M, Y 채널로만 표현된다. 각각의 채널에 다른 효과를 적용한 후 원본 이미지 모드로 전환하면 다양한 느낌의 이미지 작업이 가능하다. 주의할 사항은 RGB, CMYK 모드 중 채널하나를 삭제하면 자동으로 멀티채널 모드로 변경된다.

Section 02. 이미지 보정하기

2.1 명암을 조절하는 Levels

명령어 : [Ctrl+L]

이미지의 명암을 조절한다. [Levels] 대화상자에서 다양한 효과를 적용할 수 있다.

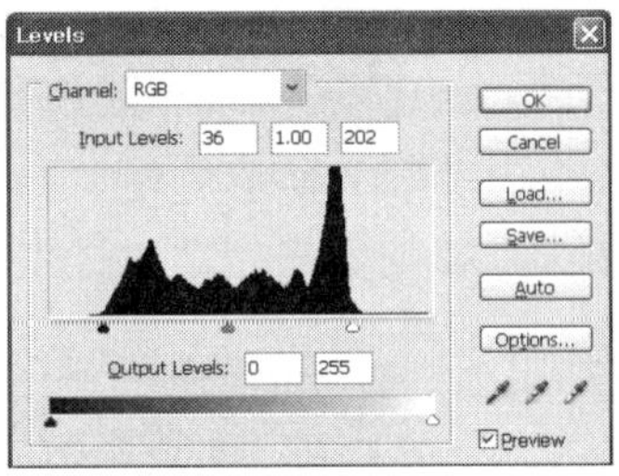

(1) Level 대화상자

- Channel

  선택한 색상 채널에만 명암을 조절할 수 있다.

- Input Levels

  Shadow, Midtone, Highlight 톤의 명암을 수치를 직접 입력하여 조절할 수 있다.

- 슬라이드 바

  슬라이드 바를 움직여 명암을 조절할 수 있다. Highlight 슬라이더 바를 왼쪽으로 이동할수록 이미지가 밝아지며 Shadow 슬라이더 바를 오른쪽으로 이동할수록 이미지가 어두워진다.

■ Output Levels

Shadow, Highlight 톤의 명암을 수치를 직접 입력하여 조절할 수 있다. 또는 Highlight 슬라이더 바를 왼쪽으로 이동할수록 이미지가 밝아지며 Shadow 슬라이더 바를 오른쪽으로 이동할수록 이미지가 어두워진다.

■ Set Black Point

이미지의 특정 색상을 클릭했을 때 클릭한 색상보다 어두운 색상은 모두 검정색으로 변경한다.

■ Set Glay Point

클릭한 색상의 명도값으로 전체 이미지를 변경한다.

■ Set White Point

이미지의 특정 색상을 클릭했을 때 클릭한 색상보다 밝은 색상은 모두 흰색으로 변경한다.

2.2 자동으로 명암이 보정되는 Auto Levels

명령어 : [Shift+Ctrl+L]

자동으로 이미지의 명암을 조절한다.

2.3 자동으로 명암 대비가 보정되는 Auto Contrast

명령어 : [Alt+Shift+Ctrl+L]

이미지의 전체적인 밝기와 명암을 자동으로 조절해주는 명령이다. 색상은 변하지 않고 가장 밝은 픽셀과 어두운 픽셀을 기준으로 명도를 조절한다.

2.4 자동으로 색상이 보정되는 Auto Color

명령어 : [Shift+Ctrl+B]

이미지의 색상을 전체적으로 자동 조절한다.

2.5 커브 곡선으로 색상을 조절하는 Curves

명령어 : [Ctrl+M]

이미지의 색상조정을 커브곡선 그래프에 의하여 조정한다. 기능면에서는 Level과 다를 것이 없지만, 연필을 이용하여 자유롭게 드래그하여 색의 변화를 줄 수 있다.

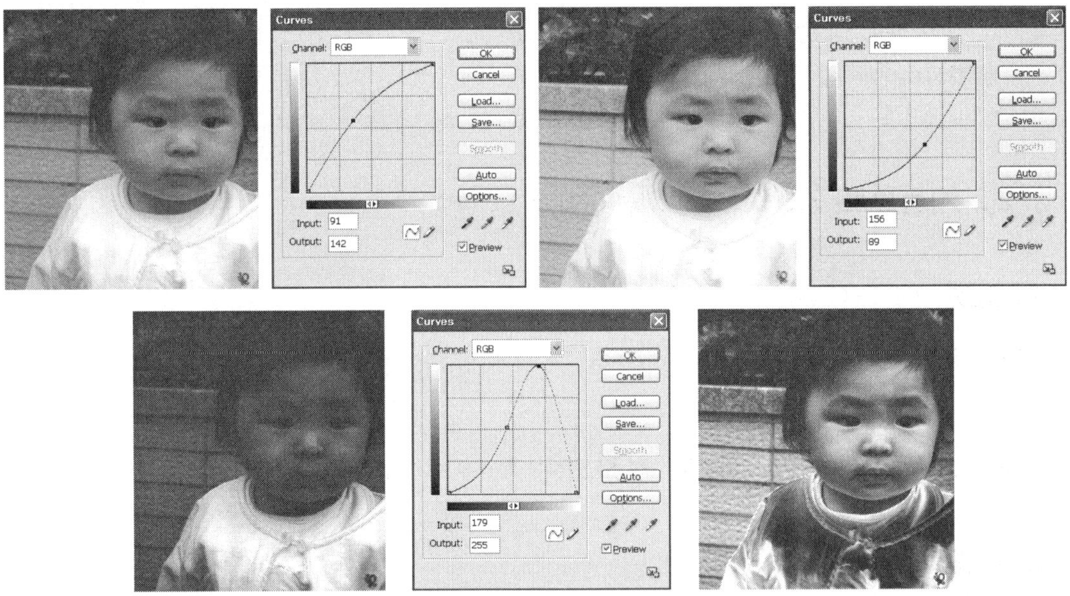

(1) Curves 대화 상자

- Channel

  선택한 색상 채널에만 명암을 조절할 수 있다.

- Y 축

  이미지의 명도를 조절한다. 위쪽으로 드래그 할수록 이미지가 밝아진다.

■ X 축

이미지의 색상대비를 조절한다. 왼쪽으로 이동 할수록 색상 대비가 강해진다.

■ 감마곡선

곡선 위를 클릭하면 조절점이 나타난다. 조절점을 드래그하여 이미지의 명암을 조절한다.

■ Input

X 축의 명암 조절값을 설정한다.

■ Output

Y 축의 명암 조절값을 설정한다.

■ Pencil

그래프에 자유롭게 드래그하여 색상조정을 할 수 있다.

2.6 색상을 보정하는 Color Balance

명령어 : [Ctrl+B]

Shadows, Midtones, Highlights Tone의 색상혼합을 편집하여 개괄적인 색상보정을 할 때 사용한다.

[Color Balance] 대화상자에서 원하는 색상을 추가할 수 있다.

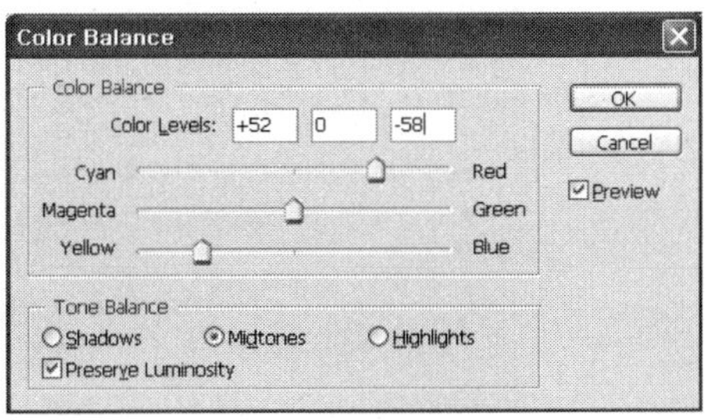

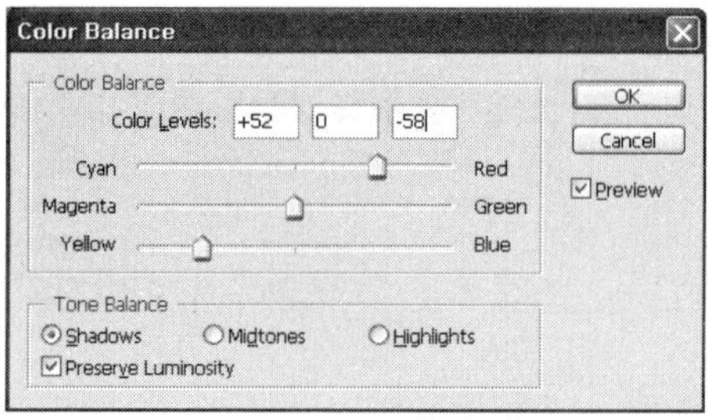

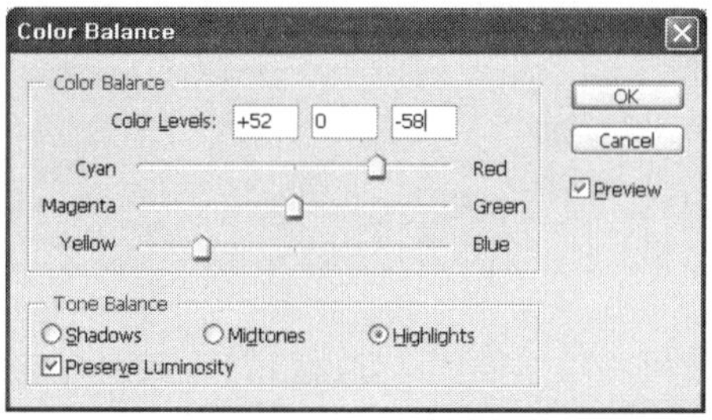

(1) Color Balance 대화상자

- Color Balance

  슬라이더 바를 드래그하여 색상을 추가하거나 제외시킨다.

- Tone Balance

  Shadows, Midtones, Highlights 부분을 각각 선택해 색상을 보정한다.

- Preserve Luminosity

  체크하면 명도는 변하지 않고 색상만 보정된다.

2.7 명도와 대비를 조절하는 Brightness / Contrast

이미지의 명도와 명도대비를 조정하여 준다.

(1) Brightness / Contrast 대화상자

- Brightness : 이미지의 밝기 조절한다.
- Contrast : 이미지의 명도대비를 조절한다.

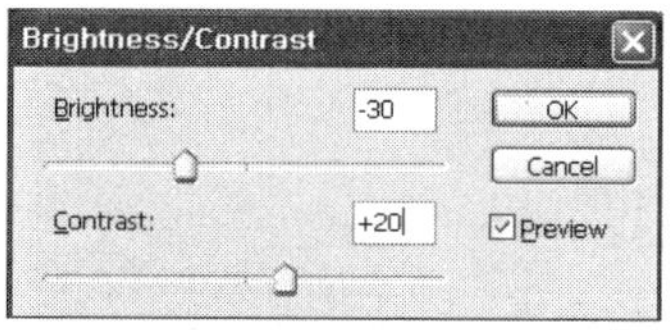

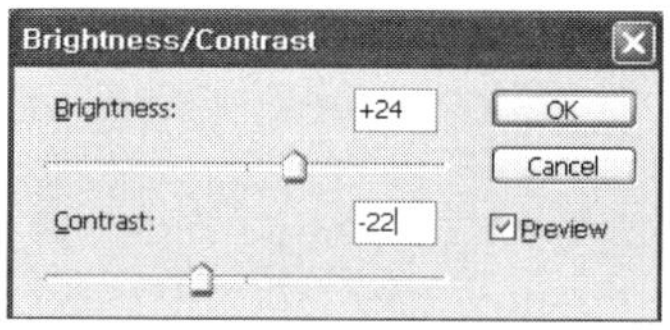

2.8 색상, 명도, 채도 조절을 한 번에 끝내는 Hue / Saturation

명령어 : [Ctrl+U]

슬라이드바를 조절하여 색상과 명도와 채도를 조절할 수 있다. 원본 레이어에 직접적으로 적용되므로 원본 이미지의 보존은 불가능하다.

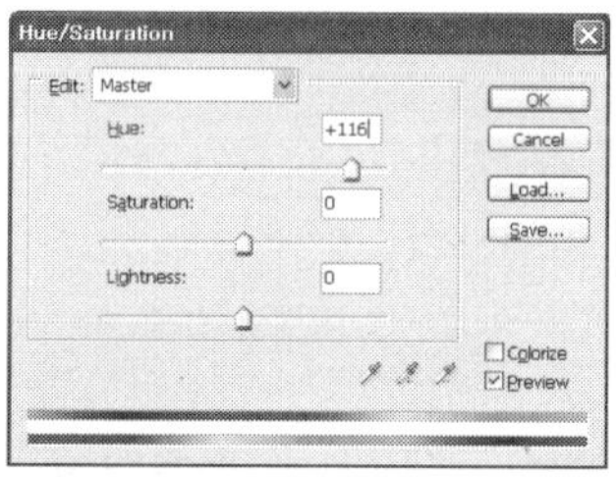

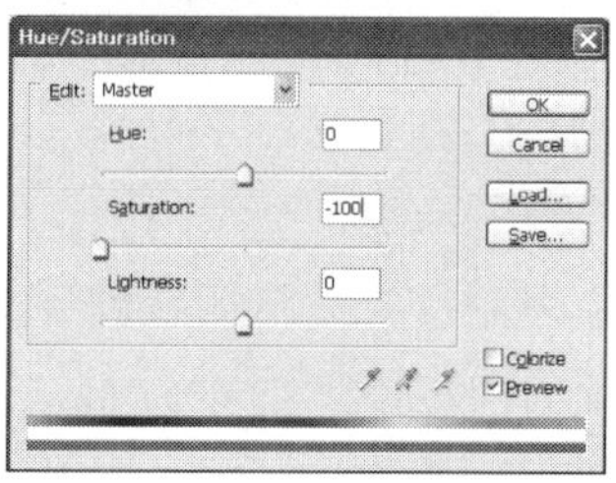

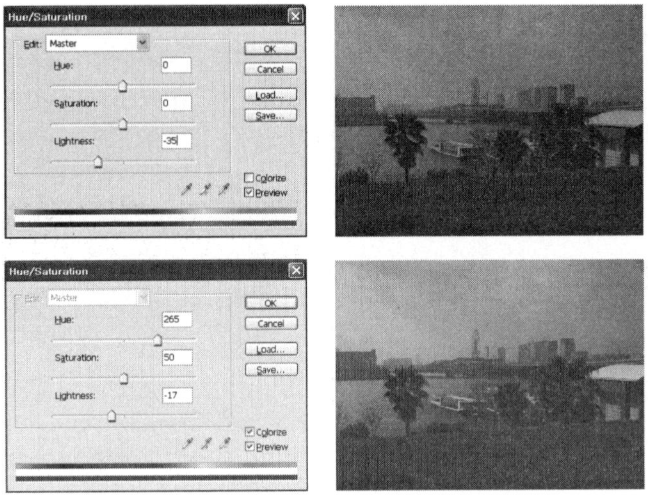

(1) Hue / Saturation 대화상자

■ Edit

편집할 색상을 선택한다. Master 상태에서는 이미지 전체에 대한 색상, 명도, 채도가 적용되지만 하나의 색상을 선택하여 적용하면 선택된 색상에 대해서만 색상, 명도, 채도의 변화가 적용된다.

■ Hue

선택된 색상의 색상값을 조정한다.

■ Saturation

선택된 색상의 채도값을 조정한다.

■ Lightness

선택된 색상의 명도값을 조정한다.

■ Colorize

체크하면 이미지 전체가 단일 색상으로 조정되어 Duotone과 동일한 효과를 낼 수 있다.

2.9 흑백 이미지 처럼 만드는 Desaturation

명령어 : [Shift+Ctrl+U]

이미지의 색상모드를 변경하지 않고 그레이스케일의 이미지모드와 같은 효과를 적용할 때 사용한다.(=256칼라의 흑백이미지로 만들어준다.)

2.10 이미지를 합성하여 동일하게 만드는 Match Color

이미지의 색상을 다른 이미지의 색상과 동일하게 맞추어 같은 분위기의 사진으로 만든다.

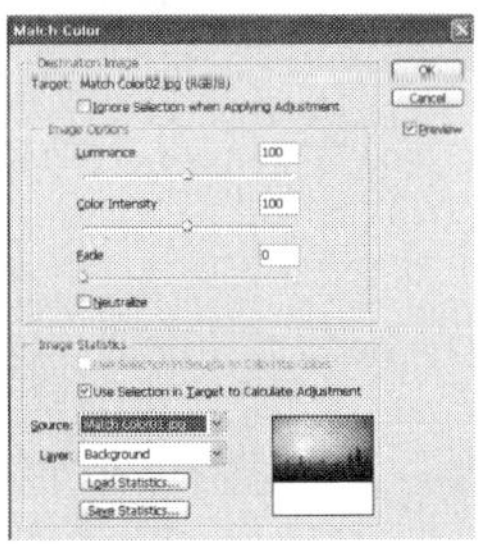

(1) Match Color 대화상자

- Destination Image

  현재 선택된 이미지의 정보가 표시된다.

■ Luminance

이미지의 밝기를 조절한다.

■ Color Intensity

이미지의 채도를 조절한다.

■ Fade

수치가 클수록 원본 이미지를 유지한다.

■ Neutralize

체크하면 선택된 이미지의 색상 톤과 적용할 이미지의 색상 톤의 중간 단계를 유지한다.

■ Image Statistics

적용할 이미지를 선택한다. 만약 레이어를 합성한다면 합성할 레이어를 선택한다.

2.11 부분적으로 색상을 변경하는 Replace Color

이미지에서 지정된 컬러부분만을 선택하여 색상과 채도, 명도 등을 변화시키는 명령이다.

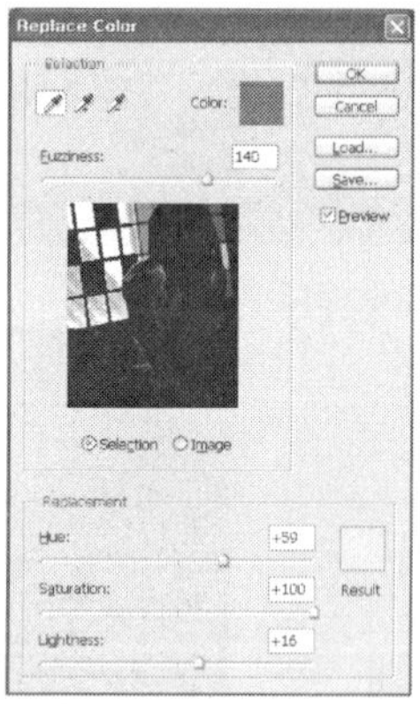

(1) Replace Color 대화상자

■ Fuzziness

스포이드 툴로 지정한 색상의 범위를 설정한다.

■ Selection / Image

Selection을 선택하게 되면 흑백의 이미지가 나오게 된다. 선택된 부분이 흰색으로 바뀌게 되며, Image를 선택하면 컬러의 원본이미지가 그대로 나타나게 된다.

2.12 잉크의 양을 조절하는 Selective Color

그림 파일을 연다.

인쇄시 사용되는 CMYK 모드에서 잉크의 양을 조절하는 것으로 이 기능은 인쇄를 목적으로 하는 경우에만 사용한다.

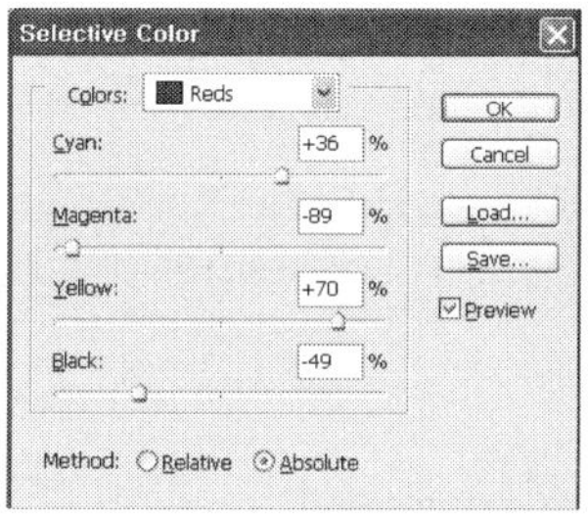

(1) Selective Color 대화상자

■ Colors

조절할 색상을 선택하여 색상을 보정한다.

■ Cyan, Magenta, Yellow, Black

각각의 색상을 추가하거나 빼서 색상을 보정한다.

■ Method

Relative는 선택된 색상에 색상을 추가하여 보정하고 Absolute는 선택한 색상을 설정한 컬러로 보정한다.

2.13 채널에서 색상 효과를 적용하는 Channel Mixer

Channel Mix란 각 채널별로 색을 더하고 빼서 색상을 변경하는 옵션이다.

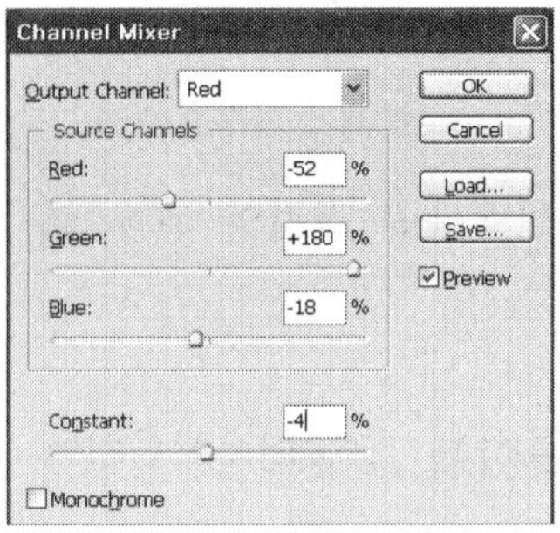

(1) Channel Mixer 대화상자

■ Output Channels

Channel Mixer 효과를 적용할 채널을 선택한다.

■ Source Channels

각각의 슬라이더 바를 드래그하여 색상을 추가하거나 제외시킨다.

■ Contrast

선택한 색상 채널의 대비를 조절한다. 값이 클수록 이미지가 더욱 강하고 선명하게 나타난다.

■ Monochrome

체크하면 각각의 채널 이미지가 흑백으로 나타난다.

2.14 이미지에 그라디언트를 적용하는 Gradient Map

선택된 그레이디언트 색상으로 이미지를 매핑하는 명령이다.

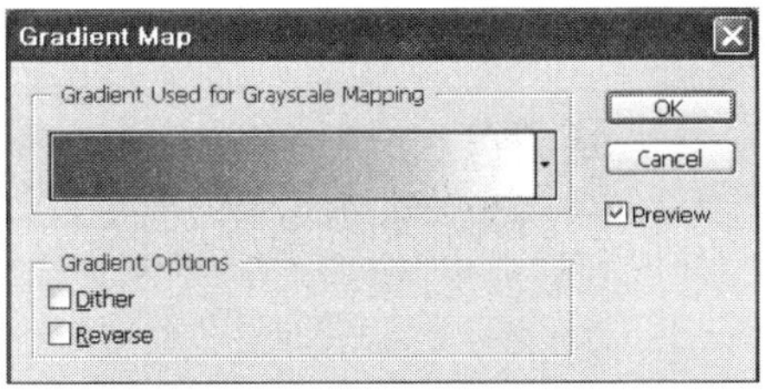

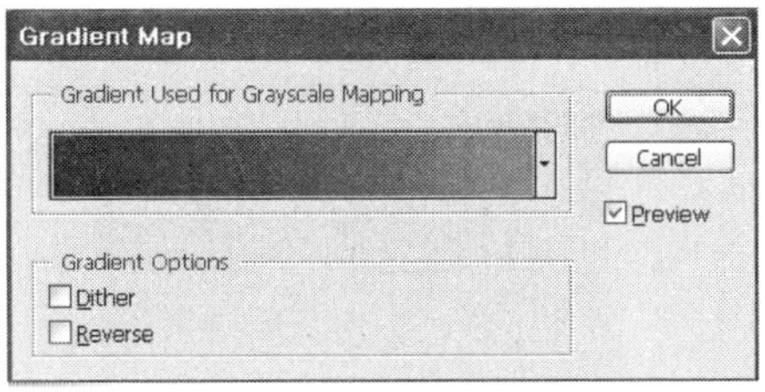

(1) Gradient Map 대화상자

- Gradient Used for Grayscale Mapping

  그라디언트의 색상을 설정한다.

- Dither

  그라디언트의 색상 경계를 부드럽게 처리한다.

- Reverse

  그라디언트의 방향을 반전시킨다.

2.15 다양한 색상 효과를 적용하는 Photo Filter

카메라에 필터를 끼운것 같은 효과로 다양한 색상 효과를 적용할 수 있다.

(1) Photo Filter 대화상자

- Filter

  적용할 필터를 설정한다.

- Color

  이미지에 적용할 색상을 선택한다.

- Density

  설정값이 높을수록 색상이 강하게 적용된다.

- Preserve Luminosity

  체크하면 원본 이미지의 밝기를 유지하고 색상만 변경된다.

2.16 이미지의 명암을 조절하는 Shadow / Highlight

너무 밝거나 어두운 이미지를 수정한다. Amount 수치를 높일수록 이미지가 밝아진다. Highlight 수치를 높이면 이미지가 어두워진다.

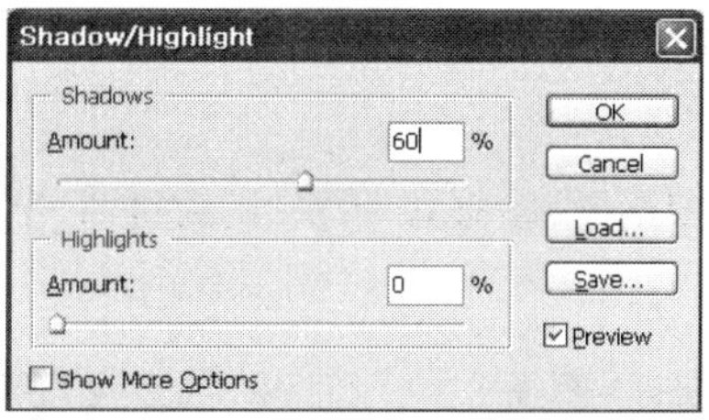

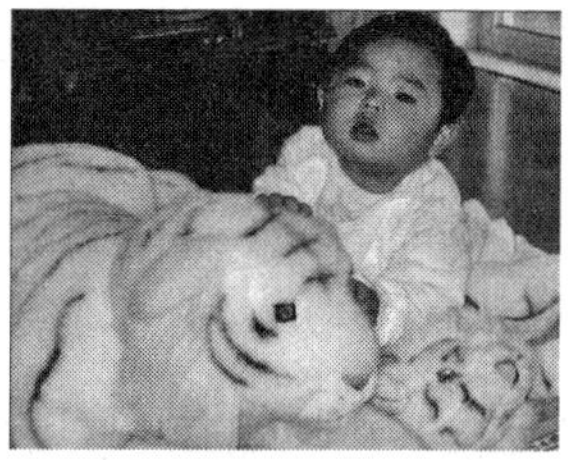

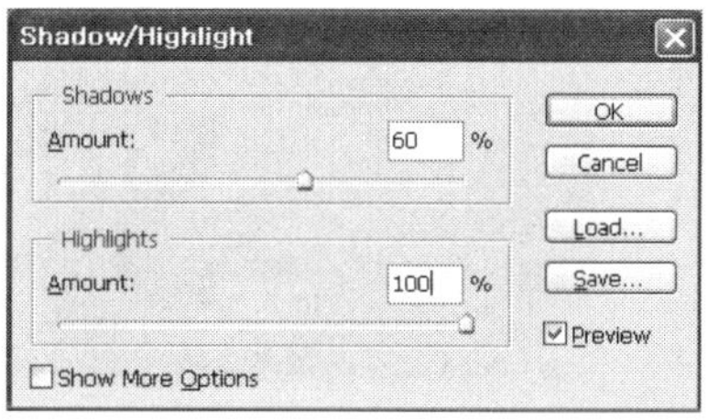

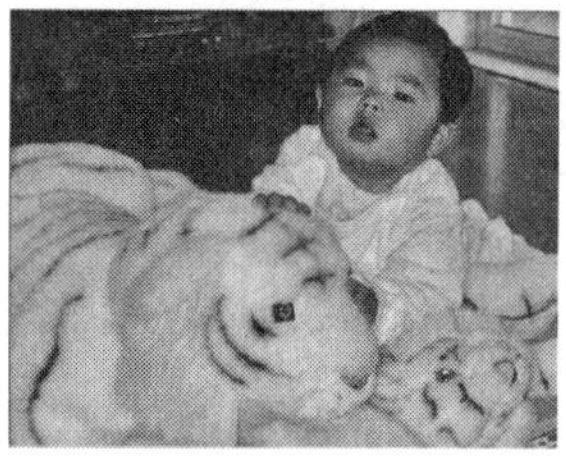

(1) Shadow / Highlight 대화상자

- Shadow Amount

  수치가 높을수록 어두운 부분의 이미지가 밝아진다.

- Highlight Amount

  수치가 높을수록 밝은 부분의 이미지가 어두워진다.

2.17 색상을 반전시키는 Invert

명령어 : [Ctrl+L]

이미지의 색상을 반전시킨다.

2.18 명도를 고르게 적용하는 Equalize

이미지의 명도가 고르지 못할 경우 이 명령을 통해서 명도가 고르게 분포되도록 조절할 수 있다.

2.19 흑백 이미지로 만드는 Threshold

이미지를 명도에 따라 흰색과 검정으로 표현하는 흑백이미지로 변환한다. Threshold Level의 수치를 조절하여 흰색과 검정의 분포를 조절한다. 수치가 높을수록 검정색의 영역이 넓어진다.

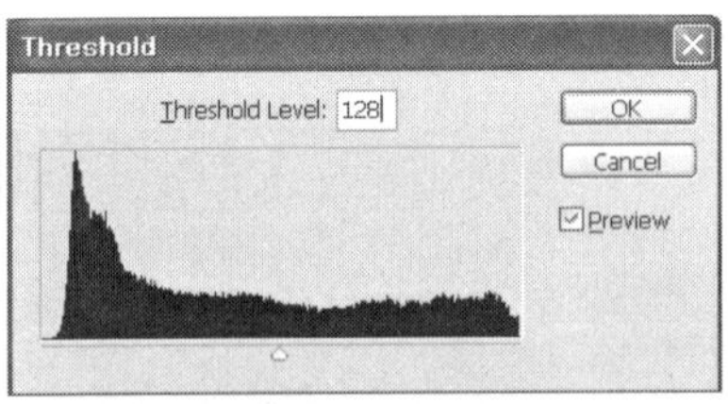

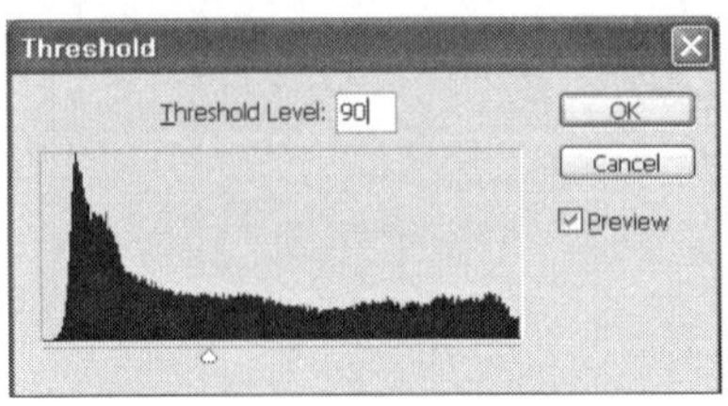

2.20 이미지를 단순화 시키는 Posterize

이미지의 각 채널에서 사용할 톤 레벨의 값을 입력하면 각 픽셀들은 가장 가까운 레벨로 매핑이 된다. 즉, 제한된 색상만을 사용하여 이미지를 단순화시켜 마치 포스터와 같은 느낌을 준다.

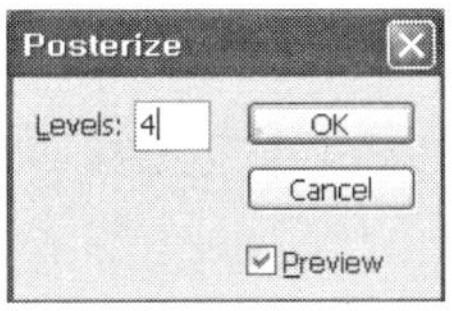

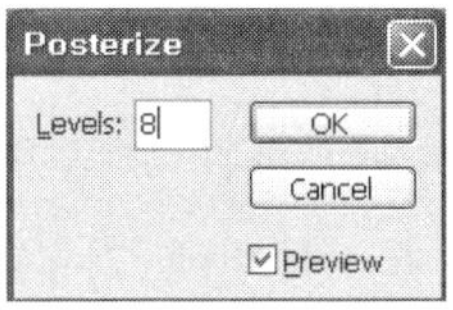

21. 효과를 한 번에 적용하는 Variations

이미지를 직접 보면서 색상을 추가하는 작업을 하기 때문에 손쉽게 작업을 할 수 있어서 초보부터 전문가에 이르기까지 폭 넓게 사용되는 명령이다.

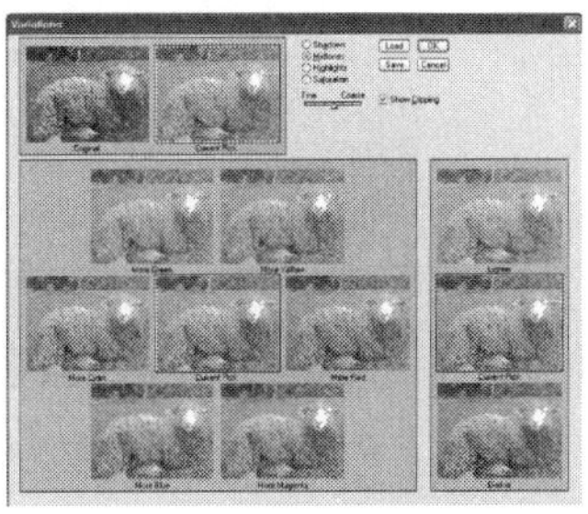

(1) Variations 대화상자

■ Original

원본 이미지를 보여준다. 작업 중 Original 이미지를 클릭하면 원래 상태로 되돌아 간다.

■ Current Pick

작업 중 변하는 과정을 미리 보여 준다.

■ Shadow / Midtone / Highlight / Saturation

이미지의 어두운 부분, 중간 부분, 밝은 부분, 채도 등을 선택하여 각각에 변화를 줄 수 있다.

■ Fine / Coarse

슬라이더를 드래그하여 한번 클릭 할 때 마다 적용될 농도를 결정한다. Coarse 쪽으로 많이 이동 할수록 한 번에 적용될 농도가 진해진다.

■ 색상 이미지 버튼

각각의 색상 이미지 버튼을 클릭할때마다 색상이 추가된다.

■ 밝기 조절 버튼

이미지를 점점 밝게 혹은 점점 어둡게 만든다.

2.22 흑백 이미지를 컬러 이미지로 변경하기

Grayscale 모드의 이미지를 RGB 모드로 변경합니다.

선택 툴로 색상을 적용할 부분을 선택하여 [Hue / Saturation]을 이용하여 색상을 적용한다.

배경 부분은 패턴 이미지를 적용한다.

〈완성 이미지〉

① Grayscale 모드의 이미지 파일을 연다. [Image-Mode-RGB]를 적용하여 RGB 모드로 변경한다.

② 올가미 툴로 옷 부분을 선택한다. [Alt/Shift]키를 이용하여 선택 영역을 최대한 정확하게 설정한다.

③ 색상을 적용하기 위해 [Image-Adjustment-Hue/Saturation]을 적용한다. [Hue/Saturation] 대화상자에서 Colorize를 체크하고 슬라이더를 움직여 색상을 설정하고 [OK]버튼을 클릭한다.

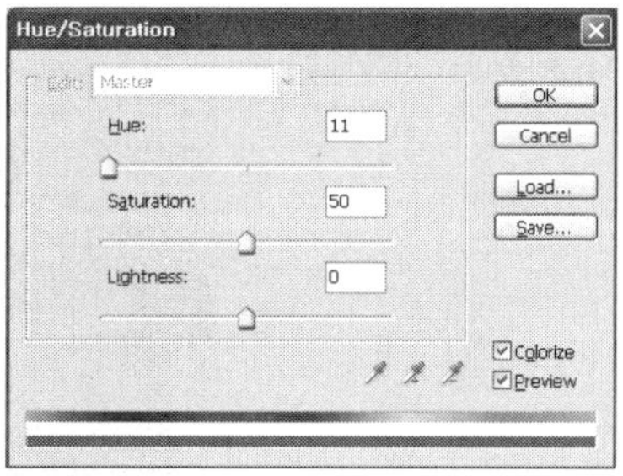

④ 올가미 툴로 색상을 적용할 부분을 선택하고 [Image-Adjustment-Hue/Saturation]을 적용한다. [Hue/Saturation] 대화상자에서 Colorize를 체크하고 슬라이더를 움직여 색상을 설정하고 [OK]버튼을 클릭한다.

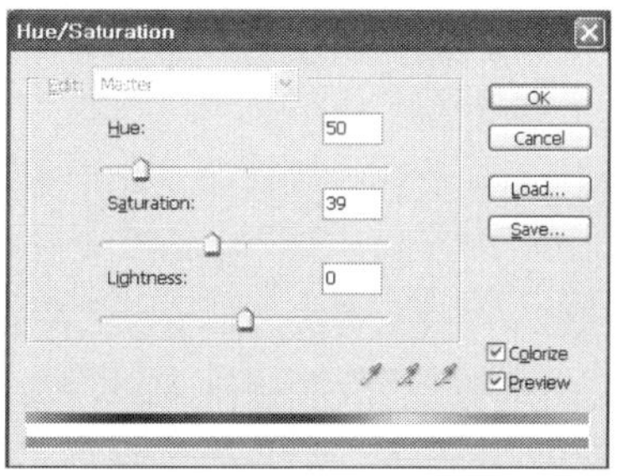

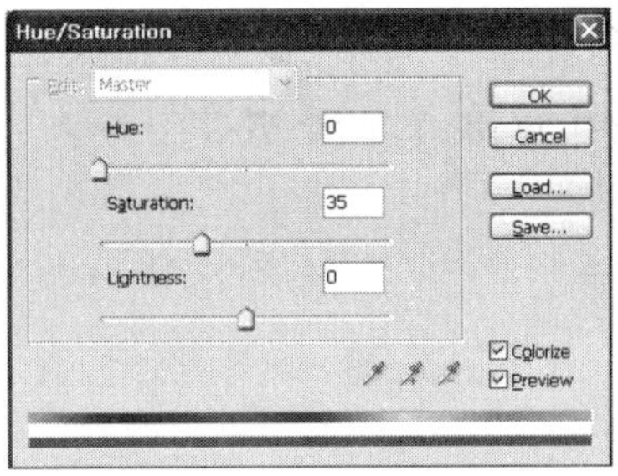

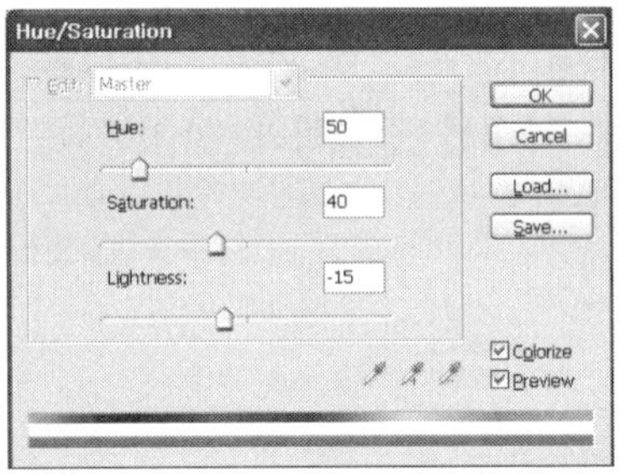

⑤ 마술봉 툴로 배경 부분을 클릭한다. [Shift]키를 누르면서 선택 영역을 추가하여 배경 부분을 모두 선택한다. [Edit-Fill]에서 Pattern을 적용하여 배경 부분을 패턴으로 채운다.

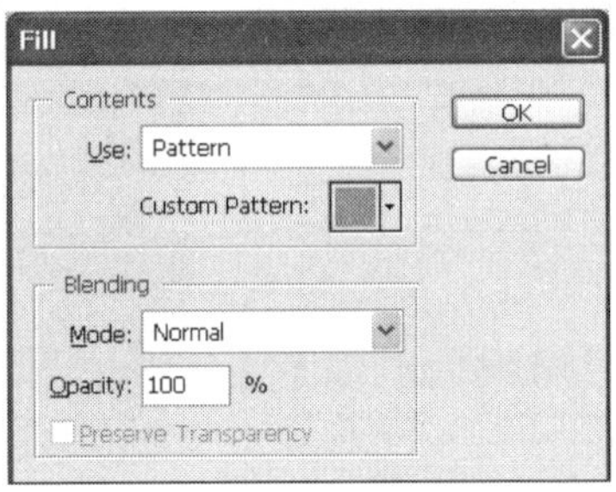

2.23 분위기 있는 흑백 사진 만들기

① 그림 파일을 연다.

② 지우개 툴을 선택하고 옵션바에서 지우개의 모양과 크기를 설정한다. 이미지의 테두리 부분을 자연스럽게 보이도록 지우개로 지워준다.

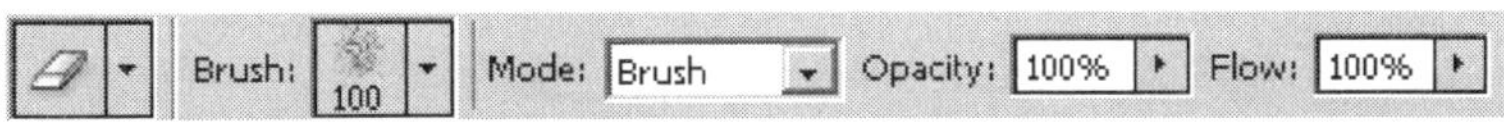

③ 메뉴바의 [Image-Adjustment-Desaturation] 항목을 선택하여 이미지를 흑백 이미지로 만든다.

④ 메뉴바의 [Image-Adjustment-Brightness/Contrast] 항목을 선택하여 Brightness 값과 Contrast 값을 각각 50으로 설정하여 이미지의 명암을 조절한다.

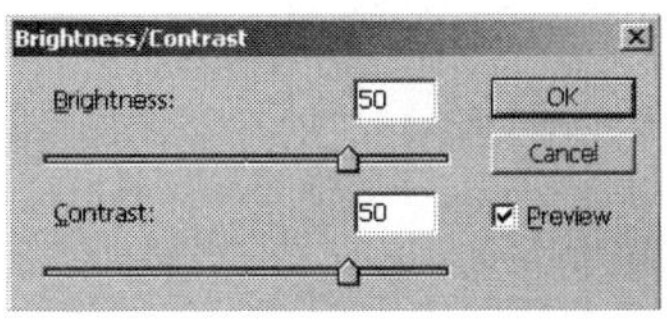

⑤ 메뉴바의 [Image-Adjustment-Hue/Saturation] 항목을 선택하여 Colorize를 체크하고 Hue, Saturation, Lightness 값을 조절하여 이미지의 톤을 자연스럽게 바꿔준다.

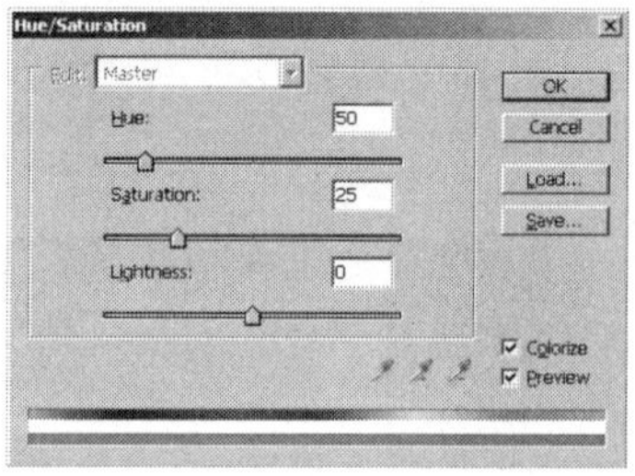

Section 03. 이미지 관리하기

3.1 작업창을 복제하는 Duplicate

이미지를 복제하는 명령으로 레이어, 레이어 마스크, 채널, 패스 등 모든 정보를 그대로 담고 있다.

3.2 두 장의 이미지를 합성하는 Apply Image

현재 도큐먼트에 열려 있는 같은 사이즈 두 장의 이미지를 다양한 방법으로 합성한다.

〈원본 이미지〉

〈합성에 사용될 이미지〉

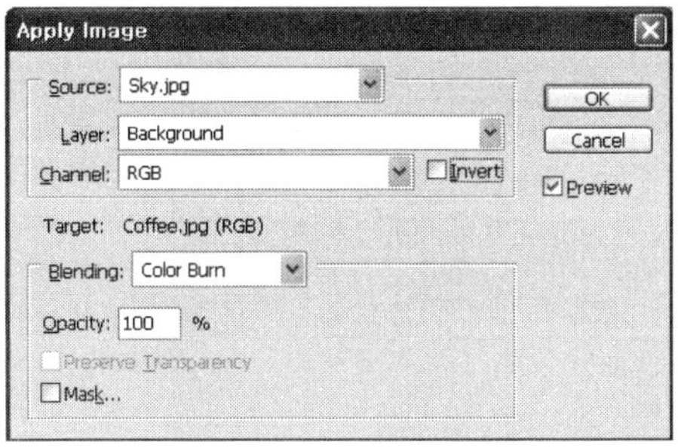

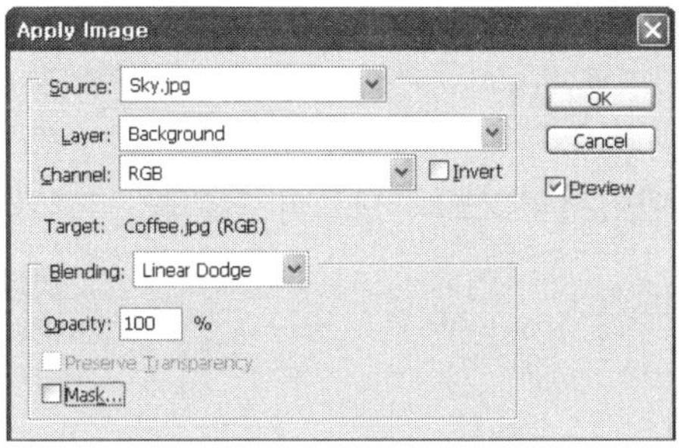

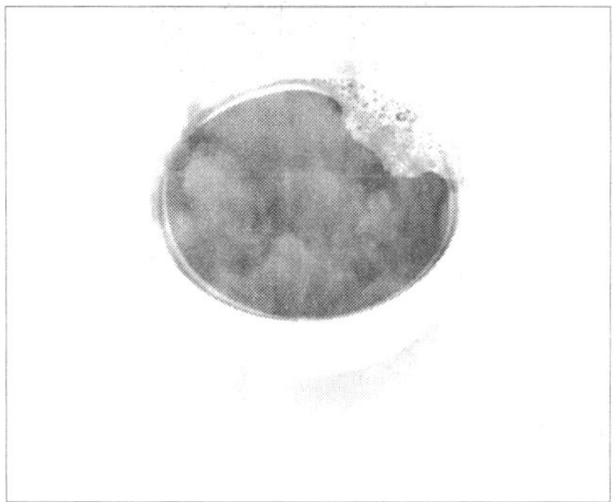

3.3 세 장의 이미지를 합성하는 Calculations

현재 도큐먼트에 열려 있는 같은 사이즈 세 장의 이미지를 다양한 방법으로 합성한다.

3.4 이미지 크기를 조절하는 Image Size

명령어 : [Alt+Ctrl+I]

디지털 카메라로 촬영하거나 스캔 받은 이미지, 인터넷에서 다운 받은 이미지를 크거나 사용 목적에 맞게 크기를 조절하는 명령이다. 큰이미지를 작게 만들거나 작은 이미지를 크게 만들때 사용하게 되는데 작은 이미지를 크게 만들때는 이미지가 흐려지고 지저분해질 수 있으므로 적당한 크기 조절이 필요하다.

(1) Image Size 대화상자

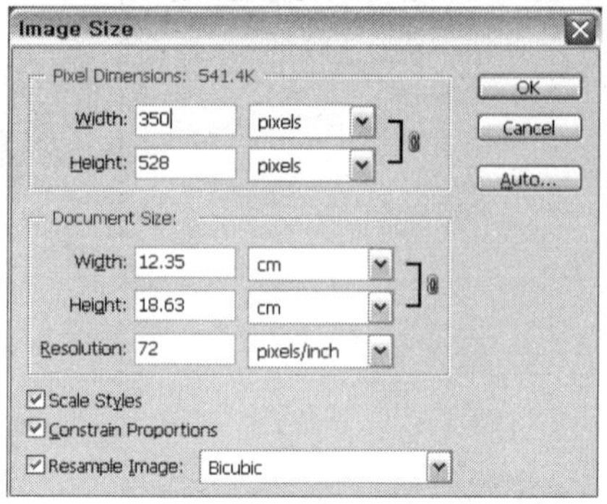

■ Pixel Dimensions

이미지 자체의 크기를 조절한다. 원본이미지의 가로, 세로의 크기를 픽셀과 퍼센트로 표현한다.

■ Document Size

이미지의 출력되는 사이즈와 해상도를 설정한다. 해상도의 크기에 따라 출력되는 이미지의 선명도가 달라진다.

■ Resolution

이미지의 해상도를 정한다.

■ Scale styles

옵션을 체크하면 스타일이 적용된 이미지의 해상도를 변경할 경우 해상도의 크기 변화에 맞추어 스타일도 함께 적용된다.

■ Constrain Proportion

이미지의 크기를 변화시킬 경우, 이 옵션을 체크하게 되면 가로와 세로 사이에 연결고리가 생겨서 원본이미지의 가로와 세로의 비율을 고정시키면서 크기의 변화를 줄 수 있다.

■ Resample Image

옵션을 체크하면 이미지의 픽셀의 수를 고정시켜 준다. 픽셀의 수가 고정되어 있기 때문에 사이즈를 크게 하면 해상도가 낮아지고, 사이즈를 작게 하면 해상도가 높아지게 된다.

Pixel Dimensions에서 원본 이미지를 50%로 설정하면 원본 이미지가 50% 만큼 작아진다.

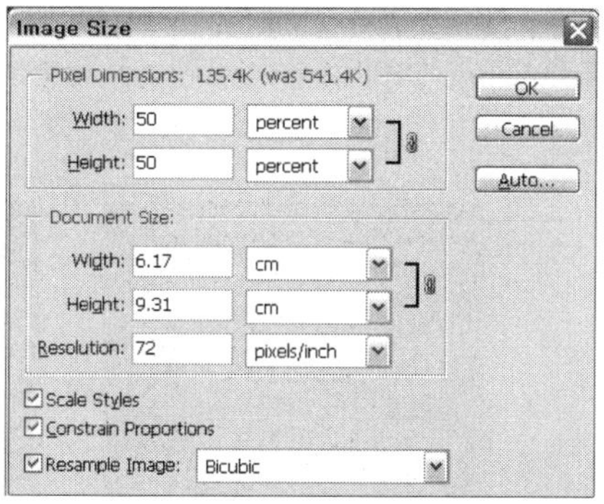

Document Size에서 Resolution을 200px로 설정하면 이미지가 3배 정도 커지지만 픽셀을 크게 키움으로 화면상으로는 변화가 없어 보이지만 프린트를 하게 되면 이미지는 흐려지고 뭉개진다.

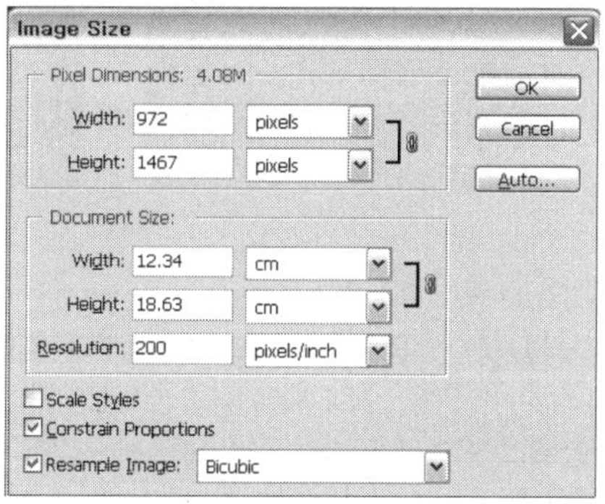

Resample Image 옵션의 체크를 풀어주고 Resolution을 200px로 설정하면 화면상으로는 변화가 없어 보이지만 Document Size에서 크기가 줄어들고 프린트를 하게 되면 전체 프린트 크기는 줄어들지만 이미지는 더욱 선명하게 프린트된다.

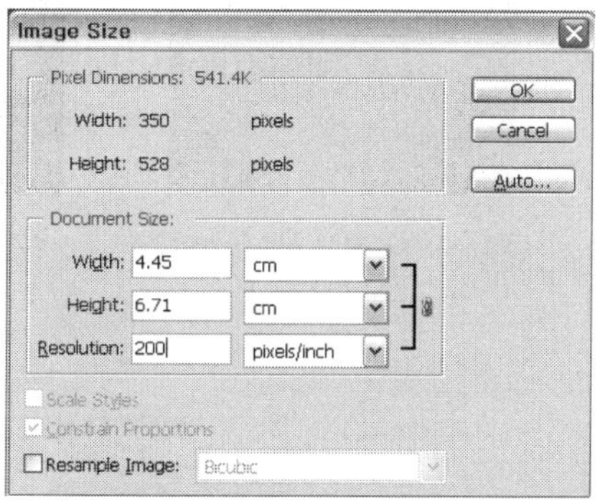

쉬어가기

■ 픽셀(Pixel)

픽셀은 포토샵에서 이미지를 구성하는 가장 작은 단위이다. 픽셀은 더 이상 나누어질 수 없는 가장 작은 단위의 정사각형으로 이루어져있으며 각각의 픽셀마다 색상과 위치 정보를 가지고 있어서 이 픽셀들이 모여 하나의 이미지를 표현하는 것이다. 즉, 이미지의 크기가 800×600이라면 가로 방향으로 800개의 픽셀, 세로 방향으로 600개의 픽셀로 이미지가 이루어진다.

100%

200%

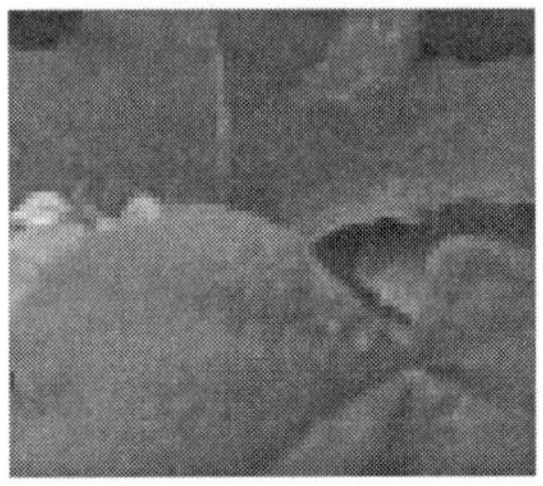

400%

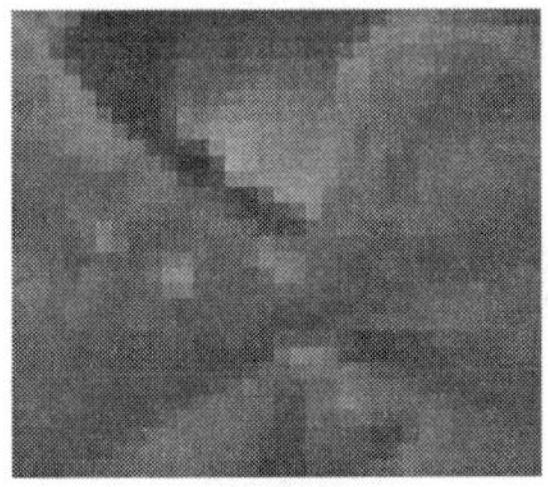

1000%

■ 해상도(Resolution)

해상도란 1Inch 즉 2.54cm 안에 몇 개의 픽셀로 이미지가 구성되느냐를 뜻한다. 즉 1Inch 안에 많은 수의 픽셀들이 존재할수록 이미지가 선명하고 깨끗하게 표현된다. 해상도의 단위로는 출력물의 해상도는 DPI(Dots Per Inches)로 이미지의 해상도에는 PPI(Pixels Per Inches)를 사용하는데 대부분 DPI를 일반적인 해상도로 사용한다.

(300×300, 100 Pixels/Inch)

90×90, 30 Pixels/Inch)

3.5 캔버스 크기를 조절하는 Canvas Size

명령어 : [Alt+Ctrl+C]

작업창의 크기를 늘리거나 줄일때 사용한다. 만약 원본 작업창 보다 커지면 툴박스에서 배경색으로 설정된 색상으로 작업창이 커지며 원본 작업창을 줄이게 되면 이미지가 잘려나간다.

(1) Canvas Size 대화상자

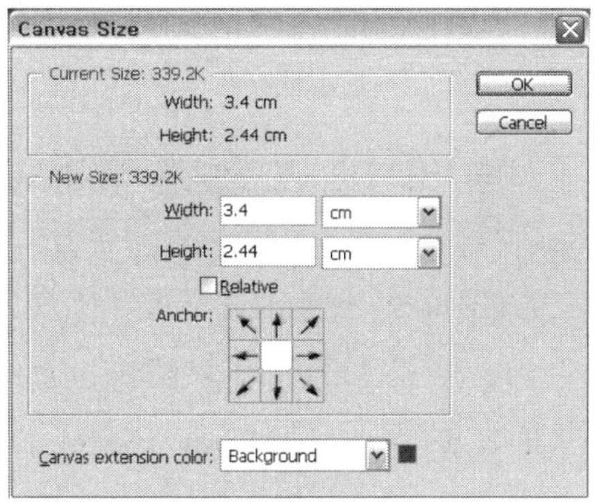

- Current Size

  원본이미지의 사이즈이다.

- New Size

  새로운 사이즈의 가로(Width)와 세로(Height)와 위치(Anchor)를 설정한다.

- Canvas extension color

  작업창이 확대될 경우 확대된 부분에 채워질 색상을 선택한다.

(2) Canvas Size Preview

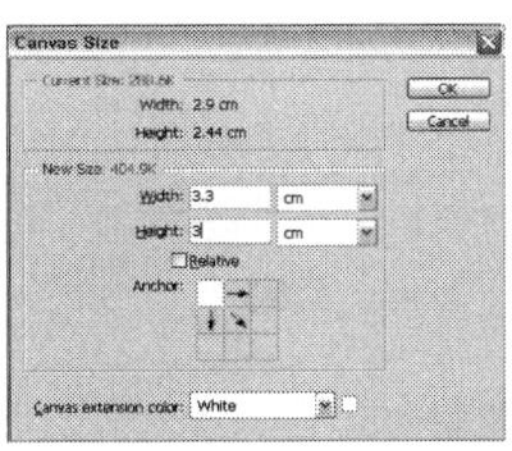

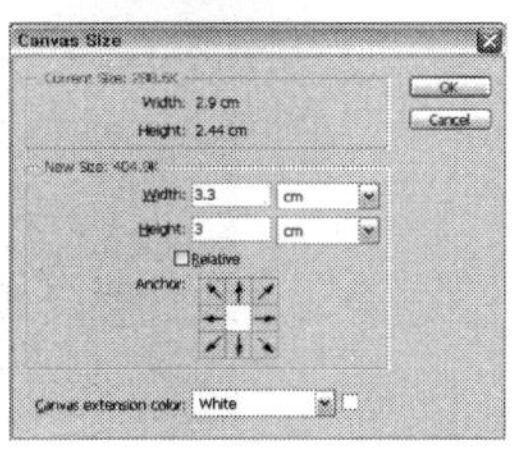

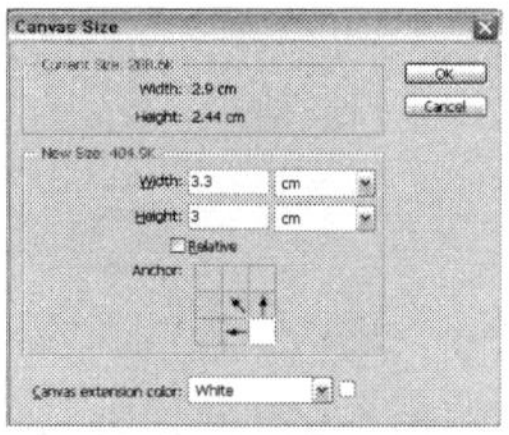

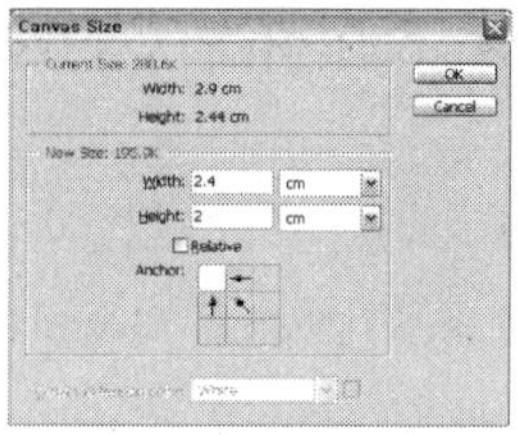

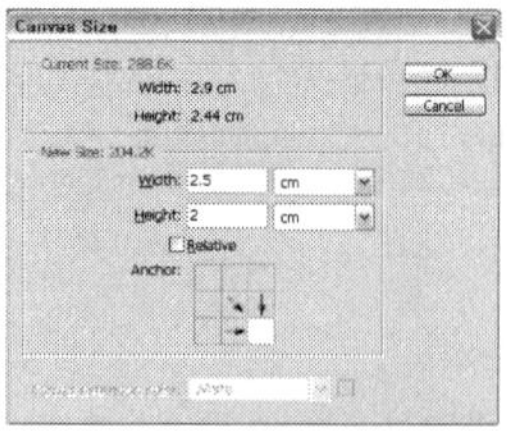

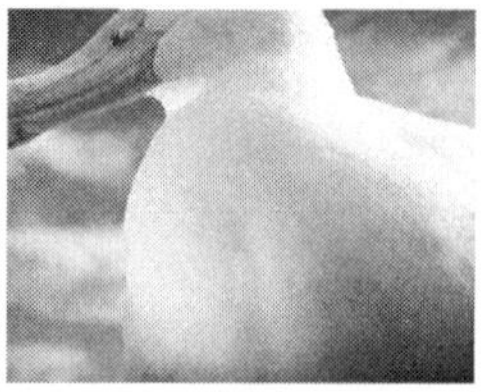

3.6 비디오 포맷으로 변경시키는 Pixel Aspect Ratio

포토샵에서 작업한 정사각형의 픽셀 비율을 비디오 포맷에 직사각형 형태로 변형시킨다. 이 기능을 사용하면 영상 관련 프로그램으로 포토샵에서 작업한 이미지를 가져 갔을 때 이미지가 찌그러지는 현상을 방지할 수 있다.

3.7 캔버스를 회전시키는 Rotate Canvas

캔버스 전체를 회전 시킨다.

■ 180 : 180도 회전 시킨다.

■ 90 CW : 시계방향으로 90도 회전 시킨다.

■ 90 CCW : 반시계 방향으로 90도 회전 시킨다.

■ Arbirary : 사용자가 입력한 값만큼 회전 시킨다.

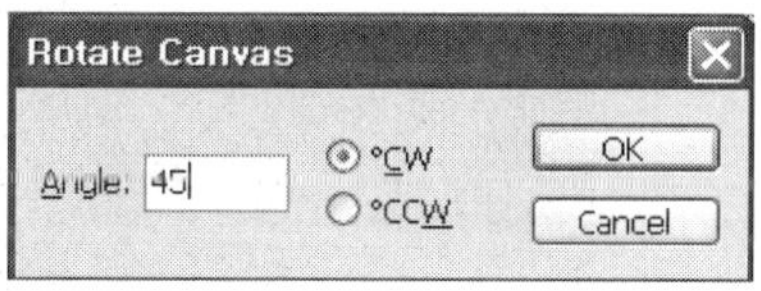

■ Flip Horizontal : 좌우 대칭이동 시킨다.

■ Flip Vertical : 상하 대칭이동 시킨다.

3.8 필요한 부분만 남기는 Crop

전체 이미지 중 필요한 부분만을 잘라내는 명령이다. 먼저 자르기 툴을 이용하여 남겨질 이미지의 영역을 설정하고 명령을 적용한다.

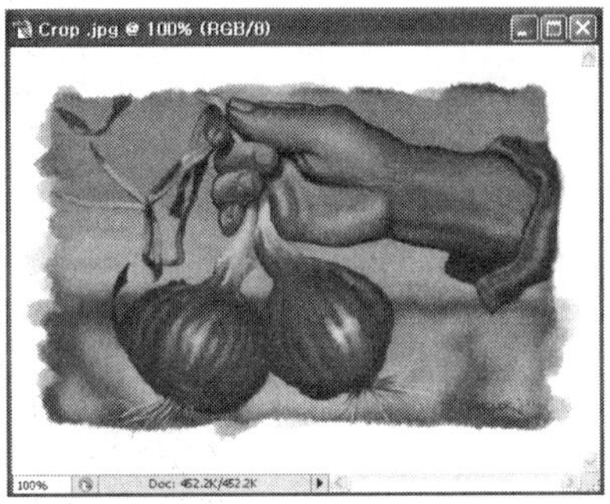

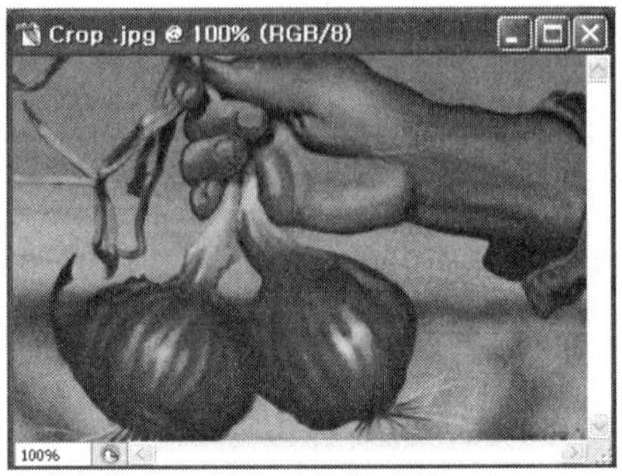

3.9 배경을 정리하는 Trim

투명하거나 단색으로 처리된 이미지의 배경부분을 선택적으로 자르는 명령이다.

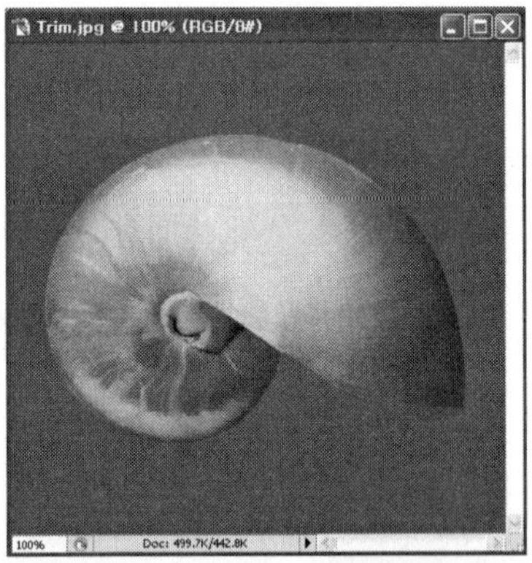

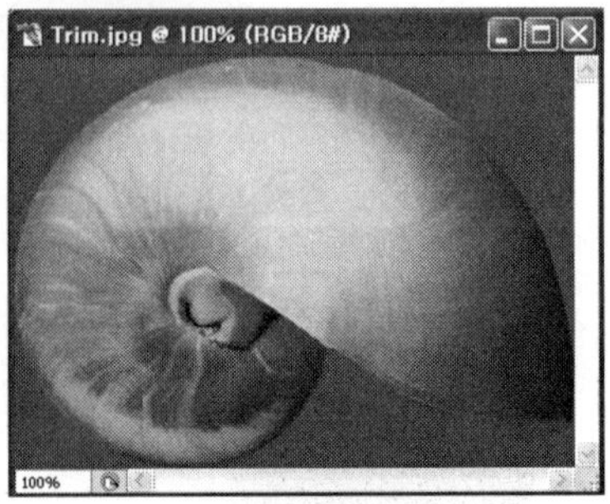

(1) Trim 대화상자

■ Based On

어떤 위치의 픽셀 색상을 인식하여 자를 것인지 설정한다.

■ Transparent Pixels

투명 픽셀을 인식한다.

■ Top Left Pixel Color

상단의 왼쪽 색상을 인식한다.

■ Bottom Right Pixel Color

하단의 오른쪽 색상을 인식한다.

■ Trim Away

어떤 면을 잘라낼지 선택하여 준다.

3.10 작업창을 확대하는 Reveal All

레이어의 이미지가 작업창 보다 크거나 작업창 외부에 있어서 이미지가 다 보이지 않을 때, 이 명령을 실행하면 작업창에 가려진 이미지만큼 확대하여 가려진 이미지를 모두 볼 수 있다.

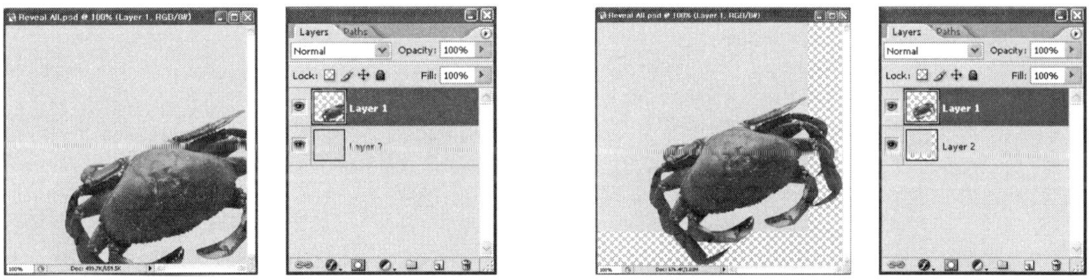

3.11 인쇄시 어긋남을 방지하는 Trap

CMYK 모드에서 활성화되는 명령으로 인쇄시 핀트의 어긋남을 방지한다. 인쇄시 색상간의 핀트가 맞지 않아서 흰색여백이 보이는 경우가 생기기도 하는데 이런 현상을 방지하기 위해서 색상들이 약간 겹쳐진 상태에서 인쇄하여 어긋남을 방지하는 것이다.

[저자소개]

한 재 성

국민대학교 조형대학 시각디자인과 졸업(시각디자인 전공)
국민대학교 조형대학 대학원 시각디자인과 졸업(컴퓨터그래픽디자인 전공)
포스트 프러덕션 CG EYES 컴퓨터그래픽 디자이너.
국립 제주대학교 산업디자인과 컴퓨터그래픽디자인 초빙강사.

현재_ 경북전문대학교 방송영상디자인과 교수
한국현대디자인협회(KECD) 회원
한국만화애니매이션학회 회원
한국일러스아트학회 회원

영상그래픽디자인 베이직(Basic)

인쇄 2016년 2월 1일
발행 2016년 2월 5일

저 자 한 재 성
발행인 임 영 철
발행처 도서출판 신화전산기획
주소 / 서울특별시 성동구 마조로 55
전화 / (02) 833-5145~6
팩스 / (02) 848-2498
등록 / 301-2010-034
홈페이지 / www.shj.co.kr

값 20,000원 ISBN 978-89-5534-193-5 93000